Andreas R. Batlogg / Melvin E. Michalski (Hg.)

Begegnungen mit Karl Rahner

Andreas R. Batlogg / Melvin E. Michalski (Hg.)

Begegnungen mit Karl Rahner

Weggefährten erinnern sich

HERDER

FREIBURG · BASEL · WIEN

Bibliographische Information der Deutschen Bibliothek
Die Deutsche Bibliothek verzeichnet diese Publikation in der
Deutschen Nationalbibliographie; detaillierte bibliographische
Daten sind im Internet über <http://dnb.ddb.de> abrufbar.

Gedruckt auf umweltfreundlichem, chlorfrei gebleichtem Papier
Alle Rechte vorbehalten – Printed in Germany
© Verlag Herder Freiburg im Breisgau 2006
Umschlaggestaltung: Finken & Bumiller, Stuttgart
Satz: Barbara Herrmann, Freiburg
Druck und Bindung: fgb · freiburger graphische betriebe 2006
www.fgb.de
ISBN-13: 978-3-451-29096-1
ISBN-10: 3-451-29096-0

Inhalt

4 Karl Rahner privat

5 Karl Rahner als Lehrer und Schriftsteller

6 Anhang

Nachwort

Vorwort

Im Rahmen eines Sabbatsemesters führte Melvin E. Michalski, Assistent Professor für systematische Theologie am Saint Francis Seminary in Milwaukee/Wisconsin (USA), im März und April 2001 in Deutschland und Österreich mehr als zwei Dutzend Interviews mit verschiedenen Persönlichkeiten, die auf die eine oder andere Weise mit Karl Rahner zu tun hatten bzw. haben. Ursprünglich war vorgesehen, die Tonbandabschriften dieser (auf Deutsch) geführten Interviews ins Englische zu übersetzen und im Gedenkjahr des 100. Geburtstages und 20. Todestages des Jesuitentheologen (2004) zu veröffentlichen. Dazu ist es aus verschiedenen Gründen nicht gekommen, die hauptsächlich mit der beruflichen Beanspruchung Michalskis als Vizerektor des Saint Francis Seminary und seiner Professur zusammenhängen. Bei den Jahrestreffen der amerikanischen Karl Rahner Society, deren „Convener" (Vorsitzender) Michalski von 1999 bis 2002 war, wie auch seitens der Catholic Theological Society of America (CTSA) wurde immer wieder nach diesen Interviews gefragt[1]. Ein von Michalski von 1993 bis 1997 herausgegebener Karl Rahner Society Newsletter, der jeweils mit einigen Anekdoten abschloß, aber auch kleinere Texte Karl Rahners in englischer Übersetzung bot, mag zusätzliches Interesse geweckt haben. Das Interesse an „oral history" ist in der angelsächsischen Welt unvergleichlich höher als im deutschsprachigen Raum.

Ein elf Monate dauernder USA-Aufenthalt des österreichischen, seit Dezember 2000 bei der Kulturzeitschrift „Stimmen der Zeit" in München arbeitenden Jesuiten Andreas R. Batlogg, innerhalb dessen er ein neunmonatiges ordensinternes Fortbildungprogramm („Tertiat") in Weston (Massachusetts) absolvierte, führte die beiden Rahnerforscher, die sich aus gemeinsamen Studienjahren in Innsbruck kennen, in Milwaukee (Wisconsin) und Saint Louis (Missouri) zusammen. Beim gemeinsamen Einsehen der Unterlagen wurde bald klar, daß es schade wäre, ja ein Verlust, die Interviews und die darin festgehaltenen Erinnerungen, Beobachtungen und Einschätzungen unter Verschluß zu halten und von einer Veröffentlichung abzusehen. So entstand der Plan, einen neuen Anlauf zu nehmen und die Interviews in gestraffter Form zu publizieren. Übers Jahr verteilt trafen sich die beiden Herausgeber dafür fünf Mal jeweils eine Woche lang oder länger im August 2004 sowie im Januar, Februar, Mai und Juni 2005 in Milwaukee und in Pine Ridge (South Dakota).

Im August 2005 führte Michalski in Münster zusätzlich zu den bereits vorhandenen 25 Interviews ein weiteres Gespräch mit Herbert Vorgrimler, der 2001 verhindert war. Batlogg interviewte nach seiner Rückkehr nach Europa im Oktober und im Dezember 2005 zwei weitere Zeitzeugen: Walter Strolz und Irmgard Bsteh. Ergänzt werden die Interviews durch einen Anhang mit folgenden Texten: Ein im Editionsbericht von Band 9 der „Sämtlichen Werke" teilabgedruckter längerer Brief Hugo Rahners (1900–1968) an Karl Rahner aus dem Jahr 1955 wirft ein bezeichnendes Licht auf das innige Verhältnis der beiden Gelehrtenbrüder und zeigt, wie sie einander begegneten. Außerdem wurde Roman A. Siebenrock um die Zustimmung gebeten, seine 2004 erstmals veröffentlichten „Erfahrungen im Karl-Rahner-Archiv" nachdrucken zu dürfen.

Worin bestand die redaktionelle Bearbeitung? Die Tonbandabschriften wurden in monatelanger Kleinarbeit noch einmal abgehört, neu transkribiert, erheblich redigiert und mit nützlichen, weiterführenden Annmerkungen versehen. Gestrichen wurden gesprächsbedingte Wiederholungen, offensichtliche Widersprüche oder Irrtümer (Namen, Jahreszahlen), Doppelungen von Vorgängen (außer die verschiedenen Blickwinkel brachten neue Erkenntnisse) oder Aussagen, die durch die seit 2001 eingetretene Entwicklung überholt waren – etwa zur Gesamtausgabe Karl Rahners („Sämtliche Werke"), die 2001 bei fünf Bänden stand[2], im Herbst 2005 jedoch bereits um weitere neun auf 14 Bände angewachsen war[3], zu denen im Jahr 2006 vier weitere Bände dazukommen[4]. Sämtliche Anmerkungen stammen von den Herausgebern: Sie sollen Andeutungen erklären, Namen erinnern und auf Texte Karl Rahners verweisen bzw. zu ihnen führen.

Alle Interviews wurden im Spätherbst 2005 ausdrücklich autorisiert, wobei die Interviewpartner Gelegenheit erhielten, das eine oder

8

andere zu streichen oder zu ergänzen, ohne jedoch den Charakter eines vor vier Jahren geführten Gesprächs zu verändern. Daß sich alle dieser gewiß nicht leichten „Prozedur" unterzogen haben und großzügig mit sich selber wie mit den beiden Herausgebern umgegangen sind, darf hier dankbar vermerkt werden. Es ist nicht leicht, einen eigenen gesprochenen Text, der vier Jahre alt ist, mit dem inzwischen angewachsenem Informationsstand und neuem Wissen oder Erkenntnissen gegenzulesen. Karl Rahners Schwester Elisabeth Cremer, der emeritierte Wiener Erzbischof Franz Kardinal König sowie die Jesuiten Hans Bernhard Meyer und Raymund Schwager sind inzwischen verstorben – Elisabeth Cremer kurz vor dem 100. Geburtstag ihres berühmten Bruders 95jährig am 14. Februar 2004, Kardinal König einen Monat später, am 14. März 2004 im biblischen Alter von 99 Jahren.

Zu danken haben die Herausgeber in erster Linie ihren 28 Interviewpartnern: für ihre Geduld und ihre Zustimmung, die Interviews auch mit der Verzögerung von fünf Jahren (abgesehen von H. Vorgrimler, W. Strolz und I. Bsteh) an eine interessierte Öffentlichkeit weiterzugeben. Der Karl-Rahner-Stiftung München respektive Lutz Hoffmann SJ (Deutsche Provinz der Jesuiten) danken wir für die Erlaubnis zum Wiederabdruck des Briefauszugs von Hugo Rahner. Wir danken auch Roman A. Siebenrock, daß wir seine in den „Stimmen der Zeit" Spezial 1–2004 abgedruckten Erfahrungen als Archivar hier nachdrucken können. Ermutigung und hilfreiche Hinweise und Ratschläge verdanken wir Professor Dr. Thomas F. O'Meara OP (Chicago, IL), sodann Professor Dr. Michael A. Fahey SJ und Professor Dr. David G. Schultenover SJ (Milwaukee, WI), Professor Dr. Leo J. O'Donovan SJ (New York, NY) sowie Professor Dr. Albert Raffelt (Freiburg). Dr. Peter Suchla, Lektor im Verlag Herder, hätte dieses Buch verständlicherweise am liebsten im „Rahnerjahr 2004" veröffentlicht gesehen; wir fanden in ihm einen interessierten und kompetenten Betreuer. Gastfreundschaft gewährten während intensiver Arbeitswochen die Kollegen im Saint Francis Seminary mit ihrem Rektor Professor Dr. Michael E. Witczak sowie Dr. Patrick J. Burns SJ und die Jesuitenkommunität „Holy Rosary Mission" der Red Cloud Indian School in Pine Ridge.

Karl Rahner machte nicht viel aus seiner Person. Heutige Formen autobiographischer Aufmerksamkeit oder der Selbstbeobachtung waren ihm – nicht nur generationenbedingt – fremd. Zunehmend interessiert Nachgeborene freilich, erst recht eine junge Theologengeneration und „Neueinsteiger", wer derjenige war, der hinter dem imposanten theologischen Werk steht, das er der Theologie und der Kirche hinterlassen hat. Der Mensch, der Jesuit und Priester Karl Rahner „zeigt" sich im vorliegenden Buch ein wenig: Er wird erahnbar, manchmal fast mit Händen zu greifen. Person und Werk Karl Rahners lassen sich nicht voneinander trennen, genauso wenig wie der „fromme Rahner" und der „wissenschaftliche Rahner" zwei verschiedene Personen wären. Wir laden dazu ein, Karl Rahner zu entdecken: um ihn kennenzulernen und vor allem, um ihn zu lesen und dann eigene Erfahrungen mit ihm zu machen. Es geht letztlich um die je eigene Begegnung mit ihm.

München / Milwaukee, am 30. März 2006 –
Karl Rahners 22. Todestag

Andreas R. Batlogg SJ – Melvin E. Michalski

Anmerkungen

[1] Die amerikanische „Karl Rahner Society" trifft sich jährlich innerhalb des Jahrestreffens der „Catholic Theological Society of America" (CTSA). Die beiden Herausgeber des vorliegenden Bandes sind Mitglieder der CTSA. Seit dem Jahr 1991 werden die jährlichen „Rahner papers" in „Philosophy & Theology". Marquette University Journal (Milwaukee, WI) vorgestellt. Michalski verfaßte für die Karl Rahner Society 1993, 1994 und 1995 einen Newsletter. Seitens der Society wurde immer wieder der Wunsch geäußert, Erinnerungen an Karl Rahner und Anekdoten über ihn von Mitbrüdern, Mitarbeitern und weiteren Personen in Buchform herauszugeben.

[2] 1995: SW 19 („Selbstvollzug der Kirche. Ekklesiologische Grundlegung praktischer Theologie. Bearbeitet von Karl H. Neufeld); 1996: SW 2 („Geist in Welt. Philosophische Schriften". Bearbeitet von A. Raffelt); 1997: SW 4 („Hörer des Wortes. Schriften zur Religionsphilosophie und zur Grundlegung der Theologie". Bearbeitet von A. Raffelt); 1998: SW 8 („Der Mensch in der Schöpfung". Bearbeitet von K. H. Neufeld); 1999: SW 3 („Spiritualität und Theologie der Kirchenväter". Bearbeitet von A. R. Batlogg, E. Farrugia, K. H. Neufeld) u. SW 26 („Grundkurs des Glaubens. Studien zum Begriff des Christentums". Bearbeitet von N. Schwerdtfeger u. A. Raffelt).

[3] 2002: SW 15 („Verantwortung der Theologie. Im Dialog mit Naturwissenschaften und Gesellschaftstheorie". Bearbeitet von H.-D. Mutschler), SW 17 („Enzyklo-

pädische Theologie. Lexikonbeiträge 1956–1973". Bearbeitet von H. Vorgrimler) u.
SW 27 („Einheit in Vielfalt. Schriften zur ökumenischen Theologie". Bearbeitet
von K. Lehmann u. A. Raffelt); 2003: SW 10 („Kirche in den Herausforderungen
der Zeit. Beiträge zur Ekklesiologie der Zeit und zur kirchlichen Existenz". Bearbeitet von J. Heislbetz u. A. Raffelt); SW 18 („Leiblichkeit der Gnade. Schriften
zur Sakramentenlehre". Bearbeitet von W. Knoch u. T. Trappe); 2004: SW 9 („Maria, Mutter des Herrn. Mariologische Schriften". Bearbeitet von R. P. Meyer); 2005:
SW 11 („Mensch und Sünde. Schriften zur Geschichte und Theologie der Buße".
Bearbeitet von D. Sattler); SW 12 („Menschsein und Menschwerdung Gottes. Studien zur Grundlegung der Dogmatik, zur Christologie, Theologischen Anthropologie und Eschatologie". Bearbeitet von H. Vorgrimler); SW 16 („Kirchliche Erneuerung. Studien zur Pastoraltheologie und Struktur der Kirche". Bearbeitet von
A. Raffelt).

⁴ 2006: SW 14 („Christliches Leben. Aufsätze – Betrachtungen – Predigten". Bearbeitet von H. Vorgrimler), SW 6 („De paenitentia. Dogmatische Vorlesungen zum
Bußsakrament". Bearbeitet von D. Sattler). SW 13 („Ignatianischer Geist. Schriften
zu den Exerzitien und zur Spiritualität des Ordensgründers". Bearbeitet von J.
Herzgsell u. St. Kiechle) sowie SW 23 („Glaube im Alltag. Schriften zur Spiritualität". Bearbeitet von A. Raffelt).

1 KARL RAHNER ALS FORSCHER UND GESTALTER

Diese Sprache führt zur Sache!
Im Gespräch mit Johannes Herzgsell SJ, München

Johannes Herzgsell SJ, Dr. phil., geb. 1955, Jesuit seit 1979, ist Dozent für Religionsphilosophie und Grundlegung der systematischen Theologie an der Hochschule für Philosophie der Jesuiten in München.

Sind Sie Karl Rahner zum ersten Mal in München begegnet oder anderswo?

☐ Als Novize habe ich für zwei Monate in einer Gruppe hier im Berchmanskolleg gewohnt. Zu der Zeit hat auch Pater Rahner hier gelebt, in den Wohnräumen oberhalb der Hochschule. Ich mußte in einem Krankenhaus in München ein Praktikum machen, wir nennen es „Experiment", und Pater Rahner kam am Wochenende zum Abendessen auf die Gruppe. Da habe ich ihn ein bißchen erlebt, nicht oft, weil er manchmal unterwegs war oder weil ich Wochenenddienst hatte. Er war nicht sonderlich kommunikativ. Bei normalen Tischgesprächen war er eher zurückhaltend. Er hat zugehört, sich wohlgefühlt, aber er hat selten etwas gesagt. Einmal hat er, das ist ziemlich typisch für ihn, ein Feuerzeug bewundert. Ein Scholastiker hatte einen schönes Feuerzeug. Das hat ihn fasziniert. Er hat es in die Hand genommen, damit gespielt und herumprobiert. Pater Rahner hatte jahrelang geraucht, jetzt wollte er wissen, wie es funktioniert. Er war davon irgendwie sehr angetan. Man hat gesagt, daß er staunen und sich kindlich freuen konnte.

Der Mensch als Wesen der Transzendenz

Sie haben sich dann später in Ihrer Doktorarbeit mit Karl Rahner inten-
siver auseinandergesetzt und besonders den Begriff der „memoria" betont.

☐ Mein Dissertationsthema war der Transzendenzbegriff bei ihm[1]. Er
legt ja die Transzendenz immer in Erkenntnis und Willen oder in Freiheit bzw. in Liebe und eben auch im Gedächtnis an, in „memoria".
Dieses Ternar haben Augustinus und viele andere im Mittelalter auch
noch: Verstand, Wille und Gedächtnis. Mir ist aufgefallen, daß das Gedächtnis bei Rahner an den Stellen, wo er über Transzendenz spricht,
keine Rolle spielt. Er erwähnt nur Verstand und Erkenntnisvermögen.
Im „Grundkurs" und vielleicht auch noch an anderen Stellen, geht er
einmal, und zwar am Ende der Christologie, ganz kurz auf die Lehre
von der „memoria" bei Platon und bei Augustinus ein[2]. Mit Augustinus betont er, daß es so etwas wie einen Sinn für Geschichte gibt – und
damit auch einen Sinn für den Heilsbringer, für Jesus Christus, als geschichtliche Gestalt[3]. Mir ist bei meiner Studie relativ spät aufgegangen, daß er manchmal etwas begeistert davon erzählt hat, daß dies
eine der wenigen Stellen sei, die er aus der memoria-Lehre wirklich
kenne: Sinn für das Geschichtliche und damit auch wirklich letztlich
Sinn für die Bedeutung, die Jesus Christus in der Geschichte der
Menschheit hat.

Sie haben geschrieben, daß Pater Rahner in „Geist und Welt" und „Hörer
des Wortes" sehr schnell vom „ens commune" zum „unendlichen Sein"
überwechselt. Ist das ein Problem?

☐ Ich habe festgestellt, daß der Begriff „ens commune" bei ihm für die
endliche Seinsstufe steht, für das allgemeine Sein als Endliches, und
daß er von da aus fast wie selbstverständlich zum unendlichen Sein
übergeht. Das ist für viele ein großer Sprung. Sie würden vielleicht anerkennen, daß man das Seiende durch einen Inbegriff von Sein erfassen kann. Aber dann ohne Weiteres zum unendlichen Sein und damit
sofort zu Gott überzuspringen, das müßte, glaube ich, differenzierter
dargestellt werden.

Problematisch in „Hörer des Wortes" war für ihn offensichtlich, worauf die Transzendenz geht. Daß der Mensch in seiner Erkenntnis, auch in seiner Freiheit, das Endliche irgendwie übersteigt, das ist für ihn verhältnismäßig unproblematisch. Aber dann haben wir die Frage: Worauf geht die Transzendenz? Hier setzt er sich gegen Heidegger ab. Die Transzendenz geht nicht auf Nichts, sondern auf das Sein. Dem heutigen Leser ist dieses Transzendieren als solches schon ein Problem: daß der Mensch irgendwie über das Endliche hinausgreift.

Theologie aus der Erfahrung

Sie haben in Ihrer Dissertation auch ein eigenes Kapitel, in dem Sie eigens Pater Rahners spirituell-theologischer Gedankenentwicklung nachgehen und es nicht bei einer rein wissenschaftlichen Analyse belassen[4].

☐ Das hat mich immer motiviert, mich mit Karl Rahner zu beschäftigen: Ich glaube, daß er aus einer geistlichen Erfahrung heraus Theologie treibt. Diesen Eindruck hatte ich eigentlich bei allem, was ich von ihm gelesen habe, und der Eindruck wurde dann bestätigt, als ich ihn persönlich kennengelernt habe – in Vorträgen oder bei persönlichen Begegnungen. Es ist natürlich mehr als eine Ahnung: Karl Rahner theologisiert wirklich aus Erfahrung heraus.

Sie haben erwähnt, daß Pater Rahner oft nicht sehr kommunikativ war. Ich vermute, daß seine Anwesenheit im Berchmanskolleg trotzdem geschätzt wurde.

☐ Ganz sicher war es so. Ich habe einmal erlebt, wie er im Kreis von vor allem jüngeren Mitbrüdern saß. Ich bin zufällig dazugekommen. Es war im Speisesaal. Da hat er sich sichtlich wohlgefühlt, und die Jungen haben sich gefreut, daß er unter ihnen war und sich amüsierte. Er saß mit ausgebreiteten Armen bei Tisch, und als ich hereinkam, hat er zu mir geschaut und gemeint: Den kenne ich noch gar nicht. Und sofort begann er sich für mich zu interessieren. Ich glaube, man konnte deutlich spüren, daß er gern unter Leuten war. Er war offen, ich glaube sogar sehr offen. So hat er auf mich gewirkt – auch wenn er sich dann, sagen wir einmal so: schwergetan hat, über dieses und jenes Alltägliche einfach dahinzureden. Er war ein viel zu schwerer Denker, als daß ihm das, was heute Small talk heißt, spontan leichtgefallen wäre.

Hat er lange hier im Berchmanskolleg gewohnt?

☐ Als er den Ruf an den Romano-Guardini-Lehrstuhl bekam, gehörte er zuerst zur Schriftstellerkommunität in der Veterinärstraße und später in der Zuccalistraße, auch während seiner späten Professur in Münster. Als er dann nicht mehr im Lehrbetrieb war, hat er sich draußen in Nymphenburg angeblich etwas einsam gefühlt, und da hat man ihm anscheinend vorgeschlagen, hierher zu ziehen, weil im Berchmanskolleg doch mehr Mitbrüder wohnten, auch solche, die wissenschaftlich arbeiten, die Philosophieprofessoren und die Dozenten. Er ist dann im Lauf der Zeit hier eingezogen. Nach einigen Jahren ist er dann aber nach Innsbruck übersiedelt[5].

Hat er gesagt, warum er noch einmal den Wohnort wechseln wollte?

☐ Indirekt meine ich verstanden zu haben, daß es ihn doch sozusagen in die Heimat gezogen hat. Er hatte viele Jahre in Innsbruck doziert, seine theologische Laufbahn hatte dort begonnen, und er hat sich dort offenbar mehr beheimatet gefühlt als in München. Vielleicht war er auch mit den dortigen Mitbrüdern vertrauter. Anderseits war er auch etwas ungeduldig. Hier im Refektor zum Beispiel hat er mittags immer an einem bestimmten Platz gesessen, und es hat ihm meistens zu lang gedauert. Nach einer halbe Stunde wollte er entweder seinen Mittagschlaf machen oder weiterarbeiten. Deswegen hat er mit dem Stuhl zu schaukeln angefangen. Als er übersiedelt war, hat man nach einiger Zeit einen Fleck an der Wand entdeckt: Es war die Stelle, wo er mit dem Kopf immer die Wand gestreift hatte. Seine Ungeduld war aber allgemein bekannt, und diese menschlichen Dinge gehören eben bei einem Großen auch dazu.

Traditionsbewußt – auf heutigem Niveau

Was vermissen Sie jetzt am meisten an Pater Rahner – menschlich wie theologisch?

☐ Was ich irgendwie vermisse, zunächst einmal theologisch, ist seine Loyalität. Ich habe Pater Rahner immer so verstanden, daß er einerseits wirklich versucht hat, ganz loyal zu sein: gegenüber dem Lehramt. Ich staune einfach, wie er versucht hat, lehramtliche Äußerungen zu „retten" und zu übersetzen, jedenfalls an ihnen festzuhalten und sie nicht einfach zu übergehen oder links liegen zu lassen. Anderseits hat er wirklich genauso versucht, auf der Höhe der Zeit zu sein. Ich hatte immer den Eindruck, daß es ihm ein Grundanliegen war, den Menschen seiner Zeit anzusprechen, den Leser dort abzuholen, wo er geschichtlich steht, mit seinen Problemen, mit seinem Horizont. Das ist eigentlich auch sein Grundanliegen in der Theologie und in den vielen theologischen Aufsätzen bis hin zum „Grundkurs": Er versucht, die Theologie dem heutigen Menschen nahezubringen. Solche Theologen vermisse ich: Gottesgelehrte, die diese ganze Spannung aushalten, einerseits traditionsbewußt und anderseits darum bemüht zu sein, überliefertes Glaubensgut auf heutigem Niveau nahezubringen.

Haben Sie Pater Rahner auch von einer humorvollen Seite erlebt oder besondere menschliche Züge an ihm entdeckt?

☐ Dafür habe ich ihn zu wenig direkt erlebt. Er hat natürlich gelacht. Er hat, glaube ich, sich selber auch relativieren können, aber direkt habe ich das wenig erlebt. Ich habe neulich einen Film gesehen, der in Österreich im Fernsehen kam. Es war ein Interview mit Karl Rahner, etwa eine Stunde lang. Der Reporter fragt am Schluß sinngemäß: Pater Rahner, was denken Sie denn, wie die Nachwelt über Sie reden wird? Und er sagte darauf: Was die Nachwelt einmal über mich denken wird, ist mir eigentlich furchtbar wurst. Furchtbar gleichgültig – ich finde, das ist Humor! Und diese Reaktion ist typisch für ihn. Er hat nicht ständig in den Spiegel geschaut.

Vielleicht noch eine ganz menschliche Erinnerung an ihn: Pater Grom, ein Religionspsychologe im Haus[6], hat ein sehr frohes Naturell, ohne oberflächlich zu sein. Er ist einfach ein Optimist und tut sich leicht im Umgang mit Leuten. Er hat mir einmal erzählt, daß Pater Rahner zu ihm gesagt hat: Mensch, Bernhard, also ich beneide dich um dein Naturell. Du bist so leicht, so optimistisch, und ich habe so ein schweres Naturell. – Ich glaube, das sagt auch etwas über Rahner aus. Das hat er selber von sich gesagt: Ich bin eher schwermütig, eher grüblerisch veranlagt. Er konnte aber auch selbstironisch sein.

Was verdanken wir Pater Rahner? Warum lohnt es, sich mit ihm zu beschäftigen?

☐ Ich finde, sein Verhältnis zur Welt und zum Menschlichen ist sehr wertvoll. Er ist grundsätzlich positiv zur Welt und zur Neuzeit eingestellt. Er war persönlich ein weltoffener, an der Welt interessierter Mensch und hat auch Theologie nie so aufgefaßt, als fände sie nur im stillen Kämmerlein statt, am besten weit weg von der Welt. Theologie muß registrieren, was in der Welt vor sich geht, sie muß positiv zur Welt stehen, was ja nicht heißt, unkritisch zu sein. Es gibt Aufsätze, in denen er von der Welt spricht: Die Welt ist Schöpfung Gottes, und Gott zeigt sich in der Welt[7]. In seinem letzten öffentlichen Vortrag, es war in Freiburg um seinen 80. Geburtstag herum, spricht er das ebenfalls an[8]. Er bedauert dort etwas, daß er sich als Theologe zum Beispiel nicht mit anderen Wissenschaften beschäftigen konnte, daß er zu wenig Kunst kannte. Außerdem sagt er, all das wäre wichtig, um die Weltwirklichkeit besser zu verstehen, um Gott besser zu begreifen in all dem, wo er sich manifestiert. Ich glaube, diesbezüglich hat er wirklich sehr ignatianisch gedacht und gelebt: daß sich Gott in der Welt finden läßt.

Was er daneben immer wieder betont ist, daß der Mensch sich und seinen Gottesbezug in alltäglichen Handlungen vollzieht[9]. Ein Mitbruder hat mir erzählt, daß Rahner einmal gesagt habe, eine Krankenschwester, die Tag für Tag ihren Dienst am Krankenbett bei den Patienten verrichtet, vollziehe wirklich die Einheit von Gottes und Nächstenliebe. Gott ist in alltäglichen Vollzügen in der Welt anzutreffen[10].

Die tranzsendentale Verwiesenheit des Menschen auf das heilige Geheimnis hat auch mit der von Pater Rahner stark betonten Einheit von Nächsten- und Gottesliebe zu tun. Sie gehen darauf in Ihrer Dissertation näher ein[11]. Warum?

☐ Man hat Karl Rahner immer wieder vorgeworfen, daß er in den frühen großen philosophischen Werken, also „Geist in Welt" und „Hörer des Wortes", zu sehr über das einsame Subjekt vor Gott nachgedacht hat. Er habe die Mitmenschlichkeit zu wenig einbezogen, das konkrete menschliche „Du". Ich glaube, da ist etwas dran. Aber ich denke auch, daß Rahner dazugelernt und das später nachgeholt hat. Er hat ausgeglichen. Im „Grundkurs" fängt er zwar beim einzelnen Subjekt an, das sich selbst auf das Absolute hin übersteigt[12]. Aber dann gibt es einige Passagen, wo er ganz deutlich auf den Bezug zu den Mitmenschen verweist. Die Einheit von Nächsten- und Gottesliebe hat er später sicher deutlicher betont als am Anfang.

Sich in Karl Rahner einlesen

Als wir Pater Rahner einmal ins Noviziat nach Nürnberg eingeladen haben, Anfang der 80er Jahre, um den berühmten Mitbruder kennenzulernen, ist er offenkundig gern gekommen. Er hat sich in diesem Kreis junger Jesuiten einfach wohlgefühlt. Im Gemeinschaftsraum hat er sich einen zweiten Stuhl geholt und die Beine darauf gelegt. Er lag dann mehr da, als daß er saß. Wir haben ihm einige Fragen gestellt. Die hatten wir natürlich vorbereitet und nicht einfach spontan gestellt. Mir fiel dann auf, daß er bei seinen Antworten fast wörtlich das gesagt hat, was er anderswo schon veröffentlicht hatte. Seine Denkweise war in ihm so verankert, daß sich in ihm manche Dinge sprichwörtlich eingeprägt hatten. Er konnte das jederzeit „abrufen". Es gab praktisch keinen Unterschied zwischen mündlicher Rede, mündlicher Vortragsstimme, und dem, was man bei ihm gelesen hat.

Zum Stichwort: Karl Rahners Sprache. Er hat diktiert und lange Sätze mit vielen „Wenn" und „etwa" gebastelt. Alles war vorsichtig, präzsise,

klar formuliert. Seinen „Grundkurs des Glaubens" hat er diktiert. Wenn
einer die Sprache so beherrscht, verdient er deswegen Bewunderung?

☐ Ich glaube, man muß sich wirklich in Karl Rahner einlesen. Er spricht keine Sprache, die auf Anhieb zugänglich ist. Viele haben gesagt, er sei zu kompliziert und zu schwierig. Ich habe das von vielen Seiten gehört. Manche behaupten sogar, überhaupt keinen Zugang zu ihm gefunden zu haben. Aber wenn man sich erst einmal eingelesen hat, dann wird mit der Zeit meistens deutlich, wie er denkt und warum er gerade so denkt. Ich glaube, er konnte sich nicht anders ausdrücken, weil er wirklich so gedacht hat. Manche sagen deswegen ja, es sei authentisch, echt, glaubwürdig, was er sagt, auch wie er es sagt, weil er praktisch nicht anders konnte. Er kannte die Tradition, er konnte mit ihr umgehen – und mußte es gleichsam so sagen und konnte gar nicht anders. Ich teile Ihren Eindruck durchaus: Ich glaube schon, daß man sich seine Sprache, die unbestreitbar eigenwillig ist, erarbeiten muß. Aber diese Sprache führt wirklich zur Sache! Ich habe nie den Eindruck gehabt, er spricht schön, um schön zu reden, sondern es ging ihm immer um die Sache. Er hatte immer die Sache vor Augen, um der Sache willen formuliert er so und so, vielleicht auch kompliziert und verschachtelt, aber er war immer an der Sache interessiert. Wenn man sich an die Sprache gewöhnt hat, dann wird die Sache deutlich.

Fällt Ihnen abschließend etwas zum „Menschen" Karl Rahner ein?

☐ Es gab ein Interview, bei dem er zwei Fliegen auf einen Schlag erwischt hat. Auf eine Frage antwortete er sinngemäß: „Also diese Frage müßten Sie eigentlich Hans Urs von Balthasar stellen. Er hat viel mehr darüber gelesen als ich." Dann hat er die Frage doch selber beantwortet. Das fand ich auch im öffentlichen Rahmen sehr menschlich: Einerseits hat Balthasar einen Seitenhieb abbekommen, anderseits hat er sich selber ein Stück weit relativiert und zugegeben, daß Balthasar der Belesenere war, mehr rezipiert hat als er selber. Das war durchaus ernstgemeint. Und das paßt wieder zu dieser gewissen Selbstironie, daß er auch mit Humor über sich selbst reden konnte.

Er hat sich nicht so wichtig genommen und war in einem guten Sinn uneitel.

Anmerkungen

[1] Vgl. J. Herzgsell, Dynamik des Geistes. Ein Beitrag zum anthropologischen Transzendenzbegriff von Karl Rahner. Innsbruck 2000.

[2] Vgl. K. Rahner, Grundkurs des Glaubens. Einführung in den Begriff des Christentums. Freiburg 1976, 310–311; jetzt in: Ders., Sämtliche Werke. Bd. 26: Grundkurs des Glaubens. Studien zum Begriff des Christentums. Freiburg 1999, 303–304: „Aber wenn man (was hier dazutun nicht möglich ist) an die Anamnesis-Lehre bei Platon oder an die memoria-Lehre bei Augustinus denkt ...".

[3] Vgl. SW 26, 303: „Diese allgemeine memoria-Lehre kann hier natürlich nur angedeutet werden. Es kommt auf den Satz an: sie ist (auch, ja vor allem) die in der Geschichte suchende und Ausschau haltende (formale und darum die Konkretheit der Geschichte nicht vorwegnehmende, sondern deren erleidende, Erfahrung offenlassende) Antizipation des absoluten Heilsbringers."

[4] Vgl. Kap. 3: „Die spirituell-theologische Gedankenentwicklung: Der Mensch als Wesen der geistlich erfahrbaren Transzendenz", ebd. 256–339.

[5] Etwa zehn Jahre gehörte K. Rahner der sogenannten Schriftstellerkommunität an. Er zog im Dezember 1963 nach München um und behielt hier auch während seiner Münsteraner Professur (1967/71) seinen Wohnsitz. 1973 zog er ins Berchmanskolleg unweit des Englischen Gartens um, im Herbst 1981 kam er nach Innsbruck. Vgl. A. R. Batlogg, Karl Rahner als Autor der „Stimmen der Zeit", in: StZ spezial 1–2004, 16–30; K. H. Neufeld, Die Brüder Rahner. Eine Biographie. Freiburg [2]2004, 370.

[6] Bernhard Grom SJ (geb. 1936), Professor für Religionspsychologie und Religionspädagogik, Mitglied der Redaktion der „Stimmen der Zeit".

[7] Vgl. K. Rahner, Glaube, der die Erde liebt. Christliche Besinnung im Alltag der Welt. Freiburg 1966; ders., Alltägliche Dinge. Einsiedeln 1964 ([10]1980).

[8] Vgl. K. Rahner, Von der Unbegreiflichkeit Gottes. Erfahrungen eines katholischen Theologen. Hg. v. A. Raffelt. Freiburg 2004, 53–54: „Ich sage: Die Welt ist von Gott geschaffen. Aber was Welt ist, davon weiß ich fast nichts, und darum bleibt auch der Begriff der Schöpfung seltsam leer. Ich sage als Theologe: Jesus ist auch als Mensch der Herr der gesamten Schöpfung. Und dann lese ich, daß der Kosmos Milliarden von Lichtjahren sich ausdehnt, und frage mich dann erschreckt, was eigentlich der eben gesagte Satz bedeute. Paulus wusste noch, in welcher Sphäre des Kosmos er die Engel ansiedeln wolle. Ich weiß es nicht. Ich frage mich erschreckt, ob denn das ewige Reich Gottes so ungefähr zur Hälfte mindestens mit Seelen erfüllt sei, die nie zu einer personalen Lebensgeschichte gelangt sind, weil nach normaler kirchlicher Lehre die personal-geistige und unsterbliche Seele schon bei der ersten Befruchtung des Eies durch das Sperma gegeben sei und andererseits nicht vorstellbar sei, wie die unzähligen natürlichen Aborte mit einer auch noch so anfänglichen personalen Freiheitsgeschichte vereinbar seien. Ich

frage mich, wie man sich genauer die Urmenschheit vor zwei Millionen Jahren als die ersten Subjekte einer Heils- und Offenbarungsgeschichte denken könne, und weiß keine sehr deutliche Antwort. Ich lasse mich von der profanen Anthropologie belehren, daß die Unterscheidung von Leib und Seele vorsichtiger gemacht und problematisch bleibe, und kann darum die Lehre von ,Humani generis', daß der menschliche Leib aus dem Tierreich stamme, aber die Seele von Gott geschaffen sei, nicht mehr so dualistisch interpretieren, wie sie doch zunächst klingt."

[9] Vgl. J. Herzgsell, Karl Rahners Theologie der Mystik, in: A. Schönfeld (Hg.), Spiritualität im Wandel. Leben aus Gottes Geist. Festschrift zum 75. Jahrgang von „Geist und Leben" – Zeitschrift für christliche Spiritualität begründet als Zeitschrift für „Aszese und Mystik" 1925–2002. Würzburg 2002, 65–76.

[10] Vgl. K. Rahner, Über die Einheit von Gottes- und Nächstenliebe, in: Ders., Schriften zur Theologie. Bd. 6. Einsiedeln 1965, 277–298; jetzt in: K. Rahner, Sämtliche Werke. Bd. 12: Menschsein und Menschwerdung Gottes. Studien zur Grundlegung der Dogmatik, zur Christologie, Theologischen Anthropologie und Eschatologie. Freiburg 2005, 76–91.

[11] Vgl. J. Herzgsell, Dynamik des Geistes, 321–331.

[12] Vgl. z. B. SW 26, 282: „Aber die Liebe, deren Absolutheit erfahren wird (wenn sie auch nicht von ihr selbst her, sondern eben nur im Anblick ihrer radikalen Einheit mit der Liebe Gottes durch Jesus Christus ganz zu sich selber kommt), will mehr als nur eine ihr transzendent bleibende göttliche ,Garantie': Sie will eine Einheit von Gottes- und Nåchstenliebe, in der die Nächstenliebe – wenn eventuell auch bloß unthematisch – Gottesliebe und so erst ganz absolut ist; vgl. ebd. 294–295; A. Tafferner, Gottes- und Nächstenliebe in der deutschsprachigen Theologie des 20. Jahrhunderts. Innsbruck 1992, bes. 200–228.

Mein Konzilstheologe
Im Gespräch mit Franz Kardinal König (†), Wien

Franz König (1905–2004), Dr. phil., Dr. theol., 1948 Professor für Moraltheologie an der Universität Salzburg, 1952 Weihbischof und Bischof-Koadjutor in Sankt Pölten, 1956 bis 1985 Erzbischof von Wien, 1959 Kardinal, 1965–1985 erster Präsident des neugegründeten, von ihm aufgebauten vatikanischen Sekretariats für die Nichtglaubenden[1].

Herr Kardinal, Sie waren im August 1937 bei den Salzburger Hochschulwochen Repetitor und sind mit den Hörerinnen und Hörern noch einmal die Vorlesungen durchgegangen. Einer der Referenten war der junge Dozent Karl Rahner.

☐ Ich habe damals versucht, Pater Rahners Ausführungen über das Verhältnis von „Religionsphilosophie und Theologie"[2] – daraus wurde 1941 das Buch „Hörer des Wortes"[3] – zusammenzufassen. Aber seinerzeit war das nur eine lockere Bekanntschaft. Es bestand keine engere Verbindung. Pater Rahner hat mir erzählt, daß er in Freiburg Philosophie studiert und sich intensiv mit der Existenzphilosophie beschäftigt hat. Die Begegnung mit Martin Heidegger hatte ihn geprägt.

Wann sind Sie sich dann wieder begegnet?

☐ Nach dieser ersten Begegnung in Salzburg – es waren übrigens die letzten Hochschulwochen vor dem Krieg, da die Veranstaltung von den nationalsozialistischen Behörden sofort untersagt wurde – habe ich Pater Rahner immer wieder getroffen, als die Nationalsozialisten Österreich besetzten und die Kirche fast in den Untergrund gedrängt wurde. Die Theologische Fakultät in Innsbruck wurde geschlossen[4], und die Kirche hatte überall große Schwierigkeiten. Nachdem die Jesuiten aus Tirol vertrieben wurden, kam Pater Rahner nach Wien. Hier war – und das ist vielleicht ein interessanter Gesichtspunkt – der Chef des Seelsorgeamtes, heute heißt es Pastoralamt, ein Prälat namens Karl Rudolf[5]. Der war ein sehr engagierter Pastoraltheologe, ein

Weltpriester, ein Freund von Michael Pfliegler[6]. Pfliegler war dann Pastoralprofessor und hat viele neue Gedanken in die Pastoraltheologie von damals hineingebracht. Das hängt wieder zusammen mit einem Phänomen, das vielleicht heute weniger bekannt ist: die deutsche Jugendbewegung.

Die „Bewegungen": Aufbrüche in der Kirche

Welche Rolle spielte diese neben der Liturgischen Bewegung und der Bibelbewegung einflußreichste Reformbewegung in der Entwicklung Karl Rahners?

☐ Die Jugendbewegung, die in Deutschland mit dem „Quickborn" und dem „Bund Neudeutschland" und in Österreich mit dem „Bund Neuland" vertreten war, war eine Art Movimento, wie man heute sagen würde: eine bedeutsame Bewegung der jungen Generation[7]. Nach dem Ersten Weltkrieg war alles zerstört. Die junge Generation wollte neu anfangen. Da war einerseits eine liberale Richtung in Deutschland mit Burg Rothenfels als Zentrum: Dort haben sich diese Köpfe getroffen. Es war, würde ich sagen, eine spirituelle Erneuerung in der jungen Generation: weg vom Bürokratismus, weg vom Bürgertum, zurück zum einfachen Leben. Das war so ungefähr die Parole dieser jungen Generation. Der „Wandervogel" war eine spezielle Richtung in dieser Bewegung, die liberale Jugend, zum Teil protestantisch, zum Teil eher reserviert gegenüber dem Christentum – und eine katholische Richtung in Deutschland und Österreich. Die Auswirkungen dieser Bewegung reichten bis nach Wien, und dieser Prälat Rudolf hatte, ebenso wie Michael Pfliegler, Verbindungen zur Jugendbewegung. Sie haben als Erwachsene und Intellektuelle ein bißchen diese Ideen mitgetragen. Das ist sozusagen der Background. Pater Rahner hat mir damals von dieser Welt erzählt, zumal er ja als Gymnasiast Mitglied des „Quickborn" geworden war[8]. Intellektuelle Leitfigur beim „Quickborn" war Romano Guardini. Pater Rahner war also von Jugend an aufgeschlossen für neue Ansätze und Anfänge, er hatte neue Visionen kennengelernt, denn in der Jugendbewegung wurden sozusagen Fenster aufgemacht.

24

Welchen Einfluß übte Hugo Rahner in frühen Jahren auf seinen Bruder Karl aus?

☐ Die beiden waren vom Temperament her sehr verschieden: Hugo war aufgeschlossen, gesellschaftlich versiert, Karl war zurückhaltend und fast scheu. Emotionen waren nicht seine Sache. Sie kennen ja sicher das Bonmot, daß Hugo Rahner angeblich gesagt haben soll, wenn er in Pension sei, werde er die Schriften seines Bruders Karl ins Deutsche übersetzen. Damit wollte er sagen: Karl schreibt zu lange Sätze, oft über eine ganze Seite gehend. Man hatte Mühe, ihn zu verstehen. Es waren sehr viele neue Gedanken bei Karl Rahner zu finden. Ein Dogmatiker hat natürlich einen anderen Stil als ein Historiker. Aber offenbar haben die beiden in ihren frühen Ordensjahren auch viel miteinander über ihren Ordensvater Ignatius geforscht und zusammen publiziert[9]. Pater Neufeld betont ja immer wieder, daß es lebenslänglich gegenseitige Bezugnahmen gibt[10].

Aufgeschlossen, aber schwer verständlich

Sie haben sich dann vor dem Konzil dazu entschieden, Karl Rahner als ihren Berater mit nach Rom zu nehmen. War diese Entscheidung nicht ein Widerspruch zu der Feststellung, daß Karl Rahner zwar einerseits als aufgeschlossen galt, andererseits aber auch als schwer verständlich?

☐ Ich habe die Ankündigung Papst Johannes' XXIII., ein Konzil einzuberufen, mit Skepsis betrachtet. Die ganze Welt hat gesagt: Der Mann ist mit seinen 78 Jahren relativ alt, kann der überhaupt ein Konzil über die Bühne bringen oder wird das eher eine Mißgeburt? Viele Kardinäle und Bischöfe hatten damals solche Rückfragen. Es war ja komisch: Wenige Monate nach seiner Wahl, die im Oktober 1958 erfolgte, überraschte der Papst mit dem Konzilsplan. Ein Jahr später – ich habe einen guten Kontakt zu Johannes XXIII. gehabt – hat er mir in einer Privataudienz Folgendes erzählt: In der liturgischen Woche, in der für die Einheit der Christen gebetet wird, kam ihm der Gedanke, er müsse als Papst ein ökumenisches Konzil einberufen. Er sei darüber erschrocken und hätte sich gesagt: Das ist ja etwas Schwieriges, das kann ich nicht, das ist ein Gedanke, der kommt vom bösen Feind. Der böse Feind will mir Schwierigkeiten machen und gibt mir diesen Gedanken dazu. Nein, das mache ich nicht. Der Gedanke hätte sich dann wieder und wieder gemeldet. Er habe gebetet: Lieber Gott, hilf mir! Wenn du das willst, tue ich es, aber ich glaube, du willst es nicht, der böse Feind will es. Er hat um Klarheit gebetet. Am letzten Tag hätte er die Überzeugung gewonnen: Der Gedanke kommt von Gott, also werde ich es machen. Am nächsten Tag bereits, es war der 25. Januar 1959, hat er vor einer kleinen Gruppe von Kardinälen gesagt: Ich werde ein Konzil einberufen! Die Kardinäle sind erschrocken, die ganze Welt ist erschrocken, nicht nur die katholische Kirche. Aber dann begannen die Vorbereitungen, und das Interesse auch außerhalb der Kirche ist gewachsen.

Ich wußte, daß ich am Konzil teilnehmen würde. Ich erfuhr damals – ich habe das vorher nicht gewußt –, daß jeder Konzilsvater das Recht hat, einen theologischen Berater mitzunehmen, wenn er will. Ich habe ein bißchen herumgeschaut und gedacht: Karl Rahner ist interessant, er ist ein sehr mobiler Theologe, er hat neue Ideen. Ich habe mit ihm telefoniert und ihn gebeten, mich zu begleiten. Seine Reaktion ist ja hinlänglich bekannt: Er hat gezögert, weil er meinte, er sei nicht gut angeschrieben in Rom. Er wollte in Innsbruck bleiben. Ich habe ihn gebeten, sich meinen Vorschlag in Ruhe zu überlegen und habe Verständnis für seine Zurückhaltung geäußert. Gleichzeitig habe ich ihm klargemacht, daß er Vertrauen haben solle. Ich versicherte ihm, mich dafür einzusetzen, daß ihm nichts passiert. Irgendwann hat er dann zugesagt.

Propaganda für einen Umstrittenen

Haben sich Pater Rahners Befürchtungen gegenüber kurialen Stellen bestätigt?

☐ Kardinal Alfredo Ottaviani, der Präfekt des Heiligen Offiziums, der Vorgängerinstitution der heutigen Kongregation für die Glaubenslehre, hatte mit Skepsis und Mißtrauen gehört, daß Karl Rahner nach Rom kommt. Pater Rahner war neugierig, was passiert. Gleich am Anfang hat er mit Ottaviani gesprochen, und jeder konnte sehen: Da ist kein Konflikt, sie sprechen ganz normal. Der Anfang war also schon positiv. Ich habe dann Kardinal Ottavinai einmal direkt angesprochen: Warum sind Sie gegen Karl Rahner? Ja, meinte Ottaviani, der Rahner ist modern und bringt immer so unsichere Gedanken in die Theologie. Ich habe ihm daraufhin empfohlen, sich Pater Rahner einmal anzuhören und mit ihm zu sprechen. Auf diese Weise ist dann eben ein ganz normales Gesprächsklima entstanden zwischen dem Hl. Offizium und Pater Rahner. Ich habe dafür gesorgt, daß Pater Rahner in die theologische Kommission kam. Das Konzil hatte zehn Kommission, um die ganze Arbeit abzuwickeln: eine liturgische Kommission, eine dogmatische, und auch eine theologische Kommission. Die war natürlich zentral. Pater Rahner kam dann in die theologische Kommission hinein und hat dort einen großen Einfluß ausgeübt[11].

Und das ist Ihrem Bemühen zuzuschreiben?

☐ Ich habe mich jedenfalls bemüht, ihn hineinzubekommen und dafür ein bißchen Propaganda gemacht, vor allem unter den Bischöfen in Mitteleuropa: Frankreich, Belgien, Holland, Deutschland, Österreich und auch ein bißchen Italien. Das ganz große Problem war ja, welche Themen das Konzil behandeln sollte. Wir hatten vor Konzilsbeginn ein knappes Jahr. Eine internationale Kommission sollte das Konzil vorbereiten. Ich war selbst dabei in dieser Kommission. Es war sehr interessant: Ungefähr sechzig Themen wurden dem Konzil vorgeschlagen. Sechzig Themen und zwar aus traditioneller Sicht und sehr konventionelle Themen wie das Breviergebet oder liturgische Fragen, jedenfalls alles sehr traditionell! Diese Vorbereitungskommission sagte: Bitte, von überallher gibt es neue Vorschläge, wir legen sie alle vor, das Konzil soll dann auswählen. Das Konzil hat dann gesagt: Um Gottes willen, wir können nur einige Themen behandeln!

Man kam dann zu dem Ergebnis, das Konzil solle zusammen mit der theologischen Kommission überlegen: Welche Themen sind heute für die Kirche wichtig? Das war eine sehr große Schwierigkeit bei Konzilsbeginn,

denn die Meinungen von Amerika bis nach Schottland waren sehr ver-
schieden. Daher ist das Konzil in eine erste Krise gekommen. Man hat
einfach nicht gewußt, welches Thema dringend, welches notwendig sei.
Da kam am Schluß die Frage auf: Was will die Kirche heute? Was hat
die Kirche der Welt zu sagen?

☐ Das Interessante war dann vor allem der ökumenische Dialog. Johannes XXIII. suchte das Gespräch, er wollte nicht (aggressiv) verteidigen. Er hat die Fenster aufgemacht. Die römisch-katholische Kirche
in Europa – das ist meine persönliche Meinung – war defensiv: Angst
vor der Wissenschaft, Angst vor den Protestanten, Angst vor den modernen Bewegungen, vor der Geschichtsforschung, Kampf gegen die
Liberalisten usw. Irgendwie schleppte sich die Kirche dahin, sie hinkte
hinter den Entwicklungen her. In dieser Lage begann Pater Rahner
seine theologische Laufbahn. Seine Arbeit stieß in reformwilligen Kreisen auf guten Boden. De facto hat er getan, was der Papst in diesem
Bild ausgedrückt hat: nicht Angst und Defensive, sondern Dialog, die
Fenster öffnen. „Dialog" ist vielleicht ein heute sehr abgegriffenes
Wort, aber damals war das neu[12]. – Der Dialog mit den getrennten
Christen etwa stand ziemlich am Anfang. Die katholische Kirche hatte
die ökumenische Bewegung, die von England ausging und auf die
Gründung des Weltkirchenrats (1948) zusteuerte, eher kritisch beobachtet. Sie hat ja auch gesagt: Wir bleiben draußen und schließen uns
nicht an. Aber das Konzil hat dann gesagt: Wir werden zwar nicht Mitglied im Weltkirchenrat, aber wir wollen sehr gut zusammenarbeiten.
Für die ökumenische Bewegung waren das zwei sehr große Ereignisse:
auf evangelischer Seite der World Council of Churches, auf katholischer Seite das Zweite Vatikanische Konzil, das dann ja ein eigenes Dokument über den Ökumenismus vorgelegt hat[13], das eine ganz neue
Ära der guten Zusammenarbeit ausgelöst hat.

Ein dritter Punkt ist für mich der interreligiöse Dialog. Das Gespräch auch mit den anderen Religionen zu suchen, nicht ängstlich abzuwehren, nicht aggressiv zu verteidigen – das war nach einer jahrhun-
dertlangen belasteten Geschichte schon etwas großartig Neues. Die
sogenannte Judenfrage, die schon lange ein heißer Stein war, die Frage
des Gesprächs mit Muslimen, die großen asiatischen Religionen – das

sind Meilensteine. Uns stand klar vor Augen: Die Welt wird kleiner, alles rückt zusammen, wir können uns nicht isolieren, wir müssen miteinander sprechen. Vom Konzil sind dann große Impulse ausgegangen.

Selbstloser Zuarbeiter

Und Pater Rahner hat dabei seinen Beitrag geleistet?

☐ Die theologische Kommission des Konzils hat die mächtigen Impulse für die liturgische Erneuerung, die neue Idee der katholischen Kirche überhaupt, das Laienapostolat, die Gespräche mit der ökumenischen Bewegung, die Zusammenarbeit (nicht nur das Gespräch) mit den anderen Religionen oder etwa für Religionsfreiheit maßgeblich beeinflußt. Pater Rahner war in dieser Kommission sehr angesehen. Er hat sehr viele Vorschläge gemacht.

Es war ein völliges Novum, daß ein Konzil über die Kirche spricht! Was ist die Kirche, welche Aufgaben hat die Kirche, was hat sie der Welt zu sagen? Und warum ist sie überhaupt da? Es gab natürlich verschiedene konservative Positionen, aber auch andere. Pater Rahner meinte: Wir müssen neu miteinander sprechen, wir sollten keine Angst voreinander haben oder übervorsichtig sein. Damit hat er Mut gemacht, er hatte eine sehr positive, anregende Grundeinstellung. Das große Thema war dann natürlich die dogmatische Konstitution über die Kirche. Da gab es sehr viele Etappen in der Diskussion, oft tagelang in der Aula, verschiedene Pros und Kontras. Das Ganze ging dann zurück in die theologische Kommission, die eine Synthese machen mußte, dann kam die Sache wieder zurück ins Konzil. Es war ein Hin und Her. Pater Rahner hat sehr viele andere Periti, aber auch sehr viele Bischöfe gekannt, er hatte sehr viele persönliche Kontakte und damit großen Einfluß. Pater Rahner war der Mann, der neue Aspekte eingebracht hat.

Wie ging das konkret vor sich: Haben Sie zum Beispiel etwas geschrieben und es Pater Rahner gezeigt oder haben Sie gesagt: Pater Rahner, ich möchte zu dem oder jenem Thema eine Vorlage von Ihnen?

☐ Das ging in etwa so vor sich: Ich habe mich in der Aula zu Wort gemeldet, und dann habe ich nach der Debatte zu Pater Rahner gesagt, wir
sollten über dies und jenes sprechen. Ein großes Thema war zum Beispiel die Muttergottes: Soll das Dokument über die Kirche auch ein Kapitel über die Muttergottes haben oder nicht? Viele meinten: Nein, es ist
besser, wenn es zwei getrennte Texte gibt, eines über die Kirche und eines über die Gottesmutter. Ich habe gesagt: Nein, ein Dokument für alles zusammen, die Gottesmutter gehört in die Kirche hinein! Die anderen, sozusagen extreme Verteidiger der Mariologie, haben sehr rabiat
zwei verschiedene Dokumente verteidigt. Es bestand die Gefahr, daß
Maria fast wichtiger wurde als die Kirche. Das Klima in der Konzilsaula
war schon kritisch. Dann hat der Vorsitzende gesagt: Gut, wir müssen
abstimmen: zwei Dokumente oder eines. Zwei Stimmen sollten davor
noch zu Wort kommen. Der Kardinal von Manila sprach sich für zwei
verschiedene, ich mich für ein Dokument aus. Davor habe ich Pater
Rahner gebeten, er möge mir dafür eine Skizze machen[14]. Ich habe natürlich auch andere Theologen um ihre Meinung gebeten. Deren Argumente habe ich noch einmal mit Pater Rahner durchbesprochen: Was
sagen Sie dazu? Pater Rahner hat in der theologischen Kommission Einfluß gehabt, er hat aber auch Einfluß gehabt, wann immer ich auf dem
Konzil gesprochen habe (alles ging auf Latein) und eine Stellungnahme
schriftlich vorzubereiten hatte. Er hat mir meistens eine Skizze gemacht,
oder aber ich bin mit ihm meine Notizen durchgegangen.

Alle wollten ihn haben!

*Sie haben einmal gesagt, Sie hatten einmal Angst, man könnte Ihnen
Karl Rahner abwerben. Wäre das denn wirklich möglich gewesen?*

☐ Na ja, die gesamte Deutsche Bischofskonferenz wollte ihn haben!
Dann war ich bei Kardinal Julius Döpfner (München und Freising)
und habe ihm gesagt: Lieber Freund, Pater Rahner ist mein Konzilstheologe! Ihr könnt ihn zu Besprechungen einladen, aber er bleibt mein
Konzilstheologe. Daher wurde er dann von der Deutschen Bischofskonferenz öfters eingeladen, aber als mein Konzilstheologe. Es stimmt

nicht, wie in der Literatur gelegentlich behauptet wird, daß Pater Rahner mein Konzilstheologe und der der Deutschen Bischofskonferenz gewesen sei. Ich hatte eben das Glück, ihn ganz knapp vor Kardinal Döpfner gebeten zu haben, mich nach Rom zu begleiten, und weil er in Innsbruck dozierte, fühlte er sich gegenüber mir mehr verpflichtet als gegenüber Döpfner, obwohl Pater Rahner ja Deutscher war.

Kardinal Lehmann, der während des Konzils als Germaniker Pater Rahner viele kleine Dienste geleistet hat, war nicht immer einverstanden mit der Kritik von Karl Rahner. Er habe sich manchmal zu unüberlegt zu Wort gemeldet. Hätte Pater Rahner Ihrer Meinung nach gelegentlich etwas vorsichtiger oder ausgewogener sein sollen?

☐ Pater Rahner war – wie soll ich es sagen – durchaus explosiv. Manchmal war die Emotion stärker als der Kopf. Er konnte sehr direkt sein. Ich mußte ihm ein paar Mal sagen, daß wir die Opposition nicht so provozieren können. Also: Er war sehr vernünftig, man konnte gut mit ihm sprechen, er war ein Mann, der immer wieder neue Ideen hatte, neue Anregungen. Und er hat auch selber eingesehen, wenn er etwas doch noch einmal genauer überlegen mußte.

Sie haben auch einmal gesagt, Pater Rahner habe auch beim Konzil sehr viel gelernt, nicht nur gegeben. Ich glaube, Sie bezogen das auf die Zuversicht in der Heilsfrage in „Lumen gentium" Nr. 16: Wer das Evangelium Christi und seine Kirche ohne eigene Schuld nicht kennt, aber aus ehrlichem Herzen sucht, seinen im Anruf des Gewissens erkannten Willen unter dem Einfluß der Gnade in der Tat zu erfüllen trachtet, der kann das Ewige Leben erlangen.

☐ Das ist eine berühmte Stelle, ja, eine sehr schwierige Stelle auch. Pater Rahner hat dabei einen großen Einfluß gehabt. Der allgemeine Heilswille Gottes ist ja ein entscheidender Baustein seiner gesamten Theologie – mit weitreichenden Konsequenzen, die in seinem Theorem vom unbewußten bzw. anonymen Christen Ausdruck finden. Viele sind Christen, ohne es zu wissen, sie sind sozusagen auf dem Weg zum Christentum. Diese Idee hatte er immer schon gehabt. Später ist dann die Bezeichnung „anonyme Christen" aufgetaucht. Sie hat viel Zustimmung, aber auch viel Widerspruch erfahren.

Der Sache nach dauert diese Debatte an, ich denke nur an die Schwierigkeiten, die der Jesuit Jacques Dupuis an der Gregoriana gerade hat[15]. Ich verteidige seine Position und bin gerade dabei, für ihn eine positive Stellungnahme für „The Tablet" zu verfassen[16]. Im Hintergrund steht hier der Konflikt bzw. die Interpretation von „Dominus Iesus" (2000), dem Dokument der Kongregation für die Glaubenslehre. Ich glaube jedenfalls nicht, daß Dupuis gefährliche Glaubensirrtümer verbreitet. Es ist eine gewisse Tragik, daß ein Jesuitenprofessor, der sein ganzes Leben der Theologie gewidmet hat und während seiner Professur in Indien führwahr nicht als irgendein Progressist verschrien war, jetzt ins Visier der Glaubenskongregation geriet. Ich weiß, daß ihm die Vorwürfe persönlich sehr zusetzen. Pater Gerald O'Collins SJ, Fundamentaltheologe an der Gregoriana, meint ja, die Dupuis vorgeworfenen Irrtümer fänden sich in dem inkriminierten Buch gar nicht. Aber man kann sie natürlich da hineinlesen, wenn man will. Der Stil der Glaubenskongregation sollte ein bißchen flexibel sein. Die Welt wird einfacher kleiner, der religiöse Pluralismus ist eine alltägliche Realität, darauf muß ich als Christ eine Antwort finden. Natürlich muß diese Kongregation kontrollieren und überprüfen, aber das Ganze ist ja auch ein menschliches Problem.

Der große Anreger hat sich auf Argumente eingelassen

Hat Karl Rahners Theologie Zukunft?

☐ Ich habe den Eindruck, Karl Rahner ist in Amerika fast mehr bekannt als bei uns. Man beschäftigt sich dort mehr mit seiner Theologie als bei uns. Das ist eigentlich schade. Die „Sämtlichen Werke" können vielleicht das eine oder andere Vorurteil gegen ihn zurechtrücken.

Was meinen Sie dazu: Ist es normal oder bedauern Sie es, daß man dasselbe auch von Hans Urs von Balthasar sagen könnte?

32

☐ Daß man zu wenig über Balthasar spricht, ebensowenig wie über Pater Rahner? Die öffentliche Diskussion in Österreich und überhaupt in Westeuropa ist meiner Ansicht nach müde. Die Kirche ist müde, sie ist zu viel Kopf und zu wenig Herz. Die Kirche ist kritisch, sie findet auch überall ihre Kritiker. Daher ist das allgemeine Klima bei uns zur Zeit nicht sehr gut. Amerika ist gesünder, die Kirche in Amerika ist offen, sie diskutiert, sucht den Dialog. Sie hat nicht so viel Skepsis, nicht so viel Resignation. Die Intellektuellen dort debattieren mehr. Das ist jedenfalls mein Eindruck.

Der „fromme Rahner"

Sie haben es nie bereut, daß Sie Karl Rahner mit aufs Konzil genommen haben?

☐ Nein, überhaupt nicht. Ich glaube, es war für mich gut. Aber auch für das Konzil war es gut, Pater Rahner war ja doch, bei allen Temperamentsausbrüchen, sehr anregend. Man konnte nicht alles akzeptieren, seine Emotionen sind oft über den Kopf hinaus gegangen. Aber er hat sich in Gesprächen immer auf Argumente eingelassen, dann hat sich manches gereinigt und normalisiert. Er war ein sehr großer Anreger. Und er war ein frommer Mann, auf seine Weise ein ganz frommer Mann, sehr intellektuell, aber er konnte wirklich ganz einfache Gebete schreiben. Er hat Angst gehabt, nicht als orthodox zu gelten. Er wollte immer rechtgläubig in der Kirche bleiben.

Haben Sie an der Beerdigung von Pater Rahner teilgenommen?

☐ Da war ich leider verhindert und konnte nicht kommen. Aber lassen Sie mich das wiederholen: Man vergißt oft, daß Pater Rahner auch Gebete verfaßt hat, ganz einfache, fast kindlich-fromme. Er war eben beides: ein komplexer Theologe, aber auch ein begnadeter Schriftsteller.

Anmerkungen

[1] Vgl. F. König, „Die Gottesfrage verbindet die Menschen aller Religionen und Kulturen und", in: E. Biser, Der obdachlose Gott. Für eine Neubegegnung mit dem Unglauben. Freiburg 2005, 115–124. – Dieses Memorandum ist mit 28. Februar 2004 datiert. Zwei Wochen später, am 12. März 2004, ist der Kardinal verstorben.

[2] Vgl. K. Rahner, Religionsphilosophie und Theologie, in: G. Baumgartner (Hg.), Die siebenten Salzburger Hochschulwochen. 10. bis 28. August 1937. Aufriß und Gedankengänge der Vorlesungen, Seminare und Vorträge. Salzburg 1937, 24–32; jetzt in: K. Rahner, Sämtliche Werke. Bd. 4: Hörer des Wortes. Schriften zur Religionsphilosophie und zur Grundlegung der Theologie. Freiburg 1997, 285–293.

[3] Vgl. K. Rahner, Hörer des Wortes. Zur Grundlegung einer Religionsphilosophie. München 1941 ([2]1963); jetzt in: SW 4, 1–282.

[4] Vgl. K. H. Neufeld, „Aufhebung" und Weiterleben der Theologischen Fakultät Innsbruck (1938–1945). Fakten, Reaktionen und Hintergründe während des Zweiten Weltkriegs, in: ZKTh 119 (1997) 27–50 sowie A. R. Batlogg, Die Theologische Fakultät Innsbruck zwischen „Anschluß" und Aufhebung (1938), in: ZKTh 120 (1998) 164–183.

[5] Karl Rudolf (1886–1964), Pastoraltheologe und Seelsorger, Erneuerer der Seelsorge auf dem Weg zum Zweiten Vatikanischen Konzil; vgl. A. R. Batlogg, In die Pflicht genommen: Im Wiener Seelsorgeamt, in: Ders. / P. Rulands / W. Schmolly / R. A. Siebenrock / G. Wassilowsky / A. Zahlauer, Der Denkweg Karl Rahners. Quellen – Entwicklungen – Perspektiven. Mainz [2]2004 , 144–157; K. Rudolf, Aufbau im Widerstand. Ein Seelsorge-Bericht aus Österreich 1938–1945. Salzburg 1947.

[6] Michael Pfliegler (1891–1972), 1935–1938 Privatdozent, 1945–1961 Professor für Pastoraltheologie an der Universität Wien.

[7] Vgl. F. Henrich, Die Bünde katholischer Jugendbewegung. Ihre Bedeutung für die liturgische und eucharistische Erneuerung. München 1968.

[8] Vgl. K. Rahner, Erinnerungen im Gespräch mit Meinold Krauss. Freiburg 1984, 27: „Ich gehörte damals dem Quickborn an. Das war eine mehr freie, von der Basis herkommende, nicht so ausdrücklich kirchlich-gesteuerte Jugendbewegung. Aber doch katholisch und religiös, durchaus lebendig und intensiv sich betätigend. Und insofern habe ich da schon auch einige Eindrücke positiver Art für mein künftiges Leben bekommen. Zumal ich ja damals auch auf der Burg Rothenfels Romano Guardini zum ersten Mal kennenlernte."

[9] Es gibt eine gemeinsame, dem Vater zum 60. Geburtstag (1928) dedizierte Festschrift, die Aufsätze und Artikel aus der frühen Ordenszeit enthält. Von den zwölf Beiträgen stammen fünf von Karl und sieben von Hugo Rahner. Die Beiträge K. Rahners werden in Band 1 der „Sämtlichen Werke" veröffentlicht werden; vgl. K. H. Neufeld, Die Brüder Rahner. Eine Biographie. Freiburg [2]2004, 40–41 sowie A. Zahlauer, Ignatius von Loyola als „produktives Vorbild" der Theologie Karl Rahners. Innsbruck 1996, 97.

[10] Vgl. K. H. Neufeld, Die Brüder Rahner (1994, [2]2004); ders., Unter Brüdern. Zur Frühgeschichte der Theologie K. Rahners aus der Zusammenarbeit mit H. Rahner in: H. Vorgrimler (Hg.), Wagnis Theologie. Erfahrungen mit der Theologie Karl Rahners. Freiburg 1979, 341–354; ders. / A. P. Kustermann (Hg.), „Gemein-

same Arbeit in brüderlicher Liebe". Hugo und Karl Rahner. Dokumente und Würdigung ihrer Weggemeinschaft. Stuttgart 1993; K. Rahner / H. Rahner, Die aszetischen Schriften in den ‚Monumenta Historica S. J. Eingeleitet, bearbeitet u. hg. v. K. H. Neufeld, in: ZKTh 108 (1986) 422–433; zum 100. Geburtstag H. Rahners erschien ein Sonderheft der ZKTh (122, 2000, 113–196).

[11] Vgl. K. H. Neufeld, Theologen und Konzil. Karl Rahners Beitrag zum Zweiten Vatikanischen Konzil, in: StZ 202 (1984) 156–166; R. A. Siebenrock, „Meine schlimmsten Erwartungen sind weit übertroffen", in: K. Wittstadt / W. Verschooten (Hg.), Der Beitrag der deutschsprachigen und osteuropäischen Länder zum Zweiten Vatikanischen Konzil. Löwen 1996, 121–139; A. R. Batlogg, Karl Rahners Mitarbeit an den Konzilstexten, in: F. X. Bischof / St. Leimgruber (Hg.), Vierzig Jahre II. Vatikanum. Zur Wirkungsgeschichte der Konzilstexte. Würzburg [2]2005, 355–376; G. Wassilowsky, Universales Heilssakrament Kirche. Karl Rahners Beitrag zur Ekklesiologie des II. Vatikanums. Innsbruck 2001.

[12] Vgl. K. H. Neufeld, Dialog. Herausforderungen, Möglichkeiten und Grenzen im Anschluß an Karl Rahner, in: M. Lutz-Bachmann (Hg.), Und dennoch ist von Gott zu reden (Festschrift H. Vorgrimler). Freiburg 1994, 246–261.

[13] Vgl. P. Neuner, Das Dekret über die Ökumene *Unitatis redintegratio*, in: Bischof / Leimgruber, Vierzig Jahre II. Vatikanum, 117–140; B. J. Hilberath, Theologischer Kommentar zum Dekret über den Ökumenismus *Unitatis redintegratio*, in: P. Hünermann / ders. (Hg.), Herders theologischer Kommentar zum Zweiten Vatikanischen Konzil. Bd. 3. Freiburg 2005, 69–223.

[14] K. Rahners Schriften über Maria sind kompakt zugänglich in: K. Rahner, Sämtliche Werke. Bd. 9: Maria, Mutter des Herrn. Mariologische Studien. Freiburg 2004. Seine Konzilsunterlagen bleiben dem Konzilsband SW 21 vorbehalten, dessen Erscheinungsdatum noch nicht bekannt ist.

[15] Vgl. F. König, In defence of Fr Dupuis, in: The Tablet, 16. 1. 1999, 76–77; vgl. auch H. Waldenfels, „Unterwegs zu einer christlichen Theologie des religiösen Pluralismus". Anmerkungen zum „Fall Dupuis", in: StZ 217 (1999) 597–610.

[16] Vgl. F. König, Let the Spirit breathe, in: The Tablet, 7. 4. 2001, 483–484 (deutsche Fassung unter dem Titel „Interreligiöser Dialog im Gespräch" veröffentlicht in: Die Furche [Wien], 19. 4. 2001); H. Waldenfels, Jacques Dupuis – Theologie unterwegs, in: StZ 219 (2001) 217–218.

Ethos der Verkündigung

Im Gespräch mit P. Hans Bernhard Meyer SJ (†), Innsbruck

Hans B. Meyer SJ (1928–2002), Dr. theol. habil., lic. phil., seit 1946 Jesuit, 1964 Universitätsdozent für Pastoraltheologie an der Universiät Innsbruck, 1966–1969 Professor für Moraltheologie und Gesellschaftslehre, 1969–1995 für Liturgiewissenschaft (in der Nachfolge von Josef A. Jungmann SJ), 1967/68 und 1970/81 Dekan der Theologischen Fakultät, 1969–1998 Chefredakteur der Innsbrucker „Zeitschrift für Katholische Theologie".

Der Philosoph Josef Pieper (1904–1997) traf während einer Tagung auf Karl Rahner und erlebte, wie dieser mit dem Rücken zum Volk eine „stille Messe" feierte. Pieper war darüber etwas verwundert, zumal sich das Ganze nach dem Konzil ereignete. Wissen Sie davon?

☐ Pieper schreibt das in seinen autobiographischen Aufzeichnungen, nicht ohne eine gewisse Ironie[1]. In gewisser Weise war das typisch für Rahner. Er ist mit der vorkonziliaren Liturgie groß geworden. Er war natürlich kein Liturgiker, und Liturgie war sicher nicht seine Stärke. Die dahinter stehende Frömmigkeitsform, die vor dem Konzil mehr privaten Charakter hatte, lag ihm sicher mehr als die Gemeinschaftsmesse nach dem Konzil. Da bin ich mir ziemlich sicher. Er hat auch hier in Innsbruck immer allein zelebriert – sehr früh schon, um 5.00 Uhr meistens. Er stand früh auf. Seine persönliche Frömmigkeit war nach wie vor stark geprägt von der vorkonziliaren Meßfeier.

Durchdrungen von einer tiefen Frömmigkeit

Karl Rahner war ein sehr frommer, ein geistlicher, ein betender Mensch.

☐ Gewiß. Davon hat er gelebt: von dieser mehr persönlichen Frömmigkeit, in der er aufgewachsen ist. Das hat ihn sein ganzes Leben lang geprägt. Abgesehen von den charakterlichen Eigenarten war er ohne Zweifel ein tieffrommer Mensch, der, wenn er in seinen Schriften zum Beispiel über das Gebet spricht, auch entsprechende Vorträge

36

hält. Ich habe viele Predigten von ihm gehört. Sie waren spürbar durchdrungen von einer tiefen persönlichen Überzeugung und Frömmigkeit. Da waren der Mann und die Sache, die er vortrug, sozusagen eine Einheit, die man nicht auseinanderdividieren konnte.

Trotzdem konnte Rahner offenbar auch sehr ungeduldig sein?

☐ Das konnte er. Ich denke zum Beispiel an eine Begebenheit, die beides zeigt: seine Frömmigkeit und seine Ungeduld, ja Erregbarkeit. Er hat immer bis an die Grenzen seiner Kraft gearbeitet. Er hatte einmal Geburtstag. Ich bin früh am Morgen zu seinem Zimmer gegangen – zu einer Zeit, als er schon am Arbeiten war. Ich habe geklopft, um ihm zu gratulieren. Dann bin ich hinein, und er hat mich sofort ganz unwillig und schroff zurückgewiesen, weil ich mich nicht bei seinem Adlatus, das war damals Adolf Darlap, angemeldet hatte. Er hat mich praktisch hinausgeworfen. Ich kam gar nicht dazu, ihm zu gratulieren. Am Abend hat er sich dann bei mir dafür entschuldigt.

Hatten Sie Pater Rahner als Professor gehabt?

☐ Ja, ich habe Karl und Hugo Rahner gehört, aber auch Josef Andreas Jungmann. Jungmann war ein eher langweiliger Vortragender mit einer leisen Stimme und ohne großen rhetorischen Aufwand. Das lag ihm nicht. Man merkte erst mit der Zeit, was da eigentlich drinsteckte. Anders bei Karl Rahner! Bei ihm waren die Vorlesungen wirklich spannend. Er hat stark extemporiert, und er dachte im Auf-und-ab-Gehen. Er dachte uns gleichsam vor, und wir haben versucht, ihm zu folgen. Typisch für ihn war dann (wie auch in seiner ganzen Arbeit diese Grundtendenz spürbar wird) dieses Ethos der Verkündigung: Er konnte aus den schwierigsten spekulativen Überlegungen mit einem Schritt und überzeugend in das praktische kirchliche Frömmigkeitsleben hineinwechseln, sodaß man merkte, wie das eine mit dem anderen zusammenhängt. Das war eine große Begabung von ihm und hat uns natürlich auch entsprechend beeindruckt.

Ist diese Verknüpfung auch in seinen „Schriften zur Theologie" der Fall?

□ Es gibt Werke, zum Beispiel sein Büchlein über das Gebet[2], wo diese zweite Seite eher dominiert. Aber ich könnte nichts nennen, wo beides sozusagen gleichwertig nebeneinander steht. Seine „Schriften" sind doch meistens sehr theoretisch: nicht in einem schlechten, sondern in einem durchaus positiven Sinn. Andere wieder sind mehr zugeschnitten auf das praktische Christenleben des einzelnen, der Kirche, ihrer Gemeinschaften. Von daher ist es auch verständlich, daß er das „Handbuch der Pastoraltheologie" mit herausgegeben hat. Er hat dort viele Beiträge verfaßt, wo man dann allerdings manchmal auch wieder spürt, daß er nicht unbedingt ein Praktiker war. Manche Dinge sind ein bißchen utopisch. Ich denke zum Beispiel an seine Vorstellung von der Diözese als Teilkirche, wo er sagt: Die müßten alles haben, was Kirche insgesamt ausmacht, angefangen von einer anspruchsvollen Theologie bis hin zu den alltäglichen pastoralen Funktionen[3]. Das ist, glaube ich, nicht ganz realistisch. Denn wenn man dabei an manche Diözesen in Italien oder sonstwo denkt, dann sieht man, daß die sich schwer tun, seinem Konzept gerecht zu werden. Das kann man ihnen auch gar nicht übel nehmen. So gab es Dinge, wo er von seinen Grundpositionen theologisch-theoretischer Art aus zwar sehr intensiv hineingewirkt hat in die kirchliche Praxis, wo aber auch manchmal spürbar wird, daß er mit der konkreten Praxis vor Ort wenig vertraut war.

Rahner, das „Arbeitstier"

In seiner Einführung „Karl Rahner verstehen" hat Herbert Vorgrimler am Schluß Briefe aus der Konzilszeit veröffentlicht[4]. Darin schimpft Rahner ziemlich viel. Ich kann verstehen, daß man privat so daherreden kann, aus Ungeduld, Enttäuschung oder Frustration. Aber muß man so etwas dann auch veröffentlichen?

□ Ihr Eindruck ist sicher richtig. Man muß bei Rahner in dieser Phase seines Lebens immer damit rechnen, daß er wahnsinnig überarbeitet war. Er hat ja sich selber Maßstäbe gesetzt für seine Arbeiten, die geradezu unmenschlich waren, was seine Lebensweise anging. Zum Beispiel: Ein bestimmten Maß von Zeilen muß jeden Tag geschrieben werden! Es war eine unglaubliche Zahl: 30 Seiten oder so etwas. Aber das kam aus seiner Liebe zur Kirche, die sehr intensiv war, zum Mysterium der Kirche. Gleichzeitig kam von dort jedoch auch die Neigung, die konkrete Kirche mit sehr kritischen Augen zu betrachten und dann eben unter Umständen auch Äußerungen zu machen, wo man später vielleicht sagt: Na ja, andere sind auch Menschen mit ihren Vorzügen und Schwächen. Damit muß man leben lernen!

Gab es niemanden im Haus, der ihm sagen konnte: Pater Rahner, es können auch einmal zehn Seiten pro Tag sein und nicht 30? Hätte sein Bruder Hugo so etwas sagen dürfen?

☐ Vielleicht hätte er es von dem akzeptiert. Aber so ist natürlich ein unheimlicher Druck entstanden.

Dieser Druck kam also nicht von außen, von einem Verlag, sondern war selbsterzeugt?

☐ Den Druck machte sich Rahner selbst. Natürlich hat er viele Anfragen bekommen und konnte schwer nein sagen. Er hat unzählige Vorträge gehalten, Bücher und Artikel geschrieben, um die man ihn gebeten hat. Aber es war ihm auch einfach ein Bedürfnis, mit seiner Arbeit in die Kirche hineinzuwirken und dort, wo er Mängel oder Fehler sah, möglichst eine neue Richtung aufzuzeigen, eine bessere Vorgangsweise. Das war ihm ein echtes Anliegen! Er war in diesem Sinn viel pastoraler, als man glauben möchte.

Er hat in seiner letzten Zeit in Innsbruck eine eigene Sekretärin gehabt. Wie war das in den 50er und 60er Jahren?

☐ Zum Schluß hatte er die Frau Oeggl. Aber vorher gab es keine Sekretärinnen. Für Pater Rahner haben verschiedene Studenten gearbeitet, Adolf Darlap oder Franz Mayr. Assistenten im heutigen Sinn gab es damals an der Fakultät nicht, Pater Rahner fand aber immer einige

Adlati, die ihm zugearbeitet haben. Er konnte meinetwegen dem Darlap ein Manuskript in die Hand drücken und sagen: Jetzt machen Sie mal ein paar Anmerkungen dazu!

War Rahner oft überarbeitet?

☐ Es gab Phasen, wo er erschöpft war. Das Konzil hatte ihn ausgelaugt. Danach ist er nicht nach Innsbruck zurückgekehrt, sondern nach München gegangen. Er war mit dem Jesuitenkolleg nicht zufrieden. Er hätte sich mehr Hilfe von Mitbrüdern erwartet. Es gab wohl auch Spannungen in der Kommunität, zum Beispiel mit Pater Engelbert Gutwenger SJ[5] und einigen anderen. Von daher kommt ja dieser vielzitierte Ausspruch während einer Auseinandersetzung. Pater Rahner geriet einmal in eine Diskussion mit Pater Josef Felderer SJ[6]. Felderer war ein sehr konservativer Theologe gewesen in seiner Methodik, also ein ganz anderer Typ als Rahner, mehr Scholastiker im alten Sinn. Rahner und er kamen halt nicht zusammen. Schließlich hat Pater Rahner zum Felderer gesagt: Bleiben Sie bei Ihrer Meinung, für Sie ist sie gut genug. – Der gute Felderer bekam einen roten Kopf, stand auf und ging.

Es gab manchmal merkwürdige Dinge, wo sich Pater Rahner auch nicht mehr kontrolliert hat. Ein anderes Beispiel: Er hatte zu einem seiner Abend-Kolloquien einen Professor von einer anderen Fakultät eingeladen. Der Kollege war ein Philologe. Er hatte entweder eine Prothese oder ein steifes Bein. Er stand also neben dem Podium und wartete darauf, seinen Vortrag beginnen zu können. Pater Rahner hat ihn vorgestellt. Er hat gesagt, um welches Thema es geht, und dann hat er angefangen nachzudenken und hat geredet und geredet. Das ging etwa eine dreiviertel Stunde lang, und der arme Mann stand da und kam gar nicht zu Wort. Schließlich hat Pater Rahner aufgehört und den Gast ans Vortragspult gebeten. Er hat dann eigentlich nur noch gesagt: Vieles von dem, was ich hätte sagen können, hat Professor Rahner schon gesagt. Ich kann eigentlich nicht mehr viel dazu sagen. Dann ist er wieder zu seinem Platz gegangen. Rahner hat überhaupt nicht realisiert, wie sehr er seinen Gast brüskiert hat.

40

Interesse an der Jugend

Die Jugendarbeit von Pater Sporschill übte auf Pater Rahner eine große Faszination aus.

☐ Georg Sporschill gehörte zu den Typen, die Pater Rahner imponiert haben. Er war lange Zeit Assistent bei mir gewesen und ist dann in die Erwachsenenbildung in Vorarlberg gegangen. Aber er ist ein sehr unruhiger Kopf. Es hat ihn nirgendwo lange gehalten, er hatte kein Sitzfleisch, wie wir sagen. Er ist dann in den Jesuitenorden eingetreten, und ich hätte ihn gern in Richtung Pastoraltheologie gesteuert, eventuell als Nachfolger für Pater Walter Croce SJ[7]. Aber das war hoffnungslos. Pater Sporschill hat dann im Orden eigentlich immer getan, was er wollte. Ich habe es damals den Oberen sehr übel genommen, daß sie da nicht fester zugegriffen haben[8]. Aber in seiner Dynamik und in seiner Fähigkeit, junge Menschen an sich zu ziehen, ehrenamtliche Helfer für alles Mögliche zu rekrutieren, in einem Maß, das höchst anspruchsvoll war – das war schon etwas. Einige sind dann auch in den Jesuitenorden eingetreten, weil sie von ihm so beeindruckt waren. Das hat Pater Rahner enorm imponiert, und er hat dann Sporschill unterstützt, wo er nur konnte. 1984 gab Pater Sporschill dann ein kleines Büchlein mit Erinnerungen von Karl Rahner heraus[9].

Rahners Vermächtnis

Was sollte man unbedingt weitergeben von Rahners Theologie? Was würden Sie da spontan sagen? Warum ist er immer noch wichtig?

☐ Für mich stellt sich das so dar, daß sein transzendentaler Ansatz sozusagen die entscheidende systematische Triebfeder seines Denkens war, die ihn auch dazu geführt hat, das Mysterium Gott immer in seiner Größe zu verkünden und zugleich in seiner Immanenz, im menschlichen Leben. Das war ja auch der Grund, warum er nicht nur auf Theologen, sondern auch auf eine Unzahl von Laien einen so entscheidenden Eindruck gemacht hat. Er hat ihr Leben in eine Dimension gebracht, die ihnen nicht bewußt war: das verborgene Ineinandersein von Gott und Schöpfung. Ich glaube, hier liegt ein ganz entscheidender Punkt für seine Wirksamkeit sowohl in der Theologie als auch seiner Strahlkraft in die Kirche hinein. Viele Laien hatten den Eindruck: Da sagt uns einer, wer wir eigentlich sind und was in uns vom Leben geschieht beziehungsweise möglich ist, und zwar so, daß wir es als unsere Sache begreifen und verstehen können.

Denken Sie dabei an einen bestimmten Text oder an ein ganz spezifisches Buch?

☐ Da täte ich mich eher schwer, weil das eigentlich immer im Hintergrund steht: sowohl bei seinen Vorträgen und Predigten wie bei den mehr frömmigkeitsorientierten Schriften. Ob es sich um den „Grundkurs des Glaubens" handelt oder was auch immer: Es gibt immer so etwas wie ein verborgenes Rückgrat von allem. Das konnten nicht nur Theologiestudenten erfahren, sondern auch die Zuhörer seiner Vorträge und Predigten.

Der Rosenkranz als Eisenbahn

Was haben Sie besonders geschätzt an Karl Rahner?

☐ Seine Theologie habe ich sehr geschätzt. Er konnte aber auch sehr menschlich sein. Er hat mir zum Beispiel die Primizpredigt gehalten, von der ich heute nichts mehr weiß. Sie war etwas schwierig. Beim Primizmahl hatten meine Schwester und ich überlegt, wo wir Pater Rahner hinsetzen könnten, damit er einen Gesprächspartner hat. Ihm gegenüber saß ich, meine Schwester war in der Nähe, ebenso der Pfarrer. Wir haben gedacht: Es gibt dann schon Gesprächsmöglichkeiten. Dann gingen wir zum Essen, und er nahm seinen Platz ein und war zunächst ziemlich schweigsam. Damals war mein Neffe ein kleiner Bub. Er lief um den Tisch herum und plötzlich holte Pater Rahner ihn, nahm ihn auf den Schoß und sammelte die gefalteten Tischkärtchen ein, die wie ein Dach aussehen, zog seinen Rosenkranz aus der

Tasche und spielte mit dem Kleinen Eisenbahn und ließ den Rosenkranz durch den Tunnel fahren. Die Frage, wer mit ihm ein Gespräch führen kann, war somit gelöst.

Das ist ja herrlich! Er konnte sich also durchaus etwas einfallen lassen und mit Kindern spielen. Haben Sie noch andere Erinnerungen?

☐ Vielleicht noch eine Anekdote, die für seine Art irgendwo typisch ist. Er hatte meistens einen jungen Scholastiker, möglichst mit Führerschein, der ihn ein bißchen betreut hat und dem er auch Anliegen anvertrauen konnte. Eines Morgens um vier klopfte es an die Tür dieses Scholastikers. Der sagte: Ja, was ist los? Da kam von draußen die Stimme von Rahner: Bist Du schon wach? Ja, sagt der, was ist? Kann ich reinkommen? Ja, kommen Sie. Da kam Rahner ins Zimmer, hielt seine Hose und sagte: Ich muß jetzt zu einem Vortrag fahren und an meiner Hose fehlen an den wichtigsten Stellen die Knöpfe. Kannst Du Knöpfe annähen? Der Scholastiker sagte: Ja, kann ich. Da hat Rahner seine Hose ausgezogen und sich in Unterhosen aufs Bett gesetzt, und der Scholastiker holte Nadel und Faden und hat Knöpfe angenäht, während Rahner ihm zuschaute. Und plötzlich, in diese beschauliche Stille hinein, sagte Pater Rahner: Gell, das ist doch eine Schweinerei, wenn man keine Frau hat!

Anmerkungen

[1] Vgl. J. Pieper, Eine Geschichte wie ein Strahl. Autobiographische Aufzeichnungen seit 1964. München ²1996, 153: „Zu einer Zusammenkunft im Paderborner Leo-Konvikt war ich spät abends in der Kapelle und gab erst am nächsten Morgen in der Kapelle dem einen oder anderen schweigend zur Begrüßung die Hand. An der im vorderen Chor-Raum aufgestellten Mensa brannten zur Meßfeier schon die Kerzen. Doch dann wurden sie wieder gelöscht und statt dessen die am rückwärtigen Altar angezündet. Der Präfekt des Hauses ging, aus der Sakristei kommend, nahe an mir vorbei und flüsterte mir zu, Professor Rahner werde die Messe in ganz neuartiger Form zelebrieren. In Wirklichkeit schritt er zum Altar, wandte uns, wie vor Zeiten, den Rücken zu und feierte, in kaum vernehmlicher Wechselrede mit den Ministranten, eine ‚stille Messe'. Als er sich zum Frühstück zu mir setzte, beglückwünschte ich ihn lachend: ‚Das war ja einmal eine wahrhaft postkonziliare Messe!' – ‚Aber haben Sie so etwas nicht auch ganz gern?'"

[2] Vgl. K. Rahner, Von der Not und dem Segen des Gebetes (1949).

[3] Vgl. jetzt: K. Rahner, Die Träger des Selbstvollzugs der Kirche, in: Ders., Sämtliche Werke. Bd. 19: Selbstvollzug der Kirche. Ekklesiologische Grundlegung praktischer Theologie. Freiburg 1995, 80–147, bes. 99–110 (Bischof und Bistum).

[4] Vgl. K. Rahner, Kleine Brieffolge aus der Konzilszeit, in: H. Vorgrimler, Karl Rahner verstehen. Eine Einführung in sein Leben und Denken. Freiburg [2]1988, 171–220.

[5] Engelbert Gutwenger SJ (1905–1985), 1939 Lehrtätigkeit Innsbruck, 1939–1946 Dozent am Heythrop College/Oxford, 1946/47 Professor am Priesterseminar Sankt Georgen am Längsee/Kärnten, dann wieder Lehrtätigkeit in Innsbruck (Fundamentaltheologie, Dogmatik, Philosophie), 1954 ao. Professor, 1958 Professor für Fundamentaltheologie, 1959/50 Dekan der theologischen Fakultät, 1961/62 Rektor der Universität Innsbruck, 1949/50 Vizerektor des Canisianums; vgl. E. Coreth, In memoriam P. Engelbert Gutwenger SJ. In: ZKTh 107 (1985) 249–251.

[6] Josef Felderer SJ (1919–2006), 1953 Privatdozent für Fundamentaltheologie an der Universität Innsbruck, 1970 tit. ao. Professor.

[7] Walter Croce SJ (1912–2004), 1957–1977 Professor für Pastoraltheologie an der Universität Innsbruck.

[8] Vgl. das Interview mit G. Sporschill SJ in diesem Band.

[9] Vgl. Karl Rahner, Bekenntnisse. Rückblick auf 80 Jahre. Hg. v. G. Sporschill. Wien 1984.

Nicht nur aus opportunistischen Gründen
Im Gespräch mit P. Otto Muck SJ, Innsbruck

Otto Muck SJ, Dr. phil., lic. theol., geb. 1928, ist seit 1951 Jesuit. 1962–1965 Universitätsdozent, 1965–1970 ao. Professor, 1969/70 Dekan der Theologischen Fakultät Innsbruck, 1971–1997 Professor für Christliche Philosophie an der Universität Innsbruck, 1975–1977 Rektor der Universität Innsbruck, 1969–1973 Rektor des Jesuitenkollegs Innsbruck.

Welche Erinnerungen an Karl Rahner als Lehrer haben Sie?

☐ Ich habe bei ihm in Innsbruck drei Jahre lang, von 1956 bis 1959, dogmatische Theologie gehört. Das war sehr interessant. Er hat eine Mischung gehabt: Teile hat er auf Latein doziert, anderes wiederum zum Teil auf Deutsch. Ich bin jetzt nicht mehr absolut sicher: Aber ich vermute, daß er vor allem positives Material – also Dogmengeschichte oder Bibeltheologisches – auf Deutsch doziert hat, während er das Systematische eher auf Latein brachte. Es gab auch Skripten. Ich habe Dogmatik aber auch bei Franz Lakner, Engelbert Gutwenger und Josef Felderer gehört. Lakner hat im Vergleich mit Pater Rahner viel mehr Latein gebracht.

Bereits bevor ich Jesuit wurde, als ich Student der Philosophie, Mathematik und Physik war, habe ich mich in Wien für Theologie und Philosophie interessiert. Ich kann mich noch erinnern, wie wir unter Studenten, die nicht Theologiestudenten waren, in der Hochschulgemeinde, über den Artikel über „Das eine Opfer und die vielen Messen", diskutiert haben[1]. Auch über seine marianischen Schriften wurde in diesen Kreisen gesprochen[2].

Scholastische Begrifflichkeit

Welche seiner mehr philosophischen Schriften fand damals Beachtung?

☐ Ich habe 1953/54 „Hörer des Wortes" ganz intensiv durchgearbeitet. In einem kleinen Arbeitskreis haben wir darüber gesprochen: Inwiefern dieses Buch eine gewisse Anthropologie ist. Wer sich intensiver mit Karl Rahner beschäftigt und nicht nur beiläufig, wie man eben den einen oder anderen Theologen kennt, muß seinen methodischen Zugang gut kennen und zu verstehen versuchen. Sonst bleibt das Ganze an der Oberfläche, und es wird einfach das eine oder andere nur journalistisch herausgegriffen und mit irgendwelchen Assoziationen versehen. So erhält man nur eine Mixtur. Ich habe den Eindruck, daß manche Karl Rahner manchmal lediglich aus opportunistischen Gründen nennen, um ihre eigene Theorie zu stützen oder aber sagen zu können, er liege falsch. So kommt es zu Fronten für und gegen Karl Rahner, die aber nicht auf dem basieren, was er eigentlich meint und sagt.

Worin besteht für Sie dieser methodische Zugang?

□ Um Karl Rahner wirklich zu verstehen, ist es erforderlich, daß man erstens die Scholastik und die scholastische Begrifflichkeit gut kennt, zum Teil auch in ihrer neuscholastischen Prägung. Pater Rahner wurde davon in seinem Studium geprägt. Zweitens aber ist es ganz wichtig zu sehen, daß das Scholastische und damit sozusagen das aristotelische Erbe von Pater Rahner im Gefolge von Joseph Maréchal neu interpretiert wurde. Grundbegriffe der scholastischen Philosophie, aber auch, wie sie in der Theologie verwendet wurden, um auf dem Hintergrund eines heute natürlich veralteten kosmologischen Weltbildes die Welt zu strukturieren, sind heutzutage vielen Studierenden nicht mehr zugänglich. Wer jedoch die Scholastik nur relativ oberflächlich studiert und dann mit irgendwelchen freien Assoziationen versieht, produziert meistens nur einen großen Unsinn und wertet damit die Scholastik ab. Karl Rahner hat sich intensiv mit der transzendentalen Analyse von Maréchal auseinandergesetzt[3]. Der Ausdruck „transzendentale Methode" bzw. „Analyse" kommt ja erst in der zweiten Hälfte des 19. Jahrhunderts auf. Aber Maréchal hat die transzendentale Analyse weitergeführt. Karl Rahner hat auf Maréchal aufgebaut und um die existentiale Terminologie von Martin Heidegger erweitert. Erfahrung wird nicht nur in einem empiristischen Sinn verstanden. Dadurch wird sozusagen der transzendentalphilosophische Ansatz von Maréchal, mit dem sich Pater Rahner während des Studiums bereits intensiv beschäftigt hat, weiter entfaltet und durch ein existential-phänomenologisches Element erweitert. Den Zugang zur Seinsfrage hat sich Pater Rahner über Heidegger erarbeitet. Man muß also immer drei Elemente mitbedenken, wenn man sich mit Karl Rahner beschäftigt: Scholastik, Maréchal und Heidegger[4].

Wenn jemand heute sagt: „Ich zweifle, ob es mir gelingt, Karl Rahner mit seinen Voraussetzungen zu verstehen, wenn alles so kompliziert ist" – was sagen Sie dann?

☐ Dann würde ich raten, sich mit Autoren zu beschäftigen, die diese Voraussetzungen in der Theologie Karl Rahners intensiver bearbeitet haben.

Die Stringenz der Sache

Ist Karl Rahner zum Teil auch von seinem Bruder Hugo beeinflußt worden?

☐ Das weiß ich nicht. Interessant ist natürlich, daß Karl Rahner sich auch mit Patrologie beschäftigt hat, jedenfalls am Anfang. Er hatte außerdem ein sehr großes spirituelles Interesse. Das ist schon interessant. Aber sonst war Hugo Rahner natürlich derjenige, der in der Patristik bewandert war und einen Sinn für die sprachlichen Formen und die Symbolik hatte. Von daher mag auch Karl Rahner in manchen Punkten ein Verständnis für die Symbolik in der Sprache und „Urworte" wie etwa „Herz Jesu" gewonnen haben. Aber sonst war Hugo Rahner sprachlich viel gewandter und der bessere Redner. Bei Karl Rahner stand nicht so sehr die Rhetorik im Vordergrund, sondern eher die Stringenz und Logik der Sache, mit der er sich beschäftigt hat. Daher war es natürlich meistens recht schwierig, wenn man ihn hörte. Aber für jemanden, der für seine Denkweise offen war, konnte es durchaus fruchtbar werden, weil er gleichsam mit Karl Rahner zusammen nachdenken konnte. Manche seiner Sätze sind leider furchtbar lang und erschweren vielen das Verständnis. Man müßte diese Sätze manchmal anders gestalten: kürzen vor allem.

Vielleicht kommt in den langen Rahner-Sätzen auch zum Ausdruck, was Sie eben über die Rhetorik und die Logik einer Sache ausgeführt haben.

☐ Pater Rahner ist es darum gegangen, Gedanken zu entwickeln. Er hat gleichsam laut gedacht und nicht sehr auf die weitere Gestaltung Rücksicht genommen.

Rahner, unkompliziert

Eine Frage zur Person Karl Rahners: Was haben sie im Kontakt mit ihm am meisten geschätzt?

☐ Seine ganz einfache, unkomplizierte Art! Schwierig wurde es manchmal dadurch, daß er seinen Gedanken nachgegangen ist und dann mürrisch reagieren konnte, wenn man ihn gestört hat. Er war aber im Alltag normalerweise ganz umgänglich.

Es gibt neben seinen hochtheologischen Schriften auch eine ganze Reihe von ganz einfachen Andachtsschriften. „Heilige Stunde und Passionsandacht" (1949) hat er zunächst unter dem Pseudonym Anselm Trescher, dem Familiennamen seiner Großmutter, veröffentlicht.

☐ Als 1939 „Geist in Welt" gedruckt wurde, knüpfte der Verlag daran die Bedingung, daß Pater Rahner auch eine etwas populärere Schrift anbiete, die sich verkaufen lasse. Da hat er dann zehn Meditationen, die bereits getrennt erschienen waren, zusammengefaßt und als „Worte ins Schweigen" veröffentlicht. Das ist im Grunde seine theologische Gotteslehre. Dieses Bändchen ist durchaus anspruchsvoll und hat eine sehr persönliche, existentielle Grundlage bei ihm. Was er dann theologisch entwickelt hat, wollte immer zum Zentrum des christlichen Glaubens hinführen. Das sollte man nicht übersehen, wenn man aus den letzten Lebensjahren diese kritische Aussagen Pater Rahners zur Kirche vor Augen hat.

Anmerkungen

[1] Vgl. K. Rahner, Die vielen Messen und das eine Opfer, in: ZKTh 71 (1949) 257–317. Der Artikel ist 1951 als eigenständige Veröffentlichung (bei Herder, Freiburg) erschienen. Vgl. später: Ders., Die vielen Messen als die vielen Opfer Christi, in: ZKTh 77 (1955) 94–101; ders., Die vielen Messen und das eine Opfer. Eine Untersuchung über die rechte Norm der Meßhäufigkeit (QD 31). Freiburg 1966.

[2] Vgl. jetzt: K. Rahner, Sämtliche Werke. Bd. 9: Maria, Mutter des Herrn. Mariologische Studien. Freiburg 2004.

[3] Vgl. O. Muck, Thomas – Kant – Maréchal. Karl Rahners transzendentale Methode, in: H. Schöndorf (Hg.), Die philosophischen Grundlagen der Theologie Karl Rahners (QD 213). Freiburg 2005, 31–56; ders., Die deutschsprachige Maréchal-Schule – Transzendentalphilsophie als Metaphysik: J. B. Lotz, K. Rahner, W. Brugger, E. Coreth u. a., in: E. Coreth / W. M. Neidl / G. Pfligersdorffer (Hg.), Christliche Philosophie im katholischen Denken des 19. und 20. Jahrhunderts. Bd. 2. Graz 1988, 590–622; J. B. Lotz, Joseph Maréchal (1878–1944), in: ebd. 453–469; K. Müller, Zur Bedeutung Kants für die gegenwärtige katholische Theologie in Deutschland, in: N. Fischer (Hg.), Kant und der Katholizismus. Stationen einer wechselhaften Geschichte. Freiburg 2005, 515–528, bes. 425–427 (Karl Rahners Projekt transzendentaler Theologie); F. Marty, Joseph Maréchal (1878–1944). Kritische Philosophie und Neuscholastik. Eine transzendentale Theologie, in: ebd. 515–528, bes. 520–524 (Karl Rahner, eine transzendentale Theologie).

[4] Vgl. O. Muck, Heidegger und Karl Rahner, in: ZKTh 116 (1994) 257–269.

Er hat auch Studenten ernst genommen
Im Gespräch mit Albert Raffelt und Franz Johna, Freiburg

Albert Raffelt, Dr. theol., geb. 1944, ist stellvertretender Direktor der Universitäts-
bibliothek Freiburg und Honorarprofessor für Dogmatik an der Universität Freiburg. Er ist Mitherausgeber der „Sämtlichen Werke" Karl Rahners.
Franz Johna, geb. 1929, Übersetzer und Herausgeber spiritueller Bücher, war bis
1994 Lektor im Verlag Herder, Freiburg.

Herr Professor Raffelt, Sie spielen eine zentrale Rolle bei den Publikatio-
nen Karl Rahners im Verlag Herder.

☐ Um kurz biographisch etwas vorauszuschicken: Ich habe 1964 in
Münster angefangen, Theologie zu studieren. Es war die Zeit des Zweiten Vatikanischen Konzils. Wenn man sich als Schüler für Theologie
interessierte, stieß man von selbst auf den Namen Karl Rahner. Es
gab damals die Herder-Taschenbücher mit einer Auswahl aus den
„Schriften zur Theologie". Die habe ich mir besorgt: „Gegenwart des
Christentums"[1] zum Beispiel. Einige Taschenbücher habe ich gelesen,
neben Hans Küng natürlich, dem vielleicht effektvollsten Theologen in
der vorvatikanischen Zeit, der auch mit Vorträgen herumreiste. Pater
Rahner war aber doch der Name, der am respektabelsten war. Ich muß
jedoch gleich einräumen: Damals galt Pater Rahner schon als etwas älter. Wir jungen Leute dachten: Das ist die alte Theologie! Ich gestehe,
daß ich mich am Beginn meines Studiums viel mehr für evangelische
Theologen wie Paul Tillich und andere interessiert habe als für Karl
Rahner. Die sind moderner, sagte ich mir. Karl Rahner ist zwar wichtig
und respektabel, aber die Moderne liegt anderswo.

Er hat mich ernst genommen

Dann habe ich in meinem Studiengang in München weiterstudiert, wo
Pater Rahner damals auf dem Guardini-Lehrstuhl für Christliche
Weltanschauung lehrte. Ich muß gestehen, daß ich ihn da auch nicht
gehört habe. Ich war einmal in der Vorlesung. Aber er hat gleich am

Anfang den ersten Band des „Handbuchs der Pastoraltheologie" hochgehalten und gesagt: Was ich jetzt vorlese, das kommt im zweiten Band. Die Vorlesung war so schwierig, daß ich mir dachte: Das kann man viel leichter nachlesen. In München habe ich den damals als Gastprofessor am gleichen Institut tätigen evangelischen Theologen Heinrich Ott[2] intensiv gehört. Ich habe also Pater Rahner etwas umgangen. Der Zufall wollte es dann, daß er 1967 nach Münster berufen wurde. Damals bin ich auch nach Münster zurückgegangen und hatte ihn dann im Pflichtprogramm als Lehrer. Dann mußte ich natürlich ganz intensiv Karl Rahner studieren und habe auch ein ganzes Semester und sogar während der Ferien nur Rahner gelesen. Das war für mich eigentlich der Durchbruch, um mich intensiv mit ihm zu befassen. Ich hatte einen engeren Kontakt zu Karl Lehmann, der im Priesterseminar „Collegium Borromäum" wohnte. So bekam ich auch mehr mit, was Pater Rahner so unternahm.

Nach Abschluß meines Grundstudiums wollte ich eigentlich nach Tübingen gehen, um zu promovieren. Ich blieb aber auf Vermittlung Karl Lehmanns in Münster und begann bei Pater Rahner eine Dissertation, die allerdings bei ihm nicht fertig geworden ist, weil ich 1969 mit Lehmann nach Mainz gegangen bin.

Sie haben dann bei Karl Lehmann über Maurice Blondel promoviert?

☐ Ich hatte in Münster ein Gespräch mit Pater Rahner, im „Collegium Marianum", einem Studentenwohnheim, in dem er wohnte. Sein Zimmer war sparsam möbliert, da standen nur ganz wenige Bücher. Das hat mich sehr beeindruckt. Rahner meinte bei diesem Gespräch, er kenne Blondel nicht so gut, er habe nur einmal als Redakteur der „Zeitschrift für Katholische Theologie"[3] in den 30er Jahren einen Artikel von Walter Warnach betreut[4] und sonstige Kenntnisse über den Blondel-Kenner Robert Scherer[5]. Im Grunde sei er kein Blondel-Spezialist, im Gegensatz zu Lehmann. Verblüfft hat mich in diesem Gespräch, daß Pater Rahner mich ernst genommen hat. Er wollte auch wissen, was ich von bestimmten Dingen hielt. Das war mir bei Theologieprofessoren bis dahin noch nicht begegnet. Er hatte damals sehr viele Doktoranden, so daß er sich bei der nächsten Begegnung natürlich nur mit Mühe erinnern konnte, wer ich bin. Ich dachte mir dann, es ist besser, zu Karl Lehmann zu gehen, da habe ich den direkten Kontakt, und das ist viel einfacher. Über Lehmann habe ich Pater Rahner später wieder getroffen, als er in Mainz, zusammen mit Eberhard Jüngel, zu einer Gastvorlesung war[6]. In Freiburg kam Pater Rahner dann relativ häufig auch ans Institut, als ich Assistent war. Wie ich dazu kam, Pater Rahners Veröffentlichungen zu bearbeiten, kann vielleicht Herr Johna besser sagen.

☐ *(Franz Johna:)* Soweit ich mich erinnere, hat Pater Rahner, aber auch Karl Lehmann, uns im Lektorat schnell auf Albert Raffelt verwiesen. Lehmann hatte zu Herrn Raffelt, was die Genauigkeit und auch den sachlichen Zugang zu den Dingen betrifft, sehr großes Vertrauen. Da Herr Raffelt für uns immer in greifbarer Nähe war, war uns das sehr willkommen. In allem, was Pater Rahner betraf, konnten wir uns sehr schnell an Herrn Raffelt halten. Die Beziehung Raffelt – Verlag Herder wurde immer intensiver. Pater Rahner hat nach meinem Dafürhalten immer größten Wert auf die Beziehung zu Ihnen gelegt.

Auf dem Weg zum „Grundkurs des Glaubens"

Im Herder-Verlag ist dann 1976 der „Grundkurs des Glaubens" erschienen.

☐ *(Franz Johna:)* Der „Grundkurs" war ein echtes Problem[7]. Pater Rahner hatte mehrere Anläufe gemacht, aber es klappte anfangs nicht. Er hat verschiedene kompetente Leute mit der Vorbereitung seines Manuskripts befaßt.

☐ *(Albert Raffelt:)* Meiner Erinnerung war beim ersten Anstoß zur Publikation Karl Lehmann im Blick. Pater Rahner hatte im Grunde die Vorstellung: Er denkt, und Lehmann macht die Exegese und alles andere. Das wäre natürlich etwas schwierig gewesen. Aber in vielen Fällen hat es Lehmann ja so gemacht. Der „Jesus Christus"-Artikel etwa im „Sacramentum mundi"[8]: Dort ist sehr viel von Lehmann drin. Oder in den „Mysterium salutis"-Beiträgen: Auch da hat Lehmann viel zugearbeitet[9]. Die Arbeitsweise war so: Es lagen Rahner-Aufsätze vor, und Lehmann hat dann den ganzen historischen Fundus drangehängt. Wahrscheinlich dachte Pater Rahner, beim „Grundkurs" würde das auch so funktionieren.

☐ *(Franz Johna:)* Lehmann hatte einen sehr direkten Zugriff zu den Dingen und war auch, was das Editorische angeht, sehr versiert.

☐ *(Albert Raffelt:)* Außerdem war er in der Exegese mehr zuhause als Pater Rahner. Dann erhielt Lehmann 1968 die Berufung auf den Dogmatik-Lehrstuhl nach Mainz. Damit war das „Projekt Grundkurs" eigentlich gestorben.

☐ *(Franz Johna:)* Pater Rahner hing ein wenig in der Luft. Er hat, soweit ich weiß, verschiedene Anläufe unternommen. Elisabeth von der Lieth ging ihm zur Hand. Sie hat Material sortiert. Auch die Patres Schöndorf und Neufeld haben mitgeholfen.

☐ *(Albert Raffelt:)* Ganz grob gesagt: Das endgültige „Grundkurs"-Manuskript ist natürlich aus den Münsteraner Vorlesungen hervorgegangen, weil das die letzte Stufe war. Die Münchener Vorlesungen hatten etwas mehr Stoff, der dann ergänzt worden ist. In Münster hat Pater Rahner Christologie gelesen[10]. Das ist ergänzt worden, genauso wie fehlende Stücke aus Rahner-Aufsätzen zusammenkopiert wurden. Den kleinen Abschnitt über die Heilige Schrift als Buch der Kirche hat Pater Rahner praktisch diktiert.

☐ *(Franz Johna:)* Aus der Sicht des Verlags möchte ich da einschieben: Wir haben Karl Rahner gedrängt, er möge doch jetzt ein großes, umfassendes grundlegendes Werk als eine Art Krönung seiner Theologie vorlegen und den „Grundkurs" fertigmachen. Wir waren daran interessiert, daß es spürbar vorangeht, damit es wirklich zu einer Veröffentlichung kommt. Pater Rahner hat ein wenig darunter gelitten. Er wollte etwas schreiben, hat aber eingesehen, daß er es allein nicht schafft. Die letzte Stufe, die dann im Hinblick auf die Veröffentlichung auch die effektivste war, begann, als das Manuskript in die Hände von Albert Raffelt geriet. Wir haben Pater Rahner ein Zimmer im Karlshotel in Freiburg unweit des Verlags zur Verfügung gestellt und auch eine Sekretärin engagiert, Frau Schwab, die täglich gekommen ist und der er die fehlenden Teile diktiert hat. Pater Rahner hat es sehr geschätzt, wenn er irgendwo für sich sein und arbeiten konnte. Es war wichtig für ihn zu sehen, daß etwas zustande kommt und vorangeht. Er hatte einen ganz strengen Arbeitsablauf.

Wie schaute dieser Arbeitsablauf konkret aus?

☐ *(Albert Raffelt:)* Pater Rahner hat das gesamte Material noch einmal durchgesehen und dann Detailverbesserungen angebracht. Nicht mehr lesbare Dinge hat Frau Schwab neu getippt. Wenn das fertig war, habe ich das Konzept bekommen. Ich war eigentlich zuerst sehr, sehr zurückhaltend. Franz Johna und Gerbert Brunner[11] haben das Manuskript auch angesehen und gemeint, ich müßte noch etwas kräftiger eingreifen. Ich mußte mich erst einmal daran gewöhnen, daß man in den Texten Karl Rahners auch etwas mehr streichen kann. Es ging auch darum, das Ganze etwas flüssiger zu machen. Das ändert natürlich den Stil, einige Sätze habe ich verkürzt, einige Schlüsse anders formuliert und vor allen Dingen untergliedert. Pater Rahner hat aber alles noch einmal gegengelesen.

Was hat Pater Rahner dann dazu gesagt? War er zufrieden oder protestierte er gegen Eingriffe?

☐ *(Albert Raffelt:)* Er hat eigentlich gar nichts gesagt und alles im Wesentlichen akzeptiert. Ich kann mich gar nicht erinnern, daß er große Änderungen verlangte. Das einzige, was ich weiß: Ich hatte mehr Unterstreichungen darin, Kursivdruck bei lateinischen Ausdrücken. Das gefiel ihm nicht so gut. Deswegen haben wir das wieder rausgestrichen. Eine Sache, die er ergänzt hat, ist das Stück über die Schrift als Buch der Kirche[12]. Er hat mir das zuhause gesagt. Ich habe ihm dann aus dem Bücherregal seine Arbeiten dazu geholt, die Quaestio über die Inspiration[13] und ähnliche Dinge. Er hat mein Regal durchgeschaut, war aber nicht zufrieden. Er sah dann die lateinische Dogmatik „Sacrae Theologiae Summa". Sie ist ganz traditionell. Er hat sich die Gliederung angesehen, und nach dieser Gliederung hat er diktiert. Ich meine, es war ein relativ kurzer Abschnitt. Er ist praktisch nach der Gliederung der spanischen Jesuitendogmatik frei diktiert worden[14]. Ich habe das dann noch in der Nacht sauber ins Reine geschrieben und überarbeitet. Am nächsten Morgen hat er den Text noch einmal angesehen, dann war er fertig. Das war das letzte Stück des „Grundkurses".

Man sieht dem Werk natürlich an, daß es ziemlich viele Schichten hat. Im nachhinein fiel mir dann auf, was ich damals nicht bemerkte: daß zum Beispiel die Terminologie „Grundsakrament" – „Ursakrament" gewechselt hat. Nikolaus Schwerdtfeger markiert in Band 26 der Gesamtausgabe einige Ungereimtheiten.

Die Gesamtausgabe

Welche Bedeutung haben die „Sämtlichen Werke" Karl Rahners überhaupt? Sind Sie nur für die Rahnerforschung relevant?

☐ Zunächst einmal zur Entstehung[15]: Ich bin damit befaßt worden, weil eine Anfrage von der Rahner-Stiftung kam, wie man eine Ausgabe machen könnte, ob eine solche überhaupt sinnvoll sei, und wenn ja, wie sie zu gestalten sei. Dieselbe Anfrage erging auch an Pater Neufeld, den Leiter des Karl-Rahner-Archivs in Innsbruck. In meinem Gutachten habe ich vorgeschlagen, eine stärker systematisch gegliederte Ausgabe zu machen. Ich habe das gesamte Material systematisch zu ordnen versucht und gemeint, man sollte eine Edition so gestalten, daß man erst einmal eine systematische Aufteilung des Materials vornimmt und dann innerhalb der entsprechenden Teile eine chronologische Ordnung vornimmt. Das hätte zudem bedeutet, daß man auch die von Pater Rahner vorgenommenen Unterscheidungen in „wissenschaftliche" und in „geistliche" Schriften – er hat sie seine „frommen Sachen" genannt – akzeptiert, und von da aus den Plan für die Gesamtausgabe konstruiert. Ich habe mich damit nicht durchsetzen können. Es wurde der Plan von Pater Neufeld angenommen, eine strikt chronologische Ausgabe zu machen. Das ist natürlich auch wieder sehr schwierig, weil sich das Rahnersche Werk ja sehr stark in Einzelschriften aufblättert, was eine *reine* Chronologie fast undurchführbar macht. Sie ergäbe einen Fleckenteppich. Es ist dann versucht worden, die Sachthemen sozusagen in Arbeitsprojekte zu bündeln.

Die Grundstruktur der Ausgabe ist also chronologisch. Innerhalb der Chronologie soll sie aber, wie gesagt, Arbeitsblöcke zusammenfassen. Obwohl ich ursprünglich anderer Ansicht gewesen war, vertrete ich jetzt natürlich diesen Plan. Er hat auch große Vorteile, zum Beispiel wenn ich an den von mir edierten Band 4 denke: „Hörer des Wortes" (1997). Den würde man normalerweise unter dem Obertitel „Philosophische Schriften" abheften. Aber die Monographie „Hörer des Wortes" steht im Zusammenhang mit anderen Schriften, die zur Grundlegung der Theologie in der gleichen Zeit geschrieben worden sind, deswegen lautete der Untertitel korrekt: „Schriften zur Religionsphilosophie und zur Grundlegung der Theologie". Pater Rahner war ja inzwischen von der Philosophie in die Theologie umdirigiert worden[16]. Der Band enthält auch wissenschaftstheoretische Überlegungen zur Theologie, Probleme der Verkündigungstheologie usw.

Bei Band 2 („Geist in Welt") wiederum sieht man, daß es eben doch diesen Heidegger-Kontext gibt, der vorher eigentlich eher versteckt war. Der Heidegger-Aufsatz Karl Rahners ist ja bisher nur auf französisch erschienen[17], das erste Mal jetzt auch auf Deutsch. Aber das ist kein Original, sondern eine Rückübersetzung. Doch ist der Aufsatz damit dokumentiert. In diesem Band sind auch bisher unveröffentlichte Skizzen und Schulmaterial, Seminarprotokolle und Ähnliches enthalten, so daß man auch „Geist in Welt" in einem größeren Kontext sieht. Das ist, glaube ich, von der Ausgabe her gesehen ein großer Vorzug.

Wenn man die frühen Schriften Karl Rahners parallel liest: Warum sind dann zum Beispiel die „Worte ins Schweigen" nicht in dem Band abgedruckt, der „Geist in Welt" bringt?

□ Das markiert ein Problem des Gesamtplans! Aber wenn man die *Werkphasen* sieht – das ist die Frühphase –, dann stehen die Dinge eben sehr gut beieinander, besser, als wenn man jetzt systematisch gegliedert hätte. Auch wenn nicht alles in einen Band paßt. Das ist vielleicht doch ein Vorzug dieser grundlegend chronologischen Anordnung.

In der Gesamtausgabe erscheint alles, darunter sehr Bekanntes wie „Geist in Welt" oder „Hörer des Wortes", aber auch Unbekannteres. Band 3 („Spiritualität und Theologie der Kirchenväter") könnte man leicht übersehen.

☐ Bestimmte Facetten des Werkes Karl Rahners sind kaum bekannt. Daß er patristisch intensiv gearbeitet hat, das wissen viele gar nicht. Das wird auch Band 1 nochmals zeigen, in dem ganz frühe Aufsätze publiziert werden. In Band 3 ist auch die theologische Dissertation enthalten[18], die völlig unbekannt geblieben war, weil sie zu Lebzeiten Pater Rahners nie veröffentlicht wurde. Insofern ist das vom Textmaterial her schon wichtig. Auch in Band 4 („Hörer des Wortes") sind Texte abgedruckt, zum Beispiel über die Verkündigungstheologie[19], die bisher kaum beachtet wurden.

Tiefsinnig sind sie alle

Herr Johna: Sind Sie ab und zu gefragt worden, warum kleinere Veröffentlichungen Karl Rahners zwischendurch nicht erscheinen können?

☐ Pater Rahner hat eine sehr enge Beziehung zum Verlag Herder unterhalten: menschlich und auch von der Sache her. Schließlich war der Verlag für ihn ein wichtiges Instrument, um seine Vorstellungen zu verbreiten. Er hatte auch enge Beziehungen zu den Personen im Verlag, die seine Dinge sozusagen treuhänderisch, als Lektoren, betreut haben. Auf diesem Wege ergaben sich immer sehr schnell auch persönliche Beziehungen. Bei mir war das der Fall. Ich hatte einen – sagen wir einmal – fast freundschaftlichen Kontakt mit Pater Rahner, bei allem Respekt vor dem großen Theologen. Aber ich konnte auch ungeschützt und ganz spontan reden, wenn ich einmal ein Problem oder einen Wunsch hatte. Als Lektor haben Sie die Aufgabe, zweimal im Jahr – im Frühjahr und im Herbst – ein Programm auf die Beine zu stellen. Da muß eine bestimmte Titelzahl zusammenkommen. Denn der Verlag muß ja publizieren, und der Verlag muß leben. So ein Programm hat Schwerpunkte: Da gibt es die „Quaestiones disputatae", da gibt es den „Theologischen Kommentar zum Neuen Testament" ... Ich habe öfter mit Pater Rahner gesprochen: Wir brauchen eine „Quaestio" – eine wissenschaftlich-theologische Reihe, die er zusammen mit Heinrich Schlier begründet hatte.

Pater Rahner war immer sehr gesprächsbereit, er hat Anstöße gegeben und hat sich auch gern Anstöße geben lassen. Wir haben dann eine sogenannte kleine theologische Meditationsreihe geschaffen. In dieser Reihe kamen, das war das Prinzip, namhafte Theologen zur Wort – aber in einer Sprache, die noch einmal viel unmittelbarer spirituell sein sollte, vielleicht ein wenig kerygmatisch, also nicht nur für den Klerus oder theologisch Gebildete, sondern auch für ein größeres Publikum, das sowohl theologisch, vor allem aber spirituell interessiert war. Für diese Fragen hat er sich sehr erwärmt, und da hat er sich gern immer wieder einspannen lassen. Wir haben das auf diese besagte Kurzformel „Theologische Reflexion, verbunden mit gläubiger Meditation" gebracht. Wenn man so eine Reihe beginnt, muß man jährlich mindestens zwei Titel darin veröffentlichen, sonst gerät sie im Buchhandel in Vergessenheit. Manche Titel sind aus der Not heraus entstanden. Pater Rahner war ja immer ein gesuchter, begehrter Redner in katholischen Akademien und anderswo. Wenn er einen Vortrag hatte, hat er ihn gern geschickt: „Lieber Johna, wenn Sie das interessiert …". Das waren dann oft Vortäge im Umfang von 15 oder vielleicht 18 Seiten. Ich habe dann mit Albert Raffelt Kontakt aufgenommen. Nicht alle, aber viele von diesen kleineren Veröffentlichungen in der sogenannten theologischen Reihe sind irgendwie aus einer gewissen verlegerischen Not heraus entwickelt worden.

□ (Albert Raffelt:) Das würde ich auch sagen. Dazu kommen noch die „Theologischen Meditationen" bei Benziger[20]. Im Grunde ist es schade, daß das jetzt im Moment alles nicht greifbar ist. Mich verblüfft, daß zum Beispiel das große Lesebuch „Rechenschaft des Glaubens" nicht so markttrüchtig war. Es bringt eine sehr gelungene Auswahl der besten Texte von Karl Rahner. Vielleicht wird es im „Rahnerjahr 2004" wieder neu aufgelegt[21]. Karl Lehmann ist ja inzwischen Kardinal geworden. Auch das wertet das Ganze auf. Das Marketing des Herder-Verlags müßte vielleicht doch etwas machen können. Für heutige Studenten ist Karl Rahner kein Begriff mehr. Aber er ist eben ein Klassiker. Selbst wenn man sagen kann, daß bestimmte Meditationen ein bißchen altertümlich sind, tiefsinnig sind sie alle. Wer sich ein bißchen Mühe macht, hat etwas davon! Man müßte manches eben wieder besser vermarkten.

*Welche Rolle spielen die Interviews, die Pater Rahner im „Entschluß",
aber auch für den Rundfunk oder für das Fernsehen gegeben hat?*

☐ *(Albert Raffelt:)* Natürlich müssen diese Dinge in die Gesamtausgabe. Ein sachliches Problem besteht darin, daß manche bisherigen Editionen meines Erachtens nicht gut sind. Pater Imhof hat manchmal sehr freihändig eingegriffen. Ich habe es an einem Text, den ich selbst geliefert habe (mein Proseminar über Karl Rahner) gemerkt, daß Imhof die Überschriften sehr frei gestaltet, den Kontext verändert hat. Da muß man bei der Edition sehr vorsichtig sein[22].

Er hat niemanden verachtet

*Herr Raffelt, ich möchte Sie um einen letzten Eindruck bitten: Erinnern
Sie sich an etwas besonders Eindrückliches, das Sie spontan mit Pater
Rahner verbinden?*

☐ Ich will jetzt keine pathetischen Dinge nennen. Mir ist vor allem seine große Sachlichkeit in Erinnerung geblieben. Pater Rahner hat Menschen nie irgendwie verachtet. Er war überhaupt kein elitärer Mensch. Er ist sehr direkt auf Leute zugegangen und hat ganz unverstellt mit ihnen geredet, auch über theologische Themen. Das findet man nicht bei vielen! Er hat auch die Meinung von Studenten durchaus erst genommen. Diese Direktheit ist mir sehr aufgefallen. Pater Rahner war kein Mann, der irgendwie auf eine Stilisierung aus war. Gelehrt zu reden: Das war ihm alles egal, wenn man so sagen will.

In mein Proseminar über die Theologie Karl Rahners habe ich ihn am Ende, weil er zufällig in Freiburg war, eingeladen, damit er den Studenten einige Fragen direkt beantworten könne. Da taucht dann dieser berühmte Satz auf: Auf die Frage nach seiner Kreuzestheologie, deren angebliches Fehlen Hans Urs von Balthasar kritisiert hatte, antwortete Pater Rahner, daß er sehr wohl eine Kreuzestheologie kenne: Immerhin habe Anselm Grün darüber eine dicke Monographie geschrieben[23]. Und dann kommt so eine kleine Attacke, und er sagt ganz ungeschminkt: „Wenn ich jetzt zum Gegenangriff antreten wollte, dann würde ich allerdings sagen, daß es eine moderne Tendenz (ich will nicht sagen Theorie, aber doch Tendenz) gibt – sowohl bei Hans Urs von Balthasar wie bei Adrienne von Speyr (natürlich bei dieser noch viel mehr), aber auch unabhängig davon bei Moltmann –, die eine Theologie des Todes Gottes konzipiert, welche mir im Grunde genommen gnostisch erscheint. Um – einmal primitiv gesagt – aus meinem Dreck und Schlamassel und meiner Verzweiflung herauszukommen, nützt es mir doch nichts, wenn es Gott – um es einmal grob zu sagen – genauso dreckig geht."[24] Das ist sehr spontan gesagt, eigentlich ohne jede Böswilligkeit. Das hat aber Hans Urs von Balthasar unheimlich geärgert. Das steht in seiner „Theodramatik" irgendwo. Es wurde ein vielzitierter Satz. Damit ist aber aus einer harmlosen Gesprächssituation etwas ganz anderes geworden! – Ich will damit nur sagen: Der Umgangston Pater Rahners war manchmal etwas flapsig oder ungeschützt, wenn man so will. Wenn er etwa irgendwo zu Besuch war, konnte er sich für kleinste Dinge interessieren: für die Hängefuchsien auf unserer Terrasse oder für die Katzen im Schwarzwald, wenn wir einen Ausflug gemacht haben.

□ *(Franz Johna:)* Ich kann das nur bestätigen. Pater Rahner hat seine Umwelt ausgesprochen wach wahrgenommen. Als ich einmal mit ihm in Colmar im Elsaß war, im Musée Unterlinden, welches den berühmten „Isenheimer Altar" von Matthias Grünewald beherbergt, ist er innerhalb von zehn Minuten hinein- und wieder herausgegangen. Aber als wir durch die Straßen gingen, da ist er an den Haustüren stehen geblieben, hat die Türschilder gelesen und sich amüsiert über die typisch elsässischen Namen, die einen ganz bestimmten Klang haben. Solche Dinge haben ihn sehr stark interessiert.

Anmerkungen

[1] Vgl. K. Rahner, Gegenwart des Christentums. Freiburg 1963.

[2] Heinrich Ott, Dr. theol., geb. 1929, (als Nachfolger Karl Barths) Professor für Systematische Theologie an der Universität Basel.

[3] K. Rahner war von 1936 bis 1938 Socius und dann kurze Zeit Hauptschriftleiter der „Zeitschrift für Katholische Theologie" (ZKTh); vgl. dazu K. H. Neufeld, Karl Rahner und die „Zeitschrift für Katholische Theologie". Schreiber und Schriftleiter, in: ZKTh 126 (2004) 131–148.

[4] W. Warnach, Sein und Freiheit. Blondels Entwurf einer normativen Ontologie, in: ZKTh 63 (1939) 273–310, 393–427.

[5] Vgl. von Robert Scherer (1904–1997), der von 1923 bis 1928 Mitglied des Jesuitenordens gewesen war und K. Rahner lebenslänglich freundschaftlich verbunden blieb, z. B. die Rezension: M. Blondel, La Pensée, in: ZKTh 61 (1937) 108–119.

[6] Vgl. K. Rahner / E. Jüngel, Was ist ein Sakrament? Freiburg 1971.

[7] Vgl. K. Rahner, Grundkurs des Glaubens. Einführung in den Begriff des Christentums. Freiburg 1976 (u.ö.); jetzt in: Ders., Sämtliche Werke. Bd. 26: Grundkurs des Glaubens. Studien zum Begriff des Christentums. Freiburg 1999. Der ausführliche Editionsbericht von N. Schwerdtfeger und A. Raffelt (ebd. XI–XXXIX) informiert über die Hintergründe der Text- und Entstehungsgeschichte (bes. XXV–XXVII: „Von der ‚Einführung' zum ‚Grundkurs': Auf dem Weg zur Publikation").

[8] Vgl. K. Rahner, Art. Jesus Christus, in: SM, Bd. 2 (1968) 920–957; jetzt in: K. Rahner, Sämtliche Werke. Bd. 17: Enzyklopädische Theologie. Die Lexikonbeiträge der Jahre 1956–1973. Freiburg 2002, 1109–1136.

[9] Vgl. K. Rahner / K. Lehmann, Kerygma und Dogma, in: MySal, Bd. 1 (1965) 622–703; dies., Geschichtlichkeit der Vermittlung. Das Problem der Dogmenentwicklung, in: ebd. 727–775; dies., Die Bedeutung der Dogmengeschichte, in: ebd. 776–787; K. Rahner, Der dreifaltige Gott als transzendenter Ursprung der Heilsgeschichte. Methode und Struktur des Traktats „De Deo Trino", in: MySal, Bd. 2 (1965) 317–347; ders., Grundzüge der kirchenamtlichen Trinitätslehre, in: ebd. 348–368; ders., Systematischer Entwurf einer Theologie der Trinität, in: ebd. 369–401; ders., Grundsätzliche Überlegungen zur Anthropologie und Protologie im Rahmen der Theologie, in: ebd. 406–420.

[10] Vgl. K. Rahner / W. Thüsing, Christologie – systematisch und exegetisch (QD 55). Freiburg 1972.

[11] Gerbert Brunner (1933–2005), 1955–1973 Jesuit, war von 1973–1996 Lektor des Verlags Herder und später und später (bis Band 5) Leiter der Verlagsredaktion der 3., völlig neu bearbeiteten Auflage des „Lexikons für Theologie und Kirche".

[12] Vgl. dazu A. Raffelt, „Grundkurs des Glaubens" – ein einzigartiges Rahner-Werk, in: P. Imhof / H. Biallowons (Hg.), Karl Rahner – Bilder eines Lebens. Freiburg 1985, 89–90.

[13] Vgl. K. Rahner, Über die Schriftinspiration (QD 1). Freiburg 1957; jetzt in: K. Rahner, Sämtliche Werke. Bd. 12: Menschsein und Menschwerdung Gottes. Studien zur Grundlegung der Dogmatik, zur Christologie, Theologischen Anthropologie und Eschatologie. Freiburg 2005, 3–58.

[14] Vgl. Sacrae Theologiae Summa. 4 Bde. Madrid 1958 ff.

[15] Vgl. A. Raffelt, Was will die Karl-Rahner-Gesamtausgabe?, in: ZKTh 121 (1999) 413–430.

[16] Seit Anfang 1927 von seinen Ordensoberen für eine Professur für Philosophiegeschichte an der ordenseigenen Hochschule für Philosophie in Pullach bei München bestimmt, kam Karl Rahner Mitte 1936 nach Innsbruck, wurde dort zum Doktor der Theologie promoviert und erhielt im Juli 1937 die Lehrbefugnis als Privatdozent für Dogmatik und Dogmengeschichte an der Universität Innsbruck.

[17] Vgl. K. Rahner, Introduction au concept de philosophie existentiale chez Heidegger, in: Recherches de sciences religieuse 30 (1940) 152–171; jetzt in: K. Rahner, Sämtliche Werke. Bd. 2: Geist in Welt. Philosophische Schriften. Freiburg 1996, 319–346 (französisches Original und deutsche Rückübersetzung).

[18] Vgl. K. Rahner, E latere Christi. Der Ursprung der Kirche als zweiter Eva aus der Seite Christi des zweiten Adam. Eine Untersuchung über den typologischen Sinn von Joh 19,34, in: Ders., Sämtliche Werke. Bd. 3: Spiritualität und Theologie der Kirchenväter. Freiburg 1999, 3–84; vgl. den Editionsbericht, in: ebd. XVII–XLIII; A. R. Batlogg, Karl Rahners theologische Dissertation „E latere Christi". Zur Genese eines patristischen Projekts (1936), in: ZKTh 126 (2004) 111–130.

[19] Vgl. K. Rahner, Über die Verkündigungstheologie. Eine kritisch-systematische Literaturübersicht, in: Ders., Sämtliche Werke. Bd. 4: Hörer des Wortes. Studien zur Religionsphilosophie und zur Grundlegung der Theologie. Freiburg 1996, 337–345. Dieser Beitrag war ursprünglich 1941 in einer ungarischen Zeitschrift (auf Deutsch) erschienen.

[20] Vgl. K. Rahner, Alltägliche Dinge (Theologische Meditationen 5). Einsiedeln 1964; ders., Im Heute glauben (Theologische Meditationen 9). Einsiedeln 1965; ders., Ich glaube an Jesus Christus (Theologische Meditationen 21). Einsiedeln 1968; ders., Mitte des Glaubens, in: K. Rahner / A. Exeler / J. B. Metz, Hilfe zum Glauben (Theologische Meditationen 27). Einsiedeln 1971, 39–56; ders., Glaube als Mut (Theologische Meditationen 41). Einsiedeln 1976.

[21] Das ist der Fall gewesen. Vgl. K. Lehmann / A. Raffelt (Hg.), Karl-Rahner-Lesebuch. Freiburg 2004 ([2]2004).

[22] Vgl. K. Rahner, Zugänge zum theologischen Denken, in: Ders., Im Gespräch. Bd. 1. München 1982, 240–256, 245 f.

[23] Vgl. A. Grün, Erlösung durch das Kreuz. Karl Rahners Beitrag zu einem heutigen Erlösungsverständnis. Münsterschwarzach 1975.

[24] K. Rahner, Zugänge zum theologischen Denken, 245 f.

Eine Säule der Theologie des 20. Jahrhunderts
Im Gespräch mit P. Raymund Schwager SJ (†), Innsbruck

Raymund Schwager SJ (1935–2004), lic. phil., Dr. theol., wurde 1955 Jesuit. Zunächst Mitglied der Redaktion der Zeitschrift „Orientierung" in Zürich, lehrte er seit 1977 als Professor für Dogmatische Theologie an der Universität Innsbruck und war von 1985–1987 bzw. 1999–2003 Dekan der Theologischen Fakultät. Er ist der Begründer der sich stark auf die Analysen von René Girard stützenden Dramatischen Theologie. 1991 war er Mitbegründer und bis 1995 erster Präsident des in Stanford/USA ansässigen internationalen „Colloquium on Violence & Religion".

Wie haben Sie Pater Rahner erlebt?

☐ Ich habe ihn nur in den letzten Lebensjahren erlebt, als er von München nach Innsbruck zurückgekommen ist. Er war natürlich immer sehr beschäftigt. Aber er hat gerne einen Ausflug gemacht. Er hat immer Leute gesucht, die mit ihm etwas ausgefahren sind und dabei gerne Eis gegessen. Die jungen Jesuiten sind mit ihm öfter nach Südtirol gefahren. Er wollte bloß weg. Beim Autofahren hat er sich erholt. Er war natürlich schon in einem Alter, in dem seine Arbeitskraft begrenzt war.

Davor bin ich ihm einmal auf einer Dogmatikertagung in Luzern (Schweiz) begegnet. Wir sind spazieren gegangen, und dabei ist er vor jedem Schaufenster stehengeblieben. Wie ein Kind hat er sich an den Angeboten ergötzt.

Was bedeutet Ihnen die persönliche Bekanntschaft?

☐ Wie gesagt: Ich habe ihn nur im Alter erlebt, und da war er einerseits natürlich von außen umgeben von Leuten, die ihn verehrt haben. Im Alltag hat man ihn eher natürlich erlebt, auch mit viel Ungeduld. Beim Essen entstand so ständig eine Unruhe. Weil er schwerhörig war, fiel die Kommunikation nicht leicht, schon gar nicht in größeren Gruppen. Es war natürlich schon ein Erlebnis für uns, daß er im Herbst 1981 relativ gern nach Innsbruck zurückgekommen ist. Er machte den Eindruck, daß er hier seine Heimat hat. Einige Tage vor seinem Tod habe ich ihn noch in der Klinik besucht. Da erhielt er einen Anruf aus Deutschland mit der Bitte um einen Vortrag. Er hat spontan zugesagt. Ich habe dann aber hinterher telefoniert und betont, daß das eine vorläufige Zusage sei.

Rahner als Schultheologe

Was bedeutet Ihnen Karl Rahner als Theologe?

☐ Ich habe Rahner natürlich zwischendurch immer gelesen. Aber ich war nie ganz auf der Linie der Transzendentaltheologie. Ich habe zwar in Pullach Philosophie studiert, war aber für die Theologie in Fourvière bei Lyon. Dort war man eher skeptisch gegenüber einem transzendentaltheologischen und transzendentalphilosophischen Ansatz. Man war noch viel empirischer, Phänomenologie war dort bedeutend wichtiger – auch in der Art und Weise des Umgangs mit biblischen Erzählungen. Alles war mehr erfahrungsbezogen. Ich habe sehr viel Exegese gemacht, die bei Rahner eher schwach vertreten ist. Aber nebenbei habe ich immer Rahner gelesen.

Was würden Sie zur Lektüre besonders empfehlen?

☐ Ich bin natürlich geprägt durch Dissertationen, die Studenten bei mir über Rahner geschrieben haben. Walter Schmolly hat über den frühen Rahner gearbeitet[1]. Unter jüngeren Rahnerforschern kristallisiert sich die Erkenntnis heraus, daß der frühe Rahner viel zu wenig zur Kenntnis genommen wird. Die haben alle den frühen Rahner sehr stark herausgestrichen, vor allem die Gnadenlehre. Damit verbunden ist die universale Heilshoffnung.

Das Zweite ist natürlich, daß der frühe Rahner sich dauernd mit der Neuscholastik auseinandergesetzt hat. Für spätere Autoren, die die Neuscholastik nicht mehr gelernt haben und nicht mehr kennen, hängt deswegen vieles in der Luft. Rahner war mehr Schultheologe, als man später wahrhaben wollte. Schmolly hat auch stark herausgearbeitet, daß das Denken Rahners immer sehr stark mit kirchlichen Problemen der jeweiligen Epoche verbunden war. Die Herausforderungen in den 30er und 40er Jahren spielten offenbar eine große Rolle, und dieser Hintergrund müßte stärker gesehen werden. Willibald Sandler[2], der ebenfalls bei mir eine Doktorarbeit geschrieben hat, betont stark die transzendentale Methode, die von manchen Rahnerkritikern übergangen wird.

Karl Rahner und Hans Urs von Balthasar

Was ist Ihnen selber wichtig geworden bei Rahner?

☐ Für mich persönlich ist ein Artikel bzw. eine längere Passage daraus wichtig geworden, wo er einen kurzen heilsgeschichtlichen Abriß macht. Er sagt da sinngemäß: Das Handeln Gottes ist immer als Antwort auf die Antworten der Menschen zu verstehen[3]. Das wäre natürlich der Grundansatz für die Dramatische Theologie, die ich entwickelt habe. An diesem Punkt würde Rahner auch mit Hans Urs von Balthasar zusammenkommen. Die Unterschiede sind da nicht so groß, wie man oft annimmt. Die zentralen Elemente in der Theologie Rahners oder Balthasars finden sich, etwas anderes akzentuiert, auch bei Henri de Lubac SJ oder Bernard Lonergan SJ. Leo J. O'Donvoan SJ hat betont, daß Rahner wie Balthasar Söhne des Ignatius sind[4]. Natürlich gibt es Unterschiede. Ich habe ja selber immer wieder über die Erlösungslehre gearbeitet, und auf dieser Ebene war mir Balthasar näher als Rahner. Aber Rahner hat natürlich eine ausgearbeitete „Theologie des Todes"[5]. Die Frage des gewaltsamen Todes hat natürlich weniger Bedeutung bei ihm. Ich bin außerdem sehr stark von René Girard beeinflußt.

Wie werten Sie Kritik an Rahner?

☐ Nikolaus Wandinger, einer meiner Assistenten, hat über Rahner und die Dramatische Theologie geforscht[6]. Er kommt zu dem Ergebnis, daß Rahner die Begriffe „transzendental" und „kategorial" nicht sauber gebraucht[7]. Wer Rahner nur oberflächlich liest, verkennt die transzendentale Methode. Ich würde jedenfalls sagen: Rahners Denken ist viel reicher als seine verkürzte Transzendentaltheologie, die ihm immer vorgehalten wird.

Rahners Sprache war natürlich nicht leicht.

☐ Wer Rahner liest und studiert, muß einiges an Theologiegeschichte kennen. Rahner versucht, über bestimmte Positionen hinauszukommen. Für jüngere Leute, die Theologiegeschichte weniger kennen, ist es natürlich schwieriger, das zu erkennen, was ich übrigens auch bei Balthasar feststelle. Rein sprachlich verarbeitet Rahner in seinem systematischen Denken sehr viele frühere Autoren. Wenn man diese Autoren nicht kennt, dann hängt man in der Luft. Das merke ich bei vielen Studenten. Wenn man von einem Gregor von Nyssa oder einem Augustinus nur fünf Sätze gelesen hat, dann haben sie ihn nicht wirklich studiert. Dann wird das auch ziemlich unverständlich. Das ist natürlich heute ein generelles Problem: Die Hintergrundkenntnis ist mager. Rahner zitiert weniger als Balthasar, aber er hat natürlich im Hintergrund eine sehr präzise Kenntnis von Neuscholastik, genauso wie die großen Probleme der Väterzeit und des Mittelalters bei ihm ständig im Bewußtsein stehen.

Der Name Rahner ist sehr mit Innsbruck verbunden. Es gibt hier das Karl-Rahner-Archiv. Ist er für heutige Studenten noch relevant? Prägt er noch jemanden?

☐ Es wird jedenfalls über ihn gearbeitet, besonders bei Pater Neufeld. Es ist nicht so, daß Rahner besonders herausgestrichen würde. Aber er ist einer der Zeugen, auf denen wir in Innsbruck aufbauen.

Was ist das Vermächtnis von Rahner?

☐ Ich würde sagen: Er gehört zu den großen Säulen der Theologie des 20. Jahrhunderts, die einerseits das Konzil vorbereitet und es andererseits weitergetragen haben. Er hat grundsätzlich versucht, die christliche Botschaft in unsere Zeit hinüber zu interpretieren. Unter dieser Rücksicht, denke ich, bleibt er eine der großen Figuren. Seine Theologie ist für mich auch der Versuch, von dieser Theorie der menschlichen Allwissenheit wegzukommen. Dann muß man natürlich den allgemeinen Heilswillen erwähnen, die Universalität des Heils. Zusammen mit Leuten wie

Balthasar, Lonergan und de Lubac hat Rahner die Theologie über die Neuscholastik hinausgeführt.

In der Bewertung des Konzils gab es dann natürlich Unterschiede zwischen Rahner und Balthasar. In den ersten Nachkonzilsjahren hat man gespürt: Es gehen gleichsam alle ziemlich schnell „hoch" und „explodieren" sehr schnell. Balthasar war immer kritisch gegen das Konzil eingestellt. Als ich noch in Lyon war, hatte Henri de Lubac Geburtstag. Auch Balthasar war eingeladen. Ich habe ihn gebeten, die Schweizer Jesuitenstudenten zu treffen. Wir waren voller Begeisterung für das Konzil. Balthasar wurde gefragt, was er davon hält. Er saß da, ziemlich bitter, und ein Wort ergab das andere – gegen das Konzil. Er war der erste mit kritischen Tönen, später gab es ähnliche Kritik von Joseph Ratzinger.

Karl Rahner versus Hans Küngs antirömische Linie

Was war für Sie besonders charakteristisch für Rahner?

☐ Seine Reaktion auf das Buch von Hans Küng über die Unfehlbarkeit scheint mir typisch zu sein: Küng hatte ihm vorgeworfen, er sei letztlich doch ein kirchlicher Theologe. Rahner ist Küng nicht gefolgt[8]. Ich war damals noch bei der „Orientierung"[9]. Küng hat uns einen Artikel gegen Rahner und Lehmann geschickt, der im Tonfall ganz brutal war. Wir haben in einer Redaktionskonferenz diskutiert. Ich bin dann zu Küng gereist und habe ihm gesagt, er müßte alle negativen Adjektive herausstreichen. Küng hat massiv gesagt: Das ist nichts Emotionales, das ist objektive Wahrheit. – Er war nicht dazu bereit, ein einziges Adjektiv zu streichen. Deswegen haben wir seinen Artikel auch nicht veröffentlicht. Daß Rahner nicht der Kritik Küngs gefolgt ist, hat verhindert, daß in der Theologie eine total antirömische Linie eingezogen ist[10]. Rahners Autorität hat irgendwo viel mitgeholfen, daß es nicht zu einem totalen Bruch zwischen dem Ersten und dem Zweiten Vatikanum in der Theologie kam.

Wo stand in dieser Kontroverse Karl Lehmann?

☐ Lehmann hat in einem Bändchen, das Rahner herausgebracht hat, mitgeschrieben: Stellungnahmen gegen Küng[11]. Rahner hat, anders als Küng, gemeint, daß die Kirche bestimmte Begriffe keinesfalls aufgeben dürfe. Man müsse den Leuten auch zumuten, daß sie zum Teil die kirchliche Sprache lernen und die internen Differenzierungen lernen. Fachlich waren beide in der Frage der Unfehlbarkeit nicht sehr weit auseinander. Aber Rahner hat dann klar gesagt: Etwas so Definiertes kann man nicht über den Haufen werfen, sondern wir müssen diese Sprache und Definition in Kauf nehmen, sie bearbeiten, sie verständlich zu machen versuchen. Wir können nicht einfach sagen: Das ist falsch. Das zeigte auch, daß Rahner viel mehr Gespür hatte und Rücksicht nahm auf die historische Dimension einer Gemeinschaft. Küng hatte im Grunde wenig historische Sensibilität.

Anmerkungen

[1] Vgl. W. Schmolly, Eschatologische Hoffnung in Geschichte. Karl Rahners dogmatisches Grundverständnis der Kirche als theologische Begleitung von deren Selbstvollzug. Innsbruck 2001.

[2] Vgl. W. Sandler, Bekehrung des Denkens. Rahners Anthropologie und Soteriologie als formal-offenes System in triadischer Perspektive. Frankfurt 1996.

[3] Vgl. K. Rahner, Theos im Neuen Testament, in: Schriften zur Theologie. Bd. 1. Einsiedeln 1954, 91–167, 126 f.: „Gottes Handeln im Laufe der Heilsgeschichte ist nicht gleichsam ein Monolog, den Gott für sich allein führt, sondern ein langer, dramatischer Dialog zwischen Gott und seinem Geschöpf, in dem Gott dem Menschen die Möglichkeit einer echten Antwort auf sein Wort erteilt und so sein eigenes weiteres Wort tatsächlich davon abhängig macht, wie die freie Antwort des Menschen ausgefallen ist. Die freie Tat Gottes entzündet sich immer auch wieder an dem Handeln des Menschen. Die Geschichte ist nicht bloß ein Spiel, das Gott sich selber aufführt und in dem die Geschöpfe nur das Gespielte wären, sondern das Geschöpf ist echter Mitspieler in diesem gott-menschlichen Drama der Geschichte, und darum hat die Geschichte einen echten und absoluten Ernst, eine absolute Entscheidung, die für das Geschöpf nicht relativiert werden darf mit dem Hinweis – der recht und falsch zugleich ist –, daß alles dem Willen Gottes entspringt und nichts ihm widerstehen könne." Vgl. ebd. 132 f.: „Und entsprechend dem dialogischen Handeln Gottes wird die Macht Gottes nicht eigentlich gesehen als eine immer selbstverständlich in der Welt anwesende, immer schon sich durchgesetzt habende Größe, sondern als etwas, was sich in dem Drama zwi-

schen Gott und seiner Welt erst langsam, eigentlich kämpfend durchsetzt, bis seine βασιλεια wirklich da ist, bis die δυναμις Gottes wirklich erschienen ist (Mt 24,30; Lk 21,27; vgl. Mt 26,64)." Vgl. ebd. 134: „Das Verständnis des personalen Handelns Gottes im NT, das darum weiß, daß der freie, lebendige Gott zu verschiedenen Zeiten verschieden handeln, sich verschieden zum Menschen verhalten kann, ist zunächst entscheidend dadurch charakterisiert, daß man um die gerade für das Gottesverständnis des Neuen Testaments alles andere als selbstverständliche Tatsache weiß, daß der freie unberechenbare Gott sein letztes, *endgültig* entscheidendes Wort im dramatischen Dialog zwischen Gott und Mensch gesprochen hat. Gott ist der Freie und Weltüberlegene, dessen Möglichkeiten in eine endliche Welt hinein nie restlos ausgegeben werden können, der also durch das, was er getan hat, eigentlich nie festgelegt ist."

[4] Vgl. L. J. O'Donovan, Two Sons of Ignatius: Drama and Dialectic, in: Philosophy and Theology 11 (1998) 105–124; ders., Zwei Söhne des Ignatius – Drama und Dialektik, in: A. Raffelt (Hg.), Weg und Weite (Festschrift K. Lehmann). Freiburg [2]2001, 371–385; neuestens: A. R. Batlogg, Hans Urs von Balthasar und Karl Rahner: zwei Schüler des Ignatius, in: M. Striet / J.-H. Tück (Hg.), Die Kunst Gottes verstehen. Hans Urs von Balthasars theologische Provokationen. Freiburg 2005, 410–446.

[5] Vgl. K. Rahner, Zur Theologie des Todes, in: ZKTh 79 (1957) 1–44; jetzt in: Ders., Sämtliche Werke. Bd. 9: Maria, Mutter des Herrn. Mariologische Studien. Freiburg 2004, 395–417.

[6] Vgl. N. Wandinger, Die Sündenlehre als Schlüssel zum Menschen. Impulse K. Rahners und R. Schwagers zu einer Heuristik theologischer Anthropologie. Thaur-Münster 2003.

[7] Vgl. N. Knoepffler, Der Begriff „transzendental" bei Karl Rahner. Zur Frage seiner Kantischen Herkunft. Innsbruck 1993.

[8] Überschwengliches Lob zollte Küng Karl Rahner im Januar 1971 in einem Artikel in den „Stimmen der Zeit": 187 (1971) 43–64, 43: Im Interesse der Sache. Antwort an Karl Rahner: „Ungezählte Türen hat er, der unermüdlich Vorstoßende, unserer Generation mit starker Hand geöffnet: an Fragen gerührt, an die sich kein katholischer Theologe heranwagte; umgestellt, was ihm nicht am richtigen Platz zu stehen schien; andere Akzente gesetzt, von den Höhen der Gottes- und Christuslehre angefangen bis zu den ganz praktischen Fragen der Pfarrgemeinde und der persönlichen Spiritualität; kühn neue Antworten gegeben, die dann auch entsprechend verketzert wurden. In all dem hat er uns Jungen Freude an der Theologie vermittelt, hat uns Mut zum Denken gemacht".

[9] Die „Orientierung" ist eine von den Schweizer Jesuiten herausgegebene Zeitschrift. Ursprünglich unter dem Titel „Apologetische Blätter. Mitteilungen des Apologetischen Instituts des Schweizerischen katholischen Volksvereins" erschienen, wurde die Zeitschrift 1947 (11. Jahrgang) umbenannt in „Orientierung".

[10] Vgl. K. Rahner, Zum Begriff der Unfehlbarkeit in der katholischen Theologie. Einige Bemerkungen anläßlich des 100–Jahr-Jubiläums des Unfehlbarkeitsdogmas vom 18. Juli 1870, in: StZ 186 (1070) 18–31; ders., Kritik an Hans Küng: Zur Frage der Unfehlbarkeit theologischer Sätze, in: StZ 186 (1970) 361–377; ders., Replik. Bemerkungen zu Hans Küng: Im Interesse der Sache, in: StZ 187 (1971) 145–160.

[11] Vgl. K. Rahner (Hg.), Zum Problem Unfehlbarkeit. Antworten auf die Anfrage von Hans Küng (QD 54). Freiburg 1971 mit Beiträgen von K. Rahner SJ, Luigi Sartori, Joseph Ratzinger, Walter Brandmüller, Rudolf Schnackenburg, Leo Scheffczyk, Yves Congar OP, Otto Semmelroth SJ, Heinrich Fries, Heribert Mühlen, Juan Alfaro SJ, Elmar Klinger, Karl J. Becker SJ, Herbert Vorgrimler und Karl Lehmann.

Ein unheimliches Gespür für Sprache
Im Gespräch mit P. Wolfgang Seibel SJ, München

Wolfgang Seibel SJ, Dr. theol., geb. 1928, ist seit 1955 Jesuit. Er war von 1966 bis 1998 Chefredakteur und Herausgeber der „Stimmen der Zeit" in München, der ältesten deutschen katholischen Kulturzeitschrift. Während des Zweiten Vatikanischen Konzils arbeitete er als Berichterstatter der Katholischen Nachrichtenagentur Deutschlands in Rom.

In welcher Beziehung standen Sie zu Karl Rahner?

☐ Ich habe Pater Rahner bereits gekannt, als er noch Professor in Innsbruck war. In näheren Kontakt mit ihm kam ich, als er nach München auf den Romano-Guardini-Lehrstuhl wechselte, weil er Ende 1963 in unsere Kommunität gezogen ist[1]. Ich bin ihm öfter auf dem Konzil begegnet, wo ich Berichterstatter war. Als Chefredakteur der „Stimmen der Zeit" hatte ich natürlich mehr mit ihm zu tun, weil er für uns sehr viele Aufsätze geschrieben hat und ich mit ihm öfter verhandelte.

Was bleibt Ihnen von Pater Rahner am meisten in Erinnerung?

☐ Das ist schwierig zu sagen. Auf jeden Fall war er nie ein weltfremder Wissenschaftler! Man konnte mit ihm reden wie mit jedem anderen Menschen auch. Er war immer sehr offen, fast etwas kindlich offen. Er hat einen gewissen Zug an Naivität gehabt. Er war sehr freundlich, manchmal konnte er etwas mürrisch sein.

Ein überragender Theologe und ein ganz normaler Mensch

Können Sie ein Beispiel nennen, wo Sie von seiner Offenheit überrascht waren?

☐ Überrascht war ich weniger. Eigentlich haben wir das als selbstverständlich angesehen. Es wäre eher aufgefallen, wenn er den Habitus

71

des Professors an sich gehabt hätte, weil das im Jesuitenorden doch eher selten ist. Dieser große Professor hat sich ganz normal verhalten. Er hat bei Tisch immer schnell gegessen, weil er vorher auf seinem Zimmer Süßigkeiten genascht hat. Wenn er auf der Waage stand, befand er, daß er zuviel wiegt und weniger essen müsse. Das hat aber bei Tisch, weil er früher aufgestanden und herumgegangen ist, zu einer gewissen Unruhe geführt.

Was haben Sie an ihm besonders geschätzt?

☐ Was bei ihm natürlich aufgefallen ist, ist einfach die Tatsache, daß ein so überragender Theologe ein so normaler Mensch ist, einfach in seiner ganzen Art, wie er sich gegeben hat! Im Verhältnis zu anderen Professoren war Pater Rahner ein Theologe von Weltgeltung. Aber das hat er sich nicht anmerken lassen. Bei uns Jesuiten gibt es auch keine besonderen Privilegien für Professoren.

Die langen Sätze

Wenn Sie einen Artikel von Pater Rahner wollten: Konnten Sie einfach ein Thema auswählen?

☐ Das war sehr unterschiedlich. Entweder haben wir mit Pater Rahner geredet, welche Themen zu behandeln wären oder worüber man etwas bringen müßte. Er hat jedoch immer Ideen gehabt, die ihn selber interessiert haben. Oder aber er selber hat gesagt: Das ist ein Thema, über das man etwas machen müßte, und wir haben dann sofort zugegriffen. Oder aber – und das war häufig der Fall – wir erhielten Vortragstexte, an denen wir interessiert waren. Das waren die drei Wege.

Wenn Sie Texte überarbeitet haben: Konnten Sie das ohne Rücksprache mit Pater Rahner tun?

☐ Da hat er überhaupt nichts gesagt. Seine Manuskripte brauchten ja keine Überarbeitung inhaltlicher Art. Manchmal gab es, gerade bei theologischen Fragen, ungeheuer lange Sätze mit sehr vielen Einschüben, weil er immer seine Gegner vor sich hatte. Außerdem hat er seine Artikel immer diktiert und da und dort noch einen Halbsatz eingeschoben, um allfällige Einwände abzuwehren – so daß unendlich lange Sätze entstanden sind. Ich habe die Sätze einfach kürzer gemacht. Das habe ich ihm aber nie gezeigt. Er hat es nicht mehr gelesen. Solange es keine inhaltlichen Eingriffe gab, war es ihm immer egal.

Er war vermutlich dankbar für diese Hilfe.

☐ Soweit er es überhaupt gemerkt hat, ja. Bei anderen Zeitschriften hat er es komischerweise sofort gemerkt. Er hat sich einmal über einen Redakteur beklagt, der seiner Meinung nach zu viel gekürzt hatte. Aber dieser Redakteur hatte auch inhaltlich eingegriffen. Das habe ich nie gemacht. Ich habe nur rein sprachlich redigiert: lange Sätze entflochten und mehr Absätze eingefügt. Das waren Formalitäten. Aber da habe ich ihn überhaupt nicht gefragt, das wäre zu umständlich gewesen und hätte ihn auch nicht interessiert.

Sie haben lange mit Pater Rahner zusammengearbeitet. War seine Beziehung zur Zeitschrift „Geist und Leben", die ja im selben Haus ihren Redaktionssitz hat, auch so intensiv?

☐ Das war ungefähr gleich. Für die „Stimmen der Zeit" hat Pater Rahner mehr theologische und kirchenpolitische Artikel geliefert. „Geist und Leben" war mehr an Artikeln in Richtung Spiritualität interessiert. Außerdem erscheint „Geist und Leben" nur alle zwei Monate, die „Stimmen der Zeit" jedoch monatlich.

Gab es bei „Geist und Leben" dieselbe Methode der Textbearbeitung?

☐ Das hing davon ab, wer Chefredakteur war. Pater Friedrich Wulf SJ[2] hat es ähnlich gemacht wie ich. Er hat manchmal auch inhaltlich eingegriffen, was Pater Rahner gelegentlich geärgert hat. Aber er hat sich nie getraut, ihm das zu sagen. Zu so etwas hat er nie den Mut gehabt.

Die Verbindung zwischen Alltagsleben und Spiritualität war sehr stark bei Pater Rahner. Welche seiner Beiträge in den „Stimmen der Zeit" sollte man wieder lesen?

☐ Diese enge Verbindung ist sicher auffällig und hat eine bleibende Bedeutung für christliches Leben. Pater Rahner hat bei uns über einige zentrale Fragen geschrieben, die die Kirche betreffen und die meines Ermessens heute noch aktuell sind. Ich denke zum Beispiel an seinen bekannt gewordenen Artikel „Episkopat und Primat"[3]. Wenn man sich das heute anschaut, dann hat sich an den Problemen seit dem Konzil de facto nichts geändert, eher noch verschärft. Viele von Rahners Artikel sind deswegen heute immer noch aktuell.

Ein systematischer Denker mit einer ungeheuren Wißbegierde

Wenn es heißt, Rahners Schriften seien so philosophisch, und die Menschen wollten heute mehr historische, mehr biblische oder liturgische Theologie lesen: Was sagen Sie dazu?

☐ Man kann nie alles sein. Karl Rahner war natürlich zunächst einmal Systematiker, ein spekulativer Denker. Aber auf der anderen Seite hatte er eine ungeheure Kenntnis der Geschichte, der Kirchen- und Dogmengeschichte vor allem. Wenn man zum Beispiel seine Arbeiten über die Bußtheologie anschaut, dann sieht man, daß er da umfassend Bescheid wußte. Er war sehr stark historisch verankert, so daß man nicht sagen kann, er sei ein rein spekulativer Denker gewesen. Was die Bibel angeht: Exeget war er sicher nicht. Aber er ist auch nicht einfach über die Ergebnisse der Exegese hinweggegangen, sondern hat sich intensiv dafür interessiert. Das war überhaupt eine seiner großen Stärken: Er war ungeheuer wißbegierig – und zwar auf allen Gebieten. Er hat viele Naturwissenschaftler gekannt. Die konnten ihm nicht genug berichten über die neuesten Ergebnisse der Forschung. Insofern hat er gerade die neuen Entwicklungen mit einer großen Wißbegierde aufgenommen. In seinem letzten großen Vortrag in Freiburg spricht er ja auch genau darüber, wenn er sagt, wie wenig die Theologen wissen[4]. Rahner hat ganz klar gesehen, daß man keine Engführung auf rein dogmatische Quellen machen darf.

In den USA gibt es viele Rahner-Schüler, die wiederum ihre Schüler haben. Wie wird in Deutschland die Erinnerung an Pater Rahner wachgehalten?

☐ Die jüngere Theologengeneration kenne ich zu wenig, da kann ich nichts sagen. Die direkten Schüler Rahners, von denen die meisten Professoren geworden sind, sind mittlerweile alle emeritiert: Metz, Vorgrimler. Oder sie sind Bischof geworden wie Lehmann, wobei dieser nicht eigentlich Schüler war, denn er war ja bei ihm Assistent, als er schon promoviert war. Wie weit Pater Rahner bei den jüngeren Theologen lebendig ist, das weiß ich nicht. Es werden aber ständig über ihn Promotionen geschrieben, und zwar nicht nur in Innsbruck, sondern auch anderswo. Daraus kann man schließen, daß Rahners Theologie noch lebendig ist.

Die geistige Kraft, die dahintersteht

Was von seinen zahlreichen Veröffentlichungen sollte unbedingt im Bewußtsein bleiben: Mehr „Von der Not und dem Segen des Gebetes" und ähnliche sogenannte fromme Schriften oder mehr „Geist in Welt" und „Hörer des Wortes"?

☐ Es ist so bei diesen Titeln: Wenn Rahner „fromm" wurde, hat er zum Teil ein hervorragendes Deutsch geschrieben. Da kamen keine langen Sätze vor, keine Fachausdrücke. Vieles ist meisterhaft formuliert. Diese Dinge kann man heute noch mit viel Gewinn lesen. Ich weiß nicht, in welchem Ausmaß er Literatur gelesen hat. Aber seine Formulierungsgabe hängt sicher auch einfach mit seiner hohen Intelligenz zusammen. Er hatte ein unheimliches Gespür für Sprache. Sonst hat Pater Rahner ja fast keine Bücher geschrieben, sondern nur Aufsätze. Zum „Grundkurs des Glaubens", seinem großen Werk, hat ihn der Herder-Verlag mit massiven Mitteln gezwungen. Er wurde in

Freiburg in ein Hotelzimmer gesetzt und hat dort einer Sekretärin des Verlags diktiert.

Pater Rahner war eher ein Mann der Aufsätze. Als ich 1947 mein Studium begonnen habe, erschienen seine ersten großen Aufsätze. Sie wurden meistens in der „Zeitschrift für Katholische Theologie" veröffentlicht. Das waren für uns richtiggehende Offenbarungen – im Vergleich mit der sehr engen neuscholastischen Theologie, die wir an der Gregoriana in Rom gehört haben.

Kann man sagen, wie viele Artikel Pater Rahner in den „Stimmen der Zeit" veröffentlicht hat? Und läßt sich sagen, wer welche Artikel bearbeitet hat?

☐ Letzteres geht nicht. Ich war erst seit 1966 für die „Stimmen der Zeit" zuständig. Vorher habe ich mit seinen Aufsätzen nichts zu tun gehabt. Außerdem hat sich die Art und Weise, wie Pater Rahner seine Artikel bearbeitet hat, im Lauf der Zeit geändert. In den ersten Jahren oder Jahrzehnten hat er sorgfältiger daran gearbeitet als später[5]. Es wurde ihm später einfach lästig. Er hat die späteren Aufsätze diktiert und vielleicht noch einmal durchgelesen und handschriftliche Anmerkungen oder Zusätze hingeschrieben. Dann war das fertig. Eine sehr intensive Textarbeit war das aber nicht. Die früheren Aufsätze sind jedenfalls dichter und besser formuliert. Vielleicht hatte er auch einfach mehr Zeit, als er in Innsbruck war. Es hängt sicher auch von den Themen ab. Es gibt Artikel in den „Stimmen der Zeit", gerade während der Konzilszeit, an denen man überhaupt nichts zu redigieren hatte. Da merkte man: Das ist ein Thema, das Pater Rahner packt. Insofern gibt es Unterschiede in der Arbeitsweise.

Rahner hatte wiederholt Schwierigkeiten mit Rom: mit Kardinal Ottaviani, später mit Kardinal Ratzinger, zuletzt mit der „Quaestio disputata" Nr. 100, die er zusammen mit Heinrich Fries verfaßt hat.

☐ Die Schwierigkeiten, die Rahner mit Rom hatte, waren die ganz normalen Schwierigkeiten, die damals alle Theologen hatten, die nicht einfach nur wiederholt haben, was gang und gäbe war, sondern die

Neues dachten. Insofern war er ja in guter Gesellschaft: mit Yves Congar OP oder Henri de Lubac SJ und wie sie alle geheißen haben. Pater Rahner hatte noch unmittelbar vor dem Konzil die Schwierigkeit, unter römische Vorzensur gestellt zu werden. Er hätte alles, was er schreibt, in Rom zensurieren lassen müssen. Dann hat er gesagt: Dann schreibe ich nichts mehr. Und dann wurde er Konzilstheologe[6]!

Was unterschied Pater Rahner von anderen Theologen?

☐ Eine seiner großen Stärken war, im Unterschied zu vielen anderen Theologen seiner Zeit, daß er die scholastische Theologie so gut kannte wie kaum jemand sonst, so daß er auch in den Diskussionen der Konzilskommissionen etwa seine Gegner mit ihren eigenen Waffen schlagen konnte. Er konnte auch fließend auf Latein formulieren. Gerade für einen deutschen Theologen war das gar nicht so einfach, bestenfalls die Jesuitentheologen konnten gut Latein, weil sie damals noch lateinische Vorlesungen hielten. Aber bei den anderen war es schon schwieriger. Als ich einmal in Neapel war, wo Pater Rahner Alfredo Marranzini SJ[7] besucht hat, der seine „Schriften" ins Italienische übersetzte, haben die Scholastiker, die Jesuitenstudenten, gestaunt, daß er alle Fragen auf Latein beantworten konnte. Das konnten deren eigene Professoren nicht so gut.

Anmerkungen

[1] Im Januar 1966 wurde der Sitz der Redaktion von der Veterinärstraße (nahe der Ludwig-Maximilians-Universität, am Englischen Garten gelegen) nach München-Nymphenburg verlegt. Das neuerbaute Schriftstellerhaus wurde nach P. Alfred Delp SJ (1907–1945), einem früheren Mitglied der Redaktion der „Stimmen der Zeit", benannt. Delp wurde am 2. Februar 1945 von den Nationalsozialisten hingerichtet. Im September 2003 mußten die Jesuiten das Alfred-Delp-Haus wieder aufgeben. Der Sitz der Redaktion ist seither in der Kaulbachstraße.

[2] Friedrich Wulf SJ (1908–1990) war von 1947 bis 1979 Chefredakteur von „Geist und Leben". Während des Konzils war er Berater des Bischofs von Rottenburg-Stuttgart und arbeitete maßgeblich am Dekret „Perfectae caritatis" über die Orden mit.

[3] Vgl. K. Rahner, Primat und Episkopat. Einige Überlegungen über Verfassungsprinzipien der Kirche, in: StZ 161 (1957/58) 321–336.

[4] Vgl. K. Rahner, Von der Unbegreiflichkeit Gottes. Erfahrungen eines katholi-

schen Theologen. Hg. v. A. Raffelt. Freiburg 2004, 53: „Ich sage: Die Welt ist von Gott geschaffen. Aber was Welt ist, davon weiß ich fast nichts, und darum bleibt auch der Begriff der Schöpfung seltsam leer."

[5] Karl Rahner hat zwischen 1939 und 1984 insgesamt 68 Artikel in den „Stimmen der Zeit" veröffentlicht. Vgl. dazu neuestens A. R. Batlogg, Karl Rahner als Autor in den „Stimmen der Zeit", in: StZ Spezial 1–2004, 16–30; ders., Von Karl Rahner lernen, in: StZ 222 (2004) 145–146.

[6] K. Rahner war bereits seit März 1962 offiziell (von Papst Johannes XXIII.) ernannter Konzilsperitus und nicht nur Berater des Wiener Erzbischofs, Kardinal Franz König, als er nach seiner Festrede auf dem Österreichischen Katholikentag am 1. Juni 1962 in Salzburg unter „römische Vorzensur" gestellt wurde. Dabei handelte es sich um einen Alleingang des damaligen Leiters des Hl. Offiziums, Kardinal Alfredo Ottaviani. Papst Johannes XXIII. distanzierte sich später vom Vorgehen Ottavianis, nachdem viele Bischöfe und Kardinäle, aber auch hochrangige Politiker zugunsten Rahners interveniert hatten. Vgl. dazu A. R. Batlogg, Karl Rahners Mitarbeit an den Konzilstexten, in: F. X. Bischof / St. Leimgruber (Hg.), Vierzig Jahre II. Vatikanum. Zur Wirkungsgeschichte der Konzilstexte. Würzburg [2]2005, 355–376.

[7] Vgl. A. Marranzini, Impulse nach Italien, in: P. Imhof / H. Biallowons (Hg.), Karl Rahner – Bilder eines Lebens. Freiburg 1985, 101–104.

2 KARL RAHNERS ASSISTENTEN UND MITARBEITER

Keine spekulative Schreibtischtheologie
Im Gespräch mit Adolf Darlap, Innsbruck

Adolf Darlap, Dr. theol., geb. 1924, ist emeritierter Professor für Kirchengeschichte an der Universität Innsbruck und einer der Rahner-Mitarbeiter der ersten Stunde.

Wie haben Sie Karl Rahner kennengelernt?

☐ Bevor ich ihn persönlich kennengelernt habe, kannte ich ihn als eigenständigen Theologen durch seine Veröffentlichungen in den „Stimmen der Zeit" und in „Geist und Leben". Nach dem Studium der Klassischen Philologie und Philosophie begann ich an der Jesuitenhochschule Sankt Georgen in Frankfurt am Main das Studium der Theologie. Dort hatte ich viele Gespräche mit dem Spiritual und auch mit Professoren (u. a. mit Pater Semmelroth[1]), die mir empfahlen, mein Studium in Innsbruck fortzusetzen. Das war Ende der 40er Jahre. In Innsbruck habe ich sehr schnell Kontakt mit Pater Rahner bekommen. Er hat damals den Traktat „De gratia Christi" gelesen. Ich habe ihm angeboten, den Text, den es schon gab und den er 1938/39 das erste Mal gelesen hatte[2], auf Matrizen abzutippen, damit er vervielfältigt werden konnte. Es waren ungefähr 350 bis 450 Seiten. So habe ich Kontakt mit ihm bekommen.

In seinen Seminaren (angefangen mit der „Theologie des Todes" im Wintersemester 1950/51), habe ich sehr intensiv mitgearbeitet, schon deswegen, weil sie immer wieder neue Horizonte eröffneten. Mit der Zeit hat sich eine Gruppe von Studenten herausgebildet, die eine engere Zusammenarbeit mit ihm anstrebten. Es waren drei oder vier Teilnehmer (u. a. Pater Kern[3]). Mit dieser Gruppe hat Pater Rahner dann einmal in der Woche ein spezielles Kolloquium oder eine Art Oberseminar gehalten. Dadurch kam natürlich eine engere Verbindung zustande.

Die Frömmigkeit des Denkens

Mitte der 50er Jahre tauchte der Plan einer Neuauflage des „Lexikons für Theologie und Kirche" auf. Der Verlag Herder wollte Karl Rahner als Herausgeber. Er hat mich damals sofort hinzugezogen. Ich habe dann den Entwurf für die Neuauflage erarbeitet und die ersten beiden Bände redaktionell betreut. Nach dem Angebot einer Assistentenstelle (Bernhard Welte[4]) an der Universität Freiburg habe ich die Redaktion verlassen. Später – es war die Zeit, in der die Absicht Papst Johannes' XXIII. für ein Konzil diskutiert wurde – plante der Verlag ein internationales Lexikon für die Praxis, das gleichzeitig in mehreren Sprachen erscheinen sollte: das spätere „Sacramentum mundi". Auch hier wurde mir die Planung übertragen. Aber dann kam das Konzil. Pater Rahner nahm mich mit nach Rom. Ich blieb dort während des ganzen Konzils, schon der Kontakte mit den ausländischen Herausgebern und Mitarbeitern wegen. In dieser Zeit erhielt er dann den Ruf auf den Guardini-Lehrstuhl in München. Er wollte nicht mehr in Innsbruck bleiben. Es gab dort Schwierigkeiten mit den Oberen und mit Mitbrüdern. Das war schon im Jahr 1951 ein großes Problem gewesen. Damals haben ihn Mitbrüder in Rom wegen einiger theologischer Positionen in seiner Mariologie angezeigt. Diese mariologische Arbeit umfaßt 400 Seiten[5]. Eine weitere Zusammenarbeit gab es bei der Planung und Vorarbeit zu den „Schriften zur Theologie".

In München habe ich am Lexikon weitergearbeitet. Pater Rahner war natürlich sehr viel beansprucht. Er hatte immer Einladungen zu Vorträgen, er nahm an Kongressen teil, erhielt Einladungen ins Ausland, und so ist immer mehr über ihn hereingebrochen. Er wollte dann für „Sacramentum mundi" keine weitere Verantwortung tragen. Dann habe ich es allein weiterbetreut. Das war wegen der verschiedensprachigen Ausgaben einigermaßen schwierig. Es erschienen dann die deutsche, holländische, englische, spanische und italienische Ausgabe, nur die französische nicht – das hat Jean Daniélou SJ[6] verhindert, der der „deutschen Theologie" skeptisch gegenüberstand, obwohl er in seinen Arbeiten immer wieder auf sie zurückgriff.

Hatte Pater Rahner auch Feinde?

☐ Um Rahner hat sich aus verschiedenen Gründen auch eine gewisse Intrigenwirtschaft entwickelt. Das hat in München aufgrund der divergierenden Interessenlagen im Institut auch zu vielen Spannungen geführt. Dazu kamen persönliche Dinge. Ich will nur sagen: Die Atmosphäre war nicht hundertprozentig positiv. Pater Rahner war ein äußerst reflexer und ein sehr frommer Mann. Aber er hatte eine unterentwickelte Menschenkenntnis. Das ist mein Eindruck. Er kam mit seinen Vorlesungen nicht so gut an wie Guardini. Der hatte sich mit Dostojewskij, Rilke, Hölderlin und Pascal beschäftigt, Stoffe, die natürlich die normalen Studenten unmittelbar berührt haben. Rahner hat im Grunde genommen eine etwas „verdünnte" Dogmatik gelesen. Damals ist auch die „Einführung in den Begriff des Christentums" entstanden, der später veröffentlichte „Grundkurs des Glaubens" (1976). Es ist schwer zu sagen, ob er aus einer gewissen Enttäuschung an eine theologische Fakultät zurückkehren wollte und deswegen die Berufung nach Münster angenommen hat[7]. Als er später wieder in München war, habe ich sehr darauf hingearbeitet, daß er nach Innsbruck zurückkommt; vor allen Dingen, daß er seine Bibliothek und sein Archiv dorthin gibt. Seine Antwort: Ich gebe nicht nur meine Sachen nach Innsbruck, ich gehe selbst hin. Das war dann die letzte Phase seines Lebens: von Herbst 1981 bis März 1984.

Sie haben erwähnt, daß Pater Rahner auch ein frommer Mensch war.

☐ Er war sehr fromm, aber auch sehr reflexiv. Er hatte einen sehr starken analytischen Verstand. Er hat Zusammenhänge gesehen, die für andere nicht erkennbar waren und es auch blieben und dann mit Hilfe seiner philosophisch-theologischen Methodik, immer wieder neue Perspektiven eröffnet. Das ist seine große Leistung! Dazu kam, daß er das Subjekt-Objekt-Schema durch eine Transzendentalisierung der

Objekte korrigiert hat. Das ist vielleicht etwas kompliziert ausgedrückt. Durch diese transzendentale Dimension ist eben auch eine Präsenz des Göttlichen sichtbar geworden, die vorher so nicht gesehen wurde.

War das in Rahners Denken immer sehr präsent?

☐ Er war (mit Heidegger) der Meinung, die Frömmigkeit des Philosophen sei das Denken. Pater Rahner ist um vier Uhr morgens aufgestanden, hat seine Post erledigt, dann hat er seine Meditation gehalten, das Brevier gebetet und die Messe gelesen. Wir mußten wegen des Lexikons oft nach Freiburg fahren. Dann hatte ich um vier Uhr im Jesuitenkolleg zu sein, habe ministriert, und wir sind dann um fünf Uhr mit dem Zug nach Freiburg gereist. Ansonsten war seine Woche mit akademischen Pflichten ausgefüllt: Er hatte zwei bis dreimal pro Woche Vorlesungen, zwei- oder dreimal ein Seminar und dann noch ein Abendkolloquium zu halten.

Eine Art Krisentheologie

Außerdem hat er viele Einladungen erhalten, die teilweise natürlich auch thematisch fixiert waren. Daraus sind nicht wenige der Artikel, die er geschrieben hat, hervorgegangen. „Der Christ und seine ungläubigen Verwandten"[8] beispielsweise. Einer seiner Verwandten hatte drei oder vier kleine Kinder, und seine Frau war mit einem französischen Besatzungsoffizier durchgegangen. Und was macht der Mann? Die Kinder brauchen eine Mutter. Kann er wieder heiraten oder nicht? Kirchlich kann er nicht heiraten, er ist verheiratet … Das waren konkrete Situationen, existentielle Konstellationen, von denen Pater Rahner sehr oft ausgegangen ist.

Es standen also oft pastorale Anliegen im Hintergrund seiner Veröffentlichungen?

□ Er hat vieles, was er erlebt hat, in seinen Artikeln verarbeitet. Für ihn war Theologie von vornherein nicht ein spekulativer Vorgang am Schreibtisch, sondern eine Art Krisentheologie, die nicht nur fromm ist, sondern die auch gewissermaßen den theologischen Ertrag in das Leben umsetzt.

Sie haben Pater Rahners Menschenkenntnis erwähnt. Ist er manchmal zu schnell in eine Beziehung hineingeraten?

□ Er war in diesem Bereich nicht sehr kritisch. Es gab in seinem Umkreis eben doch sehr viele, die irgendwie von ihm profitieren wollten. Ich habe mich aber immer gewundert, daß er diese Menschen nicht durchschaut hat.

Kritik und Anfeindungen

Er hatte offenbar in Innsbruck unter Mitbrüdern Kritiker und litt darunter.

□ Ob man das „leiden" nennen soll, weiß ich nicht. Da sind sehr viel Äußerlichkeiten mit im Spiel. Um ein Beispiel zu nennen: Pater Rahner bewohnte ein Zimmer, das durch die Konstellation des Gebäudes einen kleinen Nebenraum hatte, also praktisch eineinhalb Zimmer. Dort hat er geschlafen. Durch diesen Raum führte eine Wasserleitung, und so bat er den damaligen Rektor, man möge ihm ein Waschbecken einrichten, aber dieser lehnte ab mit der Begründung, das gehe wegen der Armut nicht! Das ist natürlich nur ein kleines Beispiel. Aber so ging es eben damals zu. Etwas anderes war, wenn er in Rom von Mitbrüdern angeschwärzt wurde, wegen der Mariologie zum Beispiel, und dann ein Visitator anreiste[9].

Was sagen Sie zur Kritik Hans Urs von Balthasars an Karl Rahner?

□ Balthasar war ein ganz anderer Mensch als Rahner[10]: stark extrovertiert, literarisch interessiert. Er hat zuerst Germanistik studiert, er hat die „Apokalypse der deutschen Seele" geschrieben, drei Bände – ein äußerst interessantes Werk. Erst dann ist er in den Orden eingetreten. Er war dann später in Basel Studentenseelsorger und hat dort Adrienne von Speyr[11] kennengelernt, die Frau des Historikers Werner Kaegi[12]. Adrienne von Speyr hatte Visionen. Balthasar hat darüber Bücher verfaßt, und Rahner hat das mit einem etwas kritischen Auge verfolgt und dann eben auch angesprochen. Das erzeugte dann schon eine gewisse Spannung! Die vormalige enge Verbundenheit mit Balthasar war sicherlich dadurch etwas lädiert. Dazu kommt, daß die beiden ja ursprünglich einen Plan für eine Dogmatik entworfen hatten, der auch im ersten Band der „Schriften zur Theologie"[13] abgedruckt ist. Dieser Plan ließ sich aber nicht realisieren.

Es waren nicht völlig konträre, aber doch auseinanderführende Wege. Ich habe Balthasar persönlich kennengelernt. Er war ein sehr liebenswerter, sehr hilfsbereiter, sehr gutartiger Mensch, aber das hat natürlich nicht die Interessensgegensätze oder Spannungen zwischen den beiden aufgehoben. Pater Rahner hat einmal etwas bösartig formuliert – Balthasar hatte ja eine theologische Ästhetik veröffentlicht –, daß man im dritten Jahrtausend die christliche Botschaft wohl nicht unter der Kategorie des Schönen verkaufen könne. Das ist natürlich sehr spitz formuliert. Aber es zeigt doch, daß da sehr viel auseinanderklaffte. Auch die Auseinandersetzung über das Theologumenon des „anonymen Christentums" wäre hier zu erwähnen, gegen das Balthasar sogar ein ganzes Buch geschrieben hat[14]. Übrigens hat Karl Barth, dem Balthasar eine ausgezeichnete Monographie gewidmet hat, in Analogie zum „anonymen Christen" den Begriff des „virtuellen Christen" verwendet.

Entlassen in ein Geheimnis

Was vom Erbe Pater Rahners sollte man unbedingt weitergeben?

☐ Das ist nicht so einfach zu beantworten. Es sind natürlich sehr viele einzelne theologische Positionen. Ich nenne zum Beispiel das Verhältnis von Christologie und Anthropologie, aber das ist zu allgemein. Wenn man an das anknüpft, was in der sehr frühen Schrift „Von der

Not und dem Segen des Gebetes" formuliert ist, in einem gewissen Sinne auch in „Hörer des Wortes", dann erkennt man: Da ist der Mensch derjenige, der nicht in der Spaßgesellschaft oder im Alltag oder im Betrieb untergeht, sondern er hat eine andere Bestimmung. Oder: Daß wir von Gott nicht reden sollen wie von einem Freund im Sinne eines modischen und einseitigen Personalismus, sondern daß wir anerkennen, wie Pater Rahner es formuliert hat, daß wir umfangen sind von einem „Geheimnis" und daß wir letzten Endes auch eingewiesen sind in dieses Geheimnis. Gott ist nicht irgendwo ein Gegenstand unter vielen, er ist in uns gegenwärtig. Es ist gar nicht leicht zu sagen, wo man anknüpfen soll. Es gibt sehr viele Zugänge.

Sie haben eben „Von der Not und dem Segen des Gebetes" erwähnt.

☐ Das ist eine sehr eindrucksvolle Schrift. Ursprünglich sind es Predigten, die er 1946 in München gehalten und 1949 veröffentlicht hat. Sie gehen einem ans Herz.

Pater Rahner hat Sie sicherlich sehr geschätzt. War es auch Freundschaft? Oder war es mehr Zusammenarbeit?

☐ Es war eine Freundschaft. Er hat mir auch immer wieder das Du angeboten. Aber das wollte ich nicht, weil er für mich ein väterlicher Freund war. Ich konnte nicht mit ihm per Du sprechen. Ich habe eine so enge Beziehung zu ihm, auch heute noch, daß ich jeden Tag – ich sage das jetzt mit einer großen Scheu – mit ihm spreche. In den letzten Jahren hatte ich fünf schwere Operationen – ich hatte immer mit ihm Kontakt und habe ihn auch um Hilfe gebeten. Ich weiß, daß es da eine Verbindung gibt, die ich immer wieder erfahren darf. – Nach Pater Rahners Tod gab es unter den Jesuiten die Tendenz: Jetzt müssen wir ihn erst totschweigen, damit keine neuen Querelen entstehen. Wir wollen jetzt kein großes Interesse wecken, sondern erst einmal die Dinge sich beruhigen lassen. – Das hat mir ein Münchener Jesuit direkt ins Gesicht gesagt. Es gab ja Probleme mit Rom.

Ich habe den Eindruck, Pater Rahner hatte nicht so viele Gesprächspartner wie Sie.

□ Ich kann das natürlich von außen her nicht beurteilen. Theologische Gespräche oder theologische Inspirationen hat Pater Rahner nicht gebraucht. Er hatte seinen eigenen Zugang. Man darf nicht übersehen, was gerne ein bißchen in den Hintergrund gerückt wird, daß die Denkweise Martin Heideggers einen großen Einfluß auf ihn hatte. Wie das Denken in Bewegung gesetzt wird, wie man an Probleme herangeht – das hat Pater Rahner von Heidegger gelernt. Es waren eher methodische als materiale Einflüsse. Natürlich war er Theologe, aber er hatte das Rüstzeug der Philosophie.

Um noch ein ganz anderes Beispiel zu nennen: Bernhard Welte hatte im Jahr 1954, einen Beitrag für das große dreibändige Werk „Das Konzil von Chalkedon"[15] geschrieben. Darin hat er versucht, mit Hilfe von Hegel die klassische Terminologie, die von den Konzilien überliefert ist, mit der Terminologie des deutschen Idealismus und Hegels neu durchzubuchstabieren. Rahner hat diesen Beitrag als Zensor dieser Bände gelesen. Ab diesem Zeitpunkt war das ein neues Element in seiner Trinitätstheologie und Christologie. Das war sehr interessant, weil man es wirklich direkt verfolgen konnte. Welte war Freiburger wie Rahner und stammte wie Heidegger aus Meßkirch. Er war Sekretär von Erzbischof Konrad Gröber, der Welte auch erlaubt hat, in der Theologie weiterzuarbeiten. Er hat damals eine religionsphilosophisch-theologische Arbeit über Karl Jaspers geschrieben und bekam später den Lehrstuhl für Religionsphilosophie in Freiburg. Ich war bei ihm Assistent, und da habe ich seine Denkwelt näher kennengelernt.

Eine gewaltige Aufbruchstimmung

Während des Konzils waren Sie dann mit Pater Rahner in Rom. Was hat diese Kirchenversammlung für ihn bedeutet?

☐ Das Konzil war für ihn eine unendliche Herausforderung, die schon lange vorher begonnen hatte. Kardinal Franz König hat ihm die von der vorkonziliaren Kommission ausgearbeiteten Schemata zugeschickt, und Pater Rahner sollte dazu Stellung nehmen. Dadurch war er mit der ganzen Materie schon sehr vertraut. Die vorkonziliaren Ausarbeitungen waren nicht nur vorkonziliar, sie waren auch theologisch aus dem vorigen Jahrhundert. Das wurde also eine immense Herausforderung für ihn[16]. Er kannte die Materie, er kannte die Standpunkte, da waren zum Teil seine einstigen Lehrer im Spiel. Er ist gewissermaßen wirklich als Peritus ins Konzil gegangen, er wußte, um was es dort geht und hat sich natürlich dann in den Kommissionen entsprechend zu Wort gemeldet. In Rom waren zu dieser Zeit sämtliche Bischofskonferenzen als meinungsbildende Gremien vertreten: Die Südamerikaner, die Europäer: Deutsche, Franzosen und Spanier bildeten je eine Gruppe für sich. Es wurde sehr viel gearbeitet, hinter dem Rücken der offiziellen Kommissionen. Da haben sich einzelne Bischofskonferenzen abgesprochen. Man hat Textvorschläge ausgearbeitet und vorgelegt. Das bedeutete sehr viel Arbeit. Man hatte ja noch nicht die modernen technischen Hilfsmittel. Damals war alles noch Steinzeit. Alles mußte getippt, photokopiert und verteilt werden.

Und Sie haben mitgeholfen. Waren Sie dabei allein?

☐ Wir waren mehrere, darunter auch Karl Lehmann. Ich wohnte im Germanikum Es war eine gigantische Aufbruchsstimmung, in die natürlich auch sehr viel von Pater Rahners Theologie eingeflossen ist.

Pater Rahner hatte offenbar eine unheimliche Arbeitskraft.

☐ Er war immer geistig beschäftigt. Ich erinnere mich zum Beispiel an die Überlegungen und Gespräche zu dem Artikel über die Eschatologie[17]: Da habe ich mehrere Tage mit ihm Kontakt gehabt und konnte deutlich verfolgen, wie sich das entwickelt hat, wie er selber einer Spur nachging, um eine axiomatische Ebene zu erreichen, nämlich die Eschatologie an der Christologie festzumachen. Das war ein sehr komplizierter Prozeß, aber doch durchschaubar, der dann eben zu diesem Artikel geführt hat. – Keiner meiner Lehrer hat einen so großen Einfluß auf mein Denken und mein Leben ausgeübt wie Pater Rahner. Dafür bin ich ihm unendlich dankbar.

Anmerkungen

[1] Otto Semmelroth SJ (1912–1979), seit 1932 Jesuit, Professor für Dogmatik an der Philosopsch-Theologischen Hochschule St. Georgen in Frankfurt am Main, Konzilstheologe.

[2] Vgl. R. Siebenrock, Gnade als Herz der Welt. Der Beitrag Karl Rahners zu einer zeitgemäßen Gnadentheologie, in: M. Delgado / M. Lutz-Bachmann (Hg.), Theologie aus der Erfahrung der Gnade. Annäherungen an Karl Rahner. Berlin 1994, 34–71. – Der Gnadentraktat K. Rahners wird in den Sämtlichen Werken als Band 5 lateinisch-deutsch veröffentlicht und soll 2007 erscheinen.

[3] Walter Kern SJ, Dr. phil., Dr. theol., geb. 1922, Professor für Fundamentaltheologie an der Universität Innsbruck.

[4] Bernhard Joseph Welte (1906–1983), 1952 Professor für Grenzfragen zwischen Philosophie und Theologie, 1958 Professor für Christliche Religionsphilosophie an der Universität Freiburg, 1955/56 Rektor der Albert-Ludwigs-Universität Freiburg.

[5] Vgl. jetzt: K. Rahner, Sämtliche Werke. Bd. 9: Maria, Mutter des Herrn. Mariologische Studien. Freiburg 2004. Der Editionsbericht berichtet ausführlich von den ordensinternen Schwierigkeiten, die eine Veröffentlichung des unter dem Kurztitel „Assumptio-Arbeit" firmierenden Manuskripts verhinderten.

[6] Jean Danielou SJ (1905–1975), seit 1929 Jesuit, Professor für altchristliche Literatur und Geschichte am Institut catholique in Paris. Mit einem Artikel in den „Études" löste er 1946 die Auseinandersetzungen um die Nouvelle Theologie mit aus, Mitbegründer der Reihe „Sources Chrétiennes", Peritus auf dem Zweiten Vatikanischen Konzil, 1969 Kardinal, 1972 in die Académie Française gewählt.

[7] Vgl. dazu die Informationen bei H. Vorgrimler, Karl Rahner. Gotteserfahrung in Leben und Denken. Darmstadt 2004, 90–92; H. Fries, Professor in München. 1964–1967, in: P. Imhof / H. Biallowons (Hg.), Karl Rahner – Bilder eines Lebens. Freiburg 1985, 70; J. Splett, Auf dem Lehrstuhl Romano Guardinis, in: ebd. 72–73; E. Biser, Zu Karl Rahners religionsphilosophischem Konzept, in: ebd. 74–77.

[8] Vgl. K. Rahner, Der Christ und seine ungläubigen Verwandten, in: Ders., Schriften zur Theologie. Bd. 3. Einsiedeln 1954, 419–439; jetzt in: K. Rahner, Sämtliche Werke. Bd. 10: Kirche in den Herausforderungen der Zeit. Studien zur Ekklesiologie und zur kirchlichen Existenz. Freiburg 2003, 274–289.

[9] Es handelt sich dabei um P. Felix Malmberg SJ. Vgl. dazu R. P. Meyer, Editionsbericht, in: SW 9, XI–LVI, bes. XLIII–XLVII.

[10] Vgl. dazu A. R. Batlogg, Hans Urs von Balthasar und Karl Rahner: zwei Schüler des Ignatius, in: M. Striet / J.-H. Tück (Hg.), Die Kunst Gottes verstehen. Hans Urs von Balthasars theologische Provokationen. Freiburg 2005, 410–436.

[11] Adrienne von Speyr (1902–1967), Ärztin, Mystikerin und geistliche Schriftstellerin. 1927 Ehe mit dem Historiker Emil Dürr († 1934), dessen beiden kleinen Söhne sie erzieht, 1936 Ehe mit Werner Kaegi, Dürrs Nachfolger auf dem Lehrstuhl für Geschichte an der Universität Basel. 1940 bei Hans Urs von Balthasar zum katholischen Glauben konvertiert. Das Gesamtwerk umfaßt 62, im Johannes-Verlag herausgegebene Bände.

[12] Werner Kaegi (1901–1979), 1935–1971 Professor für mittlere und neuere Weltgeschichte an der Universität Basel, seit 1936 verheiratet mit Adrienne von Speyr, Übersetzer der Werke des niederländischen Historikers Johan Huizinga.

[13] Vgl. K. Rahner, Über den Versuch eines Aufrisses einer Dogmatik, in: Ders., Schriften zur Theologie. Bd. 1. Einsiedeln 1954, 9–47; jetzt aufgenommen in: Ders., Sämtliche Werke. Bd. 4: Hörer des Wortes. Schriften zur Religionsphilosophie und zur Grundlegung der Theologie. Freiburg 1997, 404–448. Dazu: K. H. Neufeld, Die Brüder Rahner. Eine Biographie. Freiburg [2]2004, 178–186; A. R. Batlogg, Die Mysterien des Lebens Jesu bei Karl Rahner. Zugang zum Christusglauben. Innsbruck [2]2003, 385–391.

[14] Vgl. H. U. v. Balthasar, Cordula oder der Ernstfall. Einsiedeln 1966 ([4]1987).

[15] Vgl. B. Welte, Homoousios hemin. Gedanken zum Verständnis und zur theologischen Problematik der Kategorien von Chalkedon, in: A. Grillmeier / H. Bacht (Hg.), Das Konzil von Chalkedon: Bd. 3. Würzburg 1954 ([5]1979), 51–80. Karl Rahners Beitrag „Chalkedon – Ende oder Anfang?" im selben Band (3–49) ist eine unmittelbare Reaktion auf den Welte-Artikel und war von den beiden Herausgebern unmittelbar erbeten worden; vgl. dazu A. R. Batlogg, Die Mysterien des Lebens Jesu bei Karl Rahner, 343, Anm. 224, wo eine briefliche Bemerkung von A. Grillmeier zitiert ist: „Im Zusammenhang mit der Diskussion um die Welte-Formulierungen entwickelte P. Rahner in einem langen Gespräch (mit P. Bacht u. mir) seine Hermeneutik der Konzilsaussagen überhaupt. Am Ende des langen Gesprächs (…) baten wir P. Rahner, uns diese Gedanken zu einem Beitrag für Chalkedon III zu machen. Dies geschah und das Ergebnis ist dieser wertvolle Beitrag."

[16] Ein Teil seiner Gutachten für Kardinal König, die für die römischen Autoren oft wenig schmeichelhaft ausfielen, wurden nach Rahners Tod veröffentlicht: „Aus den Konzilsgutachten für Kardinal König", in: K. Rahner, Sehnsucht nach dem geheimnisvollen Gott. Profil – Texte – Bilder. Hg. v. H. Vorgrimler. Freiburg 1990, 95–165.

[17] Vgl. K. Rahner, Theologische Prinzipien der Hermeneutik eschatologischer Aussagen, in: ZKTh 82 (1960) 137–158.

Er läßt sich nicht einfach kopieren
Im Gespräch mit Karl Kardinal Lehmann, Mainz

Karl Lehmann, Dr. phil., Dr. theol., geb. 1936, war zunächst Karl Rahner während des Konzils in Rom als Hilfskraft zur Verfügung gestanden und von 1964 bis 1967 sein Assistent an den Universitäten München und Münster. Er wurde 1968 Professor für Dogmatik in Mainz und 1973 in Freiburg für Dogmatik und Ökumenische Theologie. 1983 wurde er zum Bischof von Mainz ernannt. 1987 zum Vorsitzenden der Deutschen Bischofskonferenz gewählt, wurde er im September 2005 für eine vierte Amtszeit wiedergewählt. 2001 erhob ihn Papst Johannes Paul II. zum Kardinal.

Beim 90. Geburtstag und 10. Todestag Karl Rahners haben Sie in Freiburg zum Philosophischen im Denken Karl Rahners gesprochen[1]. Sie haben einmal gemeint, ihn zu einer Grundlagenrevision bewegen zu können. Wie hatten Sie sich das vorgestellt?

☐ Als ich von 1964 bis 1967 Assistent Karl Rahners war, kamen die ersten kritischen Anfragen an seinen philosophischen Ansatz auf. Da gab es das Buch von Eberhard Simon, eine Doktorarbeit an der Philosophischen Fakultät München. Es gab ein kleineres Bändchen von Alexander Gerken, und dann war auch noch die Arbeit eines Ratzinger-Schülers, der eigentlich mehr Philosoph war und später Fundamentaltheologe in Freiburg wurde: Hansjürgen Verweyen[2]. Im Anschluß an Gustav Siewerth hat er sehr stark das Staunen herausgestellt. Die Anfragen zielten mehr oder weniger darauf, ob der transzendentale Ansatz bei Karl Rahner ausreichend gestützt und gesichert ist. Ich habe eine umfangreiche Dissertation über Heidegger geschrieben, und ich hatte natürlich schon auch Fragen. Aber ich merkte: Rahner ist da sehr schwer festzumachen, gerade beim Begriff des Transzendentalen. Da sind Elemente von Kant drin, da ist Joseph Maréchal drin. Ich meinte: Um auf diese Kritiken zu antworten, müßte man vielleicht an dieser Stelle noch etwas tiefer gehen.

Eine ewige Grundlagendiskussion?

Vor allen Dingen: Um dieselbe Zeit meinte Johann Baptist Metz behaupten zu sollen, daß die transzendentale Methode Rahners notwendigerweise zu individualistisch sei und keinen sozialen Ansatz impliziere. Ich dachte mir, es wäre eigentlich gut, Rahner würde sich mit dieser Kritik einmal befassen. Das Manuskript von Eberhard Simon, das noch nicht gedruckt war, lag lange auf seinem Schreibtisch in München, weil Simon ein Geleitwort für die Buchveröffentlichung haben wollte. Im Grunde genommen hatte er dazu – ich verstehe das heute besser als früher, als ich jung war – keine Lust. Rahner wollte sich nicht noch einmal mit den ganzen Sachen befassen. Er wollte weiterdenken und seine Sachen weiterentwickeln, aber nicht mehr irgendwie zurückgehen. Ich dränge ihn, merkte dann aber, daß er sich innerlich doch irgendwie anders entschieden hatte. Er wußte: Wenn er sich mit verschiedenen Anfragen befaßt, könnte manches, wie wir im Deutschen sagen, ins Rutschen kommen. Dann könnte es eine Grundlagenkrise geben. Ihm lag aber die inhaltliche Theologie viel zu viel am Herzen und war viel zu wichtig. Er wollte sich nicht mit einer ewigen Grundlagenreflexion abgeben. Ich habe es dann trotzdem noch einmal versucht, als wir 1967 nach Münster gegangen sind. Die Frage war: Was lehrt Rahner in Münster? Ich habe ihm vorgeschlagen, er solle zunächst das Verhältnis von allgemeiner und besonderer Heilsgeschichte nehmen, Kategoriales und Transzendentales in der Heilsgeschichte. Ich habe gedacht: Du mußt das Problem, wenn du es nicht philosophisch angehen willst, trotzdem angehen. Also gehe es bei dieser Frage lieber material-theologisch an.

Da war auch die scharfe Kritik von Hans Urs von Balthasar in dem Bändchen „Cordula oder der Ernstfall"[3]. Wir haben sehr gute Leute in diesem Seminar im Sommersemester 1967 gehabt. Albert Raffelt hat über Balthasar vorgetragen. Da mußte sich Rahner also, weil das vorbereitet worden ist, mit der Thematik beschäftigen. Aber er hatte auch da nicht sehr viel Lust und hat immer gesagt: Ist das ein dummer Kerl. Er hat nichts verstanden. – Balthasars Kritik war ihm zu „dumm", um auf die ganzen Einwände einzugehen. Es war schwierig. Natürlich haben viele diese Dinge nicht so gut verstanden.

Deswegen habe ich einen meiner Schüler, Nikolaus Schwerdtfeger, der jetzt Weihbischof in Hildesheim ist, auf das Thema des anonymen Christen angesetzt[4]. Es gab in dieser Zeit auch einige Arbeiten, die nichts taugten. Schwerdtfeger hat eine phantastische Dissertation geschrieben, die bis heute eine sehr, sehr gute Arbeit ist. Er hat dieses kategoriale Element konkretisiert, es klingt ja bei Rahner immer etwas abstrakt. Dann hat er vor allen Dingen auch die ganzen Aussagen zum Symbol und zum Symbolischen herangezogen, nicht nur zum „Herz Jesu" den Aufsatz „Theologie des Symbols"[5], sondern eben auch die ganzen Aussagen zum Kreuz, so daß klar war, daß das transzendentale Element nicht für sich allein steht, sondern immer vermittelt mit dem Kategorialen, und daß da natürlich das Geschichtliche, das Partikuläre des Christentums, einen viel größeren Stellenwert hat, als es aussah.

Rahner war auch mit manchen Formulierungen vielleicht ein bißchen einseitig. Man fand im gesamten Werk dann sehr viel mehr Abrundung, als manche spitzen Aussagen meinten. Aber selbst beim zweiten Anlauf ist es mir nicht gelungen, daß Rahner noch einmal neu Feuer gefangen hätte. Er hat diese Dinge auch gar nicht mehr gelesen, die Einwände waren ihm einfach zu primitiv.

Er wollte keine Zeit verschwenden. Es war ja auch eine sehr bewegte Zeit: 1967/68. Rahner hat ein unheimliches Gespür gehabt. In München wurde ihm klar, daß er nicht an einer beliebigen Philosophischen Fakultät bleiben und dort für alle möglichen Hörer Vorlesungen geben konnte. In der Zeit nach dem Konzil hat sich vieles entschieden, er wollte wieder in der Theologie präsent sein, inmitten der Kirche Theologie treiben und nicht auf einer interessanten Spielwiese wie dem Guardini-Lehrstuhl Philosophie machen. Deswegen war das auch eine bewußte Entscheidung, wieder in die Theologie hinüberzuwechseln und den Ruf nach Münster anzunehmen. Ich habe später einmal bei Heidegger eine Art Aphorismus entdeckt: „Alt werden heißt, einen Gedanken einschwingen lassen." Und diesen Gedanken dann sozusagen austragen!

Man muß auch bedenken: Rahner war bereits 63 Jahre alt, als er nach Münster wechselte. Da will man keine Grundlagedebatten mehr führen oder gar eine Grundlagenrevision betreiben. In diesem Alter kann man ein hochgescheites Buch schreiben. Als er dann in Münster war, saß Metz praktisch direkt nebendran. Metz war Rahners Meinung nach sein genialster Schüler. Rahner hat instinktiv gespürt: Metz kritisiert das transzendentale Element als eine doch etwas individualistische Verengung. Mit Rahner ließ sich keine Befreiungstheologie entwickeln oder eine dialogische Ontologie. So etwas hatte bei ihm durchaus einen Platz, aber er hat das nicht entfaltet. Da hat Rahner ganz still und unbemerkt oft seine Grundlagen eben doch revidiert – allerdings innerhalb seines Entwurfs, innerhalb seiner Grund-Skizze. Die Vorgaben sind nicht grundsätzlich andere geworden, aber es wird zum Beispiel ganz deutlich, daß er so ab 1966/67 versucht hat, auf Metz einzugehen und zu zeigen, daß sein Ansatz den Vorwurf des Individualistischen nicht verdient.

Ich habe dann im ersten Halbjahr 1967 meine theologische Promotion gemacht und habe ein Stipendium zur Habilitation bekommen. Ich habe zwar noch viel für Rahner gemacht, vielleicht zu viel. Ich habe die ganzen Doktoranden, die in München geblieben sind, das waren ungefähr 16 bis 17 Leute, alle betreut. Ich bin praktisch alle 14 Tage oder alle drei Wochen für ein bis zwei Tage nach München gefahren, habe mit den Leuten geredet und die Entwürfe durchgeschaut, schließlich die Gutachten gemacht, und Pater Rahner hat sie dann unterschrieben. Dann bekam ich im Juli 1968 von Kultusminister Dr. Bernhard Vogel den Ruf nach Mainz.

Eklat bei der Verleihung des Romano-Guardini-Preises

Pater Rahner hat dann auch kritische Töne angeschlagen, es begann mit dem Münchener Vortrag „Freiheit und Manipulation" im Jahr 1970[6].

☐ Sie wissen vielleicht, daß Josef Pieper in seiner Biographie schreibt, er sei zu diesem Vortrag nicht hingegangen[7]. Er behauptete zuerst, er habe keinen passenden Anzug dabei, aber das hatte natürlich ganz andere Gründe. Rahner hat das natürlich gemerkt. Wir hatten eine Tagung des Ökumenischen Arbeitskreises evangelischer und katholischer Theologen – das ist einer der ältesten ökumenischen Arbeitskreise der Welt, 1946 gegründet – in Tutzing am Starnberger See, in der Evangelischen Akademie. Rahner war ebenso Mitglied des Arbeitskreises wie Joseph Ratzinger oder mein Vorgänger (als Bischof von Mainz) Hermann Volk.

Rahner sollte während dieser Tage an einem Abend den sehr bekannten und begehrten Romano-Guardini-Preis der Katholischen Akademie in München erhalten. Mein Freund Franz Henrich, der Direktor, mit dem ich immer gut stand, hat mir gesagt: Ihr seid in Tutzing, da müßt Ihr kommen. Ich schicke Euch einen Bus, und in einer dreiviertel Stunde seid Ihr in München, der Bus bringt euch wieder zurück. Ich habe dann Pater Rahner gefragt: Wie lautet eigentlich Dein Festvortrag nach der Preisverleihung? Da habe ich gemerkt: Er schweigt, und ich mußte mir denken: Er hat etwas vor! Es war mir völlig klar: Da ist jetzt eine Bombe in Vorbereitung. Ich habe dann noch ein-, zweimal gefragt, dann habe ich gemerkt, es wäre besser, nicht mehr zu fragen. Er war etwas ungehalten und mürrisch. Ich habe ihm noch gesagt: Du, da kommen aber viele Leute von hier. Ich habe sie alle jetzt motiviert, sie kommen alle mit dem Bus. Nicht, daß du die nachher beschimpfst. Ich merkte: Irgendetwas ist los.

Es gab natürlich eine Vorgeschichte dazu: Damals gab es eine intensive Zölibatsdiskussion. Das war sehr en vogue. Rahner war doch eindeutig für das Zölibat, er hat ja einen Brief an einen priesterlichen Freund geschrieben, der damals in 100.000 Sonderdrucken verteilt wurde, das war zum Teil ein flammendes Plädoyer für das Zölibat[8]. Dann hat er aber gemeint, man müsse die Sache doch etwas seriöser betreiben, wobei er gar keine inhaltliche Meinung in den Vordergrund stellte, sondern nur, wie man die Sache ernsthaft diskutieren sollte. Er hat mich dazu gewonnen, daß wir beide ein Memorandum ausarbeiten und die Unterschriften anderer dazu einholen und das Ergebnis den Bischöfen verschicken. Er hat also ein Memorandum gemacht, ich habe es verbessert, so wie ich früher immer seine Texte verbessert habe. Ich habe es dann auch verschickt, und wir hatten – ich weiß es nicht mehr genau – viele Unterschriften, zunächst weitgehend von Mitgliedern aus der Glaubenskommission der Deutschen Bischofskonferenz, darunter Alfons Deissler, Joseph Ratzinger, Rudolf Schnakkenburg. Jetzt haben die Bischöfe etwas gemacht, was ich heute auch oft – bei der Überfülle notgedrungen – mache: nämlich nicht geantwortet. Pater Rahner war darüber ungeheuer wütend. Von den damals wahrscheinlich 50 bis 60 Leuten in der Bischofskonferenz haben meiner Erinnerung nach zwei geantwortet, darunter Ernst Tewes[9].

Das hat in Rahner gearbeitet und eine ziemliche Unruhe geschaffen[10]. Ich merkte nur: Der macht da etwas, irgendwo wird mit dem Feuerchen herumgespielt. Ich sagte dann am Vortag noch einmal: Du, Mensch, da kommt extra ein Bus, und der Döpfner sitzt dort, der Volk sitzt dort. Daß er diese Leute beschimpft, konnte also durchaus passieren. Obwohl er mir sonst vorher immer das Manuskript gegeben hat, hatte ich diesmal nichts in der Hand. Es war mir völlig klar: Da kommt irgendetwas. Dann hat er einen Vortrag gehalten, der nachher veröffentlicht worden ist. Dabei hat er grob geschimpft gegen den undemokratischen, unfreundlichen Apparat der Bischofskonferenz und der Bischöfe. Der einzelne Bischof wäre ja ganz vernünftig, mit dem könne man ja reden, aber zusammen sei das eben ein unmögliches Benehmen. Rahner hat dann den Begriff der Manipulation gebraucht. Es war nicht zwingend, es war also eigentlich kein so guter Begriff. Er hat dann losgelegt und hat gemerkt, daß die Bischöfe wütend waren, weil sich besonders auch Hermann Volk und Kardinal Döpfner auf den Weg gemacht hatten. Viele andere sagten: Jetzt kommen wir ihm zu Ehren eigens aus Tutzing angereist, und dann werden wir beschimpft. – Ich habe dann mit Döpfner gesprochen, mit dem ich damals als Theologe schon vieles gemeinsam gemacht hatte, und habe den Vorwurf bekommen: Hast du denn nicht gewußt, was der macht? – Dann sollte der Text gedruckt werden. Ich habe Pater Rahner gesagt, er solle die harten Stellen doch etwas abändern, aber das wollte er nicht. Da war nichts zu machen. Er hat sich dann in einem kleinen Nachwort in der eigenen Publikation für die Katholische Akademie noch einmal gerechtfertigt[11]. Es war auch eine Reaktion auf meine Besorgnis. Es war nichts zu wollen, er hat es auf Gedeih und Verderb gehalten. Ich war unter ziemlichem Beschuß. Ich hatte durchaus Verständnis, daß es etwas unfreundlich war, uns nicht zu antworten, aber ich fand es genau so unfreundlich, nun die Preisverleihung dazu zu benutzen, um das den anderen um die Ohren zu hauen.

Unser Memorandum sollte eigentlich nicht veröffentlicht werden. Es war für die Bischöfe bestimmt gewesen. Es ist dann zu den

Jesuiten der Zeitschrift „Orientierung" (Zürich) gelangt, die den Text gedruckt haben[12].

Marsch ins Getto: ein Aufschrei

Der Eklat in der Katholischen Akademie war für mich der Beginn einer Entwicklung, wo Karl Rahner ein „zorniger alter Mann" wurde. Er hat sicher oft auch recht gehabt, das muß ich einräumen. Zwei Jahre später hat er in den „Stimmen der Zeit" in einem Editorial einen kleinen Kommentar geschrieben: „Marsch ins Getto?"[13]. Da war er der Meinung, die Kirche sei in Gefahr, das Konzil zu verraten. Man gebe viel zu viel nach, man gehe nicht nach vorwärts, sondern rückwärts und so weiter und so fort. Das war wie ein Aufschrei, ein richtiger „dernier cri". Daraufhin sind wir vom Kösel-Verlag gebeten worden, ob wir nicht einen Diskussionsband bringen wollten[14]. Es hatte ziemliche Attacken auf Rahners Editorial gegeben, auch einige Leserbriefe[15]. Ich habe dann eigene Thesen für das Buch formuliert. Das ist wahrscheinlich der Text, wo ich mich zum ersten Mal von Rahner etwas gelöst habe, öffentlich und schriftlich. Der Band enthielt noch elf verschiedene Artikel von anderen Leuten. Aber er ist rasch vergessen worden. Es bleibt aber ein Dokument.

Sind Sie auf Distanz zu Pater Rahner gegangen, weil Ihnen seine Kritik zu einseitig war?

☐ Ich meinte, daß er zu wenig auf diejenigen schaute, die Verantwortung trugen nach dem Konzil, als es ja da und dort im Anschluß an die 68er Jahre durchaus z. B. Willkür in der Liturgie gab, wo man da und dort hätte eingreifen sollen. Es war für mich auch ein gewisses Scheitern: Auf dem Konzil haben Theologen und Bischöfe in den Kommissionen sehr intensiv miteinander geredet. Man hat zusammen Texte vorbereitet. Für die Bischöfe war das Konzil vier Jahre lang eine außerordentliche Fort- und Weiterbildung. Man mußte ihnen nicht sagen, was sie wie lernen können. Aber nachher war die Frage: Wie kann man diese innere Zusammenarbeit beibehalten? Ich habe Kardinal

Döpfner immer gesagt, er solle Pater Rahner öfter einmal am Abend einladen, ein Glas Wein mit ihm trinken, mit ihm reden und ihm erzählen, was ihn plagt und umtreibt, damit Pater Rahner auch ein Stück weit die Sorgen eines Bischofs mitbekommt. Heute verstehe ich, daß so ein vielgeplagter Bischof und Vorsitzender der Bischofskonferenz wie Döpfner natürlich mit jedem Abend geizen mußte. Er hat sich also nur sehr selten mit Pater Rahner getroffen, und das lief dann auch nicht so gut. Ich habe ihm wiederholt gesagt, er müsse sich öfter mit ihm treffen, weil es sonst nicht gut gehe, wenn sich Rahner so weiterentwickle.

Rahner oder Ratzinger?

Dann kam die Würzburger Synode, die Gemeinsame Synode der deutschen Bistümer von 1971 bis 1975. Während dieser Synode war Rahner sehr gereizt. Es gab eine schwierige Abstimmung am Anfang, eine Kampfabstimmung: Rahner oder Ratzinger? Es ging um die Zuwahl von Einzelpersönlichkeiten. Sie saßen nebeneinander, da es eine alphabetische Sitzordnung gab, und Karl Rahner war natürlich für die Jüngeren in der Synode irgendwo so ein Stück weit Symbol. Man hat gespürt, daß Ratzinger um 1969/70 einen etwas anderen Kurs eingeschlagen hat. Nach drei oder vier Wahlgängen wurde dann Pater Rahner mit einem ganz knappen Vorsprung gewählt. Es hätte genauso gut Ratzinger sein können. Ratzinger hat dies wohl nie ganz verwunden. Er war irgendwo so getroffen, das kam in einem Statement in der Zeitschrift „Wort und Wahrheit" deutlich durch[16]: „Ich setze nicht auf Gremien, sondern auf prophetische Existenz."[17] Diese gewisse Aversion gegen Kommissionen und Gremien war bei Ratzinger natürlich immer schon vorhanden. Sie hat sich von da aus jedoch verstärkt. Er ist bald aus der Synode ausgetreten (November 1971). Jedenfalls fand sie ohne ihn statt. Schade!

Pater Rahner war vor allen Dingen gegen den Kölner Kardinal Joseph Höffner[18] furchtbar geladen[19]. Wenn dieser sich meldete, war Pater Rahner sofort auch da[20]. Er hat noch gar nicht gewußt, was Höffner sagt, schon hat sich Rahner zu Wort gemeldet. Er hat damals bereits einige Probleme mit dem Hören gehabt, er saß immer in seiner Bank, und hat dann, wenn er das Wort erteilt erhielt, immer sofort „geschossen". Das war nicht immer sehr erleuchtet, was er da gemacht hat. Man kann das heute alles nachlesen, weil es Wortprotokolle von der Synode gibt. Aber es ist noch nie aufgearbeitet worden. Namhafte Leute sind damals bei diesen Wahlen für Ratzinger eingetreten, nicht für Karl Rahner, zum Beispiel Hans Maier oder Ida Friederike Görres, die ein paar Monate später starb, und andere. Junge, „wilde" Kapläne hingegen sind für Karl Rahner eingetreten. Es war eine etwas merkwürdige Sache. Aber Pater Rahner hat natürlich auch Spaß gehabt, daß die Jugend für ihn eintritt und sich gegen Ratzinger wendet. Kardinal Volk war in diesen Jahren in einer schwierigen gesundheitlichen Verfassung. Er hat sich manchmal zu Tode geärgert, was die Leute in der Aula sagten, wollte gleich antworten, konnte aber nicht, weil die Reihenfolge der Wortmeldungen eingehalten werden mußte. Er ist dann einmal hinter einer Säule gestanden und hat richtig geweint. Ich bin einmal hin und habe gesagt, er solle sich doch beruhigen, er könne ja nachher sich melden. Es war, nur um die Stimmung zu charakterisieren, eine etwas aufgewühlte Zeit. Das ist natürlich dann in manchen Interviews zum Ausdruck gekommen. Karl Rahner war dann sehr betroffen, als Kardinal Döpfner so plötzlich starb – 1976, das war ein Jahr nach Abschluß der Synode.

Später hat sich Karl Rahner auch stärker mit Ökumene beschäftigt. Er hat mit Heinrich Fries dieses Buch über die Einheit der Kirche gemacht, die „Quaestio disputata" Nummer 100[21]. Bis dahin hat er selten ökumenische Theologie gemacht, er hat sich auch nicht so gut ausgekannt, weder in der Situation der Kirchen noch in den Theologien der Partner, sondern er hat aus seinem theologischen Untergrund heraus gedacht. Die Ernte war auch so überreich.

Pater Rahner hat sich offenbar nicht nur mit manchen Themen, sondern immer wieder mit Personen schwer getan. Haben Sie das sozusagen hautnah erleben können?

☐ Es ist merkwürdig, daß er zu manchen Leuten nie ein richtiges Verhältnis entwickelt hat. Johannes XXIII. blieb ihm zum Beispiel immer völlig fremd, vom Typ her. Er war für ihn ein tolpatschiger Bauer, irgendwo bewundernswert mit seiner Frömmigkeit, aber er paßte für ihn irgendwo nicht in die Zeit. Ich weiß noch gut, wie ich einmal mit ihm ziemlich heftig diskutierte: Guck doch mal, der ist doch dumm! Der ist doch dumm! – Ich widersprach und meinte, er sei nur anders schlau als Rahner. Aber da stand er schon unter dem Einfluß von manchen Leuten. Luise Rinser hat ihn natürlich ziemlich in Beschlag genommen, wenn er in Rom war, sie wohnte ja in der Nähe. Große Bedeutung hat sie für ihn nicht gehabt. Er hat sie eigentlich mehr seelsorglich begleitet, weil sie nach der Scheidung von dem berühmten Komponisten Carl Orff suchte[22]. Als sie immer wieder kam, wurde ihm das eher lästig. Aber er hat gemeint, das sei ein seelsorglicher Fall, man müsse es eben aushalten. Später hat er dann in einer zunächst nicht in den Buchhandel gekommenen Festschrift für Luise Rinser einen Artikel geschrieben: „Von der Größe und dem Elend des christlichen Schriftstellers"[23].

Im Zusammenhang seines 75. Geburtstages war Karl Rahner bei Papst Johannes Paul II. Ich weiß nicht mehr, wer ihm die Audienz besorgt hat. Eigentlich war sein Herz voll, bestimmte Dinge zu sagen. Dann ist er hin und kam todunglücklich zurück und meinte, er habe in der Audienz gar nicht mehr gewußt, was er dem Papst sagen solle. Er hat damals alles über sich ergehen lassen. Es war eine Mischung von Müdigkeit und Resignation. Es war ganz eigentümlich, daß er hier die letzte Gelegenheit gehabt hätte, dem Papst etwas zu sagen, und die hat er nicht genutzt. Das war wahrscheinlich schon ein Zeichen, daß einfach die Kräfte abgenommen haben[24].

Karl Rahner erben?

Zum Erbe Karl Rahners: Sie haben einmal gesagt oder geschrieben, wir bräuchten Karl Rahner weiterhin. Was soll man weitergeben? Und wie kann man sein Erbe weitergeben?

☐ Das ist eine sehr schwierige Frage, die man nicht so leicht beantworten kann, ich jedenfalls nicht. Und zwar aus folgendem Grund:

Die Konzeption seines philosophischen Denkens ist nicht so einfach. Rahner hat eine genuin philosophische Begabung, das ist gar keine Frage, er hatte eine ganz hohe Begabung. Aber er war weitgehend Selfmademan und hat sich alles irgendwo sehr kreativ aus sich selbst herausgesogen. So viel hat er nicht gelesen. Er hatte seinen Kant gelesen, Heidegger natürlich, bei dem er in Freiburg ein Hegel-Seminar mitgemacht hat[25], er hat Maréchal exzerpiert[26]. Das hat er gemacht und hat auch einige Dinge übersetzt, das war ja eine ausgesprochene Jesuitentradition. Er kannte die fünf Bände von Maréchal „Le point de départ de la metaphysique", wobei der fünfte Band sicher der wichtigste war. Er hat seinen Thomas sehr gut gekannt. „Geist in Welt" ist ja gespickt mit Thomas-Zitaten. Aber Rahner wollte gleichzeitig nie Heidegger-Schüler sein, ebenso wenig wie er Maréchal-Schüler sein wollte[27]. Eine andere Schwierigkeit besteht darin, daß es sehr schwierig ist nachzuweisen, wo Rahner von irgendeinem anderen abhängig ist. Da gibt es im Grunde genommen nur sehr verdeckte Spuren. Nicht, daß er das verwischen wollte, aber das eigenständige Denken war ja seine ureigene Angelegenheit. Viele meinen zum Beispiel, er hätte viel Pierre Teilhard de Chardin abgeschrieben[28]. Das hat er nicht. Er hat nicht viel Teilhard de Chardin gelesen, aber er hat in Innsbruck einmal ein Seminar über Teilhard de Chardin gemacht. Wenn andere etwas vorgetragen haben, dann fing es in Rahner an zu arbeiten[29].

Keine „Rahner-Schule"

Wie auch immer die Abhängigkeiten näher zu bestimmen sind: Von seinem Denktyp her ist gerade diese Originalität seines eigenen Ansatzes letztlich meines Erachtens schwer zu multiplizieren oder zu verlängern. Es ist auch keine Rahner-Schule entstanden. Karl Rahner läßt sich auch nicht einfach kopieren. Mir war eigentlich klar, daß sein Ansatz sehr plural, daß er nicht monolithisch ist und er auch nicht einfach begrenzt werden darf auf das Philosophische. Pater Rahner war da zwar immer etwas ironisch, wenn er sagt, er wollte kein Philosoph sein. Aber er hat schon gewußt, daß er ein genialer Denker ist.

Ich habe jedoch von Anfang an die These vertreten, daß seine spirituellen Grunderfahrungen vielleicht stärker ideenbildend und kreativ wirkten als sozusagen die reine Philosophie. Meines Erachtens war die Philosophie für ihn immer ein Instrument der Auslegung und der Entfaltung. Aber der Ur-Impuls war – glaube ich – genuin theologisch und spirituell. Deswegen habe ich dann Klaus P. Fischer empfohlen, er solle einmal Ignatius von Loyola studieren[30]. Aus der ignatianischen Spiritualität hat Karl Rahner die Grundimpulse seines Lebens ebenso wie seines Denkens bezogen. Diese Impulse waren sehr wirksam und zugleich tief verborgen. Daraus hat er eben gelebt, daraus hat er geschöpft. Fischer hat das dann auch ausgezeichnet herausgearbeitet. In meinem Rahner-Porträt habe ich diese Prägung aufgegriffen und stark die Gnadenerfahrung betont[31].

Viele Dinge hatten bei Karl Rahner eine Erfahrungsgrundlage, oft mehr als andere Einflüsse, ich denke zum Beispiel an „Der Christ und seine ungläubigen Verwandten"[32]. Eine Grundlagenrevision hätte manches deutlicher an den Tag gebracht.

Ist Pater Rahners Prägung eine spezifisch ignatianische oder steht er ganz allgemein im breiten spirituellen Traditionsstrom der Kirche?

☐ Ich glaube, das Buch von Pater Neufeld „Die Brüder Rahner" ist da von einer unübergehbaren Bedeutung, weil er gut herausstellt, wie sehr die beiden Brüder einander zeitlebens verbunden waren: menschlich wie theologisch. Ich glaube, daß die Prägung Karl Rahners durch seinen älteren Bruder stärker war, als er später zugegeben hat. Natürlich ist er seinen eigenen Weg gegangen. Hugo war ja vom Menschlichen her sehr viel weiter und offener als Karl Rahner. Karl konnte auch verschlossen und eng sein, das war Hugo Rahner nie. Er war immer ein Grandseigneur, er stand rasch im Mittelpunkt der Gesellschaft, hat aber keine künstliche Gesellschaft gesucht. Aber wo er war, war er einfach durch seine Qualitäten irgendwie auch Mittelpunkt. Karl war eigentlich das Gegenteil. Insofern waren die beiden Brüder grundverschieden.

Aber im Letzten hat Karl, glaube ich, sehr viel mehr von Hugo gelernt, als er gemeinhin thematisiert hat. Die beiden treffen sich in ihrem Interesse für die Theologie der Kirchenväter. Beide theologische

Dissertationen liegen thematisch nah beieinander. Als aus dem Promotionsprojekt „Geist und Welt" in Freiburg nichts wurde, hat Karl Rahner innerhalb von ein paar Wochen seine theologische Doktorarbeit „E latere Christi" gemacht, die aber erst 1999 veröffentlicht wurde[33]. Neben der Philosophie lief immer diese sehr intensive Väterbeschäftigung mit. Wenn man das einmal genauer analysiert, dann stößt man unweigerlich darauf, daß z. B. viele frühere Aufsätze aus den 30er Jahren sich mit geistlicher Erfahrung beschäftigen. Pater Rahner hat ja auch das französische Buch von Marcel Viller über die Spiritualität und Mystik bei den Kirchenvätern übersetzt und für die deutsche Ausgabe gründlich bearbeitet. Es ist 1938 erschienen und erst vor ein paar Jahren wieder neu herausgegeben worden. Allgemein geläufig ist es unter dem Doppelnamen Viller-Rahner[34].

Man darf nicht vergessen, daß Karl Rahner in diesen Jahren seinen eigenen spirituellen Ton gefunden hat. Zeugnis davon gibt ein kleines Büchlein, das meines Wissens das am meisten verbreitetste ist: „Worte ins Schweigen"[35]. Auch „Von der Not und dem Segen des Gebetes"[36] ist zu nennen. Das sind heute noch großartige Texte! Wer Karl Rahner kennenlernen will, sollte mit diesen Veröffentlichungen beginnen. In ihnen spürt einer, was dahinter steckt. Man kann noch so viel Philosophie studieren oder Theologiegeschichte kennen: In diesen Bändchen sieht man schon eine sehr eigenständige, tiefe Spiritualität, die ihm eigen ist – neben der Tradition und dem philosophischen Denken. Und das hat er immer beibehalten. Ich würde sagen, es gibt eben auch noch diese pastorale Komponente. Wenn er mit Menschen geredet und gemerkt hat, wie schwierig es für diese ist, das oder jenes theologisch so zu verstehen, den Ablaß etwa, um ein konkretes Thema zu nennen, dann fing er an zu bohren: Wie kann man das besser verständlich machen?

Pastorale Note: „Verkündigungstheologie"

Es ist also auch ein starkes pastorales Element vorhanden. Dies ist noch viel zu wenig aufgearbeitet in der Rahnerrezeption. Es gab in den 20er, vor allem aber Mitte der 30er Jahre in Deutschland, aber auch in Frankreich und in anderen Staaten ein Aufbegehren, einen Protest gegen die etwas sterile Schultheologie. Die Lehrbücher waren fast alle gleich, nur eben französisch, deutsch oder lateinisch, und man hat auch gemerkt: Der normale Priester, der studiert, muß eigentlich nicht mit diesen ganzen Dingen geplagt werden. Das Auseinandertreten von Spiritualität und Theologie wurde beklagt. Dafür gibt es in den 50er Jahren einen ganz berühmten Aufsatz von Balthasar, „Theologie und Heiligkeit"[37], wo er sagt: Das ist ein Sündenfall der europäischen Theologie, besonders auch in der neuen Zeit, daß dies auseinandergefallen ist[38].

An der Jesuitenfakultät in Innsbruck gab es nun eine Tendenz der sogenannten kerygmatischen Theologie. Es ist kein Zufall, daß Hugo Rahner ein Buch geschrieben hat mit dem Titel „Eine Theologie der Verkündigung"[39]. Das ist ein bißchen mißverständlich. Denn es geht nicht um eine Theologie über die Verkündigung, sondern eigentlich um eine Einführung in das Wesen des Christentums, also eine Theologie dessen, was man verkündigt. Es ist ein sehr schönes Buch, das später einmal von der Wissenschaftlichen Buchgesellschaft in Darmstadt neu aufgelegt worden ist. Aber kein Mensch redet mehr davon. Auch von Rom wurde man auf es aufmerksam. Weil die kerygmatische Theologie der spekulativen Theologie ein bißchen reserviert gegenüberstand, begegnete man ihr in Rom sehr, sehr vorsichtig und war ihr gegenüber sehr kritisch eingestellt. Ein Mann wie Johann Baptist Lotz hat versucht, in einem großen Aufsatz von der Wertphilosophie her das Recht einer solchen Theologie aufzuzeigen: Es geht nicht nur um das „Verum", sondern es geht auch um das „Bonum", und deswegen muß man einfach auch etwas stärker auf die Adressaten achten[40]. Karl Rahner hat über diese Verkündigungstheologie einen Aufsatz geschrieben, der merkwürdigerweise zuerst und nur in einer ungarischen Zeitschrift erschienen ist. Aber der Beitrag ist mittlerweile in „Sämtliche Werke" veröffentlicht[41]. Karl Rahner hatte gegenüber der Verkündigungstheologie gewisse Vorbehalte entwickelt, sie war ihm in gewisser Weise auch ein bißchen zu naiv. Aber es waren andere Leute, respektable Schultheologen in Innsbruck, zumeist Rahners Gegner, wie z. B. Franz Lakner[42], die sozusagen die Protagonisten dieser kerygmatischen Theologie gewesen sind. Es gibt übrigens zur gleichen Zeit auch in anderen theologischen Richtungen ähnliche Tendenzen, ich nenne nur Thaddäus Soiron oder den Benediktiner Anselm Stolz. Ich glaube jedenfalls, daß diese Hintergründe Rahners Theologiebegriff doch stark geprägt haben, auch wenn er diese Dinge nicht einfach übernommen hat. In Pater Neufelds Doppelbiographie ist darüber einiges zu lesen[43]. Karl Rahner gehörte nicht im engen Sinn zu diesem Kreis, der eine Verkündigungstheologie propagierte, aber er hat dort bestimmt mehr Anstöße bekommen, als man gewöhnlich denkt.

Vieles von dem, was ihn prägte, findet sich in kleineren spirituellen Schriften. Ich denke etwa an das kleine Heftchen „Alltägliche Dinge"[44], das nicht viel mehr als 30 Seiten hat. Darin zeigt er auf, was das Essen, das Gehen, das Sitzen, das Lachen usw. für den Menschen eigentlich bedeutet. Das sind Fünfminuten-Radiovorträge. Da steckt natürlich die Gnadenerfahrung im Alltag drin. Im Grunde genommen handelt es sich um eine kleine Anthropologie.

Rahner hat sich für vieles interessiert. Er war begeisterbar. Deswegen war es für ihn auch kein Problem, viele Artikel über zahlreiche Themen zu schreiben, die zeigen, daß sein Denken sehr universal ist. Plötzlich zeigte sich zum Beispiel im Lexikon für Theologie und Kirche, daß die Frage, ob es auf anderen Planeten Menschen gibt, von Interesse ist. Und was macht er? Er setzt sich hin und fängt an zu schreiben. Jetzt gibt es einen Artikel „Sternenbewohner", das sind vielleicht 40 Zeilen[45]. Kein Mensch weiß, daß Rahner den Artikel geschrieben hat, aber wenn man etwas sucht über diese Frage, ist es nach wie vor das Beste.

Man darf natürlich die Grundausbildung eines Jesuiten bis etwa zum letzten Konzil nicht unterschätzen. Die Leute haben sieben Jahre lang studiert: drei Jahre Philosophie, vier Jahre Theologie, dazwischen lagen zwei bis drei Jahre praktischer Einsatz, zumeist als Lateinlehrer auf einer Schule oder als Präfekt in einem Internat. Das war alles sehr normiert, was da gelehrt worden ist. Bestimmte Themen mußten in der Schultheologie einfach vorkommen, die konnte man nicht weglassen, und deswegen war das ein immenser Stoff, der in der Dogmatik oder in der Moraltheologie zusammenkam. Diese von Rahner immer etwas apostrophierte Schultheologie hatte bei vielen einen negativen Beigeschmack. In Wirklichkeit haben die Leute sich total getäuscht, wenn sie Examina bei Rahner ablegten. Er hat nicht nach seinen eigenen Spezialitäten gefragt, sondern was im „Denzinger" steht, was die Heilige Schrift zu etwas sagt usw. Da war er unbarmherzig. Die oft viel gescholtene Schultheologie speist sich ja aus ganz verschiedenen theologischen Quellen: Da sind die Väter drin, da ist die Bibel drin, da ist die Liturgie irgendwo mit drin, da ist Augustinus genauso drin wie Thomas von Aquin und so fort, da ist Exegese drin – das ist überall sozusagen ein Stück weit Substanz, ein „Schulsack", eine „eiserne Ration" der Theologie. Das war natürlich oft langweilig, weil es nicht selten weit weg war von den großen Texten, ein Sammelsurium von Begriffen. Aber trotz einer gewissen mangelnden Attraktivität konnte man sagen: Wer diese Schule durchlaufen hat, hat von allem wenigstens einmal eine grundsätzliche Ahnung gehabt. Die Neuscholastik war ein Sammelbecken von Tradition: Da ist vieles, was zur Kirche gehört, spirituell und theologisch, vielleicht nicht immer richtig sortiert, sondern einfach zusammengewachsen wie in einem großen Puzzle.

Pater Rahner hat also die Neuscholastik nicht grundsätzlich abgelehnt?

☐ Überhaupt nicht. Deswegen waren ja viele Prüfungskandidaten manchmal überrascht oder irritiert. Es konnte ihn jemand um bestimmte Dinge fragen, wo jeder andere gesagt hätte: Da muß ich erst studieren. Pater Rahner hatte sofort ein abrufbares Wissen zur Verfügung[46]. Er war natürlich auch so intelligent, daß er das sofort auf seine Denkweise transformiert hat, sodaß ich sagen würde: Das waren immer auch korrigierende Elemente zu seiner eigenen Theologie, zu seinem philosophischen Denken. Da war manches doch etwas widerständig und widerborstig, das sich nicht so glatt einfügen hat lassen in ein bestimmtes Denken. Er hat dann nicht einfach das Denken durchgesetzt, sondern gefragt: Was steckt dahinter? So kamen dann Artikel zustande über den Ablaß und verschiedene andere Themen, z. B. die „gute Meinung"[47] etwa. Im Abstand von Jahrzehnten kann man natürlich fragen: Warum beschäftigt sich Rahner mit solchem Zeug? Wenn er, was er nicht so gern tat, einen Lexikonartikel schreiben mußte, hat er das zumeist in einem Stück heruntergediktiert, ohne lange erkennbare Vorbereitung. Für meine Begriffe sind die besten Artikel in „Sacramentum mundi"[48]: Das ist auch eine Fundgrube, wo man direkt in die Werkstatt sieht, wie das alles entstanden ist. Deswegen meine ich: Von Rahner lernen heißt, diese ganzen Dinge zu erwerben, die spirituellen Ansätze, die pastoralen Erfahrungen, die irgendwo einfließen, die Vielfalt des theologischen Denkens, die Funktion der Philosophie usw.

Ein Enzyklopädist theologischen Wissens

Natürlich ist es faszinierend zu sagen: Von der Sprachphilosophie kann ich das lernen, jenes finde ich nicht bei Thomas. Die Pluralität der modernen Philosophie ist natürlich in gewisser Weise auch eine Bereicherung der Theologie, nur kann man das nicht additiv machen, sonst landet man nur bei einem Sammelsurium. Das ist dann kein Ganzes mehr, während Pater Rahner eben vielleicht doch der letzte war, der, Hegel vergleichbar, eine ganze Enzyklopädie des theologischen Wissens zusammengetragen hat. Heute würde sich das doch kein Mensch mehr in diesem Ausmaß trauen. Mit einer solchen Sicherheit über alles zu reden. Wer meint, Rahner sei nicht orthodox genug, kennt ihn einfach nicht, kennt die Quellen nicht, aus denen er schöpft. Das ist einfach ein dummer Vorwurf. Jahrelang hatte er mit der Glaubenskongregation bzw. mit dem Heiligen Offizium Probleme. Aber beim Konzil haben dann viele Kuriale gemerkt, wie sehr Rahner die Tradition kennt, wie er sie respektiert und von ihr ausgeht. Neuscholastische Schuldaten waren immer Anknüpfungspunkte für etwas Eigenes. Das war wie bei einem Zauberlehrling: Er hatte etwas gefunden, und plötzlich hatte dies Licht und Farbe bekommen.

Selbst mit Grundbegriffen der Moraltheologie war Rahner so vertraut, daß er sie sehr souverän verwenden konnte. Das war das Geniale bei ihm, und selbst ein Pietro Parente[49] hat das irgendwo gemerkt. Er stand eines Tages beim Konzil in einem Aufzug, hat immer auf alle etwas von oben heruntergeschaut, und da ist er zu Rahner hingegangen und hat gesagt: Sie sind ja gar nicht so schlimm, wie ich dachte. Er hat instinktiv gemerkt: Karl Rahner ist viel katholischer als mancher andere.

Das Zweite Vatikanum hat Rahners Ruf also auch verbessert?

☐ In der Vorkonzilszeit hat man sich nur belagert, aus der Distanz sozusagen. Das Konzil wurde dann zum Aha-Erlebnis: Schau mal, der ist doch eigentlich viel vernünftiger, der weiß doch viel mehr, der ist doch nicht der Häretiker, als den viele ihn gern sehen wollen!

Das scheint aber auch für Rahner zu gelten: Hat er während des Konzils nicht auch manche Vorurteile gegen „Rom" aufgegeben?

☐ Ganz sicher. Was mich so sehr faszinierte, war Rahners Selbstlosigkeit und Einsatzbereitschaft, wie das ja auch bei Yves Congar OP oder Henri de Lubac SJ ähnlich gewesen ist. Rahner wollte der Kirche helfen, das eine oder andere besser zu verstehen, besser zur Sprache zu bringen. Aber sich selber durchzusetzen um jeden Preis: Daran hat er nie gedacht[50].

Er hatte also keine politischen Interessen und wollte nicht die eigene Theologie auf dem Konzil „durchbringen"?

☐ Ein ganz entschiedenes Nein! Natürlich, wenn er gemerkt hat, daß andere manipulieren, dann hat er sich schon auch einmal zur Wehr gesetzt, da konnte er auch recht deutlich werden. Aber ich würde sagen, bei de Lubac und bei Congar war das ähnlich und bei Ratzinger auch. Ratzinger ist anderseits kein Mann der Schultheologie, er ist eher ein Kind der deutschen Universitätstheologie. Für Rahner war sein Einsatz auf dem Konzil immer ein persönliches Angebot an die Kirche: Er stellt dieses Wissen zur Verfügung, was die Kirche dann daraus macht, wie weit sie darauf eingeht, wie viel sie übernimmt – darum hat er nicht groß gekämpft. Er ist vehement für ein Anliegen eingetreten, aber es ging ihm nicht um seine persönliche Meinung.

Ich erinnere mich noch lebhaft an eine Sache. Es ging um die verschiedenen Stellen in „Lumen gentium" Nr. 16 und „Gaudium et spes" Nr. 17 und 18: um die Erfahrung, daß die Gnade auch außerhalb der Kirche wirkt[51]. Die Grenzen der Kirche sind ja nicht die Grenzen der Gnade. Und das ganze Theologumenon vom „Anonymen Christen" wäre ja gar nicht möglich, wenn es das nicht gäbe. Da kam Rahner gelegentlich nach Hause und hat gesagt: Das ist erstaunlich, da sind ja ganz neue Dinge drin, das gehört überhaupt nicht zur Tradition, Augustinus hat ganz anders gedacht: Die Gnade ist größer, je seltener sie ist. Er war der Meinung: Da hat sich viel geändert, und da hat sich die Theologie irgendwie auch verändert. Wobei dies gar nicht Dinge waren, die Rahner immer formuliert hat, sondern es waren auch Sachen, die gewissermaßen in der Luft lagen. Bei vielen Dingen, die auf Rahner zurückgeführt werden, befindet er sich im großen Strom der Tradition, und auch andere, wie etwa de Lubac, haben in ähnliche Richtungen gedacht wie Rahner. De Lubacs Buch „Catholicisme" (1938)[52] hat ihn sehr geprägt, und es ist nicht unwichtig für die Idee des „Anonymen Christen"[53].

Was machte dagegen Hans Küng? Er hat in dieser Zeit seine eigene Ekklesiologie gemacht. In dieser Art mitarbeiten wollte er eigentlich nicht[54]. Während sich andere auf dem Konzil an Bergen von Modi abgearbeitet haben – alles anonyme, harte Arbeit –, schrieb Hans Küng an „Die Kirche".

War Küng auch Peritus?

☐ Er war auch offizieller Peritus des Bischofs von Rottenburg-Stuttgart, der ihn zu einem späteren Termin mitgenommen hat.

Erlauben Sie mir einen Sprung: Können Sie etwas sagen zur Zusammenarbeit mit dem Verlag Herder?

☐ Ja, Karl Rahner war als Freiburger eng mit dem Haus Herder verbunden. Dies galt auch für die Familie Herder. Aber es gab auf der Ebene des Lektorates enge Kontakte mit dem Cheflektor Dr. Robert Scherer, den Karl Rahner schon vom Studium her kannte. Ein enger Austausch bestand mit dem Historiker Professor Dr. Oskar Köhler, Leiter des Lexikographischen Instituts im Verlag Herder.

Dann gab es aber auf der Ebene des Lektorates und auch der Verlagsleitung noch Mitarbeiter, die man „Herderianer" nannte: Sie hatten kein akademisches Studium, waren oft hochinteressierte Buchhändler, die sich nach „oben" schafften. Sie hatten als Buchhändler einen Instinkt, ob sich ein Buch gut verkauft. Sie wußten, wie man ein Buch macht und angemessen ausstattet. Franz Johna war einer von ihnen. Er hatte einen besonders guten Kontakt mit Karl Rahner[55].

Herder blieb Karl Rahner zeitlebens eng verbunden. Aber er war nicht an Herder allein gebunden. Er fühlte sich stets dem Benzinger-Verlag (Einsiedeln-Zürich) eng verbunden, vor allem Dr. Oscar Bettschart, der von Anfang an die „Schriften zur Theologie" (ab 1954) förderte, während Rahners schon genannter Freund Robert Scherer sich zuvor nicht zur Übernahme der Aufsatzsammlung entschließen konnte.

Sie haben es vielleicht schon tausendmal gehört. Pater Georg Sporschill erzählte mir, Karl Rahner habe stets betont: Der Lehmann ist der beste Autofahrer.

☐ Gott sei Dank hat er nicht nur gesagt, daß ich ein guter Autofahrer, sondern auch sein bester Assistent war. Ich will aber nicht weiter Pater Rahners Worte über mich zitieren. Er hat mir anläßlich meiner Bischofsweihe in unserer Kirchenzeitung noch einige wichtige Wünsche und Mahnungen mit auf den Weg gegeben[56].

Anmerkungen

[1] Vgl. K. Lehmann, Philosophisches Denken im Werk Karl Rahners, in: A. Raffelt (Hg.), Karl Rahner in Erinnerung. Düsseldorf 1994, 10–27.

[2] Vgl. E. Simons, Philosophie der Offenbarung in Auseinandersetzung mit ‚Hörer des Wortes' von Karl Rahner. Stuttgart 1966; A. Gerken, Offenbarung und Transzendenzerfahrung. Kritische Thesen zu einer künftigen dialogischen Theologie. Düsseldorf 1969; H. Verweyen, Ontologische Voraussetzungen des Glaubensaktes. Zur transzendentalen Frage nach der Möglichkeit von Offenbarung. Düsseldorf 1969.

[3] Vgl. H. U. v. Balthasar, Cordula oder der Ernstfall. Einsiedeln 1966; dazu neuestens: A. R. Batlogg, Hans Urs von Balthasar und Karl Rahner: zwei Schüler des Ignatius, in: M. Striet / J.-H. Tück (Hg.), Die Kunst Gottes verstehen. Hans Urs von Balthasars theologische Provokationen. Freiburg 2005, 410–446, bes. 439–444.

[4] Vgl. N. Schwerdtfeger, Gnade und Welt. Zum Grundgefüge von Karl Rahners Theorie der „anonymen Christen". Freiburg 1982.

[5] Vgl. K. Rahner, Zur Theologie des Symbols, in: Ders., Schriften zur Theologie. Bd. 4. Einsiedeln 1960, 275–311.

[6] Vgl. K. Rahner, Freiheit und Manipulation in Gesellschaft und Kirche. München 1970; später in: K. Rahner, Toleranz in der Kirche. Freiburg 1976, 67–103.

[7] Vgl. J. Pieper, Eine Geschichte wie ein Strahl. Autobiographische Aufzeichnungen seit 1964. München 1988, 156–158.

[8] Vgl. K. Rahner, Der Zölibat des Weltpriesters im heutigen Gespräch. Ein offener Brief, in: Geist und Leben 40 (1967) 122–138 (später aufgenommen in: K. Rahner, Knechte Christi. Meditationen zum Priestertum. Freiburg 1967, 176–207); ders., Der Zölibat des Weltpriesters im Gespräch. Eine Antwort, in: ebd. 41 (1968) 285–305 (später aufgenommen in: K. Rahner, Chancen des Glaubens. Fragmente einer modernen Spiritualität. Freiburg 1971, 165–187). Später schrieb er auf Grund der unglaublich großen Post eine Fortsetzung.

[9] Ernst Tewes (1908–1998), 1968 Weihbischof und Bischofsvikar für die Seelsorgsregion München.

[10] Vgl. K. Lehmann, Mehr als eine biographische Episode, in: P. Imhof / H. Biallowons (Hg.), Karl Rahner – Bilder eines Lebens. Freiburg 1985, 123–126.

[11] Vgl. K. Rahner, Freiheit und Manipulation in der Kirche (Münchener Akademie-Schriften. Bd. 54). Freiburg ²1970, 56: „Am 18. März dieses Jahres hielt ich bei der Jahresfeier der Katholischen Akademie in Bayern einen Vortrag über ‚Freiheit und Manipulation in der Kirche' und am 19. März bei einer Hochschulwoche in Paderborn ein Referat über ‚Freiheit und Manipulation in der Gesellschaft'. Da sich diese beiden Vorträge teilweise in ihrem Text deckten und sich in der Sache ergänzten, erlaube ich mir, sie ohne wesentliche Veränderung als einen einzigen Text vorzulegen. Wenn der Vortrag in München dem festlichen Anlaß der Stiftung des Guardini-Preises der Katholischen Akademie in Bayern und der ersten Verleihung dieses Preises an mich selbst nicht ganz entsprach, so kommt dies daher, daß ich bei der Abfassung des Referates von dieser Situation nichts wußte. Es lag kein Grund vor, für die Drucklegung die Atmosphäre dieses festlichen Aktes nachträglich künstlich zu erzeugen. Aber ich darf auch hier noch einmal der Katholischen Akademie in Bayern meinen aufrichtigen Dank für die Verleihung dieses Preises aussprechen. Münster i.W., 21. März 1970   Karl Rahner"

[12] Vgl. Memorandum zur Zölibatsdiskussion, in: Orientierung 34 (1970) 69–72. – Nach Auskunft von Nikolaus Klein SJ (Redaktion „Orientierung", Zürich) vom 20. 9. 2005 habe der damalige Chefredakteur der Zeitschrift, Ludwig Kaufmann SJ, bei über der Hälfte der Unterzeichner des Memorandums das Einverständnis einer Veröffentlichung eingeholt und war der Meinung, so den Text publizieren zu können.

[13] Vgl. K. Rahner, Marsch ins Getto?, in: Stimmen der Zeit 190 (1972) 1–2.

[14] Vgl. K. Lehmann / K. Rahner (Hg.), Marsch ins Getto? Der Weg der deutschen Katholiken in der Bundesrepublik. München 1973.

[15] Diese Leserbriefe und eine Replik Rahners darauf sind nachgedruckt in dem von Lehmann und Rahner herausgegebenen Sammelband: 138–143 (Widerspruch auf „Marsch ins Getto").

[16] Otto Mauer (1907–1973), Herausgeber der Zeitschrift „Wort und Wahrheit" (Wien), hatte 200 Persönlichkeiten um eine Stellungnahme zum Zustand der Kirche gebeten. Vgl. J. Ratzinger, in: Wort und Wahrheit 27 (1972) 197 f.

[17] Vgl. ebd. 198: „Was am meisten not tut, sind spirituelle Initiativen – Menschen, die den Kern des Evangeliums unverkrampft, authentisch und dadurch strahlkräf-

tig leben. Ich setze nicht auf Gremien, sondern auf prophetische Existenz. Die kann man nicht erzwingen (darin liegt unsere Ohnmacht), aber in Richtung auf sie zu leben. Die spirituelle Vertiefung des Christseins in den einzelnen, der Versuch möglicher entschiedener Nachfolge könnten Wegbereitungen sein für einen neuen Aufbruch."

[18] Joseph Höffner (1906–1987), 1945–1951 Professor für Pastoraltheologie und christliche Soziallehre an der Universität Trier, 1951–1962 Professor für christliche Sozialwissenschaften an der Universität Münster, 1962 Bischof von Münster, 1969–1987 Erzbischof von Köln, 1969 Kardinal, 1976–1987 Vorsitzender der Deutschen Bischofskonferenz.

[19] Zu den Hintergründen vgl. K. H. Neufeld, Die Brüder Rahner. Eine Biographie. Freiburg [2]2004, 304–311; Sonderberichterstattung Synode (II). Die Konstituierende Sitzung der Gemeinsamen Synode in Würzburg, in: HerKorr 25 (1971) 92–101, bes. 100 f.

[20] Vgl. hingegen das Telegramm, das Karl Rahner zu seinem Goldenen Priesterjubiläum (1972) von Kardinal Höffner im Namen der Deutschen Bischofskonferenz erhalten hat: „Sehr verehrter, lieber Pater Rahner, zum 50. Jahrestag Ihrer Priesterweihe wünsche ich Ihnen persönlich und im Namen der Deutschen Bischofskonferenz von Herzen den Segen unseres Herrn. Der Dienst hier und heute am Evangelium und damit an der Einheit des Volkes Gottes und dessen Vollendung in der Feier der Eucharistie – diese grundlegenden Aufgaben des neutestamentlichen Priesters – sind nicht nur Gegenstand Ihrer theologischen Arbeit, sondern auch und zunächst Ihres persönlichen priesterlichen Dienstes gewesen, um den Sie sich in diesen fünf Jahrzehnten mit Gottes Hilfe bemüht haben. Dafür danke ich Ihnen. Möge Gott Ihnen noch viele Jahre Ihre ungewöhnliche Schaffenskraft erhalten. Joseph Kardinal Höffner, am 26. Juli 1982." Zit. nach K. Rahner, Im Gespräch. Bd. 1. Hg. v. P. Imhof / H. Biallowons. München 1983, 299, Anm. 5.

[21] Vgl. H. Fries / K. Rahner, Einigung der Kirchen – reale Möglichkeit (QD 100). Freiburg 1983; jetzt in: K. Rahner, Sämtliche Werke. Bd. 27: Einheit in Vielfalt. Schriften zur ökumenischen Theologie. Freiburg 2002, 286–396. Kardinal Ratzinger nannte die Thesen von Rahner und Fries einen „Parforceritt" und einen „Kunstgriff theologischer Akrobatik, die leider der Realität nicht standhält" (zit. nach H. Fries / K. Rahner, Einigung der Kirchen – reale Möglichkeit. Erweiterte Sonderausgabe [QD 100]. Freiburg 1985, 160). Vgl. auch B. J. Hilberath, Karl Rahner. Gottgeheimnis Mensch. Mainz 1995, 183–203; H. Vorgrimler, Karl Rahner. Gotteserfahrung in Leben und Denken. Darmstadt 2004, 128–133; B. Kleinschwärzer-Meister, „Katholisch und (deswegen) ökumenisch. Karl Rahner und die Ökumene, in: Una Sancta 60 (2005) 164–177. Vgl. K. Lehmann, Karl Rahner als Pionier der Ökumene. Köln 2003; ders., Karl Rahners Bedeutung für die Kirche, in: StZ Spezial 1–2004, 3–15.

[22] Nachdem ihr erster Mann und Vater ihrer zwei Söhne, der Komponist Hans Günther Schnell, 1943 im Rußland-Feldzug gefallen war, ging Luise Rinser mit dem homosexuellen kommunistischen Schriftsteller und Pazifisten Klaus Hermann eine Schein-Ehe ein. 1953 heiratete sie den Komponisten Carl Orff. Diese Ehe wurde 1959 geschieden.

[23] K. Rahner, Von der Größe und dem Elend des christlichen Schriftstellers, in:

Luise Rinser. Festschrift zum 60. Geburtstag. Frankfurt 1971, 35–46; später in: K. Rahner, Herausforderung des Christen. Meditationen – Reflexionen – Interviews. Freiburg 1975, 96–108.

[24] Vgl. Ich hoffe, daß ich ein Christ bin. Gespräch mit *Karl-Heinz Weger* und *Hildegard Lüning* im SDR, I (1979), in: K. Rahner, Im Gespräch. Bd. 2. Hg. v. P. Imhof / H. Biallowons. München 1983, 87–95, 87 f.: „Aber, wenn ich das erzählen darf, vor ein paar Tagen habe ich eine Privataudienz beim jetzigen Papst gehabt, und ich machte ihn auch darauf aufmerksam, daß nicht mehr viel bei mir übrig ist. Da widersprach er zunächst, aber als ich dann sagte, ich sei auf jeden Fall doch sicher dem Tod näher als jüngere Leute, da antwortete er: ‚Ja, ja man hat mir einmal in Polen gesagt: Der eine kann, und der andere muß.‘ Da gehöre ich natürlich zur Kategorie deren, die bald ‚müssen‘; aber das macht ja auch nichts.“ Vgl. Christentum an der Schwelle zum dritten Jahrtausend. Gespräch mit *Hans Schöpfer*, Freiburg/Schweiz (1981), in: ebd. 165–179, 178: „Vor einem Jahr hatte ich eine Privataudienz bei Papst Johannes Paul II. Ich kannte ihn schon von Krakau her. Er sagte am Anfang: ‚Wie geht es Ihnen?‘ Ich sagte auf Deutsch: ‚Ich bin emeritiert, lebe in München und warte auf den Tod.‘ Da war er vielleicht etwas überrascht.“

[25] Vgl. (postum) K. Rahner, Protokolle aus den Seminaren Martin Heideggers, in: K. Rahner, Sämtliche Werke. Bd. 2: Geist in Welt. Philosophische Schriften. Freiburg 1996, 407–426.

[26] Vgl. (postum) K. Rahner, Die Grundlagen einer Erkenntnistheorie bei Joseph Maréchal, in: SW 2, 373–406.

[27] Vgl. Ein Lehrer wird befragt. Karl Rahner im Gespräch mit Karl Lehmann. Freiburg 1984, in: P. Imhof / H. Biallowons (Hg.), Glaube in winterlicher Zeit. Gespräche mit Karl Rahner aus den letzten Lebensjahren. Düsseldorf 1986, 27–33, 28: „Eines meiner großen Erlebnisse war damals die Lektüre der Bücher von Joseph Maréchal aus Löwen. Maréchal war es gelungen, schöpferisch einen ganz bestimmten Typ von modernem Thomismus zu produzieren. Möglicherweise hat dieser Grundansatz ‚leider‘ bei mir gewirkt. Später kam natürlich auch Martin Heidegger dazu. Man darf nicht meinen, daß meine Theologie inhaltlich viel von Martin Heidegger empfangen hätte. Das ist einfach unsinnig. Ich glaube, es gibt kein einzelnes, konkretes theologisches Thema, zu dem Heidegger jemals ein Wort gesagt hatte. Aber natürlich habe ich einiges von ihm gelernt: einen Text zu interpretieren, Zusammenhänge zu sehen, die nicht unmittelbar auf der Hand liegen, moderne Probleme an die traditionelle Theologie heranzutragen usw. In diesem mehr – sagen wir einmal – formalen Sinn bin ich Martin Heidegger immer noch dankbar.“

[28] Vgl. Zur Rezeption des Thomas von Aquin. Karl Rahner im Gespräch mit Jan van der Eijnden, Innsbruck 1982, in: Glaube in winterlicher Zeit, 49–71, 64 f.: „Ein holländischer Theologe, dessen Name mir entfallen ist, hat einmal zu mir gesagt, bedauerlicherweise komme in meiner Theologie nie ein Wort von Pierre Teilhard de Chardin SJ vor, obwohl doch mein ganzes Denken von ihm inspiriert sei. Hierauf konnte ich nur antworten, daß ich zumindest bis damals praktisch nichts von Teilhard de Chardin gelesen hatte. Wenn Sie nun daraus folgern würden, also sei Rahners Theologie von Teilhard unabhängig, würde ich antworten: Dies behaupte ich nicht! Für die Frage nach der Untersuchung der Wirkungsgeschichte eines

Denkers bedeutet dies: Es gibt offensichtlich eine Art ‚atmosphärischer Kommuni-kation' meta-literarischer Art." Manches lag auch in der Luft!

[29] Vgl. u. a. die Beiträge in K. Rahner, Sämtliche Werke. Bd. 15: Verantwortung der Theologie. Im Dialog mit Naturwissenschaften und Gesellschaftstheorie. Frei-burg 2002; vgl. L. J. O'Donovan, Der Dialog mit dem Darwinismus. Zur theologi-schen Verwendung des evolutiven Weltbilds bei Karl Rahner, in: H. Vorgrimler (Hg.), Wagnis Theologie. Erfahrungen mit der Theologie Karl Rahners. Freiburg 1979, 215–229; H.-D. Mutschler, Karl Rahner und die Naturwissenschaft, in: Ders. (Hg.), Gott neu buchstabieren. Zur Person und Theologie Karl Rahners. Würzburg 1994, 97–119.

[30] Vgl. K. P. Fischer, Der Mensch als Geheimnis. Die Anthropologie Karl Rahners. Freiburg [2]1975; ders., „Wo der Mensch an ein Geheimnis grenzt". Die mystagogi-sche Struktur der Theologie Karl Rahners, in: ZKTh 98 (1976) 159–170; ders., Gotteserfahrung. Mystagogie in der Theologie Karl Rahners und in der Theologie der Befreiung. Mainz 1986; ders., Gott als das Geheimnis des Menschen. Karl Rah-ners theologische Anthropologie – Aspekte und Anfragen, in: ZKTh 113 (1991) 1–23; Spiritualität und Theologie. Beobachtungen zum Weg Karl Rahners, in: M. Delgado / M. Lutz-Bachmann (Hg.), Theologie aus der Erfahrung der Gnade. An-näherungen an Karl Rahner. Berlin 1994, 26–33; ders., Philosophie und Mystago-gie. Karl Rahners „reductio in mysterium" als Prinzip seines Denkens, in: ZKTh 120 (1998) 34–56.

[31] Vgl. K. Lehmann, Karl Rahner. Ein Porträt, in: K. Rahner, Rechenschaft des Glaubens. Karl-Rahner-Lesebuch, hg. v. dems. / A. Raffelt. Freiburg 1979 ([2]2004), 13*–53*, bes. 36*–40*.

[32] Vgl. dazu das Interview mit A. Darlap in diesem Band.

[33] Vgl. K. Rahner, E latere Christi. Der Ursprung der Kirche als zweiter Eva aus der Seite Christi des zweiten Adam. Eine Untersuchung über den typologischen Sinn von Joh 19,34, in: Ders., Sämtliche Werke. Bd. 3: Spiritualität und Theologie der Kirchenväter. Freiburg 1999, 1–84 bzw. XVII–XLIII (Editionsbericht); vgl. dazu A. R. Batlogg, Karl Rahners theologische Disseration „E latere Christi". Zur Genese eines patristischen Projekts (1936), in: ZKTh 126 (2004) 111–130.

[34] Vgl. M. Viller, La Spiritualité des premiers siècles chrétiens. Paris 1930; M. Viller / K. Rahner, Aszese und Mystik in der Väterzeit. Ein Abriß. Freiburg 1939; dies., Aszese und Mystik in der Väterzeit. Ein Abriß der frühchristlichen Spiritualität. Un-veränderte Neuausgabe mit einem Vorwort von K. H. Neufeld. Freiburg 1989; jetzt in: SW 3: Spiritualität und Theologie der Kirchenväter. Freiburg 1999, 123–390.

[35] Vgl. K. Rahner, Worte ins Schweigen. Innsbruck 1938. Diese Schrift ist eine der am meisten gelesenen und verkauften Rahners, zuletzt veröffentlicht in einer Jubi-läumsausgabe 2004 („Beten mit Karl Rahner". 2 Bde: „Gebete des Lebens" und „Von der Not und dem Segen des Gebetes"). Vgl. dazu K. H. Neufeld, Worte ins Schweigen. Zum erfahrenen Gottesverständnis Karl Rahners, in: ZKTh 112 (1990) 427–436; R. A. Siebenrock, Gezeichnet vom Geheimnis der Gnade. „Worte ins Schweigen" als ursprüngliche Gottesrede Karl Rahners, in: C. Kanzian (Hg.), Gott finden in allen Dingen. Theologie und Spiritualität. Thaur 1998, 199–217.

[36] Vgl. K. Rahner, Von der Not und dem Segen des Gebetes. Innsbruck 1949.

[37] Vgl. H. U. v. Balthasar, Theologie und Heiligkeit, in: Ders., Verbum Caro. Skizzen

zur Theologie I. Einsiedeln 1960. Der ursprünglich in „Wort und Wahrheit" erschienene Aufsatz trug dort den Untertitel „Zur Revision der Scholastik". Vgl. A. Sicari, Theologie und Heiligkeit. Dogmatik und Spiritualität bei Hans Urs von Balthasar, in: K. Lehmann / W. Kasper (Hg.), Hans Urs von Balthasar. Gestalt und Werk. Köln 1989, 191–206; A. Štrukelj, Kniende Theologie. St. Ottilien 1999, bes. 7–20.

[38] Karl Rahner hat die von H. U. von Balthasar diagnostizierte, in der Folge vielzitierte Unterscheidung zwischen „kniender" und „sitzender Theologie" für problematisch empfunden; vgl. die ablehnende Bemerkung in der ersten Fußnote von „Über den Versuch eines Aufrisses einer Dogmatik" (K. Rahner, SW 4, 404, Anm. 1): „Und vielleicht war es immer so, daß die ‚sitzende' wissenschaftliche Theologie (um ein an sich problematisches Wort H. U. v. Balthasars aufzugreifen) mehr von der ‚betenden' (und predigenden), nichtwissenschaftlichen Theologie gelernt hat als umgekehrt."

[39] Vgl. H. Rahner, Eine Theologie der Verkündigung. Freiburg [2]1939 ([3]1970). Vgl. dazu K. H. Neufeld, Theologiegeschichtliches zur Innsbrucker „Verkündigungstheologie", in: ZKTh 115 (1993) 13–26.

[40] Johann Baptist Lotz SJ (1903–1992); vgl. J. B. Lotz, Wissenschaft und Verkündigung. Ein philosophischer Beitrag zur Eigenständigkeit einer Verkündigungstheologie, in: ZKTh 62 (1938) 465–501; G. Haeffner, Johannes B. Lotz als Mensch und Philosoph. Verwurzelung und Weitung, in: StZ 222 (2004) 171–182.

[41] Vgl. K. Rahner, Über die Verkündigungstheologie. Eine kritisch-systematische Literaturübersicht, in: Pazmanita tudósitó 16 (1941/42) 3–10; jetzt in: K. Rahner, Sämtliche Werke. Bd. 4: Hörer des Wortes. Schriften zur Religionsphilosophie und zur Grundlegung der Theologie. Freiburg 1997, 337–345. Vgl. auch K. Rahner, Art. Kerygmatische Theologie, in: LThK[2], Bd. 6, 126; jetzt in: Ders., Sämtliche Werke. Bd. 17: Enzyklopädische Theologie. Die Lexikonbeiträge der Jahre 1956–1973. Freiburg 2002, 313.

[42] Franz S. Lakner SJ (1900–1974); vgl. F. Lakner, Das Zentralobjekt der Theologie. Zur Frage um Existenz und Gestalt einer Seelsorgstheologie, in: ZKTh 62 (1938) 1–36.

[43] Vgl. K. H. Neufeld, Die Brüder Rahner, 151 f.

[44] Vgl. K. Rahner, Alltägliche Dinge. Einsiedeln 1964.

[45] Vgl. K. Rahner, Art. Sternenbewohner. 2. Theologisch, in: LThK[2], Bd. 9 (1964), 1061 f.; jetzt in: SW 17, 414.

[46] Vgl. Gnade als Mitte menschlicher Existenz. Ein Gespräch mit und über Karl Rahner aus Anlaß seines 70. Geburtstages, in: HerKorr 28 (1974) 77–92, 80: „(Meine) Theologie ... ist denkerische Reflexion auf jene Daten, die im allgemeinen Glaubensbewußtsein und in der allgemeinen Schultheologie schon gegeben sind. ... daß ich gewissermaßen die innere Virulenz und die innere Dynamik, die in der Schultheologie steckt, herauszuspüren versuchte."

[47] Vgl. K. Rahner, Bemerkungen zur Theologie des Ablasses, in: Ders., Schriften zur Theologie. Bd. 2. Einsiedeln 1955, 185–210; K. Rahner, Über die gute Meinung, in: Ders., Schriften zur Theologie. Bd. 3. Einsiedeln 1956, 127–154; zur Ablaßlehre vgl. auch K. Rahner, Kleiner theologischer Traktat über den Ablaß, in: Ders., Schriften zur Theologie. Bd. 8. Einsiedeln 1967, 472–487; ders., Zur heutigen kirchenamtlichen Ablaßlehre, in: ebd. 488–518.

[48] Sämtliche von Rahner für das „Sacramentum mundi" verfaßte Artikel liegen jetzt gesammelt vor in: SW 17, 874–1389.

[49] Pietro Parente (1891–1986), ab 1939 Konsultor beim Heiligen Offizium und etlichen römischen Kongregationen, 1955 Erzbischof von Perugia, ab 1959 Assessor des Hl. Offiziums mit Sitz in Rom, 1967 Kardinal. Parente war quasi die rechte Hand von Kardinal Alfredo Ottaviani, dem Präfekten des Heiligen Offiziums, zu dessen „Ehrenrettung" G. Wassilowsky (Universales Heilssakrament Kirche. Karl Rahners Beitrag zur Ekklesiologie des II. Vatikanums. Innsbruck 2001, 93, Anm. 180) H. Vorgrimler anführt, demzufolge „sich Alfredo Ottaviani bei einem späteren Gespräch mit Rahner während einer längeren Autofahrt beklagt haben soll, ‚sein Assessor P. Parente habe ihm, dem völlig Erblindeten, den Brief an den Jesuitengeneral mit der Anweisung zur Vorzensur Rahners zur Unterschrift untergeschoben, ohne ihn darüber zu informieren'".

[50] Vgl. A. R. Batlogg, Karl Rahners Mitarbeit an den Konzilstexten, in: F. X. Bischof / St. Leimgruber (Hg.), Vierzig Jahre II. Vatikanum. Zur Wirkungsgeschichte der Konzilstexte. Würzburg ²2005, 355–376, bes. 358–361 („Dienst an der Kirche oder Durchsetzung eigener Lieblingsideen?").

[51] Vgl. LG 16: „Die göttliche Vorsehung verweigert auch denen das zum Heil Notwendige nicht, die ohne Schuld noch nicht zur ausdrücklichen Anerkennung Gottes gekommen sind, jedoch, nicht ohne die göttliche Gnade, ein rechtes Leben zu führen sich bemühen. Was sich nämlich an Gutem und Wahrem bei ihnen findet, wird von der Kirche als Vorbereitung für die Frohbotschaft und als Gabe dessen geschätzt, der jeden Menschen erleuchtet, damit er schließlich das Leben habe."

[52] Vgl. die Besprechung K. Rahners (ZKTh 63 [1939] 443–444) in: SW 4, 384–385.

[53] Vgl. N. Schwerdtfeger, Gnade und Welt, 4 f., 27 f., 164 f., 190–199, 413–418.

[54] Vgl. z. B. H. Küng, Erkämpfte Freiheit. Erinnerungen. München 2002, 456–473. Vgl. schon früher H. Küng, Die Kirche. Vorwort zur Taschenbuchausgabe. München 1977, 5 f.

[55] Vgl. die Interviews mit E. Cremer und A. Raffelt in diesem Band, bei denen F. Johna jeweils anwesend war.

[56] Vgl. K. Rahner, Auch als Bischof ein Theologe der Mitte, in: Glaube und Leben. Kirchenzeitung für das Bistum Mainz 39 (1983) Nr. 40, 14. – Vgl. K. Rahner, Bekenntnisse. Rückblick auf 80 Jahre. Hg. v. G. Sporschill. Wien 1984, 38: „Lehmann ist im besten Sinne ausgeglichen und auch in der Theologie auf einer mittleren Linie. Auf der Würzburger Synode war er mit Döpfner sehr verbunden, so müßte er in Rom eigentlich eine gute Presse haben. Offenbar hat es ihm nicht geschadet, daß er einmal mein Assistent war, er hat es auch nie vertuscht oder geleugnet. Bei all seiner Vorsicht und konservativen Linie ist Lehmann sicher eine wertvolle Bereicherung des deutschen Episkopats."

Intellektuelle Leidenschaft und spirituelle Courage
Im Gespräch mit Johann Baptist Metz, Münster

Johann Baptist Metz, Dr. phil., Dr. theol., geb. 1928, 1963–1993 Professor für Fundamentaltheologie an der Universität Münster, 1993–1996 Gastprofessor für Religionsphilosophie und Weltanschauungslehre in Wien. Er ist Mitherausgeber der „Sämtlichen Werke" Karl Rahners.

Wie haben Sie Karl Rahner kennengelernt?

☐ Sie haben in mir einen Vertreter der ersten Generation von Pater Rahners Theologie vor sich. Meine Beziehung zu ihm begann schon sehr früh, Ende der 40er Jahre. Obwohl ich damals noch ganz jung war und zunächst einmal Philosophie studierte, habe ich schon während meines philosophischen Doktorates die Sache auf die Theologie Karl Rahners ausgerichtet gehabt. Von Anfang an stand ich in einem sehr engen, auch persönlichen Kontakt mit ihm.

Akademischer Lehrer ... und Vater des Glaubens

Mein Verhältnis zu Karl Rahner war immer davon geprägt, daß er eben nicht nur der große akademische Lehrer war, sondern in der Tat auch das, was ich dann einmal vielleicht etwas unvorsichtig, aber ehrlich und aufrichtig „Vater des Glaubens"[1] genannt habe. Das Ineinander von Theologie und Spiritualität – das war einer der Grundzüge seiner Art des Theologietreibens, und darin unterschied er sich von vielen im 20. Jahrhundert, nicht nur für mich. Heute ist es weitgehend so, daß man sich entweder aus der Ernsthaftigkeit der theologischen wissenschaftlichen Arbeit zurückzieht in eine Art fundamentalistische Selbstbehauptung des Christentums, oder man versucht, in einer idealistischen Form Religion in Theologie aufzuheben oder Spiritualität überflüssig zu machen – dadurch, daß man sie anschlußfähig zu machen versucht an die Argumentationswelt unserer nachchristlichen Zeit. Beides ist ein Problem. Karl Rahner war eben jemand, der diese beiden Dinge wurzelhaft miteinander verbunden hat. Deswegen habe ich auch immer wieder diesen Zusammenhang sehr betont: „Theologie als eine Art Existentialbiographie"[2].

Neubearbeitung von „Geist in Welt" und „Hörer des Wortes"

Sie haben sowohl „Geist in Welt" wie auch „Hörer des Wortes" überarbeitet. Warum?

☐ Unser Verhältnis war so gut, daß mir Pater Rahner diese beiden Werke zur Neuauflage bzw. Bearbeitung anvertraut hat[3]. Diesbezüglich gibt es natürlich einige Signale bzw. Anfragen, wie weit ich bei der Neubearbeitung von „Hörer des Wortes" einiges verändert habe[4]. Bei „Geist und Welt" war ich selber mitten im Studium. Das war keine durchgehende, sondern eine stückweise Bearbeitung. Was ich da – immer mit Zustimmung von Karl Rahner natürlich – eingebaut habe, hat er sehr wohl alles gekannt, gesehen und abgesegnet. Das ist auch in der Gesamtausgabe dokumentiert, man kann das gut erkennen[5]. Bei „Hörer des Wortes" ist die Neufassung dergestalt, daß es notwendig war, beide Fassungen synoptisch abzudrucken, um zu zeigen, was alles geändert worden ist[6]. Ich habe damals in der Nähe von Karl Rahner in Nymphenburg, bei Benediktinerinnen, gewohnt. Tagsüber habe ich an der Ausgabe gearbeitet, und nachmittags ist er gekommen. Dann habe ich ihm alles vorgelegt. Ich habe nichts, wirklich nichts geschrieben, was er nicht akzeptiert hat. Ich bin heute ziemlich traurig über manches, was ich da hineinformuliert habe und was er akzeptiert hat. Ein Wort wie „Seinshabe"[7] zum Beispiel würde ich heute nie mehr sagen. Das gab es vorher nicht. Es heißt immer wieder: Der Metz wollte immer ein Stück weiter, etwa aus der Subjektivität in die Intersubjektivität hinein usw. Man kann das heute in der Gesamtausgabe erkennen. Für alles hat mir Rahner die Erlaubnis gegeben: Mach das, mach Du das in den Anmerkungen.

Haben Sie denn den Eindruck, daß bei Pater Rahner die Intersubjektivität zu ihrem Recht kommt? Oder ist sie vernachlässigt?

☐ Ganz genau kann ich es nicht sagen. Aber Intersubjektivität war bei ihm immer wieder einmal erkennbar. Es gibt eine amerikanische Dissertation über ihn aus den 80er Jahren. Dort hat er ein Vorwort geschrieben und äußert sich über meine Kritik[8]. Zwischen Rahner und mir gab es nie ein Zerwürfnis, wie manche Leute meinen. Ich habe natürlich von einem posttranszendentalen oder postidealistischen Paradigma in der Politischen Theologie gesprochen. Aber die Instrumente meiner Kritik habe ich an ihm selber gelernt!

Theodizee – die Frage des Leidens

Bei mir spielte – wenn Sie so wollen – von Anfang an die Theodizeefrage eine große Rolle, weil ich als 16jähriger Junge noch Soldat geworden bin. Ich habe dort sehr schreckliche Erlebnisse gehabt, die mich wahrscheinlich auch bewogen haben, später immer mit diesen Fragen umzugehen und auch Theologie zu studieren. Wie soll ich sagen? Ein Idealismus, eine Geschichte ohne Unterbrechung, ohne Katastrophe und ohne Gefahr war für mich nicht möglich. Darüber habe ich auch Rechenschaft gegeben[9]. Ich habe Rahner gegenüber gesagt: Vielleicht müssen wir schwächere Kategorien benützen, damit wir durch die Prozesse, die wir erleben, verletzbar bleiben. Wenn man nämlich Lebensgeschichte und Theologie so eng verbindet, wie es Rahner gemacht hat, dann kann man eigentlich nicht transzendental werden. Das transzendentale Konzept reflektiert zwar die Subjektivität, aber nicht das Subjekt. Sie reflektiert zwar Geschichtlichkeit, aber nicht die konkrete Geschichte. Der Punkt, an dem das bei mir irgendwann dramatisch wurde, war unsere eigene deutsche Geschichte. Ich habe gefragt: Karl, warum hast Du uns nie etwas über Auschwitz gesagt? Warum ist das nirgends vorgekommen? Ich muß mit großem Respekt sagen: Er hat diese Frage seines Schülers sehr ernstgenommen. Er hat gesagt: Das mußt Du machen. Ich hielt ihm vor, daß er eine viel zu idealistische Eschatologie habe und zu wenig Apokalyptik. Ich war ein bißchen böse und habe ihm auch gesagt: Die Beschreibung der Unbeantwortbarkeit der menschlichen Leidengeschichte, das ist Apokalyptik – der Schrei aus dem Leid an Gott.

Als ich in den 80er Jahren einmal zusammen mit Pater Rahner auf einem Empfang war, haben wir Pater Lotz getroffen[10], der zusammen mit Max Müller und anderen die neue Philosophie im katholischen Ambiente geprägt hat. Er kam auf mich zu und meinte sinngemäß: Was haben Sie denn? Welche kritischen Einwände haben Sie denn gegen Ihren lieben Freund und Lehrer Rahner? Dann habe ich zu ihm gesagt: Pater Lotz, wissen Sie, das ist so: Wenn Rahner einmal in den Himmel kommt, dann wird der liebe Gott sagen: Du lieber, großer Karl Rahner, was hast Du mit der Apokalyptik meines Sohnes Jesus gemacht? Da ist Rahner zu uns gekommen und hat zu mir gesagt: Was erzählst Du denn da? Wovon redet Ihr? Ich berichtete ihm, was ich Pater Lotz gesagt hatte. Aber er meinte nur: Das wird aber Lotz nicht verstanden haben. Da habe ich zurückgefragt: Und was sagst Du dazu? Er meinte: Das mußt Du machen! Ich habe zu Karl Rahner immer gesagt: Geschichte ist Unterbrechung, nicht Kontinuität. Ich betone das, damit Sie verstehen: Wir hatten – auch dort, wo wir uns nicht geeinigt haben – wunderbare Gespräche. Deswegen vermisse ich ihn so sehr. Und hinsichtlich des fundamentalen Zusammenhangs von Theologie und Mystik (Glaubenserfahrung) hat mich keiner so geprägt wie er, auch tief in die Politische Theologie hinein. James Matthew Ashley beschreibt das ein wenig[11].

Der Tutiorismus des Wagnisses

Es gibt Stimmen, die behaupten, der Ausdruck „Tutiorismus des Wagnisses" sei umständlich. Warum verwendet ihn Pater Rahner?

☐ Sie würden zu Tutiorismus vermutlich sagen: „to follow the safer line". Karl Rahner war ein mutiger Mensch. Die Formulierung vom Tutiorismus und vom Tutiorismus des Wagnisses geht, glaube ich, zurück auf seine Konflikte mit Rom, speziell in Sachen Mariologie und Ökumene. Da gab es Spannungen, auch mit Pater Bea[12]. Damals gab es den Terminus Fundamentalismus noch nicht. Aber Pater Rahner hatte immer den Verdacht, daß es eine fundamentalistische Figur der Sicherheit des Glaubens gibt. Von daher gesehen hat er gesagt: Selbstverständlich muß man unbedingt auf Nummer sicher gehen, aber man muß dabei etwas riskieren. Das Ganze spiegelt etwas von seinen Konflikt in der Vorkonzilszeit in den 50er Jahren, als es Probleme mit seiner Mariologie gab[13]. Er war gewisserweise ein Tutiorist in diesem dialektischen Sinn: Sicherheit schenkt der Glaube nur dort, wo man zu seiner Rettung etwas riskiert. Den Ausdruck hat er mehr in seinen pastoralen Schriften verwendet, ansonsten ist er nicht sehr zentral[14]. Aber für seine Mentalität ist er ganz typisch und grundsätzlich.

Welchen Einfluß übte Karl Rahners auf das Zweite Vatikanische Konzil aus?

☐ Pater Rahner war immer sehr zurückhaltend. Er hat betont, er habe nicht viel Einfluß gehabt. Er war sehr bescheiden und auch ein bißchen skeptisch gegenüber seinem angeblichen Gewicht. Aber daß er zu den Leuten gehörte, die unter einem Teil der Bischöfe, aber vor allem unter den Theologen, die auf dem Konzil eine Rolle gespielt haben, Impulse gegeben und Horizonte geöffnet hat, das scheint mir doch unbestreitbar[15]. Das betonen auch Kardinäle wie Franz König und Julius Döpfner.

In der ersten Hälfte der 70er Jahre gab es die Würzburger Synode der Bistümer in der Bundesrepublik Deutschland. Das Dokument „Unsere Hoffnung"[16] habe ich entworfen und in der Kommission und im Plenum zur Diskussion gestellt. Kardinal Döpfner war sehr dankbar für mein Engagement und hat mich eines Tages gefragt: Kann ich Ihnen auch eine Freude machen? Da habe ich gesagt, er könnte Pater Rahner und mir für die Sommerzeit einen verwaisten Pfarrhof in meiner bayerischen Heimat zur Verfügung stellen, um mich wenigstens zeitweilig aus meinem „preußischen Exil" zu befreien. Und der Kardinal meinte dann: Das will ich gern tun, denn ich habe jemanden, dem gegenüber ich eine ganz besonders große Schuld habe, und das ist Ihr Freund und Lehrer Karl Rahner. Döpfner hat uns beiden ein Angebot gemacht, in der Ferienzeit in eine priesterlose Pfarrei zu gehen und für die Leute da zu sein. Ich habe so von 1973 bis 1996 in Ferienzeiten häufig in einer kleinen Pfarrei in Oberbayern gewohnt, Litzldorf am Fuße des Wendelstein. Am Anfang war auch Pater Rahner öfters dort, von München aus. Als er ab Herbst 1981 wieder in Innsbruck war, bin ich natürlich öfter von Rosenheim nach Innsbruck gefahren, das ist ja ein Katzensprung. Kurz heraus: Ich weiß von Döpfner selber, welche große Dankbarkeit er Rahner gegenüber empfand.

Erbetete Theologie

Wie hat Karl Rahner gebetet? Er hat ja Gebete veröffentlicht. Hat er sie diktiert oder einfach niedergeschrieben?

☐ Er hat in den ganz frühen Jahren alles geschrieben. Er hat immer mit der Hand, später dann auch mit der Schreibmaschine geschrieben. Er hat auch seine Gebete geschrieben, das kann man, glaube ich, wirklich sagen. Wenn ich es richtig verstehe, dann war das so, daß Pater Rahner liturgisch sehr konservativ und spirituell sehr lebendig war. Liturgisch konservativ heißt: Er hat immer fromm seine Messe gelesen, am liebsten eine „stille Messe". Ich habe ihm öfter ministriert, oder wir haben auch konzelebriert. Aber es war keine große liturgische Festivität. So etwas mochte er nicht. Auf der anderen Seite spielt eben jetzt wieder das eine Rolle, was ich am Anfang sein produktives Vorbild genannt habe: Seine Theologie war wirklich auch erbetete Theologie!

Es hat einen Konflikt zwischen Karl Rahner und Hans Urs von Balthasar gegeben, der einmal einen Aufsatz über Theologie und Heiligkeit geschrieben hat[17]. Balthasar beschreibt die Situation der modernen Theologie bzw. der Theologie in der modernen Zeit und sagt: Die frühere Theologie war eine kniende Theologie, sie ist aus dem Gebet entstanden, und die spätere ist eine sitzende Theologie geworden. Ich habe immer den Eindruck gehabt, daß dieses Urteil von Balthasar über die moderne Theologie für Karl Rahner nicht zutrifft, weil eben bei ihm Theologie und Spiritualität eine Einheit waren. Theologische Reflexion und spirituelle Erfahrung lagen bei ihm sehr tief beisammen. Deshalb ist es sehr schwer, bei ihm eine adäquate Unterscheidung zwischen einer Sprache des Gebets und der Sprache theologischer Reflexion zu machen. Viele seiner Aufsätze münden am Schluß in ein Gebet. Man sich auch nicht wundern, wenn sich seine Gebete manchmal wie Theologie anhören und seine Theologie sich anhört wie ein Gebet.

Ist es auch manchmal in den Vorlesungen so gegangen, daß man gemeint hat: Jetzt fängt Pater Rahner zu beten an?

☐ Vergessen Sie bitte nicht, daß für Rahner das frühere Erste Vatikanum „trotz allem Muff", wie er sagte, doch ein großartiges Konzil gewesen ist. Und warum? „Weil es die natürliche Erkennbarkeit Gottes durch das Licht der bloßen Vernunft erklärt hat." Natürlich kann ich hier nicht in eine vernunfttheoretische Diskussion eintreten. Was seine Vorlesungen angeht: In ihnen sind zwei Dinge passiert, die uns immer wieder besonders angeregt haben. Pater Rahner hat in den 50er Jahren seine Vorlesungen im Prinzip alle lateinisch gehalten. Das war Vorschrift. Es gab zwei Dinge, wo wir immer schon irgendwie gelauert haben: Mitten in der lateinischen Vorlesung konnte er aufhören, lateinisch zu reden und deutsch fortzufahren, und er hat dann eine kritische Reflexion über bestimmte Leute oder bestimmte Positionen entwickelt. Dabei ist es auch passiert, daß es einen Übergang von der Theologie in Spiritualität gab. Das klang nie sentimental oder frömmlerisch. Es hörte sich (für mich) manchmal etwas gnostisch an. Auch in meinen Augen ist der Schrei ein Grundzug des Betens. Vielleicht war es bei ihm etwas zu sehr ein Schrei nach mehr Licht, nach mehr Erkenntnis. In der Bibel ist es meines Ermessens eher ein Schrei nach mehr Gerechtigkeit angesichts der Leidensgeschichte der Menschen.

Das Wunderbarste bei ihm waren immer seine Fragen, auch in der Vorlesung. Er hat oft Fragen gestellt, kinderschwere Fragen, wie ich sie später einmal genannt habe. Bei Rahner kann man sehen: Es gibt nicht nur kinderleichte Fragen, sondern es gibt kinderschwere Fragen. Mein Vergleich ist immer: Die Musik von Mozart ist kinderschwer, und Rahners Theologie ist ebenso kinderschwer. Diesen Vergleich hat er geliebt und auch akzeptiert. Die Fragen, die er gestellt hat, mußten nichts mit Theologie zu tun haben, gar nichts, sondern das konnten ganz einfache und oft schrecklich profane Fragen sein. Ich habe mich oft gewundert, wie man überhaupt auf seine Fragen kommen mag. Das kam wohl aus einer profunden Versöhnung, wenn man so will, von Glaube und Erfahrung oder von Theologie und Spiritualität. Er selbst war wohl schon jener Mystiker, als den er (in einem oft zitierten Wort) den Christen von morgen vorhersah, ein Mystiker, also „einer, der etwas erfahren hat", wie Rahner diese Mystik (in dem oft zitierten Wort[18]) charakterisiert hat. Sehr viel später habe ich eine bestimmte Formulierung gebraucht: Es gibt eine Mystik der offenen Augen, nicht nur eine Mystik der geschlossenen Augen. Ich habe zwar zu Rahner gesagt: Bei Dir muß man immer die Augen schließen, wenn man „Gott" sagt, ich sage dagegen: Man muß die Augen aufmachen! Aber an ihm habe ich selbst das gelernt, weil er die Augen wirklich aufgemacht hat, er hat viel mehr gesehen als ich. Das war auch so eine Erfahrung, die mich sehr tief beeindruckt hat: Was er alles gesehen und beobachtet hat an den Menschen! Ich fühlte mich für mich selbst an das Jesuswort erinnert, wonach wir sehen und doch nicht sehen[19]. Bei Rahner habe ich immer gedacht: Er sieht! Er war kein Phänomenologe, er war durch und durch Transzendentalphilosoph. Aber er hatte tolle Augen. Insofern will ich Ihnen nur sagen: Ich habe persönlich von ihm sehr oft die Kategorien gelernt, mit denen ich ihn dann später kritisiert oder befragt habe. Mehr kann man eigentlich über einen Lehrer nicht sagen als: Ich habe auch noch dort von ihm gelernt, wo ich ihm meinte kritisch widersprechen zu müssen.

Im Blick auf den Wirbel um Luise Rinsers Buch „Gratwanderung": War Karl Rahner freundschaftsbegabt?

☐ Ich kenne Luise Rinser seit langem, schon aus meiner Münchener Zeit. Aus Rosenheim stammend, kam sie auch gelegentlich nach Litzldorf herüber. Sie erwähnen ihr Buch „Gratwanderung"[20]. Es ist für mich mit seinen Insinuationen eher der Wunschtraum einer Schriftstellerin als das literarische Protokoll einer „Gratwanderung". Das Buch hat schließlich meine Freundschaft mit Luise Rinser gebrochen. Gewiß, sie hat Charme und Strahlkraft. Das ist kaum zu bestreiten. Ich erinnere mich gut, wie wir zusammen geweint und gebetet haben, als Karl Rahner einmal sehr schwer erkrankt war. In den letzten Jahren seines Lebens hat sich Rahner sehr in sich zurückgezogen. Das hat Luise Rinser nicht respektiert. Rahner war ein so diskreter und zutiefst scheuer Mensch. Vielleicht war er gerade deswegen im besten Sinn ein verläßlicher Freund.

Wußten Sie, daß Luise Rinser vorhatte, Ihre Briefe an Karl Rahner zu veröffentlichen?

☐ Wir vom Kuratorium der Karl-Rahner-Stiftung wußten das und haben versucht, es zu verhindern. Wir wußten vom Verlag, daß er das machen will. Wir konnten es nicht verhindern. Inzwischen ist die Sache vorbei.

Das Ineinander von Theologie und Spiritualität

Eine wichtige Frage, die in Amerika die Karl Rahner Society sehr bewegt, lautet: Wie kann man das Erbe von Karl Rahner weitergeben? Wie können wir das Interesse an seiner Theologie für die nächste Generation wachhalten?

☐ Für mich ist Karl Rahner wirklich einer derjenigen, die diesen Zusammenhang zwischen Glaube und Erfahrung in unserer sogenannten postmodernen Welt aufgegriffen und paradigmatisch formuliert haben. Das kann man nicht einfach schwarz auf weiß nachmachen! Aber man kann sich dieses Paradigma aneignen: Theologie als Existentialbiographie, in der Verquickung von intellektueller Leidenschaft und spiritueller Courage, wohl ein kräftiger Hauch des Geistes des Ignatius von Loyola. Von daher müßte man sich fragen, wie weit sich die Leute mitnehmen lassen. Rahner wollte nie der einzige oder auch nur der erste sein. Das ist irgendwie auch das fundamental Kirchliche an Karl Rahner gewesen: Er wollte nicht ohne die großen Traditionen Theologie treiben, nicht nach vorne gehen, indem er sich einfach abkoppelt, sondern er ging so weit nach vorn, wie sich die Traditionen auch haben mitnehmen lassen. Er hat sie dann zuweilen auch geschoben, wie ein Esel. Er hat sich auch manchmal selber einen Esel genannt, der das ziehen muß. Das wäre auch ein Paradigma von Kirchlichkeit[21]. Die konnte man an ihm lernen. Ich selbst habe das nicht geschafft: alles so mitzunehmen, wirklich alles, auch den Ablaß usw. Pater Rahner hat die Neuscholastik kritisiert, aber er hat sie auch ganz ernstgenommen, er hat versucht, aus ihr herauszuarbeiten, was drinsteckt und sie nicht einfach zu ignorieren.

Ein erstaunliches Stück Aufbruch- und Ausbruchsgeschichte

Wie sehen Sie Karl Rahners Lehrtätigkeit in München (1964–1967) und in Münster (1967–1971)? Waren es glückliche Jahre?

☐ München war der falsche Ort; nicht die Stadt, sondern der Romano-Guardini-Lehrstuhl. Das war für Rahner nicht das Richtige. Er war dafür wahrscheinlich auch zu spekulativ, zu sehr doch Theologe im engeren Sinn, zu wenig literarisch und – fast könnte man sagen – zu wenig publizistisch. Er war auch zu sehr Mönch, selbst wenn das jetzt etwas komisch klingt.

Münster war eine gute Zeit. Als Rahner nach Münster kam, war ich hier Dekan. Ich mußte ihn im Namen der Fakultät vor seiner Antrittsvorlesung[22] begrüßen. Ich zitiere aus meiner Einführung zu dieser Antrittsvorlesung am 9. Januar 1968: „Heute darf ich als schon altgedientes Mitglied und als Dekan unserer Fakultät Ihnen einen der jüngsten Mitglieder dieser Fakultät vorstellen, meinen verehrten Lehrer Karl Rahner. Es ist wohl selten leichter als hier, eine solche Vorstellung und Einführung zu geben. Was nämlich wäre diesem Namen Karl Rahner schon hinzu zu tun? So möchte ich auch keine Daten aufzählen, keine Werke nennen, keine Auszeichnungen und Ehrendoktorate, nur auf eines möchte ich hier hinweisen: Heute ist in vieler Hinsicht aus dem umstrittenen und auch kirchlich beargwöhnten Rahner ein rezipierter Rahner geworden. Seine kühnen Theologumena sind in vieler Mund. Dies sollte jedoch uns und ihn nicht vergessen lassen, daß sich doch in erster Linie wohl an seinen Namen das erstaunlichste Stück Aufbruchs- und Ausbruchsgeschichte der katholischen Theologie in den beiden letzten Jahrzehnten angeknüpft hat. Aufbruch einmal aus der erblaßten und nicht selten erstarrten Formelwelt neuscholastischer Sprach- und Denkweise durch entschiedene Konfrontation

125

der scholastischen Tradition mit den aus der neuen Philosophie aufgegebenen Fragestellungen. Rahner hat seinen theologischen Ansatz herausgebrochen aus dem Fels des scholastischen Objektivismus, in den die systematische Schultheologie allenthalben eingeschlossen schien. Aufbruch weiterhin aus der unvermittelten und fruchtlosen Parallelisierung von systematischer und historisch-exegetischer Theologie mit Hilfe einer wenigstens in Ansätzen entfalteten theologischen Hermeneutik biblischer und theologisch-geschichtlicher Aussagen. Aufbruch aus der Gespaltenheit von Theologie und Kerygma gemäß seinem Wort, daß in Wirklichkeit die strengste, die leidenschaftlich der Sache allein ergebene, immer neu fragende, die wissenschaftlichste Theologie also, auf die Dauer auch die kerygmatische ist. Aufbruch aus dem Amtsglauben der Theologen zum brüderlichen Glauben hin. Mit Hilfe einer Glaubenstheologie, die gerade um den sich selbst suchenden, allzeit gefährdeten Glauben weiß, die sich darum vorzüglich als theologia viatorum versteht, als brüderlicher Dienst an der Hoffnung aller. Aufbruch schließlich aus dem Weltanschauungsghetto des Katholizismus, zum Dialog in einer in ihrem gesellschaftlichen Pluralismus angenommenen Welt, und dies längst, bevor das Wort Dialog zum gedankenlos strapazierten theologischen Modejargon geworden ist. Karl Rahner ist in diesem Aufbruchsbemühen und mit seinen Anstößen nicht ein interessanter Außenseiter geblieben. Es ist ihm gelungen, eine breite Schicht der theologischen und kirchlichen Mentalität zu infizieren. Sein Einfluß auf dem Konzil zeugt davon. Rahner geht eben so weit nach vorn, als sich die große Tradition der Kirche und Theologie mitnehmen läßt, oft nur mühsam und protestierend mitnehmen läßt, und deshalb wurde sein eigenes Vorwärtsschreiten zu einem erkennbaren Fortschritt von Theologie und kirchlichem Bewußtsein überhaupt. Nun, mit dem Gesagten soll hier nicht vorzeitig ein Denkmal errichtet, sondern ein exemplarischer Weg und eine offene, nie vollendete Bewegung beschrieben werden. Karl Rahner hat sich ja selbst immer dagegen gewehrt, daß er schon zu Lebzeiten mit Denkmälern gesteinigt werde. Die Arbeit geht weiter mit neuen Problemen und neuen Anläufen, und wir freuen uns sehr, daß er seinen entscheidenden Anteil daran nun in der Gemeinschaft unserer Fakultät, an unserer Alma Mater, fortsetzt. Pater Rahner hätte zwar gern auf eine offizielle Antrittsvorlesung verzichtet unter Hinweis auf ein Privileg im Kirchenrecht, es gibt da nämlich ein kanonistisches Privileg für die sogenannte Virgo superadulta, für die betagte Braut also, bei der wegen fortgeschrittenen Alters von einem Aufgebot vor der Hochzeit abgesehen werden kann. Aber das ist schwierig auch Universitätsbräuche anzuwenden. So entstand ein Kompromiß: Pater Rahner hält seine Antrittsvorlesung im Rahmen der in diesem Semester laufenden Vorlesungsreihe unserer Fakultät über Bild – Wort – Symbol. Und darum möchte ich ihn jetzt bitten …".

Münster war eine Zeit, in der wir eng kooperiert haben, in der aber in den Seminaren auch die theologisch-akademischen Konflikte gewachsen sind. Es gab eine Gruppe „Rahner-treuer" Leute wie Karl Lehmann, der bei ihm Assistent war; und es gab „meine" Leute, Vertreter einer Politischen Theologie. Wir haben miteinander Seminare gemacht und haben miteinander gestritten. Es war eine spannende, aber leider nur eine kurze Zeit. Ich glaube, daß Rahner sich hier an der Fakultät viel wohler gefühlt hat als an der Universität München. Freilich, abends hat er, um ein banales Beispiel zu bringen, vermißt, daß er nicht auf die Straße gehen konnte, um sich die Zeitung vom nächsten Tag zu kaufen, das konnte er in München tun. In Münster war ihm alles ein bißchen zu kleinstädtisch und provinziell. 1971 wurde er dann emeritiert und ging wieder zurück nach München. Zu seinem 70. Geburtstag wurde dann in der Katholischen Akademie gefeiert. Ich habe dabei die Festrede gehalten. Kardinal Volk war auch da. In meiner Rede habe ich betont: Inzwischen ist Rahner ja ein akzeptierter Mann. Es gibt sogar einige Bischöfe, die ihn lesen. Hinterher ist Volk zu mir gekommen und hat gesagt: Ich habe alles gelesen, was Rahner geschrieben hat, was fällt Ihnen ein, Herr Metz? Er hat richtig geschimpft.

Ich hatte in unserer gemeinsamen Münsteraner Zeit einen schweren Autounfall und war lange Zeit im Krankenhaus und zuhause. Ich konnte nicht an die Uni, und wir haben sehr viel Zeit hier bei mir zuhause verbracht. Rahner war sehr oft nachmittags und abends bei mir in der Kapitelstraße. Wir haben in der Zeit sehr viel miteinander gesprochen. Es war auch für mich eine glückliche, bereichernde Zeit, trotz oder gerade wegen mancher theologischer Dispute über die Politische Theologie, diese Theologie „mit dem Gesicht zur Welt" und mit der „Mystik der offenen Augen". Wichtig ist aber, daß das eine gute Zeit des Kontakts und der Gespräche gewesen ist. Die Hörer haben Rahner überaus geschätzt, und die Vorlesungen sind immer sehr eifrig besucht worden.

Wie tradiert man Karl Rahner?

Meinen Sie, daß die „Sämtlichen Werke" auch das Erbe Karl Rahners weiterführen können?

☐ Ich hatte ursprünglich einen anderen Plan, bin damit aber nicht durchgekommen. Ich hatte eigentlich gewünscht, daß man diese wissenschaftliche Gesamtausgabe zugunsten einer Werkausgabe zurückstellt, damit die „Schriften zur Theologie" für junge Leute präsent bleiben, möglichst preiswert, so daß Studenten sie sich auch kaufen können. Mir sind etwa zehn Bände vorgeschwebt, in den 16 Bänden „Schriften zur Theologie" gibt es ja etliche Wiederholungen. Eine Werkausgabe à la Bloch oder Adorno wäre mein Wunsch gewesen. Oder eine Studienausgabe à la Nietzsche oder Hegel. Dadurch wäre Rahner an der Universität, vor allem bei jungen Studenten, stärker als jetzt präsent geblieben. Denn es ist unglaublich, wie relativ wenig die jungen Leute Rahner lesen. Man kennt natürlich den Namen, aber die Vergeßlichkeit nimmt zu, heute triumphiert die kulturelle Amnesie.

In den ersten Jahren gab es einige Schwierigkeiten zwischen dem Kuratorium und dem Verlag Benziger. Dieser hatte Angst, auf seinen Bänden „Schriften zur Theologie" sitzenzubleiben, wenn eine Gesamtausgabe kommt. Aber das Geld der Karl-Rahner-Stiftung ist bestimmt zur Herausgabe der wissenschaftlichen Edition sämtlicher Werke. Deshalb müssen wir auch immer schauen, daß wir immer wieder einen neuen Band herausbringen. Ob unsere Ausgabe dann wirklich in die Hände von Studenten gerät, das wage ich zu bezweifeln. Studenten können sich die „Sämtlichen Werke" sicher nicht leisten, auch interessierte und gebildete Christenmenschen kaum. Die Werke stehen dann in den Bibliotheken. Ich hätte mir gewünscht, daß Rahner in die Hände von jungen Menschen kommt. Da sehe ich natürlich schon gewisse Sperren. Auf dem Weg über Dissertationen geht natürlich auch ein Traditionsstrang weiter. Aber das genügt nicht.

Rahner ist in meinen Augen sowieso nicht der klassische Kandidat für eine wissenschaftliche Gesamtausgabe im Stil der großen Werkeditionen des 19. Jahrhunderts. Der Gestus theologischer Existenz, den er repräsentiert, ist in seiner Verquickung von Glaubens- und Lebensgeschichte nicht einfach schwarz auf weiß festschreibbar, sondern – gut ignatianisch – immer neu paradigmatisch einzuüben. Deshalb sollte es subsidiär zur unentbehrlichen Gesamtausgabe immer auch ausgewählte Rahnertexte zur Einübung in diese Form theologischer und christlicher Existenz überhaupt geben.

Von daher würde ich meinen, daß es gut wäre, wenn die Karl Rahner Society dem Verlag Herder den Vorschlag machte, für amerikanische Studenten ein solches Karl-Rahner-Lesebuch zu machen. Man müßte natürlich die richtigen Leute finden, die die richtige Auswahl treffen. Bei uns gibt es ja schon ein einschlägiges Rahnerbrevier[23]. Immer wieder hat Rahner auch sich selbst auf den Punkt gebracht. Mir fällt da zum Beispiel der kleine Aufsatz „Erfahrung des Geistes"[24] ein, ein Text als Katalysator für die Verbindung von Reflexion und Erfahrung, von Theologie und Spiritualität, die paradigmatisch eingeübt werden muß. Wenn ich mir vergegenwärtige, daß meine Mutter gesagt hat: „Von der Not und dem Segen des Gebetes" oder „Worte ins Schweigen" kann ich viel besser verstehen als Deine Sachen – dann ist auch das ein Signal an die Publikationspraxis für Rahners Theologie.

Solche Ausgaben müßte man gar nicht als Konkurrenz zu unserer Edition verstehen, sondern als subsidiäre Veranstaltung. Zur Tradierung von Rahners Theologie gehört auch eine solche Form der Vermittlung. Ich glaube immer noch, daß das wichtig wäre. Vielleicht können Sie das in den USA einmal anschieben? Gerade eine Karl Rahner Society, die sich für die Tradierung interessiert, könnte doch auch den Anspruch erheben und sagen: Wir sind beunruhigt, wir möchten gerne, daß beides geschieht – die große wissenschaftliche Ausgabe und etwas, was die Vergegenwärtigung von Karl Rahner unter den jungen Menschen von heute ermöglicht und beschleunigt[25].

Anmerkungen

[1] J. B. Metz, Karl Rahner zu vermissen, in: P. Imhof / H. Biallowons (Hg.). Karl Rahner – Bilder eines Lebens. Freiburg 1985, 166–171, 170: „Wir erinnern in K. Rahner nicht nur einen herausragenden Lehrer der Theologie, sondern wir vermissen in ihm auch, was ich einen ‚Vater des Glaubens‘ zu nennen wage – gemäß jener von Paulus (1 Kor 4,15) getroffenen Unterscheidung: ‚Ihr habt zwar viele Lehrer in Christus, aber wenige Väter.‘ … Als solchen Vater des Glaubens vermissen wir K. Rahner." 1984 erschien die Predigt, die Metz zum Goldenen Priesterjubiläum Karl Rahners am Ignatiusfest 1982 in der Jesuitenkirche in Innsbruck gehalten hat (J. B. Metz, Den Glauben lernen und lehren. Dank an Karl Rahner. München 1984); darin ist ausführlich vom „Vater des Glaubens" die Rede (vgl. 24–26: „Ein Vater des Glaubens und selber heimatlos").

[2] Der Ausdruck fiel erstmals in der Laudatio, die J. B. Metz bei der Festakademie zu K. Rahners 70. Geburtstag in München gehalten hat; vgl. J. B. Metz, Karl Rahner – ein theologisches Leben. Theologie als mystische Biographie eines Christenmenschen heute, in: Stimmen der Zeit 192 (1974) 305–316, 308: „Man mag dieses Werk immer noch ‚transzendentale Theologie‘ nennen. Ich nenne es hier, versuchsweise und um die Absicht zu kennzeichnen, lebensgeschichtliche Dogmatik, eine Art Existentialbiographie, eine Art mystische Biographie in dogmatischer Absicht inmitten unserer Zeit." Vgl. die überarbeitete Fassung in: Ders., Glaube in Geschichte und Gesellschaft. Studien zu einer praktischen Fundamentaltheologie. Mainz [5]1992, 211–219.

[3] Vgl. K. Rahner, Vorwort zur zweiten Auflage, in: Ders., Geist in Welt. Zur Metaphysik der endlichen Erkenntnis bei Thomas von Aquin. München [2]1957, 9–10, 9: „Das Thema des Buches noch einmal im Ganzen kritisch zu wiederholen und in wesentlicher Erweiterung fortzuführen, dazu ließ mir meine Berufsarbeit keine Zeit. So sollte nur den maßgeblichsten Wünschen entsprochen werden. Und hierfür bin ich nun meinem Schüler, *Dr. Johannes Baptist Metz*, zu großem Dank verpflichtet, der in meinem Auftrag diese zweite Auflage besorgt hat. Er hat den Text im ganzen überholt … Alles, was also die zweite Auflage von der ersten unterscheidet, verdankt sie Herrn *Dr. Metz*. Das Ergebnis seiner selbstlosen und verständnisvoll eindringenden Arbeit an meinem Buch hat meine volle Zustimmung. Darum schien es überflüssig, diese Zusätze und Verbesserungen im Text eigens kenntlich zu machen." Jetzt in: K. Rahner, Sämtliche Werke. Bd. 2: Geist in Welt. Philosophische Schriften. Freiburg 1996, 6–7. – Vgl. K. Rahner, Hörer des Wortes. Zur Grundlegung einer Religionsphilosophie. Neu bearbeitet von J. B. Metz. München 1963 ([3]1969, [4]1985); jetzt in: K. Rahner, Sämtliche Werke. Bd. 4: Hörer des Wortes. Schriften zur Religionsphilosophie und zur Grundlegung der Theologie. Freiburg 1997.

[4] Vgl. J. B. Metz an A. Raffelt, den Bearbeiter von SW 4, Brief vom 14. 11. 1996: „Diesen Arbeitstext habe ich nun zunächst Seite für Seite durchgearbeitet und dann meine Neubearbeitungsvorschläge Karl Rahner vorgelegt; er hat sie Seite für Seite mit mir durchgesprochen und so sind alle Ergänzungen und Änderungen (samt der Auflösung des Kapitels 14), wie sie schließlich in der Neubearbeitung zum Ausdruck kommen, von ihm gebilligt worden … Die Anmerkungen in dieser neubearbeiteten Auflage (die erste hatte ja bekanntlich nur eine Fußnote) sind al-

lesamt von mir zu verantworten. Das war von vornherein vorgesehen, und ich kann und will nicht leugnen, daß in diesem Anmerkungsteil da und dort Gesichtspunkte und Zusammenhänge formuliert sind, die nicht mehr ausdrücklich abgestimmt waren." Zit. nach A. Raffelt, Editionsbericht, in: SW 4, XIII–XXXVIII, XVII.

[5] Vgl. SW 2, 3–300.

[6] Vgl. SW 4, 1–281. Diese Ausgabe bringt beide Fassungen in synoptischer Anordnung: die erste (1941) auf der linken, die zweite (1963) auf der rechten Seite. Dadurch werden Zusätze, Ergänzungen und Streichungen leicht erkennbar.

[7] Vgl. z. B. SW 4, 75, 77 u.ö.

[8] Vgl. K. Rahner, Introduction, in: J. J. Bacik, Apologetics and the eclipse of mystery. Mystagogy according to Karl Rahner. Notre Dame 1980, IX–X, IX: „Metz's critique of my theology (which he calls transcendental theology) is the only criticism which I can take very seriously. I agree in general with the positive contribution in Metzs [sic!] book. Insofar as the critique by Metz is correct, every concrete mystagogy must obviously from the very beginning consider the societal situation and the Christian praxis to which it addresses itself. If this is not sufficiently done in my theory of mystagogy and in its explanation in this book, then this theory must be filled out. However it is not therefore false. For it has always been clear in my theology that a ‚transcendental experience' (of God and of grace) is always mediated through a categorical experience in history, in interpersonal relationships, and in society. If one not only sees and takes seriously these necessary mediations of transcendental experience but also fills it out in a concrete way, then one already practices in an authentic way political theology, or, in other words, a practical fundamental theology. On the other hand, such a political theology is, if it truly wishes to concern itself with God, not possible without reflection on those essential characteristics of man which a transcendental theology discloses. Therefore, I believe that my theology and that of Metz are not necessarily contradictory. However, I gladly recognize that a concrete mystagogy must, to use Metz's language, be at the same time ‚mystical and political.'" – Die Einführung K. Rahners ist mit „München, Advent 1977" datiert.

[9] Vgl. z. B. J. B. Metz, Zum Begriff der neuen Politischen Theologie. 1967–1997. Mainz 1997, 207–211 (= § 12: Ein biographischer Durchblick: „Wie ich mich verändert habe").

[10] Johann Baptist Lotz (1903–1992); vgl. G. Haeffner, Johannes B. Lotz als Mensch und Philosoph. Verwurzelung und Weitung, in: StZ 222 (2004) 171–182; O. Muck, Die deutschsprachige Maréchal-Schule – Transzendentalphilosophie als Metaphysik: J. B. Lotz, K. Rahner, W. Brugger, E. Coreth u. a., in: E. Coreth / W. M. Neidl / G. Pfligersdorffer (Hg.), Christliche Philsophie im katholischen Denken des 19. und 20. Jahrhunderts. Bd. 2: Rückgriff auf scholastisches Erbe. Graz 1988, 590–622, bes. 594–600.

[11] Vgl. J. M. Ashley, Metz's collaboration with Karl Rahner, in: Ders., Interruptions. Mysticism, politics, and theology in the work of Johann Baptist Metz. Notre Dame 1998, 73–84.

[12] Augustin Bea SJ (1881–1968), 1921–1924 Provinzial der Oberdeutschen Jesuitenprovinz, anschließend Lehrtätigkeit an der Gregoriana und am Päpstlichen Bi-

belinstitut in Rom, 1949 Konsultor des Hl. Offiziums, 1959 Kardinal, 1960 Präsident des Sekretariats für die Einheit der Christen.

[13] Vgl. dazu R. P. Meyer, Editionsbericht, in: K. Rahner, Sämtliche Werke. Bd. 9: Maria, Mutter des Herrn. Mariologische Studien. Freiburg 2004, XI–LVI; K. H. Neufeld, Zur Mariologie Karl Rahner – Materialien und Grundlinien, in: ZKTh 109 (1987) 431–439; ders., Lehramtliche Mißverständnisse. Zu Schwierigkeiten Karl Rahners in Rom, in: ZKTh 111 (1989) 420–430; ders., Die Brüder Rahner. Eine Biographie. Freiburg [2]2004, 206–214; H. Vorgrimler, Karl Rahner. Gotteserfahrung in Leben und Denken. Darmstadt 2004, 71–74.

[14] Vgl. K. Rahner, Die Gegenwart der Kirche, in: HPTh, Bd. II/1. Freiburg 1966, 188–233, jetzt in: K. Rahner, Sämtliche Werke. Bd. 19: Selbstvollzug der Kirche. Ekklesiologische Grundlegung praktischer Theologie. Freiburg 1995, 255–316, bes. 293, 296, 313, 315 f.; vgl. J. B. Metz, Fehlt uns Karl Rahner? oder: Wer retten will, muß wagen, in: K. Rahner, Strukturwandel der Kirche als Aufgabe und Chance (Neuausgabe). Freiburg 1989, 9–24.

[15] Vgl. A. R. Batlogg, Karl Rahners Mitarbeit an den Konzilstexten, in: F. X. Bischof / St. Leimgruber (Hg.), Vierzig Jahre II. Vatikanum. Zur Wirkungsgeschichte der Konzilstexte. Würzburg [2]2005, 355–376; G. Wassilowsky, Universales Heilssakrament Kirche. Karl Rahners Beitrag zur Ekklesiologie des II. Vatikanums. Innsbruck 2001.

[16] Unsere Hoffnung. Ein Bekenntnis zum Glauben in dieser Zeit, in: Gemeinsame Synode der Bistümer in der Bundesrepublik Deutschland. Offizielle Gesamtausgabe. Bd. 1. Freiburg 1976, 84–111.

[17] H. U. v. Balthasar, Theologie und Heiligkeit, in: Ders., Verbum Caro. Skizzen zur Theologie I. Einsiedeln 1960, 195–225, 204. Der ursprünglich in „Wort und Wahrheit" erschienene Aufsatz trug dort den Untertitel „Zur Revision der Scholastik"; vgl. E. Guerriero, Hans Urs von Balthasar. Eine Monographie. Einsiedeln 1993, 210–215; A. R. Batlogg, Hans Urs von Balthasar und Karl Rahner: zwei Schüler des Ignatius, in: M. Striet / J.-H. Tück (Hg.), Die Kunst Gottes verstehen. Hans Urs von Balthasars theologische Provokationen. Freiburg 2005, 410–446, bes. 432 f.

[18] K. Rahner, Frömmigkeit früher und heute, in: Ders., Schriften zur Theologie. Bd. 7. Einsiedeln 1966, 11–31, 22 f.: „Nur um deutlich zu machen, was gemeint ist, und im Wissen um die Belastung des Begriffs ‚Mystik' (der recht verstanden kein Gegensatz zu einem Glauben im Heiligen Pneuma ist, sondern dasselbe) könnte man sagen: der Fromme von morgen wird ein ‚Mystiker' sein, einer, der etwas ‚erfahren' hat, oder er wird nicht mehr sein, weil die Frömmigkeit von morgen nicht mehr durch die im voraus zu einer personalen Entscheidung einstimmige, selbstverständliche öffentliche Überzeugung und religiöse Sitte aller mitgetragen wird, die bisher übliche religiöse Erziehung also nur noch eine sehr sekundäre Dressur für das religiös Institutionelle sein kann."

[19] Vgl. Mt 13,13: „Deshalb rede ich zu ihnen in Gleichnissen, weil sie sehen und doch nicht sehen, weil sie hören und doch nicht hören und nichts verstehen."

[20] Vgl. L. Rinser, Gratwanderung. Briefe der Freundschaft an Karl Rahner 1962–1984. Hg. v. B. Snela. München 1994.

[21] Vgl. K. Lehmann, Karl Rahner und die Kirche, in: A. Raffelt (Hg.), Karl Rahner

in Erinnerung. Düsseldorf 1994, 118–133; A. R. Batlogg, Gotteserfahrung und Kirchenkritik bei Karl Rahner, in: M. Delgado / G. Fuchs (Hg.), Die Kirchenkritik der Mystiker. Prophetie aus Gotteserfahrung. Bd. 3. Fribourg/Stuttgart 2005, 371–401.

[22] Vgl. K. Rahner, Vom Hören und Sehen. Eine theologische Überlegung, in: W. Heinen (Hg.), Bild – Wort – Symbol in der Theologie. Würzburg 1969, 139–156; zum Umfeld vgl. K. H. Neufeld, Die Brüder Rahner, 279–284.

[23] Vgl. K. Lehmann / A. Raffelt (Hg.), Rechenschaft des Glaubens. Karl Rahner-Lesebuch. Freiburg 1979; dies. (Hg.), Karl Rahner-Lesebuch. Aktualisierte Sonderausgabe von „Rechenschaft des Glaubens" ([2]1982). Freiburg 2004 ([2]2004).

[24] Vgl. Karl Rahner, Erfahrung des Geistes. Meditation auf Pfingsten. Freiburg 1977; Nachdruck unter dem Titel „Erfahrung des Heiligen Geistes" in: Ders., Schriften zur Theologie. Bd. 13. Zürich 1978, 226–251.

[25] Vgl. in dieser Richtung die jüngsten Publikationen aus dem Verlag Herder: Karl Rahner, Beten mit Karl Rahner, Freiburg 2003; ders., Von der Unbegreiflichkeit Gottes. Erfahrungen eines katholischen Theologen, Freiburg 2004; ders., Von der Gnade des Alltags. Meditationen in Wort und Bild, Freiburg 2006.

„Mach mir eine Vorlage!"
Im Gespräch mit P. Karl H. Neufeld SJ, Innsbruck

Karl H. Neufeld, Dr. theol. habil., Dr. phil., geb. 1939 in Warendorf/Nordrhein-Westfalen, ist seit 1960 Jesuit. Nach einer Tätigkeit als Redakteur bei den „Stimmen der Zeit" in München wurde er 1976/77 Spiritual am Collegium Germanicum et Hungaricum in Rom. Seit 1978 Professor für Dogmatik an der Päpstlichen Universität Gregoriana, wurde er 1990 zum Professor für Fundamentaltheologie an der Universität Innsbruck ernannt, womit die Leitung des dort seit 1985 ansässigen Karl-Rahner-Archivs verbunden ist. Seit 1999 ist er auch Chefredakteur der „Zeitschrift für Katholische Theologie". 1971/73 war er Karl Rahners persönlicher Assistent in München. Zu seinem 65. Geburtstag ist eine umfangreiche Festschrift erschienen[1].

Pater Neufeld, was für eine Beziehung hatten Sie zu Karl Rahner?

☐ Zunächst gar keine. Eine Beziehung entstand dadurch, daß ich im Sommer 1971 von meinem Provinzial nach München geschickt wurde, um Pater Rahner als Assistent zu unterstützen. Dafür mußte ich meine Arbeiten am Doktorat in Frankreich für zwei Jahre unterbrechen. Seit Herbst 1971 war ich mit ihm in München zusammen. Meine Aufgabe war es, Band 10 für die „Schriften zur Theologie" vorzubereiten, dann Band 11, die Bußgeschichte, und außerdem Vorbereitungen für den „Grundkurs des Glaubens" zu treffen. Das war die offizielle Aufgabe. Es handelte sich um eine Assistentenstelle, die Pater Rahner von der Görres-Gesellschaft zur Verfügung gestellt wurde, nachdem er im Sommer 1971 in Münster/Westfalen emeritiert worden war und keine wissenschaftlichen Mitarbeiter mehr hatte. Damit die Arbeit für die Publikation weitergehen konnte, hatte ihm die Görres-Gesellschaft, konkret Professor Paul Mikat, einen Assistenten für zwei Jahre genehmigt.

Der Provinzial ist dann auf mich verfallen. Ich war damals während des Sommers in Frankfurt auf Ferien. Ich hatte in Paris das „Année d'habilitation" hinter mir, das ist die Vorbereitung auf das Doktorat, so daß ich keine Seminare mehr machen mußte. Ich hatte während meines Studiums sicher Karl Rahner gelesen, aber nicht mehr, als ein normaler Student damals eben gelesen hat. Ich kannte ihn von gelegentlichen Vorträgen. Während des Konzils hat er einmal in Pullach über die kollektive Findung der Wahrheit gesprochen[2]. Das hat mich ziemlich beeindruckt. Aber sonst hatte ich keine persönliche Beziehung. Als ich dann in München eintraf, war für ihn schon alles klar, aber ich habe überhaupt nicht recht gewußt, wie meine Tätigkeit konkret ablaufen soll. Schließlich habe ich mir dann gedacht: Es ist vielleicht gar nicht so schlecht, wenn du da hingehst. Da lernst du auch noch ein bißchen etwas anderes kennen als die französische Theologie.

Hat Pater Rahner über seine Vorstellung, wie die Zusammenarbeit ausschauen sollte, gesprochen?

□ Nein, ich mußte ihm wiederholt sagen, daß wir manches gemeinsam machen müßten und ich nicht alle Texte allein bearbeiten könne. Aber er war sehr viel unterwegs, auf Vortragsreisen vor allem, und ich mußte die Arbeit de facto relativ selbständig machen. Ich habe immer wieder versucht, ihn einzubinden. Ich hatte ja noch, was ursprünglich nicht vorgesehen war, den Band 12 der „Schriften zur Theologie" zu machen. Dort mußte er immer wieder Fragen beantworten, weil es um ältere Texte ging, da mußte er einfach Auskunft geben. Zuerst habe ich vorliegendes Material gesammelt und geordnet. Das hätten eigentlich die Assistenten in Münster noch machen sollen. Sie waren aber nicht dazu gekommen. Pater Rahner hatte dort sechs Mitarbeiter gehabt, ich war jetzt allein. In Münster hatte er als Assistenten Friedo Mann, Elmar Klinger, Heribert Woestmann und Kuno Füssel. Daneben hatte er dann noch Annerose Köster als Sekretärin und Pater Roman Bleistein SJ als persönlichen Referenten. Pater Bleistein verwaltete sozusagen den Terminkalender von Pater Rahner, damit hatte ich nichts zu tun. Ich konnte also relativ ruhig arbeiten. In München hatte er auch noch eine Sekretärin. Vorher hatten schon einmal sechs oder sieben Leute an den Bänden gearbeitet, die ich zu besorgen hatte, Herbert Vorgrimler, Marlies Mügge, Karl-Heinz Weger SJ und noch einige andere. Die hatten also daran gearbeitet, aber es war nichts daraus geworden. Pater Rahner hat dann darauf bestanden, daß ich als Bearbeiter eigens in den „Schriften zur Theologie" genannt werde.

Der „Grundkurs des Glaubens"

Für den „Grundkurs" habe ich das Material zusammengestellt, das waren acht Aktenordner an Unterlagen. Ich habe damals mit einer publikationsfähigen Fassung angefangen, aber dann waren meine zwei Jahre vorbei. Ich hatte zwischendurch auch noch alle Publikationen, die Pater Rahner in dieser Zeit herausgebracht hat, gelesen, auf Fehler korrigiert, zum Beispiel „Was ist ein Sakrament?" mit Eberhard Jüngel[3] oder das kleine Bändchen „Experiment Mensch"[4] in der Reihe Siebenstern-Taschenbuch. Dieses Taschenbuch habe ich zusammengestellt, Pater Rahner hat sich wirklich nicht darum gekümmert, und jetzt sollte ein Vorwort geschrieben werden. Er hat gesagt: Mach mir einmal eine Vorlage. – Ich habe ihm also drei, vier Seiten geschrieben. An einem Samstag- oder Sonntagmorgen kam er zu mir und meinte, die Sekretärin sei nicht da, er müsse den Text aber am Montag abliefern, ob nicht ich tippen könne? Er hat mir dann diktiert. Das war normalerweise nicht meine Arbeit. Er hat mir im Grunde meinen eigenen Text noch einmal in die Maschine diktiert, mit zwei, drei kleinen Korrekturen. Er hat de facto meine Vorlage genommen und hat mir das vorgelesen.

Was ist in dieser Zeit sonst noch passiert?

☐ Ich war mit ihm in Rom, im April/Mai 1972. Pater Rahner hat an der Gregoriana Vorlesungen über Christologie gehalten. Ich habe ihn auch öfter zu Vorträgen begleitet. Einmal waren wir auf Einladung der katholischen Studentengemeinde an der Universität Regensburg. Diese Einladung sollte wohl Joseph Ratzinger in Verlegenheit bringen. Ratzinger war damals dort Professor. Er saß zusammen mit Johann Auer in der ersten Reihe. Nachher hat es eine Disputation über Hermeneutik gegeben. Ein anderes Mal war ich mit Pater Rahner in Augsburg. Es ging um die Internationale Dialog-Zeitschrift, die Herbert Vorgrimler redigiert hat, zur Auseinandersetzung mit den Kommunisten. Was vorher in der Paulus-Gesellschaft gelaufen war, wollte Karl Rahner nach dem Einmarsch der Russen in der Tschechoslowakei weiterführen. Der Dialog wurde bewußt abgebrochen, weil man gesagt hat: Auf dieser Basis dürfen wir eigentlich nicht miteinander reden, das ist reine Diktatur. Da man nicht einfach alle Fäden abschneiden wollte, hat Vorgrimler diese Zeitschrift gegründet. Sie ist von den deutschen Bischöfen finanziert worden. Er ließ auch eine Reihe kommunistischer Autoren zu Wort kommen. Das hat einige Bischöfe geärgert, weil sie etwas unterstützen sollten, was ihrer Meinung nach der sogenannten kommunistischen Propaganda diente. Es gab heftige Diskussionen, und dann ist die Zeitschrift schließlich eingestellt worden[5].

Dann gingen meine zwei Jahre zu Ende. Ich hatte mein Doktorat noch nicht fertig, Pater Rahner hätte zwar gern gesehen, wenn ich bei ihm weitergearbeitet hätte, er hat sich aber nicht um ein neues Stipendium gekümmert. Da bin ich wieder nach Frankreich zurückgegangen. 1973/74 war ich wieder in Chantilly und in Paris, habe mein Doktorat abgeschlossen und bin dann zurück nach München in die Zuccalistraße. Dort habe ich noch bis 1975 den Band 12 der „Schriften zur Theologie" redigiert, es ist der Band über die geistliche Erfahrung. 1976 bin ich nach Rom gekommen. Offiziell war ich bei der Zeitschrift, das andere lief nebenher.

Sie sprechen von der Zeitschrift „Stimmen der Zeit"?

☐ Ja, ich war vier Jahre in München und Mitglied der Redaktion, obwohl ich von den vier Jahren praktisch nur zwei richtig mitarbeiten konnte, weil ich die anderen zwei Jahre schon in Rom war. Pater Rahner ist dann aus dem Alfred-Delp-Haus ausgezogen. Wir haben bis 1973 beide in der Zuccalistraße in München-Nymphenburg gewohnt. Als ich nach Frankreich zurückging, ist Pater Rahner ins Berchmanskolleg in der Kaulbachstraße übersiedelt. Das ist mehr in der Münchener Innenstadt. Er hat sich davon versprochen, vielleicht andere Mitarbeiter zu finden. Er hat auch einen gehabt, der im Vorwort des „Grundkurses" genannt wird: Harald Schöndorf SJ.

Die Zusammenarbeit war für niemanden leicht

Mit Karl Rahner zusammenzuarbeiten scheint nicht ganz leicht gewesen zu sein?

☐ Es war für niemanden leicht, mit Pater Rahner zusammenzuarbeiten. Er hat einen meistens ganz in Beschlag genommen, man konnte praktisch nichts anderes mehr tun. Er hat immer gemeint, man müsse ständig zu seiner Verfügung sein. Dabei kam es vor, daß man ihn drei bis vier Wochen gar nicht gesehen hat, oder man hat ihn gesehen, aber er hatte etwas anderes im Kopf. Dann hat er einen in Ruhe gelassen.

Ich mußte zum Beispiel für seine Artikel Anmerkungen machen. Darüber gab es so eine Art Gentlemen's agreement. Das heißt: Ich habe ihn einmal gefragt, wie er sich das denn vorstellt, und er machte keine konkreten Vorgaben. Ich fügte also auf jeder Seite eine Fußnote ein. Natürlich standen manchmal Dinge im Text, die man gut in eine Anmerkung hinunterziehen konnte. Dadurch wurde auch der Text übersichtlicher. Man nahm also eine Zwischenbemerkung, die im Grunde den Gedankengang unterbrach, heraus, und machte daraus eine Fußnote. Bei Band 11, der Bußgeschichte, war das sehr anstrengend. Da gab es viele Zitate aus den Kirchenvätern, und Pater Rahner hat ja immer mit dem „Migne" gearbeitet und die Kirchenväter nach der „Patrologia latina" zitiert. Von seinem Bruder Hugo hat er gewußt, daß es für diese Schriften zum ganz großen Teil wissenschaftliche Ausgaben sowohl bei den Wienern wie bei den Berlinern gibt[6]. Er wollte, daß ich diese Anmerkungen bzw. die Nachweise auf die christlichen Väter der ersten drei Jahrhunderte nach der Wiener Ausgabe umstelle. Das ist natürlich eine ziemliche Arbeit gewesen, weil alle diese wissenschaftlichen Ausgaben oft anders eingeteilt sind als der Migne. Das ist praktisch eine sehr technische Arbeit gewesen, die aber sehr aufwendig war und viel Recherche erforderte. Ich mußte dauernd mit den Kirchenvätern arbeiten, aber das ist mir dann beim Band 12, vor allen Dingen beim Origenes-Aufsatz[7] zugute gekommen. Da hatte er sehr viele Anmerkungen gehabt, die habe ich dann ziemlich reduziert. Das ist jetzt eine Frage für die „Sämtlichen Werke", ob wir da nicht doch wieder auf die alte Rahner-Fassung zurückgehen müssen. Pater Rahner wollte seinerzeit, daß das auf die neueren wissenschaftlichen Ausgaben umgestellt wird, gekümmert hat er sich aber nicht darum.

In diesem Zusammenhang passierte dann zum Beispiel folgendes: Rahner hat vieles aus dem Kopf zitiert, er hatte ein unheimliches Gedächtnis. Es gab aber viele Zitate ohne irgendeinen Nachweis. Da war ein Anselm-Zitat: Ich konnte es nicht verifizieren, habe lange in der Bibliothek geforscht und schließlich Pater Rahner gesagt, ich könne den Nachweis nicht finden. Er meinte, ich sei zu bequem. Dann ist er wütend in die Bibliothek abgezogen und hat einen ganzen Nachmittag lang herumgesucht. Abends kam er ganz klein heraus und hat gesagt, er hätte das Zitat auch nicht gefunden. Der Gedanke von Anselm war aber wichtig. Es war nicht nur ein illustrierendes oder dekoratives Zitat (solche habe ich manchmal weggelassen oder sie in indirekte Rede gesetzt, so daß sie keine Zitate waren, womit ich sie auch nicht wörtlich nachweisen mußte), sondern diesmal hing wirklich einiges für den folgenden Gedankengang ab von diesem Zitat. Ich habe es dann stehen gelassen und eine Anmerkung dazu gemacht, in der ich sinngemäß sage: Diese Aussage wird im allgemeinen auf Anselm zurückgeführt, ist aber so, wie sie hier vorliegt, bei Anselm nicht nachweisbar, sie bringt aber zum Ausdruck, was Anselm meinte[8]. Damit war Pater Rahner einverstanden.

Rahners Ungeduld

Man hört öfter, daß Pater Rahner zwar viel im Kopf hatte, aber auch sehr ungeduldig war. Das scheint eine Schwäche gewesen zu sein.

☐ Im allgemeinen war Pater Rahner nicht unangenehm. Kleinere Ungeduldigkeiten konnte man verstehen. Es hing ganz von den Personen ab. Je nachdem, wer es war, konnte sich das so und so auswirken. Ich persönlich habe diesbezüglich mit ihm keine Schwierigkeiten gehabt. Er hat mich nie hinausgeschmissen. Das konnte er schon tun[9], wenn jemand im falschen Moment kam. Wenn er sich gestört fühlte, konnte er ganz grob sagen, man solle verschwinden. Aber da gab es Unterschiede. Einmal ist ihm zum Beispiel eine Frau nachgereist, die offensichtlich geistig nicht ganz ausgeglichen war. Sie kam aus Münster und wollte ihn partout sprechen. Er wollte sie aber nicht empfangen. Er meinte dann zu mir, ich solle mit der Frau sprechen. Diese wußte natürlich, daß Pater Rahner da sein mußte. Sie ist im Sprechzimmer etwas hysterisch geworden, aber ich bin sie schließlich los geworden. Mir hat sie irgendwo auch etwas leid getan, aber es ging wohl nicht anders.

Gab es weitere Kontakte, als Sie aus München weggingen?

☐ Pater Rahner saß bei meinem Doktorat 1975 in der Jury in Paris, zusammen mit Henri Bouillard SJ, Yves Congar OP und Alexandre Dumas. Das war für ihn auch so ein bißchen ein Auftrieb. Der Rektor des Institut catholique war damals Paul Poupard, der jetzt Kurienkardinal im Vatikan ist. Er hat ein großes Essen gegeben; ich persönlich mußte aber sehen, daß ich meine „Verteidigung" vorbereitete. Die Jurymitglieder kamen schon ziemlich gelockert in diese Sitzung hinein. Es waren etwa 100 bis 150 Leute dabei, und dann lief meine Defensio wirklich sehr viel besser, als ich mir das vorgestellt hatte.

Von 1978 an war ich in Rom, solange Pater Rahner noch lebte. Unmittelbar habe ich mit ihm nichts mehr zu tun gehabt. Für René Latourelle SJ und Gerald O'Collins SJ habe ich noch Pater Rahners Beitrag zu einem Band über Fundamentaltheologie[10] besorgt. Pater Rahner hat mir auch noch einen Artikel für einen Dogmatikband geschrieben, den ich herausgegeben habe[11]. Aber jedes Mal, wenn Pater Rahner in Rom war, haben wir irgendwo zusammen gegessen, er hat mich immer eingeladen. In seinem letzten Lebensjahr hat er mich dann gebeten, bei der Vorstellung der französischen Übersetzung des „Grundkurses" in Paris dabeizusein[12]. Ich bin von Rom aus angereist. Weder Frau Oeggl, seine Sekretärin, noch Pater Imhof hatten ihn wegen anderer Verpflichtungen begleiten können. So mußte Pater Rahner allein nach Paris fliegen und kam an einem Sonntagabend im Centre Sèvres an. Die Jesuitenpforte war schon geschlossen, er stand vor einem großen Gitter, hat geläutet, und als ein Jesuit gekommen ist, meinte dieser, einen Clochard vor sich zu haben, der eine Suppe wollte, und versuchte ihn abzuwimmeln, weil sonntags keine Suppe ausgegeben werde (wie während der Woche). Daraufhin soll Pater Rahner gesagt haben: „Mais je suis le Père Rahner!" Der andere ist natürlich knallrot angelaufen und hat ihn sofort hinein gelassen.

War das die letzte Begegnung mit Pater Rahner?

☐ In Paris hatte er einen Vortrag, bei dem auch Henri de Lubac SJ und Jean-Marie Lustiger anwesend waren, die inzwischen Kardinäle geworden waren. Pater Rahner wollte, daß ich seinen Vortrag vorlese, so wie er das auch in den USA immer machen ließ. Aber ich wies ihn darauf hin, daß er, wenn schon zwei Kardinäle eingeladen seien, den Vortrag auch selber halten müsse. Das ist ihm schwer gefallen, obwohl Französisch die Sprache war, die er in der Schule gelernt hatte. Neben Latein konnte er sich darin am leichtesten ausdrücken. Aber er hatte keine Übung. Es ist ihm vom Publikum sehr honoriert worden, daß er den Vortrag selber hielt. Es gab dann noch einige Empfänge, wo wir uns gesehen haben.

Wir haben uns kurz vor seinem Tod noch in Italien und in Ungarn getroffen. Im Januar 1984 war ich eine Woche mit ihm in Gallarate bei Mailand. Es war eine Tagung über seine Theologie für italienische Theologieprofessoren und Doktoranden. Es ging um Theologie und Kultur[13], eine typisch italienische Frage. Pater Rahner hat auf Deutsch geredet, das mußte nicht übersetzt werden. Dann hat es aber Diskussionen gegeben, und da mußte ich dann vermitteln, also Italienisch – Deutsch. Er hat sich, glaube ich, ganz wohl gefühlt. Wir sind dann hinterher noch an den Lago Maggiore gefahren, Isola bella und den Gran Carlone, das ist die Gegend seines Namenspatrons Karl Borromäus. Ich habe ihn dann in den Zug nach Innsbruck gesetzt und bin wieder nach Rom gefahren.

Er hat mich dann eingeladen, ihn Ende Februar 1984 zu einem Treffen mit Atheismus-Leuten nach Budapest zu begleiten. Das war Ende Februar. Die Tagung hat ihn sehr interessiert. Aber er fühlte sich dort ein bißchen allein gelassen, das heißt, alle, auf die er so gesetzt hatte, hatten plötzlich abgesagt und waren nicht da. Bei einer kleinen Geburtstagsfeier waren Pater Jean-Yves Calvez SJ aus Paris, Pater Karl-Heinz Weger SJ, Professor Wolfhart Pannenberg mit seiner Frau und ich anwesend.

Es gab eine ganze Reihe von Geburtstagsfeiern und Akademien für Pater Rahner, als er 80 Jahre alt wurde. Das hat ihn offenbar angestrengt.

☐ Ich war nicht überall dabei, zum Beispiel nicht in Freiburg Mitte Februar oder in Innsbruck am 5. März. Pater Rahner hat noch selber einen Dankbrief an alle Leute geschickt, die ihm gratuliert hatten[14]. Er kam dann in das Sanatorium in Hochrum bei Innsbruck. Solche Krankenhausaufenthalte waren nichts Ungewöhnliches für ihn. Er war immer wieder zwei, drei Wochen in einer Klinik, um seine Herzbeschwerden kurieren zu lassen, dann konnte er wieder weitermachen. Eigentlich hat mich immer erstaunt, wie viele Kräfte er für seine 80 Jahre hatte. Aber diesmal kam er nicht zurück.

Das Konzil als Zäsur für Hugo und Karl Rahner

Manche wollen nur Hugo Rahner studieren und kennen Karl Rahner nicht. Umgekehrt interessieren sich manche nur für Karl Rahner, ohne von Hugo Rahner etwas zu wissen. Sie haben ein Buch mit dem Titel „Die Brüder Rahner"[15] verfaßt. Könnte es sein, daß man eines Tages den Karl-Rahner-Platz vor der Jesuitenkirche umbenennt in „Brüder-Rahner-Platz"?

☐ Man muß natürlich sehen: Es gibt einen ganz großen Unterschied, der darin besteht, daß Karl Rahner auf dem Konzil eine wichtige Rolle gespielt und nach dem Konzil für die Umsetzung des Konzils ganz Entscheidendes geleistet hat. Hugo Rahner konnte das nicht tun. Er ist vor dem Konzil krank geworden und 1968 an Parkinson gestorben. Das Konzil bedeutet also auch eine Zäsur für die Bedeutung der beiden Brüder. Die große Zeit von Hugo Rahner waren sicher die 50er Jahre, während die große Zeit von Karl Rahner, jedenfalls in der öffentlichen Wahrnehmung, das Konzil und die Nachkonzilszeit ist. Wenn Sie sich einmal anschauen, wann die Übersetzungstätigkeit einsetzt, wann die Einladungen beginnen, wann die Ehrendoktorate anfangen, dann sehen Sie: Das ist für Karl Rahner erst nach dem Konzil oder mit dem Konzil der Fall, vorher nicht. Insofern gibt es da einen

Unterschied. Aber für die Grundlagen von Karl ist Hugo Rahner sehr wichtig. Ohne Hugo wäre Karl Rahner hier in Innsbruck nicht Professor geworden, und er hätte auch nicht tun können, was er dann tun konnte.

Darüber hinaus gibt es am Anfang der Wissenschaftskarriere der Brüder Rahner eine ganze Menge von Parallelen. Diese Parallelen liegen darin, daß Karl Rahner durchaus auch einen Sinn für die denkerischen Probleme der Geschichte gehabt hat. Vorwürfe, er sei nicht geschichtlich, verkennen Karl Rahner. Er denkt sehr geschichtlich, aber er denkt systematisch geschichtlich, und er sieht die Probleme, die durch die Geschichtlichkeit entstanden sind. Bei Hugo Rahner ist der systematische Ansatz bei weitem nicht so stark. Aber wenn man etwa seine „Theologie der Verkündigung" (1938/39) anschaut und sie mit dem „Grundkurs des Glaubens" vergleicht, dann kann man feststellen, daß dort mit ungefähr 40 Jahren Unterschied ein ähnliches Unternehmen gestartet worden ist, das heißt eine Zusammenfassung des christlichen Glaubens auf einer ersten Ebene. Hugo Rahner redet natürlich nicht von einer ersten Reflexionsstufe. Aber seine „Theologie der Verkündigung" ist eine grundlegende Zusammenfassung, die auch motiviert. Insofern gibt es da einen Zusammenhang.

Ich glaube, letztlich kann man den einen nicht einfach vom anderen isolieren. Sonst versteht man beide zu großen Teilen nicht mehr. Wenn man die beiden voneinander isoliert, muß man Karl Rahner sozusagen in eine philosophische Ecke stellen. Aber auch bei Karl Rahner findet sich ein Bedenken der historischen Fragen und der Geschichtlichkeit in dem Sinn, als der ganze Symbolismus, der bei Hugo eine Rolle spielt, auch bei ihm auftaucht. Das ist nicht einfach nur von Heidegger abgeschrieben, sondern längst vor Heidegger und in ganz anderen Quellen grundgelegt. Dabei ist Hugo Rahner nicht unwichtig. Von ihm gibt es ein Buch mit dem Titel „Symbole der Kirche"[16]. Es ist sehr bildhaft, aber diese Bildhaftigkeit gibt es auch bei Karl Rahner. Die Entstehung der Kirche aus der Seitenwunde des Gekreuzigten, seine theologische Doktorthese „E latere Christi"[17] also, zeigt das ganz eindeutig. Da überschneiden sich die Interessen, da ist Hugo Rahner sozusagen die Ergänzung von Karl und Karl die Ergänzung von Hugo.

Wer sich mit Karl Rahner beschäftigt, muß also auch zu seinen frühen Werken zurückgehen?

☐ Nicht unbedingt. Man sollte sich jedoch vor Aussagen hüten, die im Grunde gegen diese frühen Ansätze eine Alternative aufzustellen versuchen. Wenn ich zum Beispiel das „Handbuch der Pastoraltheologie" anschaue: Karl Rahner ist Dogmatiker und Dogmenhistoriker, und trotzdem hat er mit „Sendung und Gnade"[18] oder mit dem „Handbuch der Pastoraltheologie"[19] versucht, auch das Problem Theorie – Praxis zu bedenken, und zwar im Blick auf eine Anwendung, auf eine Nützlichkeit für die Kirche. Das ist doch auch die Ausrichtung des Konzils gewesen! Das Konzil veröffentlicht eine Pastoralkonstitution, und gerade mit „Gaudium et spes" schafft dieses Konzil etwas, was es vorher in einem Konzil so nicht gegeben hat. Dogmatische Konstitutionen hat man auch schon früher gemacht. Wobei man natürlich sehen muß, daß Karl Rahner bei der Pastoralkonstitution nur an einigen Stellen mitgearbeitet hat. Er hat wesentlich bei der pastoralen Ausrichtung der theoretischen oder der dogmatischen Grundlegung mitgearbeitet, also in „Lumen gentium" und in „Dei verbum". Dazu hat er dann in beiden Fällen mit Joseph Ratzinger jeweils auch eine „Quaestio disputata" veröffentlicht: „Episkopat und Primat" sowie „Offenbarung und Überlieferung".

Daran sieht man: Er hat diese Arbeit gemacht im Blick auf das Leben der Kirche und eine Pastoral, die theologisch verankert und begründet ist, die auch selber einen theologischen Wert hat und eben nicht nur platte Anwendung ist; aber umgekehrt auch im Blick auf eine Dogmatik, die weiß, wozu sie da ist, die nicht einfach eine historische Forschung wird, die an sich ganz schön ist, oder eine philosophische Forschung wird, die in sich sehr gescheit ist. Wenn Pater Rahner sich wiederholt als „Dilettant"[20] bezeichnet hat, drückt er genau das aus: Im Grunde ging es ihm nicht darum, gelehrte Forschung für sich zu machen, isoliert von dem, was im Leben der Kirche eine Rolle spielt, sondern er wollte tatsächlich der Kirche dienen. Auch Hugo Rahner wollte der Kirche mit einem neuen Kirchenbild dienen, er wollte einer Betrachtung dienen, welche die Wahrheit im Ganzen sieht und damit natürlich auch ihre historischen Dimensionen. Da dient wirklich die Geschichte dem Leben der Kirche. Diese Intentionen finden Sie bei beiden Rahner-Brüdern.

Diese Ansätze datieren doch aus der Zeit vor dem Konzil, bei Hugo genauso wie bei Karl Rahner?

☐ Genau deswegen ist Hugo Rahner heute ja nicht mehr so einfach zu vermitteln. Seine Texte sind wirklich in einem gewissen Sinn vorkonziliar. Sie waren seinerzeit sehr progressiv, aber das Konzil ist ja sehr weit über die Ansätze hinausgegangen, die sich die Theologen damals vorstellen konnten. Pater Jungmann SJ[21] zum Beispiel, der wie Karl Rahner Konzilstheologe war, hat sich im Traum nicht vorstellen können, daß man den Kanon der Messe anders als auf Latein sagen könnte. Er hat gehofft, daß man das Stundengebet auf Deutsch beten darf, daß man die anderen Gebete in der Messe auf Deutsch sprechen kann, also: Muttersprachlichkeit ja, aber bitte doch nicht im Kanon! Da sind dann sind manche selber erstaunt gewesen, was mit einem Mal möglich geworden ist. Für die heutige Generation sind das alles Selbstverständlichkeiten, weil sie ja nie etwas anderes erlebt hat. Deswegen ist es sehr schwer, jemandem einen Text von Hugo Rahner zu geben, ohne diese Hintergründe zu erklären. Dasselbe gilt aber auch für die frühen Texte von Karl Rahner.

Karl Rahners „Sämtliche Werke"

Noch ein Wort zur Gesamtausgabe Karl Rahner: Warum sind die „Sämtlichen Werke" wichtig?

☐ Es gibt zunächst einen historischen Hintergrund. Seit 1982 gibt es in Innsbruck das Material im Karl-Rahner-Archiv. Am Anfang – also zu Pater Rahners Zeiten – war es nicht unmöglich, Rahner selber hat schon den Vertrag gemacht, in dem also gesagt wird, dieses Material soll interessierten und fähigen Forschern zur Verfügung stehen. Es gab natürlich schon vorher in der Rahner-Interpretation immer wieder Leute, die Sachen zitiert haben, an die die Öffentlichkeit nicht herankam. Der eine kannte dies, der andere kannte das, und alle wollten möglichst unveröffentlichte Texte haben. Das hat auch zu manchem Streit geführt. Pater Rahner war da sehr unbefangen, er hat viel verschenkt, wir wissen nicht, wo manche Manuskripte sind. Das kriegen wir auch nicht so ohne Weiteres. Mit Karl Rahner wurde auch Politik gemacht. Deshalb haben wir uns dann 1991 entschieden: Alles, was von Rahner für irgendeine Öffentlichkeit gemeint war, was also nicht seiner Natur nach deutlich privaten Charakter hat, wird veröffentlicht! Das ist eine sehr weitreichende Entscheidung, aber es ist die einzige Möglichkeit, daß niemand mehr sagen kann: Ich habe das gesehen und mache dann eine Interpretation daraus, und kein anderer kann das nachprüfen, weil er den Text nicht hat. Das hat folgende Konsequenz: Man muß sehen, daß hinter den „Schriften zur Theologie" im Grund Rahners Lehrtätigkeit steckt, die als solche in der Literatur nicht zu dokumentieren war[22]. Studenten des Canisianums konnten diese Lehrtätigkeit dokumentieren, weil sie die Codices hatten. Diese Skripten wurden im Canisianum gehandelt, es gibt sie zu Hunderten, aber in der großen Öffentlichkeit sind sie nicht zugänglich. Sie sind ja auch nicht wirklich sauber gemacht. Man sieht das zum Beispiel bei den verschiedenen Auflagen des Bußkodex. Wenn Sie diese Skripten miteinander vergleichen, sehen Sie ja, daß es da Unterschiede gibt. Dasselbe gilt für die Schöpfungslehre und oder für die Gnadenlehre. Die „Sämtlichen Werke" leisten da Aufklärungsarbeit.

Anmerkungen

[1] Vgl. A. R. Batlogg / M. Delgado / R. A. Siebenrock (Hg.), Was den Glauben in Bewegung bringt. Fundamentaltheologie in der Spur Jesu Christi. Freiburg 2004.

[2] Vgl. K. Rahner, Kleines Fragment „Über die kollektive Findung der Wahrheit", in: Ders., Schriften zur Theologie. Bd. 6. Einsiedeln 1965, 104–110.

[3] Vgl. K. Rahner / E. Jüngel, Was ist ein Sakrament? Freiburg 1971.

[4] Vgl. K. Rahner, Experiment Mensch. Vom Umgang zwischen Gott und Mensch. Hamburg 1973.

[5] Zum Hintergrund vgl. H. Vorgrimler, Karl Rahner. Gotteserfahrung in Leben und Denken. Darmstadt 2004, 105–109.

[6] Gemeint sind die Berliner Väterausgabe „GCS": Die Griechischen christlichen Schriftsteller. Leipzig 1897 ff., sowie die Wiener Ausgabe der lateinischen Väter „CSEL": Corpus Scriptorum Ecclesiasticorum Latinorum. Wien 1866 ff.

[7] K. Rahner, Die „geistlichen Sinne" nach Origenes, in: Ders., Schriften zur Theologie. Bd. 12. Zürich 1975, 111–136.

[8] Vgl. K. Rahner, Glaube zwischen Rationalität und Emotionalität, in: Schriften zur Theologie 12, 85–107, 107, Anm. 20: „Das Wort will das bekannte Grundprinzip Anselms ‚fides quaerens intellectum' umschreiben. Wortwörtlich ließ es sich im anselmischen Werk bisher nicht verifizieren."

[9] Vgl. das Interview mit H.-B. Meyer SJ in diesem Band.

[10] Vgl. K. Rahner, Osservazioni sulla situazione della fede oggi, in: R. Latourelle / G. O'Collins (Hg.), Problemi e prospettive di teologia fondamentale. Brescia 1980, 349–358; später unter dem Titel „Zur Situation des Glaubens" aufgenommen in: K. Rahner, Schriften zur Theologie. Bd. 14. Zürich 1980, 23–47.

[11] Vgl. K. Rahner, L'Europa come partner teologico, in: Problemi e prospettive di teologia dogmatica. A cura di K. H. Neufeld. Brescia 1983, 375–391; deutsche Ausgabe: K. H. Neufeld (Hg.), Probleme und Perspektiven dogmatischer Theologie. Leipzig 1986 / Düsseldorf 1986, 383–400, dort unter dem Titel „Aspekte europäische Theologie"; unter dem Titel auch aufgenommen in: K. Rahner, Schriften zur Theologie. Bd. 15. Zürich 1983, 84–103.

[12] Vgl. dazu K. H. Neufeld, Die Brüder Rahner. Eine Biographie. Freiburg ²2004, 389 f.; ders., Somme d'une théologie – Somme d'une vie. Le Traité fondamental de la foi de Karl Rahner, in: NRTh 106 (1984) 817–833; B. Sesboüé, Beziehungen zum Nachbarland Frankreich, in: K. Rahner – Bilder eines Lebens. Hg. v. P. Imhof / H. Biallowons. Freiburg 1985, 104–108.

[13] Vgl. Teologia e Cultura Moderna a confronto: Karl Rahner, in: Heft 6 von „Fenomenologia e Società". Mailand 1985.

[14] Vgl. das Faksimile in: K. Rahner – Bilder eines Lebens, 143.

[15] Vgl. K. H. Neufeld, Die Brüder Rahner. Eine Biographie. Freiburg 1994, 2. erweiterte Auflage 2004.

[16] Vgl. H. Rahner, Symbole der Kirche. Die Ekklesiologie der Kirchenväter. Freiburg 1964.

[17] Vgl. K. Rahner, E latere Christi. E latere Christi. Der Ursprung der Kirche als zweiter Eva aus der Seite Christi des zweiten Adam. Eine Untersuchung über den typologischen Sinn von Joh 19,34, in: Ders., Sämtliche Werke, Bd. 3: Spiritualität und Theologie der Kirchenväter. Freiburg 1999, 1–84; vgl. dazu A. R. Batlogg, Karl Rahners theologische Disseration „E latere Christi". Zur Genese eines patristischen Projekts (1936), in: ZKTh 126 (2004) 111–130.

[18] Vgl. K. Rahner, Sendung und Gnade. Beiträge zur Pastoraltheologie. Innsbruck 1959 (⁵1988). – Vgl. auch das Interview mit W. Strolz in diesem Band.

[19] Vg. F. X. Arnold / K. Rahner / V. Schurr / L. M. Weber (Hg.), Handbuch der Pastoraltheologie. 5 Bde. Freiburg 1964–72.

[20] Vgl. z. B. K. Rahner, Gnade als Mitte menschlicher Existenz. Ein Gespräch mit und über Karl Rahner aus Anlaß seines 70. Geburtstages, in: HerKorr 28 (1974) 77–92, 81 f. (= K. Rahner, Herausforderung des Christen. Meditationen – Reflexionen. Freiburg 1975, 117–153, 126 f.: „Ich würde sogar einmal boshaft, aber ernsthaft sagen, ich wollte in einem gewissen Sinn in der Theologie immer ein Dilettant sein, der nur das Recht auf diesen Dilettantismus für sich in Anspruch nimmt, auch in dem Bewußtsein, die unübersehbare Menge von wissenschaftli-

chen Fachproblemen, die sich heute stellen, weder methodologisch noch sachlich bewältigen zu können. Ich habe neulich einmal zu Kollegen in München, die keine Theologen sind, gesagt: Gemessen an dem, was ein Theologe als Wissenschaftler heute im Idealfall wissen müßte, bin ich durch die vierzig Jahre meiner theologischen Arbeit zehnmal dümmer geworden. Vor vierzig Jahren war das Verhältnis zwischen dem, was ich wußte, und dem, was an Problematik, an Kenntnissen und Methoden da war, vielleicht 1:4, heute ist es wahrscheinlich 1:400. Das ergibt für mich das Recht, Dilettant zu sein und mich als solchen zu bekennen, und ich würde vielen meiner Kollegen bis zu einem gewissen Grad vorwerfen, daß sie das nicht tun. Sie betreiben in einer engen, sehr spezialisierten theologischen Einzeldisziplin wissenschaftliche Arbeit; das ist sehr lobenswert; im übrigen aber sind sie dann wieder, möchte ich sagen, gute Christen und Pfarrer, die mit all den übrigen theologischen Problemen auf die Weise des x-beliebigen Christenmenschen fertig zu werden versuchen. Dies ist vielleicht ein ungerechter Vorwurf, ich gebe es gerne zu, aber er deutet doch an, worauf es mir ankommt: Ich möchte gewissermaßen der reflektierende und seinen Dilettantismus selber noch einmal einkalkulierende Dilettant sein, aber in bezug auf die letzten Grundfragen der gesamten Theologie." – Oder: K. Rahner, Zur Einheit der Kirche der Zukunft, in: P. Imhof / H. Biallowons (Hg.), Glaube in winterlicher Zeit. Gespräche mit Karl Rahner aus den letzten Lebensjahren. Düsseldorf 1986, 206–213, 212: „Ich meine, daß religiösexistentielle Anliegen bei mir dominieren. Für mich sind meine sogenannten ‚frommen Bücher' mindestens ebenso wichtig, wenn nicht wichtiger als die theologischen Bücher, so zum Beispiel ‚Praxis des Glaubens' (Zürich/Freiburg 1982). Bald werden auch einige ‚Gesammelte Gebete' (Gebete des Lebens, Freiburg 1984) erscheinen, die ich verfaßt habe. Auch früher habe ich immer betont, daß ich eigentlich kein Fachwissenschaftler, weder theologisch noch philosophisch, sein will. Ich habe nie Theologie als l'art pour l'art betrieben. Ich glaube sagen zu können: Meine Veröffentlichungen sind insgesamt aus einem pastoralen Bedürfnis heraus erwachsen. Insofern bin ich, verglichen mit Fachwissenschaftlern, ein theologischer Dilettant geblieben." Dazu: K. P. Fischer, Als großer Theologe ein engagierter „Dilettant". Randbemerkungen zum 70. Geburtstag Karl Rahners, in: Orientierung 38 (1974) 44–47.

[21] Josef Andreas Jungmann SJ (1889–1975), Liturgiewissenschaftler in Innsbruck, Wegbereiter der Liturgiekonstitution des Zweiten Vatikanischen Konzils, Konzilstheologe, 1926–1963 Chefredakteur der „Zeitschrift für Katholische Theologie".

[22] Vgl. K. Rahner, Schriften zur Theologie. Bde. 1–16. Einsiedeln/Zürich 1954– 1984; die englische Ausgabe „Theological Investigations" umfaßt 23 Bände.

Theologie für Intellekt und Herz
Im Gespräch mit Herbert Vorgrimler, Münster

Herbert Vorgrimler, Dr. theol., geb. 1929, gehörte zu den engsten Mitarbeitern Karl Rahners. 1968 Professor für Dogmatik an der Universität Luzern, 1972–1994 als Nachfolger Karl Rahners Professor für Dogmatik und Dogmengeschichte an der Universität Münster. Er ist Mitherausgeber der „Sämtlichen Werke" Karl Rahners.

Wie haben Sie Pater Rahner kennengelernt und welche Bedeutung bekam er für Sie als Mensch?

☐ Ich habe von meiner Diözese, die an qualifizierten Priestern interessiert war, die Option gehabt, entweder in Rom oder in Innsbruck zu studieren. Für Innsbruck habe ich optiert, weil ich in Freiburg schon viel von Karl Rahner gehört hatte und dort auch in Kontakt mit seiner Mutter stand. Ich habe in Freiburg auch bei Hugo Rahner Exerzitien gemacht. Und so bin ich 1950 nach Innsbruck gekommen. Ich habe sofort mit Karl Rahner Kontakt aufgenommen, weil ich von meinem Studium in Freiburg und von den Exerzitien her wußte, daß ich nicht bei Hugo Rahner arbeiten wollte. Systematik interessierte mich mehr als Geschichte. Wir haben uns dann angefreundet, weil er keinen Assistenten, keine Mitarbeiter und auch keine Sekretärin hatte. Ich habe gedacht: Ein so produktiver Mensch braucht Hilfe. Ich war nie Assistent bei ihm, aber freiwilliger Mitarbeiter.

Theologie mit spiritueller Vertiefung

Was bedeutete für Sie die wissenschaftliche Begegnung und Zusammenarbeit mit Pater Rahner? Und damit verbunden: Welchen Einfluß übte er auf Sie aus?

☐ Ich habe ja in Freiburg etwas Theologie studiert, vier Semester lang. Das war eine reine Wissenschaft, von der ich keine Brücke zur Spiritualität gefunden habe. Bei jeder Vorlesung von Rahner und bei allen

Seminarübungen, die bei ihm meistens Monologe waren, habe ich im Gegensatz dazu immer eine spirituelle Vertiefung gefunden, wo man nicht nur mit dem Intellekt, sondern auch mit dem Herzen gepackt, von ihm fasziniert war. Und ich wußte auch: Wenn er Fragen gestellt hat, war das nie destruktiv, sondern hier geht es jetzt weiter in eine Gottesbeziehung, in eine lebendige Gotteserfahrung hinein.

Übersieht die Rahnerrezeption etwas, auf das es Ihnen ankommt? Wird manches zu sehr, anderes zu wenig betont?

☐ Ich habe nicht den richtigen Durchblick bzw. einen umfassenden Informationsstand über die Rahnerrezeption. Ich sehe auf der einen Seite meinen Schüler Ralf Miggelbrink[1] oder diese junge Gruppe, die sich „Innsbrucker Rahnerkreis" nennt und mit einem Buch hervorgetreten ist[2]. Dort findet eine ziemlich vollständige, breite Rezeption Rahners statt. Auf der anderen Seite erlebe ich Leute, die Rahner sehr selektiv benützen, ihn unvollständig zitieren, manchmal also zum Beispiel behaupten: Er war nur Philosoph, er war im Grunde genommen gar kein Theologe, und die ähnlichen Unsinn erzählen. In letzter Zeit gehören zu solchen Stimmen auch Bischöfe, die sicherlich viel zu dumm sind, um irgendeinen Satz von Rahner zu verstehen, aber sie haben ein fertiges Urteil über ihn.

Pater Rahner ist irgendwie ungeschützt. Er kann sich nicht mehr wehren. Ist es so, daß manche jetzt sozusagen aus der Deckung gehen und ihn kritisieren, weil andere es tun?

☐ Man kann bei Rahner in den „Schriften zur Theologie", aber auch in den Interviews, die veröffentlicht sind, einzelne Sätze herausnehmen. Wenn man sie aus dem Kontext nimmt, dann sind diese Sätze natürlich, wie bei jedem Menschen, angreifbar. So baut man eine Kritik auf, die überhaupt nicht fundiert ist, die Rahner in Auswahl liest und in Auswahl interpretiert und dann natürlich notwendigerweise falsch interpretiert. Das ist bei einem so großen Werk mit so vielen Sätzen unvermeidlich. Wenn ich einzelne Punkte nehme und nicht seine Argumentation dazu beachte, dann ist das Unglück passiert.

Ich habe vor kurzem einen Abschnitt in den Erinnerungen von Yves Congar OP gelesen. Er schreibt über Rahner, dieser sei mutig gewesen, brillant, schöpferisch, genial – aber indiskret[3]. Das hat mich ein bißchen irritiert. War es so?

☐ Da müßte man genauer fragen, was Congar unter „indiskret" versteht[4]. Ich habe manchmal Schwächen bei Rahner bemerkt: Daß er diese Neigung zum Monolog hatte, daß er auch, weil er schlecht gehört hat – auf einem Ohr war er praktisch taub –, nicht so sehr auf Gesprächspartner eingegangen ist. Aber ich habe nie erlebt, daß er indiskret war. Wir haben viele Gespräche gehabt, in denen Kollegen zur Sprache gekommen sind. Er hat sein eigenes Verhältnis zu Metz gehabt, zu Darlap, zu Frau Rinser, und das war immer sehr nüchtern, sehr präzise und nie indiskret.

Offenheit oder Indiskretion?

Sie haben die allererste Biographie Karl Rahners verfaßt, Anfang der 60er Jahre. 1985 haben Sie „Karl Rahner verstehen" veröffentlicht[5]. Welche Rückmeldungen gab es auf diese Veröffentlichungen?

☐ Im ganzen waren die Rezensionen positiv. Man hat beim ersten Buch dankbar erwähnt, daß man Rahner in die Zeitgeschichte einordnen und in seiner Besonderheit verstehen konnte. Wissen Sie, die Besonderheit bei ihm lag darin, daß er nicht einfach eine neue Sprache in der Theologie suchte, sondern daß sich diese neue Sprache, die von Leuten wie Guardini und anderen angebahnt worden ist, an einzelnen Punkten und Themen der Dogmatik bewähren mußte. Guardini hat nichts für die Traktate in der Dogmatik beigebracht. Er hat gezeigt, was die Theologie alles berücksichtigen muß: in der Literatur, in der Dichtung, bei Hölderlin, bei Rilke, bei Dostojewskij. Aber wo bleibt zum Beispiel etwas für die Sakramente oder für die Schöpfungstheologie? Hier hat Rahner eben versucht, dieses neue Denken, das von der Neuscholastik weggeht und doch dem Alten treu bleibt, zu integrieren.

Um auf Ihre Frage nach dem Echo auf meine Biographien zurückzukommen: Ich habe natürlich Verschiedenes aus Gesprächen mit ihm übernommen und habe geglaubt, was er mir erzählt hat. Dazu gehört vor allem die Story über sein philosophisches Doktorat in Freiburg. Da habe ich dann wahrscheinlich über die in Freiburg vertretene Neuscholastik zu ungerecht geurteilt. Mir hat Rahner erzählt, daß ihm ein deutscher Kardinal gesagt habe: Was der Vorgrimler hier über Martin Honecker in Freiburg schreibt, das hat ihm fünf Jahre lang die akademische Laufbahn kaputtgemacht[6]. Einzelne Punkte sind natürlich angegriffen worden.

In ihrer jüngsten Rahner-Biographie kommen Sie darauf zu sprechen, daß das damalige Urteil aus dem Gespräch mit Karl Rahner entstand[7].

☐ Ich hatte die Dinge tatsächlich von ihm übernommen, 1961, als ich das erste kleine Buch vorbereitet habe. Damals hat er sehr verbittert über die Situation in Freiburg gesprochen.

In „Karl Rahner verstehen" (1985) haben Sie im Anhang viele Briefe Karl Rahners aus der Konzilszeit veröffentlicht[8]. Diese Briefe enthalten teils grobe Bemerkungen, jedenfalls harte Worte, teils gegen damals teils noch lebende Mitbrüder aus dem eigenen Orden, gegen Bischöfe und Kardinäle. War es opportun, diese Innensicht Karl Rahners zu veröffentlichen?

☐ Das ist wieder in einem bestimmten Zusammenhang zu sehen. Pater Rahner hat mir fast jeden Tag einen Brief geschrieben. Es war wegen unserer gemeinsamen Arbeit am „Lexikon für Theologie und Kirche" und mit der Reihe „Quaestiones disputatae" fast unvermeidlich, daß wir so viel korrespondiert haben. Damals, es war die Zeit des Wiederaufbaus, der weder in Deutschland und noch weniger in Österreich abgeschlossen war, konnte man nicht gut telefonieren. Es gab immer Probleme. Ich habe bei dieser Ausgabe vor allem darauf geachtet: Was ergibt sich für eine Chronik und für eine genaue Einsicht in die Arbeit des Konzils mit den Komissionen, damit man hier auch gerecht über die Beiträge einzelner Theologen urteilen kann? Ich habe da einen bestimmten Schwerpunkt bei der Einrichtung des Diakonates gesetzt. Aber ich habe alles, was persönlich diffamierend war, aus diesen Briefen weggelassen. Das ist in Klammern () gesetzt: private Dinge und private Urteile. Ich habe mich sehr darum bemüht, und ich glaube nicht, daß mir da ein Lapsus passiert ist. Nur generelle Urteile über die römische Kurie habe ich stehen lassen. Die waren bei Rahner nicht sehr positiv, nach allem, was er von der Seite erlebt hatte. Besonders enttäuscht war er darüber, daß der damalige Jesuitengeneral, Janssens, seine Mitbrüder so wenig geschützt hat. Das betrifft nicht nur Karl Rahner, sondern auch andere. Er sagte dann zum Beispiel, ein General sei doch nicht ein Briefträger des Heiligen Offiziums[9]. So etwas habe ich da natürlich stehen lassen.

Wenn solche Bemerkungen nicht veröffentlicht worden wären: Was würde dann Wesentliches fehlen?

☐ Es ist nach dem Konzil von einer bestimmten Seite sehr viel dummes Zeug über das Konzil geschrieben worden. Ich erinnere zum Beispiel an den Titel „Der Rhein fließt in den Tiber"[10] und ähnliches. Es wurde so getan, als ob da eine Verschwörung mitteleuropäischer Theologen gewesen wäre, die dann dominant für das Konzil war. Man hat Rahner in der Journalistik oftmals als führenden Kopf des Konzils und ähnliches bezeichnet. Nun gibt es einen jungen Theologen, der sich in einer Monographie mit den Akten des Konzils und mit den Akten der Kommissionen beschäftigt hat: Günther Wassilowsky. Er weist im Detail und sehr akribisch nach, daß Rahner sich in ein Team integriert hat. Er schreibt in seiner Dissertation, daß meine Ausgabe der Rahnerbriefe aus der Konzilszeit einen unersetzlichen dokumentarischen Wert hätten, weil Rahner kein Tagebuch geführt hat und weil es so möglich ist, bestimmte Themen in bestimmten Kommissionen einzuordnen[11].

In dem von Ihnen herausgegebenen Buch „Karl Rahner – Sehnsucht nach dem geheimnisvollen Gott" (1991) haben Sie aus den Konzilsgutachten Karl Rahners für den Wiener Kardinal Franz König ausführlich zitiert[12]. Auch darin fallen harte Worte. Hat es dem Ansehen Pater Rahners nicht geschadet, daß diese zunächst nur für Kardinal König gedachten Gutachten veröffentlicht wurden?

□ Es gibt natürlich Menschen, die sich über bestimmte Äußerungen bei Rahner geärgert haben. Und es gibt andere, die sagen: Endlich hat jemand den Mut, Klartext zu sprechen und zu schreiben. Wir sind da mit diesen Veröffentlichungen in eine Zeit hineingekommen, als sich die Opposition gegen Rahner schon ziemlich massiv geäußert und konzentriert hat. Es war von vornherein nicht zu befürchten, daß man mit dieser Veröffentlichung neues Unglück heraufbeschwört. Man hat klar gesehen, wo nun eigentlich die Fronten verlaufen. Ich darf einen Namen als Exponenten nennen, den damaligen Kardinal von Genua, Giuseppe Siri[13]. Er hat mit seinem Gethsemani-Buch viel zur Diffamierung Rahners beigetragen, und er hat natürlich eine Gruppe um sich gesammelt, auch in Deutschland. Mit diesen Menschen gibt es keinen Dialog. Sie leben nur von Vorurteilen. Insofern, glaube ich nicht, daß wir mit dem Buch neue Gräben aufgerissen haben. Die Rahner-Polarisation war ohnedies schon da.

Ich bin von meiner persönlichen Freundschaft mit Kardinal König her überzeugt, daß er ein sehr überlegter und sehr kluger Mann war. In der Zeit, in der ich mit ihm zusammen in seinem Atheismus-Sekretatiat im Vatikan zusammengearbeitet habe[14], hat er mir öfters bei diesem oder jenem Thema gesagt: „Reden ist Silber, Schweigen ist Gold." Er war sehr vorsichtig. Aber er hat gewollt, daß ich diese Gutachten veröffentliche. Er hat den ersten Impuls dazu gegeben, indem er in der Jesuitenzeitschrift „Entschluß" in Wien die ersten Texte veröffentlicht hat. Ich denke, König hatte einen solchen Horizont, auch eine solche Einsicht in die kirchlichen Verhältnisse – wenn da etwas zu befürchten gewesen wäre, hätte er das nicht gewünscht.

Diffamierungen, Polarisierungen – und seriöse Rahner-forschung

Eine Frage zum Rahner-Jubiläum 2004: Was hat es gebracht?

□ Im Jubiläum haben wir zunächst einmal viele Symposien gehabt. Ich habe im deutschen Raum 13 Vorträge über Karl Rahner gehalten, von meiner kleinen Position aus. Große Namen wie Karl Lehmann sind in Freiburg und in München zu Wort gekommen, ich habe dann die kleineren Akademien besucht. Ich habe festgestellt, daß es ein großes, lebhaftes Interesse an Rahner gibt. Ich habe auch mit Videos gearbeitet, um einen lebendigen Eindruck von ihm zu vermitteln. Das wurde dankbar aufgenommen. Von daher kann ich sagen: Dieses Gedenkjahr war fruchtbar und positiv. Die Verlage haben das Mögliche getan, wobei ich mit dem Echo auf mein neues Rahnerbuch sehr zufrieden bin[15], die Verlagsleute natürlich erst recht.

Aber es gibt auch die Gegenseite: Ein gewisser David Berger, Religionslehrer im Rheinland, hat ein Buch mit ganz bösen Diffamierungen Rahners herausgegeben. Er hat da eine Reihe aufgemacht, die eigentlich nur dazu bestimmt ist Rahner zu bekämpfen: „Quaestiones non disputatae"[16]. Aber die Öffentlichkeit hat schon gemerkt: Wenn etwas nur noch unsachliche Polemik ist, dann kann man kaum mehr vernünftig miteinander diskutieren. Dann ignoriert man so etwas am besten. Ich glaube, das Rahnerjahr war im ganzen positiv. Man hat sich natürlich auch kleine Schwächen geleistet. Da gibt es einen Rahnerwein, obwohl Rahner ein Biertrinker war und gar nichts von Wein gehalten hat und ähnliche Dinge[17]. Da muß man schon sagen: Das ist übertrieben. Es gibt daneben gedankenlose Menschen, die von Rahner und seiner spirituellen Seite fasziniert sind, so sehr, daß sie in Aufsätzen die Heiligsprechung Karl Rahners verlangt haben oder meinten, er müsse zum Kirchenlehrer erklärt werden. Das hat natürlich auch wieder mehr geschadet als genützt.

Sie haben bereits den Innsbrucker Rahnerkreis erwähnt. Welche Rahnerforscher der jüngeren Generation sind Ihrer Meinung noch außerdem wichtig? Kommt es auf einzelne Namen an?

☐ Was ich über die einzelnen Namen hinaus besonders schätze ist, daß sich die Gruppe, die sich in Innsbruck zusammengefunden hat, ganz entschieden auf ein werkgenetisches Vorgehen bei der Beschäftigung mit Rahner geeinigt hat und das auch konsequent verfolgt. Dadurch, daß die Ansätze in den 30er Jahren und die Wiener Exilszeit so akribisch untersucht wurden, sind enorme Einsichten in das Denken Rahners zustandegekommen. Wer darum nicht weiß und diese Einsichten nicht beachtet, kommt leicht zu der Schlußfolgerung, der alte, späte Rahner sei immer radikaler geworden. Das ist ein Fehlurteil und stimmt nachweislich nicht. Man sieht auch die Theologie im Dienst der Verkündigung und im Dienst der individuellen Frömmigkeit. Das hat mich als ureigenstes Motiv bei Rahner immer sehr fasziniert.

Bei jedem einzelnen dieser Gruppe ist ein Schwerpunkt gesetzt, eine eigene Arbeit geleistet, die einen echten Fortschritt bedeutet, so daß man eigentlich innerhalb der Gruppe noch einmal die Namen besonders nennen müßte. Was Pater Batlogg über die Mysterien des Lebens Jesu auch programmatisch erarbeitet hat, Desiderata an die Dogmatik, oder was Günther Wassilowsky zur Konzilsarbeit herausgefunden hat oder Roman A. Siebenrock zur Gnadentheologie und Selbstmitteilung Gottes – das sind alles Werte in sich, die es schon verdienen, daß man die Namen nennt. Es war auch früher das Verdienst von Klaus P. Fischer, auf die ignatianischen Wurzeln der Theologie Rahners hingewiesen zu haben. Das hat Arno Zahlauer dann doch ganz entscheidend vertieft. Und so müßte man nun wirklich alle Namen dieser Gruppe der Reihe nach vornehmen[18].

Daneben gibt es eben auch solche die nicht ausdrücklich zu dieser Gruppe gehören. Meine Schüler Bernhard Grümme oder Ralf Miggelbrink oder meine andere Schülerin Andrea Taffener. Da ist dann auch noch der Hildesheimer Weihbischof Nikolaus Schwerdtfeger: Das sind alles wirklich Rahnerleistungen, die man nicht einfach der Innsbruckergrupper zuordnen kann, wo man jedoch sagen muß: Ich kann gar nicht anders, als diese Namen zu nennen[19].

Ideologiefreies Priesterbild

Auf Ihr Buch „Karl Rahner – Gotteserfahrung in Leben und Denken" haben Sie ein gutes Echo bekommen. Sie schreiben darin (Seite 31) von einer „Lebenslüge" in Bezug auf jede ideologische Überhöhung des Priestertums: „Rahner hat sich in mehreren Veröffentlichungen mit priesterlicher Existenz befaßt. Jede ideologische Überhöhung des Priesterseins (‚ein zweiter Christus', ‚Vergegenwärtigung Jesu Christi als Gegenüber zur Gemeinde', ‚Wirken in der Person Jesu Christi', ‚Entpersönlichtes Dasein' usw.) war ihm wegen der darin zugrunde liegenden Lebenslüge zutiefst zuwider." Ich frage auf dem Hintergrund meiner eigenen Dissertation über „essentia et non gradu tantum" in „Lumen Gentium" Nr. 10[20]: Können Sie Ihre Bemerkung etwas präzisieren?

☐ Es gibt diesen Versuch seitens kirchlicher Autoritäten, den Priesternachwuchs dadurch zu vermehren, indem man dieses Priesterbild möglichst hoch hängt und diese Ideologie immer stärker ausbaut und betont. Es gibt das Buch „Priester sein" von Gisbert Greshake[21], das von kirchlicher Seite auch finanziell gefördert wurde und in dem das alles des langen und breiten ausgeführt wird. Rahner hatte eine sehr viel nüchternere Auffassung, indem er nicht nur den Sozius Jesu wie bei den Jesuiten, also Gefährte oder Weggefährte Jesu, sondern den Knecht Jesu Christi als Inhalt des Priesterseins darstellte[22]. Dadurch kommt das, was das Konzil mit dem Dienen der Kirche und dem Dienstcharakter der Hierarchie gewollt hat, viel besser zum Ausdruck – obwohl man bei der typischen Kompromißsprache des Konzils dann wieder Ausdrücke wie „in persona Christi" findet[23]. Aber wenn man das mit dem demütigen, bescheidenen Dienstcharakter des Amtes ernstnimmt, dann kommt man von allein auf die Idee, was man dabei falsch oder sogar verlogen anrichtet, wenn man diese Überhöhung vornimmt. In der Praxis hat sich ja gezeigt, daß bei den Anfechtungen des Priesterstandes diese Überhöhung heutzutage gar nicht hilft, sondern zusammenplatzt wie ein Luftballon. Es hilft in der Lebenskrise eines Priesters gar nichts, wenn er sich immer wieder sagt: „Du bist ein zweiter Christus" oder „Du bist der Stellvertreter Jesu Christi hier in dieser Gemeinde" oder etwas Ähnliches.

Was hilft dann Ihrer Meinung nach wirklich und wirksam?

☐ Im Moment gibt es natürlich über das Amt und seine Konzeption noch manches zu sagen. Aber ich glaube, das Zentrale haben wir damit nicht in den Blick genommen. Pater Rahner hat sich sicher sehr um die Ausbildung der Priester bemüht. Er hat eben diese innere Stärkung des Priesters auch im Leben der Gemeinde mit seinen Gemeindemitgliedern zusammen auf der Seite gesehen, daß es sich um einen

Menschen handeln muß, der auf der einen Seite begabt ist Menschen zu begleiten als das, was man früher vielleicht „Seelenführer" bzw. Starez im Osten der Kirche genannt hat[24], also Schritt für Schritt sich vertiefen in den Glauben, Einsichten in den Glauben zu gewinnen, ein Glaubensbewußtsein im Sinne von „Lumen Gentium" Nr. 12 zu entwickeln[25]; und auf der anderen Seite soll er kompetent sein, um theologische Auskünfte zu geben.

Daß man nicht, zum Beispiel, den Tod auf die Sünde Adams im Paradies zurückführt[26] und den Tod aller Menschen als verhängte Strafe Gottes für etwas, was die Menschen gar nicht begangen haben ausgibt – wo ein Priester unmittelbar mit solchen Fragen konfrontiert ist wie: „Warum müssen wir alle sterben?", dort hat Rahner nicht weniger Theologie verlangt oder eine dünne Seite von Theologie im Sinn von Verkündigungstheologie, sondern ganz tief fundiertes Glaubenswissen und Möglichkeiten einer Hermeneutik von Dogmen und auch von biblischen Aussagen. Das muß man im Gespräch, in der Predigt, im Unterricht leisten können, und das hat er verlangt im Sinn einer Priesterausbildung, so daß man, wenn man Rahner folgt, nicht erlebt, was wir heute erleben, daß nämlich dumme Leute sich zum Priester weihen lassen wollen, die in ein Priesterseminar mit der Meinung kommen, sie wissen schon alles. Das Studium wird dann zum lästigen Durchgang zur Priesterweihe. Solche Leute tragen dann ihre Dummheit in die Gemeinde hinein.

Katechismus des Herzens

Das Theologumenon vom universalen Heilswillen ist mittlerweile Allgemeingut der Theologie geworden. Sie schreiben, es sei zentral in der Theologie Karl Rahners. Andere meinen, die Gnadentheologie sei die Mitte seiner Theologie. Wie wichtig ist denn nun der „anonyme Christ"?

☐ Man muß den Hintergrund sehen! Die Frage ist ja aus der traditionellen Frage entstanden, die in meiner eigenen Jugendzeit noch sehr lebendig war: Wie können nicht-glaubende Menschen, die in tiefen Glaubenszweifeln sind, das ewige Heil bei Gott erlangen? Es gab ja zu-

nächst einmal eine ganz rigorose Haltung, die sich auf Mk 16,16 berufen kann: Wer nicht glaubt, wird verdammt werden. Die Scholastik hat
das mit der „fides implicita" etwas abgemildert. Dann hilft dabei auch
diese sehr stark pneumatologisch akzentuierte Sicht Karl Rahners: daß
Gottes Geist jedem Menschen zuteil wird, weil Gott jeden Menschen
liebt, weil er die Chance jedes Menschen, zu ihm in Freiheit zu kommen, so ernstnimmt, daß keinem Menschen in der ganzen Weltgeschichte von Adam und Eva an der Geist Gottes ganz gefehlt hat. Es
geht dann um diese zentrale, personale Sicht der Gnade, daß es nicht
um eine aktuelle Hilfe bei dieser oder jener Entscheidung und Lebenssituation geht, sondern um den im Menschen wohnenden Gott in der
Gestalt seines Heiligen Geistes selbst, der in ihm spricht und Impulse
gibt und am Werk ist und ihm am Ende auch zu einem Ja-Wort gegenüber Gott verhilft. Das ist für mich so zentral bei Rahner, daß ich ihn
ohne die Konzeption und diese optimistische Sicht auf die ganze Welt-
und Menschengeschichte gar nicht kennen würde.

Darin besteht meines Ermessens das Neue an der Gnadentheologie bei Rahner. Ich habe noch in meinem eigenen Schulbetrieb erlebt,
daß der Traktat über die Gnade mit einer Aufzählung begonnen hat,
wie viele Sorten von Gnaden es überhaupt gibt. Da ist der lebendige
Gott überhaupt nicht vorgekommen als derjenige, der sich in Liebe
den Menschen zueigen gibt und mitteilt, sondern es sind alle diese
punktuellen Hilfen – die heiligmachende Gnade, die habituelle Gnade,
die aktuelle Gnade – alles geschaffene und nicht ungeschaffene Wirklichkeit gewesen[27]. Rahner hat diese Dinge in der ganzen Dogmatik
fruchtbar werden lassen. Denken Sie zum Beispiel an die Ekklesiologie,
wo er den Mut hat, von einem „Katechismus des Herzens" zu sprechen,
nämlich der Glaubenseinsicht des *sensus fidei*, den Gott im Herzen des
einzelnen Menschen erweckt, die einzelne individuelle Erleuchtung. Da
sagt er ausdrücklich: Was die Kirche dann verbalisiert in Dogmen und
in Katechismen, das ist ein sekundärer Reflex auf dieses vom Heiligen
Geist erzeugte innere Licht, das zu den inneren Rangordnungen der
Glaubenswahrheiten führt – ein „Katechismus des Herzens"[28], der unterscheiden kann von einem offiziellen Katechismus.

Denken Sie dabei an eine ganz bestimmte Stelle?

☐ Es gibt in den späten Schriften Mahnungen von Rahner an die Adresse des kirchlichen Lehramtes, diesen „Katechismus des Herzens" zu respektieren. Die eigenen Äußerungen und die offiziellen, autoritativen Mahnungen mit dem Anspruch auf authentischen Gehorsam werbend und vermittelnd mit dem „Katechismus des Herzens" zu verbinden, sodaß es nicht etwas Fremdes, von außen her Aufoktroyiertes wird, das ist ein durchgängiges Thema bei ihm[29].

Zur Lexikonarbeit Karl Rahners: Sie waren sein engster Mitarbeiter und haben im Rahmen der Gesamtausgabe sämtliche Lexikabeiträge Karl Rahners ediert[30]. Wie war seine Arbeitsweise? Und wie hat er all die Zeit und Energie aufgebracht, zu so vielen verschiedenen Stichworten etwas zu sagen?

☐ Ich möchte damit beginnen: Pater Rahner hatte auch große Illusionen und täuschte sich deswegen manchmal über die Situation. Er hat den Eindruck gehabt, daß mit einem Lexikon sozusagen der ganze Klerus erreicht wird, daß der gesamte Klerus im Lexikon nachschaut, um eine Predigt oder eine Unterrichtsstunde vorzubereiten. Als die von ihm betreute zweite Auflage des „Lexikon für Theologie und Kirche" vorbereitet wurde, gab es so gut wie keine Laientheologen. Er hat da primär, das sieht man auch an seinen Einleitungen, an den Klerus in der Seelsorge gedacht. Daß das nicht so ist und daß die Predigten nicht sorgfältig vorbereitet werden und dann ein Lexikon nur die Bücherschränke dekoriert, das hat er natürlich nicht gewußt und so nicht sehen können. Es war ihm ein Herzensanliegen, den Klerus mit ernsthafter, aber spiritueller Theologie zu bereichern. Darum hat er eben keine Mühe gescheut und seine Kräfte nicht geschont[31].

Biographisch muß man dazusagen, daß er ein ungeheurer disziplinierter Mensch war. Er ist abends früh ins Bett gegangen, er hat keine Nachtarbeit gemacht, er ist morgens um 4 Uhr oder gegen 4.30 Uhr aufgestanden. Er hat um 4.30 oder 5.00 Uhr die Messe zelebriert und in aller Eile gefrühstückt und sich dann an die Schreibmaschine gesetzt. Vormittags hat er immer durchgearbeitet. Das war auch die

Zeit, wo man ihn nicht besuchen konnte. Nachmittags hat er dann gelegentlich Besuche, auch Beichtgespräche und anderes gehabt. Aber das war alles bei ihm in Fleisch und Blut übergegangen. Er hat auch keine zeitraubenden Hobbies gepflegt.

Er kannte offenbar nur die Theologie. Pater Rahner soll ja einmal gesagt haben, man könne nicht allen Hasen nachlaufen.

☐ Er hat außer der Theologie sehr gern moderne Literatur gelesen, weil er durch die moderne Literatur, zum Beispiel Graham Greene und andere, eine Welt kennengelernt hat, in der er nicht lebte.

Kannte er so etwas wie Theater oder besuchte er geleentlich Konzerte?

Nein, mit Theater und Konzerten war gar nichts bei ihm. Es gab damals kein Fernsehen. Pater Rahner hat auch nicht Radio gehört. Er hat einmal auf eine Frage, welche Hobbies er pflege, gesagt: „Lesen."[32] Mehr kann man dazu nicht erzählen.

Kein literarischer Vatermord

In Ihrer jüngsten Rahner-Biographie zitieren Sie eine Stellungnahme Karl Rahners zur „Gott-ist-tot-Theologie", die aus dem italienischen Fernsehen stammt: „Ich kann nichts tun als erklären, daß ich diese Theologie schlicht und einfach ablehne."[33] Pater Rahner legt ein Plädoyer für eine negative Theologie oder eine theologia negativa ab. Ich habe den Eindruck, Sie schätzen Karl Rahner sehr, halten aber auch nicht mit der eignen Meinung hinter dem Berg und ergänzen oder korrigieren Rahner gelegentlich auch. Hängt das damit zusammen, daß man ihn nicht einfach wiederholen im Sinn von „nachbeten" kann?

☐ Wenn ich unbescheiden bin in dieser Hinsicht und meine eigene Position beschreiben soll, würde ich sagen: In ganz zentralen Fragen bin ich der Dogmatik Rahners vepflichtet und weiß gar nicht, wie man das besser machen und besser sagen kann. Das hat mit einem einfachen

Nachbeten nichts zu tun. Das ist ja auch deswegen unmöglich, weil er eine Sprache gesucht hat mit seinen vielen „Wenn" und „Aber" und Nebensätzen, mit denen er sich bei neuscholastisch gebildeten Theologen verständlich machen wollte. René Laurentin hat für das Konzil notiert, daß er mit Erstaunen festgestellt hat, wie Rahner, wenn er lateinisch sprach, von den römischen Kommissionsmitgliedern verstanden and akzeptiert wurde, weil sie mit dem Argumentationsgang vertraut waren[34]. Ich habe solche Zuhörer nicht. Ich habe die Pflicht, in einer Sprache von heute, in einer einfacheren und weniger traditionell belasteten Sprache, das zu verkünden, was Rahner gewollt hat. Das hindert aber nicht, daß ich bei bestimmten Punkten eine eigene Meinung habe und mich da auch von Rahner distanziere[35]. Nur habe ich nicht das Gefühl, ich müsse mein eigenes Profil dadurch schärfen, daß ich Rahner kritisiere. Manche Rahnerschüler haben dieses Bestreben, sozusagen einen Vatermord zu begehen. Das liegt mir völlig fern.

Aber wenn er zum Beispiel die Kirche definiert als das siegreiche Erbarmen Gottes oder als den Vortrupp, der die Gnade Gottes in der Geschichte sichtbar verkörpert – das ist mir zu viel. Ich habe in einer Rezenzion zu seinem „Grundkurs" geschrieben, daß das ein bedauerlicher Triumphalismus ist. Das hat er dann in einem späteren Aufsatz der „Schriften" auch akzeptiert und gesagt, er hätte da vielleicht mit dieser Bejahung der Kirche etwas übertrieben[36]. Eine andere Seite ist in der Eschatologie seine Sicht, daß sich der Mensch in der Gegenwart Gottes nach dem Tod nicht mehr verändert, sondern zur Vollendung gekommen ist – in dem Sinn, daß er eben auch nur das Resultat seiner Geschichte findet und im Grunde genommen nichts Neues mehr passiert. Das ist für mich eine zu statische Sicht auf die Vollendung bei Gott, wo es auch in der Tradition, zum Beispiel bei griechischen Kirchenvätern wie Gregor von Nyssa, eine ganz dynamische Sicht der immer neuen Gottesbegegnungen gibt[37]. Gottesferne und Gottesbegegnung – so wie im Hohelied der Bräutigam und die Braut einander finden, sich wieder verlieren und wieder finden – das ist etwas, das für mich sehr viel plausibler ist als diese Statik, die Rahner da vertritt. Aber ich habe nicht das Bedürfnis, das nun mit großen Worten zu propagieren.

Haben Sie über solche Differenzen mit Pater Rahner jemals gesprochen?

☐ Das ist mir damals so nicht aufgefallen. Wir haben verschiedene Themen diskutiert, natürlich theologisch. Ich hatte einmal den Plan, über die Frage, ob Gott leidet, ob Gott Schmerz empfindet, ein Buch zu schreiben. Da haben wir viel diskutiert, weil dieser Gott der Tradition manchmal so unempfindlich, so unberührt von dem, was die Kreatur erleidet, erscheint. Dann ging es hin und her und pro und contra, und ich gewann auch den Eindruck, daß Rahner noch im fortgeschrittenen Alter lernen konnte.

Metz, Balthasar, Ratzinger oder: Freunde?

Sie haben in „Karl Rahner – Gotteserfahrung in Leben und Denken" einen Abschnitt mit dem Titel „Freunde. Freunde?" (121–128) versehen. Namentlich sind Johann Baptist Metz, Hans Urs von Balthasar und Joseph Ratzinger erwähnt. Können Sie etwas konkreter werden?

☐ Rahner war ein sehr friedlicher, friedfertiger Mensch. Er hat sich gegen Angriffe nicht gewehrt. Er war irgendwo ungeschützt und wehrlos und hat wirklich den Wunsch gehabt, in der Theologie sehr viele Freunde zu haben. Er meinte, man müsse ihn doch verstehen, man müsse doch die Stingenz seiner Gedankenführung akzeptieren. In diesem Zusammenhang hat er große Enttäuschungen erlebt[38].

Eine Enttäuschung war die immer stärkere Distanzierung von Metz zu ihm, auch mit Hilfe von Bildern, die ganz und gar schief sind. Man kann Rahner nicht auf den Begriff „Transzendentaltheologie" festlegen[39]. Wenn man die transzendentaltheologische Seite bei ihm anschaut, dann kann man nicht sagen, daß sie immer alles schon gewußt hat, sondern es war eine Theologie des Suchens und des Fragens, des immer neu Fragens und nicht so wie in den Märchen von dem armen Hasen und den zwei Igeln: Der Hase rennt und rennt und weil die Igel an zwei verschiedenen Stellen sitzen, können sie sagen: „Ich bin schon da!" Der Hase ist für Metz die politische Theologie, und die zwei Igel verkörpern die Transzendentaltheologie. Ich habe das in einem Aufsatz zur Freude Rahners zurückgewiesen[40]. Es gibt auch andere Dinge bei Metz, wo man sagen kann: Das ist ganz konträr zu Rahner, zum Beispiel der Vorwurf, Rahner habe die Geschichte nicht ernstgenommen, er stehe letztlich für einen ungeschichtlichen Idealismus und andere Dinge. Das bedeutet nicht, daß es nicht auch einen bleibenden Grundkonsens zwischen Rahner und Metz gäbe oder daß Metz gerade in der Diskussion um den leidenden Gott oder in der Diskussion um die Trinität bis jetzt und heute nicht auf der Seite Rahners steht. Ich wollte in meiner Biographie nur diese erlebten Kränkungen Rahners benennen, weil das für ihn und für die Art und Weise, wie er die Theologie erlitten hat, signifikant ist.

Bei Balthasar bleibt dieser Umschwung, den man ganz genau festmachen kann mit dem Jahr 1966: „Cordula oder der Ernstfall"[41]. 1964 hatte er in einem Aufsatz zur Rahners 60. Geburtstag Rahner noch ganz hymnisch gepriesen[42]. Von 1966 ab war Rahner für ihn der Inbegriff aller Häresien und sogar ein Theologe, der zum Atheismus führt. Was Ratzinger angeht, so hat dieser sich ja in seinen autobiographischen Äußerungen derart kürzschlüssig und – ich muß es leider sagen – primitiv, uninformiert und nachlässig zu Rahner geäußert, daß man das eben auch so direkt sagen muß, gerade wegen der hohen Position als Präfekt der Glaubenskongregation[43]. Ich weiß nicht, ob die Sonne des Pontifikats jetzt eine größere Milde herbeiführt in der Äußerung. Was da zutagegetreten ist, ist wirklich mehr als bedauerlich, und das habe ich halt in aller Offenheit gesagt. Es waren jedenfalls drei Personen, bei denen Rahner gehofft hat, sie seien theologisch gesehen seine Freunde. Sie waren in der Theologie ganz nahe bei ihm. Und dann mußte er erleben und erleiden, wie sie sich von ihm abgesetzt haben.

Ökumene: Einigung statt Vereinigung

Sie betonen, daß es Karl Rahner und Heinrich Fries um „konkrete Wege der Einigung – nicht Vereinigung – von evangelischen (lutherischen und reformierten) Kirchen und römisch-katholischer Kirche"[44] gegangen ist. Warum betonen Sie das so stark?

☐ Das Buch Rahner-Fries war 1983 erschienen[45]. Seither haben die ökumenische Gespräche ihren Fortgang gefunden. Es hat Dinge gegeben wie die Einigung über die Rechtfertigung im deutschen Sprachraum. Ich bin nicht informiert, wie es ökumenisch in den USA zugeht, und in anderen Ländern weiß ich auch nicht so Bescheid. Aber von einem in der Kurie tätigen Kardinal, nämlich Walter Kasper, weiß ich, daß er für die Ökumene die Formel „versöhnte Verschiedenheit" favorisiert[46]. Das heißt: Schon Rahner hat dafür den Grund gelegt, daß wir nicht von einer Vereinigung träumen. Genau das, eine institutionelle Vereinigung aller Kirchen unter einem Papst, dürfen wir uns nicht vorstellen! Der Papst sollte in Rahners Augen seine Rolle selber reduzieren. Er sollte sie in der Gestalt des Schiedsrichters bei Einigkeitsproblemen ausüben. Er sollte sich so weit zurücknehmen, daß er nicht den Jurisdiktionsprimat über alles und jedes beansprucht. Und so, dachte er sich, können wir die evangelische Ordination schlicht und einfach mit einer Unterschrift anerkennen, weil sie unter Anrufung des Heiligen Geistes und im Vertrauen auf Gottes Geist erfolgt. Daß man aber dann den protestantischen Gemeinden ihr Eigenleben und ihr Eigengut nicht wegnimmt und nicht zum Beispiel verlangt, daß sie marianisch werden – das ist wichtig. Was nun bei Leuten wie Kasper ökumenisch an den Tag tritt, hat Rahner schon lange vorhergesagt, schon in der Schrift zum Amtsverständnis, das noch vor dem Rahner-Fries-Buch erschienen ist[47]. Nun gibt es natürlich immer auch diese gegenläufigen Bewegungen, und ich glaube schon, daß es eine starke Seite innerhalb der katholischen Kirche und ihrer Theologie gibt, die noch immer an eine institutionelle Vereinigung denkt.

Rahner wollte offenbar etwas in Bewegung oder ins Gespräch bringen, nicht so sehr Vorschriften, sondern die Mentalität einer Annäherung zwischen den christlichen Konfessionen beeinflußen, aber nicht im Sinn einer „Rückkehrökumene".

☐ Ich bin hier in einem Punkt mit Ratzinger völlig einig und habe seinen Mut, das auch zu schreiben, bewundert: Wenn wir uns ökumenisch verständigen, zum Beispiel mit den Ostkirchen, dürfen wir von den Mitgliedern der Ostkirchen nur die Gemeinsamkeiten verlangen, die vor der Trennung des Jahres 1054 gegeben waren, sodaß alle danach erschienenen dogmatischen Erklärungen für die Ostkirchen nicht verbindlich wären[48]. Der Sache nach, wenn man das konsequent durchdenkt, ist das dann nicht eine institutionelle Vereinigung, sondern eine versöhnte Verschiedenheit. Denn es wären dann die neueren marianischen Dogmen und die Papstdogmen und Verschiedenes, was Trient produziert hat, in den Ostkirchen nicht mehr verbindlich – und das heißt eben Verschiedenheit. Ratzinger hat in seinem Sammelband von 1982 diesen Aufsatz aufgenommen[49]; er hat ihn also nicht revidiert, wie manche andere Dinge aus seiner Jugend.

Theologie auf Tauchstation

Was vermissen Sie am meisten, wenn Sie an Karl Rahner denken?

☐ Man hat ihn als zornigen alten Mann bezeichnet. Man hat seine Zwischenrufe in der Spätzeit seines Lebens bedauert. Aber ich muß sagen, daß ich gerade diese Seite am meisten vermisse. Es gibt viele Dinge und Entwicklungen in der Kirche nach dem Konzil, wo man laute Zwischenrufe, laute Warnäußerungen und Mahnungen erwarten würde – und was sehen wir? Praktisch ist unsere ganze Theologie auf einer Art Tauchstation. Man macht Mund, Ohren und Augen zu und tut so, als wäre nichts passiert. Rahner hat Mut gehabt, die Zivilcourage, etwas zu sagen, wo er meinte, etwas anklagen zu müssen. Heute traut sich niemand mehr. Wir haben ja ein Klima entweder der Schläfrigkeit oder der Angst.

Woher kam für Rahner diese Zivilcourage? Wo andere geschwiegen haben, hat er doch den Mut gehabt etwas zu sagen. Das ist merkwürdig. Woher kam das?

☐ Ich denke, das kam bei ihm nicht aus Lust an der Sensation. Er wollte nicht einen großen Lärm in der Öffentlichkeit erregen, sondern das kam bei ihm aus einem ganz tiefen Gewissen, aus dem Gewissensgrund. Er fühlte in sich die Verantwortung für die Kirche und dahinter, weil die

Kirche nur Instrument ist, die Verantwortung für den christlichen Glauben. Und wo er diesen durch die eigene, die kirchliche Seite, durch bestimmte Mentalitäten in der Kirche in Gefahr sah, da hat er die Pflicht gefühlt: Hier muß ich reden, solange ich reden kann.

Er hat dabei eben auch riskiert, seine Stellung zu verlieren. Er hat gesagt: Wenn sie mich zum Schweigen verurteilen, dann schweige ich. Wenn sie mir ein Schreibverbot aufdiktieren, dann schreibe ich nichts mehr. Aber dann kommt die Verantwortung der anderen Seite und nicht mir selber zu. Er hat eben nicht wehleidig gesagt, wie manche jüngere Theologen dazumals und heute, er trete dann aus der Kirche aus oder lege sein Priesteramt nieder, sondern er hat gesagt: Dann werde ich eben Kartäusermönch oder Trappist und werde im Schweigen Gott anbeten und verehren und habe wenigstens meine Pflicht getan.

Er wollte auch nicht die Amtsträger in der Kirche ungerecht kritisieren. Er hat da Kontroversen mit seinen Kardinalsfreunden Döpfner und Volk gehabt. Sie haben ihm beide einmal gesagt, er müsse einmal ein Jahr lang in ihrer Position sein, dann wäre er auch anders und wäre vorsichtiger und so fort. Oder er hat zum Beispiel den Begriff „Amtskirche" benutzt, den man gar nicht gern gesehen hat – auf der anderen, der bischöflichen Seite. Aber es waren bei ihm einfach gewissensmäßige Impulse. Dann hat er natürlich auf dem Konzil erlebt, was eigentlich der Geist des Konzils im Unterschied zum Buchstaben war. „Buchstabe" war ein Kompromißprodukt, „Geist" des Konzils war viel offener, viel weiter[50]. Wenn Sie jetzt an einem Beispiel sehen, daß das Konzil in der Ökumene verlangt hat, wir Katholiken sollen das Einende betonen und das Trennende zurückstellen und dann erleben Sie das Trennende, ein gesteigerter Marianismus, eine unglaubliche Masse von Heiligsprechungen und Seligsprechungen, die Selbstdarstellung des Papsttums in der Öffentlichkeit ... – soll man dann einfach den Mund halten, wenn man solche Phänomene erlebt, die das Gegenteil zu dem sind, was der Geist des Konzils verlangt hat? So erkläre ich dann eben den alten und späten Rahner mit seinen Zwischenrufen[51].

Vorbehaltlose Zustimmung zur konkreten Kirche

Befürchten Sie, daß Pater Rahner und seine Theologie in dieser unserer theologieschwachen Atmosphäre irgendwie verlieren? Anders gefragt: Lohnt die Lektüre Karl Rahners?

☐ Ich denke, daß die Alternative zu Rahner im Augenblick nicht in der Theologie besteht. Wir begehen zur Zeit den 100. Geburtstag von Hans Urs von Balthasar, der so stark von einem Leidensmasochismus geprägt ist, von einer masochistischen Zuneigung zu Schmerz, zum Kreuzesleiden, zur dunklen Nacht, daß das unmöglich Sache von vielen sein kann und daß das auch nicht die Lebensart von Hierarchen ist, die jetzt Balthasar emporjubeln und loben und selber gar nicht auf diese Art und Weise leben und eine solche Spiritualität praktizieren. Die Alternative zu Rahner, das, was man „Patchwork Religion" nennt, ist die Auswahlreligion. Die Menschen sind religiös, sie sind auf der Suche. Aber wenn sie Rahner begegnen sollten und lesen wollen, dann sehen sie ein so direktes, unverblümtes Ja zur Kirche[52], eine solche vorbehaltlose Zustimmung zur institutionellen Kirche, daß sie sich sofort wieder distanzieren und die eigentlich religiösen, spirituellen Tiefenelemente bei Rahner gar nicht wahrnehmen.

Das, was sie sich dann konstruieren – mit ein bißchen Esoterik da und ein bißchen Buddhismus dort –, das kann in den Stürmen des Lebens und in den großen Katastophen von Krankheit und Sterben überhaupt nicht standhalten. Da könnte Rahner natürlich helfen und eine große Zukunft haben. Dafür ist jetzt natürlich in unserem katholischen Betrieb zu viel Konzession an diese Auswahlreligiosität. Die Bücher zur Lebenshilfe gehen in die Hunderttausende im Unterschied zu seriösen Theologie. Und dann erfahren die Menschen: Glauben ist schön, und Gott ist dein bester Freund, und Jesus ist dein Kamerad, ein „Kumpel", wie wir sagen im Deutschen. Alles ist von Engeln besetzt, Engel der Zärtlichkeit, Engel der Trauer, Engel der Geduld – alles also eine Erfindung für den Menschen.

„Das ist es!"

Haben Sie zum Schluß dieses Gesprächs einen Rat? Warum sollten zum Beispiel junge Menschen Karl Rahner lesen? Was gewinnen sie, wenn sie sich auf ihn einlassen?

□ Ich denke, daß Menschen, auch junge Menschen, oftmals Einsamkeit erleben. Und daß sie, wenn sie über sich selber nachdenken, der Meinung sind: In mir ist alles öd und leer. Wenn sie von Rahner erleben, wie sie eine solche Situation aushalten können und dann das erfahren, was bei Ignatius „Trost ohne erkennbare Ursache"[53] heißt, daß wir im Innersten nicht allein sind, sondern Gottes Geist in uns ist und mit uns auf dem Weg ist und uns stärkende Impulse gibt, dann kann von dieser spirituellen Seite her Karl Rahners Theologie nur Zukunft haben und nicht irgendwie eine Fliege von vorgestern sein. Junge Menschen, die mich in Zusammenhang von Vorlesungen gefragt haben: „Wie soll ich mich an Rahner annähern?", sage ich immer: Um Gottes willen, nicht mit dem „Grundkurs" oder etwas Ähnlichen beginnen, sondern mit „Von der Not und dem Segen des Gebetes" oder mit „Worte ins Schweigen", die auch in der neuen Sammlung „Gebete des Lebens" aufgenommen sind[54]. Dann wird einem vielleicht manches an dieser Sprache heute zuerst ganz pathetisch vorkommen. Nach einer Weile wird man trotzdem plötzlich innehalten und sagen: Das ist es, was ich eigentlich gesucht habe!

Eine Theologie mit Herz und Seele sozusagen?

□ Ja, sehr, sehr! Karl Rahner hatte seine menschliche Schwächen. Er hat, was die Sprache angeht, keine Konzessionen gemacht. Er hat gewußt, daß er schwierig ist, und er sagte dann kühl: Ja, dann muß man mich eben dreimal lesen, wo man mich nicht verstanden hat.

Anmerkungen

[1] Vgl. R. Miggelbrink, Ekstatische Gottesliebe im tätigen Weltbezug. Der Beitrag Karl Rahners zur zeitgenössischen Gotteslehre. Altenberge 1989; ders., Latens Deitas. Das Gottesdenken in der Theologie Karl Rahners, in: R. A. Siebenrock (Hg.), Karl Rahner in der Diskussion. Erstes und zweites Karl-Rahner-Symposion. Themen – Referate – Ergebnisse. Innsbruck 2001, 99–129.

[2] Vgl. A. R. Batlogg / P. Rulands / W. Schmolly / R. A. Siebenrock / G. Wassilowsky / A. Zahlauer, Der Denkweg Karl Rahners. Quellen – Entwicklungen – Perspektiven. Mainz 2003 ([2]2004).

[3] Vgl. die Eintragung vom 28. Mai 1963 in: Y. Congar, Mon Journal du Concile. Bd. 1. Paris 2002, 382: „Le P. Rahner monopolise la parole une fois de plus. Il est magnifique, il est courageux, il est perspicace et profond, mais finalement indiscret. On ne peut plus parler, on en perd l'occasion et même le goût."

[4] Tatsächlich ist hier „indiscret" mit „aufdringlich" zu übersetzen. In einer früheren Erinnerung berichtet Congar, daß Rahner „Mikrofone gemietet zu haben" schien und sich schnell zu Wort meldete, schneller als andere: „Wenn ich mich recht erinnere, gab es drei Mikrofone auf beiden Tischen; eines hatte Msgr. G. Philips mit Beschlag belegt: Er brauchte es. Die beiden anderen standen den etwa zehn Experten zur Verfügung, die sich auf der Seite befanden: Sie sollten einander die Mikrofone weitergeben, wenn sie sprechen wollten (und wenn der Präsident, Kardinal Ottaviani, ihnen das Wort erteilte). Rahner jedoch schien eines der Mikrofone gemietet zu haben – aus gutem Grund: Öfter als andere griff er in die Debatte ein, und keineswegs deshalb, um dann etwa nichts zu sagen … Wenn Rahner sprach, dann war er mit Leib und Seele dabei": Y. Congar, Erinnerungen an Karl Rahner auf dem Zweiten Vatikanum, in: P. Imhof / H. Biallowons (Hg.), Karl Rahner – Bilder eines Lebens. Freiburg 1985, 65–68, 65.

[5] Vgl. H. Vorgrimler, Karl Rahner. Leben – Denken – Werke. München 1963 (die flämische Originalausgabe war zuvor als Band 3 der Reihe „Denkers over God en Wereld" unter dem Titel „Karl Rahner" (Tielt 1962) erschienen; ders., Karl Rahner verstehen. Eine Einführung in sein Leben und Denken. Freiburg 1985 ([2]1988).

[6] Vgl. H. Vorgrimler, Karl Rahner, 19: „1928 kam Martin *Heidegger* nach Freiburg, der vom Neukantianismus ausgegangen war, aber seit 1927 seinen radikal eigenen Weg gefunden hatte. Freilich dozierte auf dem Freiburger Konkordatslehrstuhl für Philosophie noch Martin *Honecker*, ein schlichter und beschränkter Vertreter jener rationalistischen Neuscholastik, die mit Thomas von Aquin nicht viel mehr zu tun hatte als die Existentialistenbärte vom Montmartre mit der Existenzphilosophie. Bei diesem Martin Honecker sollte Karl Rahner promovieren." Ebd. 23: „Wenn ich hier auch Apologie gegen Honecker und seinesgleichen getrieben habe (die Dummen sterben nie aus und in noch so manchen Schlupfwinkeln blüht der pseudowissenschaftliche Betrieb), so hat sich Karl Rahner doch selbst nie gegen Honecker verteidigt. Es wäre ihm leicht gewesen – er hätte nur Honeckers alberne Stellungnahmen am Rand der Disseration irgendwo zu publizieren brauchen".

[7] Vgl. H. Vorgrimler, Karl Rahner. Gotteserfahrung in Leben und Denken. Darmstadt 2004, 35, Anm. 94: „Ich bedaure mein ungerechtes Urteil über Martin Honecker in meiner kleinen Rahner-Biographie von 1963, 19. Es entstand, da ich ja

170

Honecker nicht kennen konnte, durch Rahners bitteres und polemisches Urteil über ihn."

[8] Vgl. K. Rahner, Kleine Brieffolge aus der Konzilszeit, in: H. Vorgrimler, Karl Rahner verstehen, 171–220.

[9] Vgl. Erlebtes von Karl Rahner. Zuschrift zu „Schützen die Orden ihre Theologen?", in: Orientierung 39 (1975) 3–4, 4: „Die Ordensgeneräle werden immer noch zu sehr zu Briefträgerdiensten der höheren römischen Behörden gezwungen und müssen so tun, als ob die Maßnahmen von ihnen selbst ausgehen." Außerdem: K. Rahner, Bekenntnisse. Rückblick auf 80 Jahre. Hg. v. G. Sporschill. Wien 1984, 25: „Bei der damaligen Mentalität war es für einen General unmöglich, auch wenn er anderer Meinung war, sich schützend vor den Untergebenen gegen das Heilige Offizium zu stellen. Heute würde man einem Ordensgeneral so viel Zivilcourage wohl zumuten. Die hat P. Janssens zumindest bei mir nicht gehabt. Er war nicht böse gegen mich, er hat mir selbst einmal gesagt: ja, sehen Sie, es kommen Blitze vom Heiligen Offizium, da weiss man manchmal nicht, warum und wen es trifft. Er war ein anständiger und frommer Mann, hatte aber nicht unbedingt ein besonders großes Format. Er hat solche Maßnahmen des Heiligen Offiziums immer brav weitergegeben. Der General mußte auch an das Heilige Offizium berichten, wie der betreffende Delinquent das Verbot aufgenommen habe, ob er mit der nötigen Demut und Bescheidenheit reagiert fände. Das war damals römische Mentalität, die man heute mit Recht fürchterlich fände." – Gemeint ist P. Johannes B. Janssens SJ (1889–1964), von 1946 bis 1964 Generaloberer des Jesuitenordens.

[10] Vgl. R. M. Wiltgen,The Rhine flows into the Tiber. A History of Vatican II. Chawleigh 1967 (Übersetzung in mehrere europäische Sprachen; dt. Übersetzung: Der Rhein fließt in den Tiber. Eine Geschichte des Zweiten Vatikanischen Konzils. Feldkirch [2]1988).

[11] Vgl. G. Wassilowsky, Universales Heilssakrament Kirche. Karl Rahners Beitrag zur Ekklesiologie des II. Vatikanums. Innsbruck 2001, 41.

[12] Vgl. Aus den Konzilsgutachten für Kardinal König, in: K. Rahner, Sehnsucht nach dem geheimnisvollen Gott. Profil – Texte – Bilder. Hg. v. H. Vorgrimler. Freiburg 1991, 95–165.

[13] Giuseppe Siri (1906–1989), 1946 Erzbischiof von Genua, 1953 Kardinal; vgl. G. Siri, Getsemani. Riflessioni sul movimento teologico contemporaneo. Roma 1980 (dt. Übersetzung: Gethesemani. Überlegungen zur theologischen Bewegung unserer Zeit. Aschaffenburg 1980).

[14] Vgl. F. König, Glaube ist Freiheit. Erinnerungen und Gedanken eines Mannes der Kirche. Gespräche mit Y. Chauffin. Wien 1981, 177–1979 sowie die freundliche Erinnerung an die gemeinsame Arbeit: F. König, Zum Geleit, in: H. Vorgrimler, Wegsuche. Kleine Schriften zur Theologie. Bd. 1. Altenberge 1997, V–VII, bes. VI; H. Vorgrimler, Dialog mit Nichtglaubenden. Ein Kommentar, in: ebd. 555–575.

[15] Vgl. H. Vorgrimler, Karl Rahner (s. Anm. 7).

[16] Vgl. D. Berger (Hg.), Karl Rahner: Kritische Annäherungen (Quaestiones non disputatae 8). Siegburg 2004.

[17] Vgl. Persönliches. Karl Rahner im Gespräch mit Paul Muigg und Johann A. Mair, Innsbruck 1984, in: P. Imhof / H. Biallowons (Hg.), Glaube in winterlicher Zeit. Gespräche mit Karl Rahner aus den letzten Lebensjahren. Düsseldorf 1986,

39–43, 42: „Ich trinke nicht viel. Wenn ich in ein Wirtshaus einkehre, bestelle ich ein kleines Bier. Aus Wein, so muß ich ehrlich sagen, mache ich mir nicht viel."

[18] Vgl. A. R. Batlogg, Die Mysterien des Lebens Jesu bei Karl Rahner. Zugang zum Christusglauben. Innsbruck [2]2003; R. A. Siebenrock, Gnade als Herz der Welt. Der Beitrag Karl Rahners zu einer zeitgemäßen Gnadentheologie, in: M. Delgado / M. Lutz-Bachmann (Hg.), Theologie aus der Erfahrung der Gnade. Annäherungen an Karl Rahner. Berlin 1994, 34–71; K. P. Fischer, Der Mensch als Geheimnis. Die Anthropologie Karl Rahners. Freiburg [2]1975; ders., „Wo der Mensch an ein Geheimnis grenzt". Die mystagogische Struktur der Theologie Karl Rahners, in: ZKTh 98 (1976) 159–170; ders., Gotteserfahrung. Mystagogie in der Theologie Karl Rahners und in der Theologie der Befreiung. Mainz 1986; ders., Gott als das Geheimnis des Menschen. Karl Rahners theologische Anthropologie – Aspekte und Anfragen, in: ZKTh 113 (1991) 1–23; Spiritualität und Theologie. Beobachtungen zum Weg Karl Rahners, in: M. Delgado / M. Lutz-Bachmann (Hg.), Theologie aus der Erfahrung der Gnade, 26–33; ders., Philosophie und Mystagogie. Karl Rahners „reductio in mysterium" als Prinzip seines Denkens, in: ZKTh 120 (1998) 34–56.

[19] Vgl. B. Grümme, „Noch ist die Träne nicht weggewischt von jeglichem Angesicht". Überlegungen zur Rede von Erlösung bei Karl Rahner und Franz Rosenzweig. Altenberge 1996; R. Miggelbrink, Ekstatische Gottesliebe im tätigen Weltbezug. Der Beitrag Karl Rahners zu einer zeitgenössischen Gotteslehre. Altenberge 1989; A. Tafferner, Gottes- und Nächstenliebe in der deutschsprachigen Theologie des 20. Jahrhunderts. Innsbruck 1992; N. Schwerdtfeger, Gnade und Welt. Zum Grundgefüge von Karl Rahners Theorie der „anonymen Christen". Freiburg 1982.

[20] Vgl. LG 10: „Das gemeinsame Priestertum der Gläubigen aber und das Priestertum des Dienstes, das heißt das hierarchische Priestertum, unterscheiden sich zwar dem Wesen und nicht bloß dem Grade nach (essentia et non gradu tantum)." Vgl. dazu: M. E. Michalski, The Relationship between the Universal Priesthood of the Baptized and the Ministerial Priesthood of the Ordained in Vatican II and in Subsequent Theology. Understanding „Essentia et non Gradu tantum". Lumen Gentium no. 10. Lewiston, NY 1996.

[21] Vgl. G. Greshake, Priester sein in dieser Zeit. Theologie – Pastorale Praxis – Spiritualität. Freiburg 2000; vgl. ders., Priestersein. Zur Spiritualität und Theologie des priesterlichen Amtes. Freiburg 1982 ([5]1991).

[22] Vgl. K. Rahner, Knechte Christi. Meditationen zum Priestertum. Freiburg 1967.

[23] Vgl. zum Beispiel LG 10: „(Der Amtspriester) vollzieht in der Person Christi (in persona Christi) das eucharistische Opfer"; ferner: LG 21, 25, 28; PO 2: „so daß sie in der Person des Hauptes Christi handeln können"; ferner PO 12, 13, 19, 21.

[24] Vgl. Gnade als Mitte menschlicher Existenz. Ein Gespräch mit und über Karl Rahner aus Anlaß seines 70. Geburtstages, in: HerKorr 28 (1974) 77–92, 89: „Könnte man sich nicht vorstellen, daß bei aller Freiheit und Möglichkeit einer individuellen Entfaltung des jungen Theologen es so gemacht würde, daß die Anfänger ein bis zwei Jahre nicht Fachwissenschaft bis zur Fachidiotie betreiben, sondern in dieser Zeit einmal unter der Leitung eines wirklichen ‚Meisters' stünden, der in einer gewissen Einheit Theologe und geistlicher Guru wäre, der den jungen Theologen überhaupt zum erstenmal in einer gewissen Einheit vermitteln würde, was Christentum, geistliches Leben, Gebet, Eucharistieempfang und theologische

Grundreflexion (Reflexion auf die Möglichkeit des Christentums, die in intellektueller Redlichkeit und Nüchternheit zu verantworten ist) eigentlich ist ... Vielleicht gibt es den einen oder anderen begnadeten Spiritual, der aus seinem Metier heraus ein solcher ‚Meister' ist ... Früher waren die jungen Theologen, die Geistliche werden wollten, fromme und brave Christen, kamen aus und blieben in einem selbstverständlich christlichen Milieu und wurden in diesem christlichen Leben im Priesterseminar auch noch etwas lobenswert gedrillt. Aber man brauchte ihnen theologisch nichts beizubringen als eine saubere Fachtheologie, aufgesplittert in die verschiedenen Disziplinen. Heute aber kommen Menschen in die Theologie,die noch suchen, was eigentlich Christentum ist, die vielleicht sogar höchste Bedenken haben, ob man überhaupt beten kann, was es eigentlich heißen soll, ein personales Verhältnis zu Jesus haben. Sie setzen vielleicht gewisse gesellschaftspolitische oder gesellschaftskritische Grundhaltungen als selbstverständlich voraus und praktizieren sie, aber sonst nichts. Wie wird diesen jungen Theologen das Christentum vermittelt, das doch eigentlich die selbstverständliche Voraussetzung für ein theologisches Studium wäre? Ich leugne nicht, daß das durch Gottes Gnade und einen gewissen Instinkt der Betroffenen bis zu ihrer Weihe im großen und ganzen doch glückt. Aber auf Gottes Gnade und den individuellen Instinkt allein dürfte man sich doch nicht verlassen."

[25] Vgl. LG 12: „Das heilige Gottesvolk nimmt auch teil an dem prophetischen Amt Christi, in der Verbreitung seines lebendigen Zeugnisses ... Die Gesamtheit der Gläubigen, welche die Salbung von dem Heiligen haben (vgl. 1 Jo 2,20 u. 27), kann im Glauben nicht irren."

[26] Vgl. K. Rahner, Die Sünde Adams (1968), in: Ders., Schriften zur Theologie. Bd. 9. Einsiedeln 1970, 259–275.

[27] Vgl. z. B. L. Ott, Grundriß der katholischen Dogmatik (1952). Freiburg [10]1981, bes. 266–325.

[28] Frühe Erwähnungen dieses Terminus findet sich in: K. Rahner, Bemerkungen zumr dogmatischen Traktat „De Trinitate" (1960), in: Ders., Schriften zur Theologie. Bd. 4. Einsiedeln 1960, 103–133, 105: „Man kann den Verdacht haben, daß für den Katechismus des Kopfes und des Herzens (im Unterschied zum gedruckten Katechismus) die Vorstellung des Christen von der Inkarnation sich gar nicht ändern müßte, wenn es keine Dreifaltigkeit gäbe." Oder: K. Rahner, „Abgestiegen ins Totenreich" von 1957, in: Ders., Schriften zur Theologie. Bd. 7. Einsiedeln 1966, 145–149, 145: „Das, was zwischen diesen beiden Tagen ist, nämlich den Karsamstag, übersehen wir. Er bedeutet nichts in unserem religiösen Leben, im Katechismus unseres Herzens." Der Sache nach: Vgl. K. Rahner, Offizielle Glaubenslehre der Kirche uund faktische Gläubigkeit des Volkes (1981), in: Ders., Schriften zur Theologie. Bd. 16. Zürich 1984, 217–230.

[29] Vgl. H. Vorgrimler, Der „Katechismus der Katholischen Kirche" in der Perspektive systematischer Theologie, in: ThRv 91 (1995) 3–8.

[30] Vgl. K. Rahner, Sämtliche Werke. Bd. 17: Enzyklopädische Theologie. Die Lexikonbeiträge der Jahre 1956–1973. Freiburg 2002 (1474 Seiten!).

[31] Vgl. K. Rahner, Einführung: Das neue „Lexikon für Theologie und Kirche" (1957), in: SW 17, 81–85, bes. 85: „Man hat den Klerus oft im Verdacht, er lese zu wenig und kaufe zu wenig Bücher oder nur solche von bescheidenem Niveau,

weil ältere Seelsorger verholzt und der jüngere Priester mehr auf seine Motorisierung bedacht sei. Das Werk des LThK geht mutig von einer gegenteiligen Einschätzung derjenigen aus, auf die als Käufer es rechnet und rechnen muß. Es sucht natürlich seine Abnehmer in der ganzen katholischen Welt. Vor allem aber im deutschsprachigen Klerus, dem es vor allem dienen will." Vgl. ders. / J. Höfer, Vorwort (Lexikon für Theologie und Kirche Band I [1957], in: SW 17, 86.

[32] Vgl. Persönliches. Karl Rahner im Gespräch mit Paul Muigg und Johann A. Mair, Innsbruck 1984, in: Glaube in winterlicher Zeit, 39: „Ich bin kein Sportler, ich habe auch kein eigentliches Hobby wie andere Leute. Mein Hobby war immer mein Beruf als Theologe. Und ich fand das beglückend."

[33] Zit. Nach H. Vorgrimler, Karl Rahner. Gotteserfahrung in Leben und Denken, 99.

[34] Vgl. R. Lauretin, Ein Eindruck vom Konzil, in: E. Klinger / K. Wittstadt (Hg.), Glaube im Prozeß. Christsein nach dem II. Vatikanum (Festschrift Karl Rahner). Freiburg 1984, 65.

[35] Vgl. z. B. die Bemerkung in: H. Vorgrimler, Gott. Vater, Sohn und Heiliger Geist. Aschaffenburg [3]2005, 9: „Die folgenden Seiten werden also geschrieben für Menschen, die *verstehen* wollen, was sie glauben, und die Fragen an ihren Glauben zulassen. Dabei ist in vielem – nicht in allem – Karl Rahner ein zuverlässiger, ehrlicher Weggefährte."

[36] Vgl. H. Vorgrimler, Nachdenken über Jesus und seine kirchlichen Nachfolger, in: Deutsches Allgemeines Sonntagsblatt Nr. 38 (19. 9. 1976); dazu: K. Rahner, Grundkurs des Glaubens, in: Ders., Schriften zur Theologie. Bd. 14. Zürich 1980, 48–62, 60 f.; jetzt in: K. Rahner, Sämtliche Werke. Bd. 26: Grundkurs des Glaubens. Studien zum Begriff des Christentums. Freiburg 1999, 449–459, 458: „Mein Freund Herbert Vorgrimler hat mich mit Recht darauf aufmerksam gemacht, daß in der Ekklesiologie dieses Buches von einem Thema nicht die Rede ist, über das ich sonst verhältnismäßig neu und eindringlich geschrieben habe, das Thema von der Kirche der Sünder, von der sündigen Kirche, obwohl die unbefangene Reflexion auf dieses Thema gerade heute für ein unbefangenes Verhältnis der Menschen zur Kirche von großer Bedeutung wäre. Wie gesagt, da hat Vorgrimler recht. Die Ekklesiologie des Buches ist etwas zu harmlos, fast ein wenig triumphalistisch ausgefallen."

[37] Vgl. H. Vorgrimler, Hoffnung auf Vollendung. Aufriß der Eschatologie (QD 90). Freiburg [2]1980.

[38] Vgl. K. Rahner, Bekenntnisse, 37: „Metz hat Wert darauf gelegt, eine eigenständige Politische Theologie zu entwickeln. Er interpretiert *sie* im allgemeinen als von meiner Theologie weit entfernt. Metz hat natürlich immer und zu allen Zeiten zugegeben, daß er mein Schüler war und mir viel verdankt, aber er hat noch stärker betont, daß er ein kritisches Verhältnis zu meiner Theologie habe. Wir haben eigentlich nie darüber geredet. Geärgert hat er mich, weil er mehrere Male in Vorträgen den Vergleich zwischen Igel und Hase gebracht hat: Ein Igel und ein Hase machen einen Wettstreit, wer schneller laufen kann. Sie laufen also in zwei Kartoffelfurchen nebeneinander, können sich aber erst im Ziel sehen. Der Hase rennt wie wahnsinnig, doch der Igel stellt am anderen Ende seine Frau auf, und wie der Hase dahersaust, schreit die Frau Igel: Ich bin schon da. – Dann hat Metz erklärt, ich sei

der Igel, der angeblich mit seiner transzendentalen, apriorischen Theologie immer schon die theologischen Resultate erzielt habe, während sich Metz mit seiner Politischen Theologie entsetzlich mühen müsse. In der Festschrift zu meinem 75. Geburtstag hat Vorgrimler dann gefragt, wo denn bei mir der zweite Igel sei. Eine transzendentale Theologie, die immer wieder auf sich selbst reflektiert, müht sich vielleicht viel mehr als die Politische Theologie, die munter und vergnügt in das Morgenrot der Zukunft läuft – so ungefähr. Persönlich hat das alles aber weiter nichts zu sagen. Metz hat mich zu meinem sechzigjährigen Ordensjubiläum in fast übertriebener Weise gelobt. Mit ihm bin ich natürlich auf du, mit Vorgrimler auch."

[39] Vgl. J. B. Metz, Glaube in Geschichte und Gesellschaft. Studien zu einer praktischen Fundamentaltheologie. Mainz [3]1980, 143–145: Ein Märchen – gegen den Strich gelesen.

[40] Vgl. H. Vorgrimler, Der Begriff der Selbsttranszendenz in der Theologie Karl Rahners, in: Ders. (Hg.), Wagnis Theologie. Erfahrungen mit der Theologie Karl Rahners. Freiburg 1979, 242–258, bes. 258: „Da hier nicht mehr der Raum für eine ausführliche Stellungnahme ist, beschränke ich mich auf das bei Metz beliebte Bild vom Hasen der politischen Theologie und dem Igel der Transzendentaltheologie. Das Märchen auf die beiden Theologien anzuwenden, ist gerade deswegen abwegig, weil es zwei Igel voraussetzt, während die Transzendentaltheologie eben nur eine ist. Rahner ‚Tricktäuscherei' vorzuwerfen, ist schlimm, wenn das Bild vorn und hinten nicht stimmt."

[41] Vgl. A. R. Batlogg, Hans Urs von Balthasar und Karl Rahner: zwei Schüler des Ignatius, in: M. Striet / J.-H. Tück (Hg.), Die Kunst Gottes verstehen. Hans Urs von Balthasars theologische Provokationen. Freiburg 2005, 410–446, bes. 439–444.

[42] Vgl. H. U. v. Balthasar, Karl Rahner zum 60. Geburtstag am 5. März 1964, in: Neue Zürcher Nachrichten, 29. 2. 1964, Beilage Christliche Kultur Nr. 8.

[43] Vgl. J. Ratzinger, Aus meinem Leben. Erinnerungen (1927–1977). Stuttgart 1998, bes. 82, 89, 130 f., 157; vgl. dazu die Rezension mit Kritik an der Rahner-Darstellung in: ZKTh 120 (1998) 465 f. (A. R. Batlogg).

[44] H. Vorgrimler, Karl Rahner. Gotteserfahrung in Leben und Denken, 130.

[45] Vgl. H. Fries / K. Rahner, Einigung der Kirchen – reale Möglichkeit (QD 100). Freiburg 1983; jetzt in: K. Rahner, Sämtliche Werke. Bd. 27: Einheit in Vielfalt. Schriften zur ökumenischen Theologie. Freiburg 2002, 286–396.

[46] Vgl. zum Begriff: Ch. Böttigheimer, „Differenzierter Konsens" und „versöhnte Verschiedenheit". Über die Tradition der Konzentration christlicher Glaubensaussagen, in: Catholica 59 (2005) 51–66.

[47] Vgl. K. Rahner, Vorfragen zu einem ökumenischen Amtsverständnis (QD 65). Freiburg 1974; jetzt in: SW 27, 223–285.

[48] J. Ratzinger, Prognosen für die Zukunft des Ökumenismus, in: Ökumenisches Forum, Grazer Hefte für konkrete Ökumene 1 (1977) 31–41, 36: „Rom muß vom Osten nicht mehr an Primatslehre fordern, als auch im ersten Jahrtausend formuliert und gelebt wurde." Vgl. dazu W. Kasper, Wege der Einheit. Perspektiven für die Ökumene. Freiburg 2005, 193 f.

[49] Vgl. J. Ratzinger, Theologische Prinzipienlehre. Bausteine zur Fundamental-

theologie. München 1982, bes. 209: „Was die Primatslehre angeht, solle Rom vom Osten nicht mehr verlangen, als was im ersten Jahrtausend formuliert und gelebt wurde." Vgl. ferner ebd. 214–239 („Rom und die Kirchen des Ostens nach der Aufhebung der Exkommunikation von 1054").

[50] Vgl. H. Vorgrimler, Vom „Geist des Konzils", in: Ders., Wegsuche. Kleine Schriften zur Theologie. Bd. 2. Altenberge 1998, 139–169.

[51] Vgl. dazu A. R. Batlogg, Gotteserfahrung und Kirchenkritik bei Karl Rahner, in: M. Delgado / G. Fuchs (Hg.), Die Kirchenkritik der Mystiker. Prophetie aus Gotteserfahrung. Bd. 3. Fribourg/Stuttgart 2005, 371–401.

[52] Vgl. z. B. K. Rahner, Über das ja zur konkreten Kirche (1969), in: Ders., Schriften zur Theologie. Bd. 9. Zürich 1970, 479–497; ders., Vom Mut zum kirchlichen Christentum (1979), in: Ders., Schriften zur Theologie. Bd. 14. Zürich 1980, 11–22.

[53] Vgl. Ex. spir. Nr. 330.

[54] Vgl. K. Rahner, Von der Not und dem Segen des Gebetes (1949). Freiburg 2004; ders., Gebete des Lebens. Freiburg 2004 (darin: „Worte ins Schweigen" von 1938). Beide Bände wurden im Gedenkjahr 2004 in einer attraktiven Doppelausgabe „Beten mit Karl Rahner" (2 Bde.) neu veröffentlicht.

3 KARL RAHNER ALS MITBRUDER

Existentiell engagiertes Denken
Im Gespräch mit P. Emerich Coreth SJ, Innsbruck

Emerich Coreth SJ, Dr. theol., Dr. phil., geb. 1919 in Raabs an der Thaya/Nieder-österreich, emeritierter Professor für Philosophiegeschichte an der Universität Innsbruck, ist seit 1937 Jesuit. 1957/58 und 1968/69 Dekan der Theologischen Fakultät, 1961–1967 Rektor des Jesuitenkollegs, 1969–1972 Rektor der Universität Innsbruck, 1972–1977 Provinzial der Österreichischen Jesuitenprovinz.

Was halten Sie von Karl Rahner?

☐ Pater Rahner war ein ganz außergewöhnlich begabter, geradezu genialer Mensch. Wenn ich jemals in meinem Leben ein echtes Genie getroffen habe, dann war er es. Seine lebendige Sicht, Probleme aufzugreifen und in seiner Weise zu verarbeiten – das war unglaublich, atemberaubend! Ich habe Pater Rahner im Jahr 1939 kennengelernt, als ich am Ende meines Noviziats war. Ich hatte noch nicht studiert.

Theologie im Dienst des christlichen Lebens

Aber man hat damals schon von Innsbruck her gehört, daß Pater Rahner den Studenten durch seine Tiefe und Lebendigkeit aufgefallen ist. Da waren einfach neue Ansätze des theologischen Denkens. Was von ihm vor allem bleiben sollte, ist dieses existentiell engagierte Denken! Für ihn war Theologie nicht nur eine abstrakte Wissenschaft, sondern wirklich sein Leben: Theologie im Dienst des christlichen Lebens, im Dienst der Verkündigung! Es war ihm wirklich ein Anliegen, Theologie zu betreiben und von der Theologie her auch die Probleme der Zeit zu beantworten. Im Grunde genommen war Karl Rahner ein tieffrommer Mensch.

War das familiär bedingt?

☐ Ich glaube schon. Ich habe einmal seine Mutter flüchtig kennengelernt, als sie schon über 90 Jahre alt war. Aber von den Familienver-
hältnissen weiß ich nicht viel. Immerhin: Zwei Söhne wurden Jesuiten!
Hugo Rahner[1] stand an Begabung seinem jüngeren Bruder nicht nach.
Er war, menschlich gesehen, noch viel netter und freundlicher. Er war
spritzig und ein glänzender Redner. Man darf den älteren Bruder nicht
vergessen. Bei ihm war jede Vorlesung ein Vergnügen: eine profunde
Kenntnis der Patristik und Kirchengeschichte und zugleich humorvoll
und geistvoll, ganz anders als Karl Rahner. Der Karl war mehr der dü-
stere Bohrer und ein Problematiker. Jedenfalls: Aus dieser Familie sind
diese beiden Priester und Jesuiten hervorgegangen. Da muß also schon
in der Familie ein lebendiger Glaube gewesen sein, christliche Erziehung, ein sehr solider Hintergrund, das ist gar keine Frage.

Wie haben Sie Pater Rahner kennengelernt?

☐ Das war am Ende meines Noviziats in Sankt Andrä im Lavanttal
(Kärnten). Er ist auf Ferien gekommen. Dabei hat er uns Novizen etwas von seiner Arbeit erzählt. Natürlich haben wir von seiner Lehrtätigkeit nicht viel verstanden. Ich habe ihn dann später besser kennengelernt und war von ihm ziemlich stark beeinflußt. Im Jahr 1948
haben ich mein Theologiestudium mit dem Doktorat abgeschlossen
und bin im Sommer nach Rom gegangen, als Pater Rahner wieder
nach Innsbruck kam.

Als ich 1950 in Innsbruck als junger Dozent begonnen habe,
habe ich in den ersten Jahren sehr viel mit ihm diskutiert. Ich glaube,
daß das wohl mitgewirkt hat, daß ich selbst in der transzendentalen
Richtung Metaphysik betrieben habe. Ich habe vorher schon Joseph
Maréchal[2] studiert gehabt. Johann Baptist Lotz[3] war mein Lehrer in
Pullach gewesen. Es lag mir nahe, aber ich habe mich noch nicht so
irgendwie darauf festlegen können. Ich hatte inzwischen Idealismus
studiert, vor allem Hegel. Dann habe ich mich – stark inspiriert von
Karl Rahner – daran gemacht, meine „Metaphysik"[4] zu schreiben. Pater Rahner war übrigens einer der Zensoren und hat keinen einzigen

Einwand gehabt oder irgendeine Kritik erhoben, wie ich später erfuhr.

Ist Ihr Hauptwerk mehr von „Geist in Welt" oder mehr von „Hörer des Wortes" beeinflußt worden?

☐ Ich glaube grundsätzlich, daß zum Verständnis von Karl Rahner seine philosophische Position in „Hörer des Wortes" viel wichtiger ist als „Geist in Welt". „Geist in Welt" war eine erste Arbeit über die Metaphysik der endlichen Erkenntnis bei Thomas von Aquin mit starken Einflüssen von Heidegger. Aber seine eigene geistige Position hat er sich in „Hörer des Wortes" erarbeitet, eine a priori fundierte, transzendental begründete Metaphysik: vor allem transzendentale Offenheit für Gottbezogenheit auf das Absolute – von daher „Hörer des Wortes", also ein Hinhören auf die Begegnung des Absoluten in der Welt und in der Geschichte auf das Wort Gottes, wie es uns begegnet. Gerade darin sehe ich ein Grundproblem der ganzen Theologie von damals: die Übertragung eines transzendentalen Apriori von der Philosophie auf die Theologie.

Die Unbedingtheit des Seins

Diesen Ansatz finden Sie genauso in seinem Spätwerk „Grundkurs des Glaubens" (1976) wieder. Da nimmt er denselben Ansatz wieder auf, im Wesentlichen unverändert, und kommt dann auch zu einem christologischen Apriori oder zur transzendentalen Christologie. Pater Rahner hat jahrelang darum gerungen, für die ganze Theologie ein Apriori zu finden, also einen Ausgangspunkt, ein Prinzip sozusagen, von dem her man alles nicht unbedingt ableiten, aber doch alles verständlich machen kann. Das ist für ihn Christus. Nun ist Christus aber und der Glaube an ihn niemals ein reines Apriori, sondern unableitbar, freie Heilstat Gottes. Im strengen Sinn ist ein transzendentales Apriori philosophisch nicht nachweisbar. Das ist Glaube. Sicherlich: Es verändert in der Weise meine Welt, meine Weltbewertung, insofern eben Christus für die Erlösung der ganzen Welt und der ganzen Menschheit Mensch geworden ist, gelitten hat und auferstanden ist.

Das ist der springende Punkt bei Karl Rahner: Die ganze Schöpfung ist anders, seitdem der Gottessohn Mensch geworden ist.

Dieses apriorische Anderssein finden Sie auch in Karl Rahners Theologumenon vom anonymen Christen: Irgendwie ist jeder schon in der Heilsordnung drin, ob er es weiß oder nicht, ob er glaubt oder nicht. Jeder Mensch ist a priori in der übernatürlichen Heilsordnung enthalten. Pater Rahner nennt es auch „übernatürliches Existential", Existential streng im Sinn von Martin Heidegger. Existential ist eine Seinsbestimmung der Existenz. Existenz ist die Seinsweise des Menschen. Eine konstitutive Seinsbestimmung der Existenz nennt Heidegger „Existential". So ist für Rahner auch Existential eine Seinsbestimmung der menschlichen Existenz, ist einfach die Erlösungstat: das Leben in Christus. Ich meine, das ist schon eine Vision, die sehr zu beachten ist.

Aber ist das nicht nur für einen glaubenden Menschen so zu verstehen?

☐ Natürlich, in erster Linie ist das einem glaubenden Menschen einsichtig. Man kann es aber nur im Glauben nachvollziehen. Das würde Rahner ohne Weiteres zugeben. Man kann das niemals in einer rein transzendentalen Reflexion auf menschliche Existenz aufweisen.

Pater Rahner hat einen Artikel über „Die Einheit von Nächstenliebe und Gottesliebe" (1965) verfaßt. Würden Sie sagen, es gibt Momente, wo diese von Ihnen eben beschriebene, rein philosophische Perspektive überwunden ist in einer mehr theologischen?

☐ Durchaus und zwar in einem existentiell-theologischen Sinn. Karl Rahner wollte in seinem ganzen späteren Leben nicht Philosoph sein. Das habe ich von ihm wiederholt ausdrücklich gehört. Er wollte Theologe sein. Er hat mich zum Beispiel als Philosoph fast leise bedauert, weil die Philosophie nie die volle Wirklichkeit erreicht. Die Theologie im Glauben erst ist die volle Wirklichkeit. Philosophie ist eine Abstraktion, brutal gesagt.

Man kann die Kritik hören, daß Pater Rahner zum Beispiel zu schnell vom Sein zum Seinsbegriff, also zu Gott kommt. Sehen auch Sie hier eine Problematik gegeben?

☐ Ich glaube, genau denselben Einwand könnte man mir auch machen: Daß im Sein immer schon eine Unbedingtheit enthalten ist, eine Absolutheit. Kein Mensch und kein Engel des Himmels kann es leugnen. Diese Unbedingtheit des Seins habe ich auch in meiner „Metaphysik" und in späteren Schriften immer sehr betont und herausgearbeitet und von einem Seinshorizont, einem Horizont absoluter Gültigkeit gesprochen. Das ist ja im Letzten schon Gott. Darum ist Sein, metaphysisch so verstanden, immer schon „participatio" (Teilhabe) am absoluten Sein. Im übrigen weiß ich ja nicht genau, was Pater Rahner da viel anderes sagen würde als ich. Ich glaube nicht an ein „esse commune": Das ist eine Abstraktion, ein Begriff. Es gibt kein „esse commune" als Realität. Realität gibt es immer nur im konkreten Seienden, im einzelnen Seienden. Es ist ein Prinzip, ein metaphysisches Prinzip, insofern ein Realprinzip, als durch das Sein jedes Seiende als solches ist.

Sie haben Pater Rahner eingangs einen tief frommen Menschen genannt.

☐ Das könnte man, glaube ich, so sagen. Man sieht das auch in Schriften wie „Von der Not und dem Segen des Gebetes" (1949) und anderen. Man konnte es auch erleben, wenn man ihn predigen gehört oder mit ihm gesprochen hat. Seine Predigten waren wirklich geistvoll, aber auch engagiert für das Heil der Welt, für die Sorgen der Kirche usw. Persönliche Frömmigkeit hat er eher verborgen. Er ist sehr früh aufgestanden, um halb fünf Uhr morgens meistens oder früher, und dann hat er ganz allein zelebriert. Er hat nicht viel gezeigt davon, aber in seinem Einsatz – er hat ja hier in den 50er und 60er Jahren jeden Sonntag in der Jesuitenkirche gepredigt[5], was durchaus nicht selbstverständlich ist.

Für einige war das Zweite Vatikanische Konzil (1962–1965) eine große Enttäuschung. Ich habe den Eindruck, für Karl Rahner wurde es zum

Durchbruch. Er hat sich persönlich und theologisch durchgesetzt, etwa in der Offenbarungskonstitution („Dei Verbum").

□ Das kann man schon so sagen. Er war ja nicht nur theologischer Berater von Kardinal Franz König, sondern auch offizieller Peritus, von Papst Johannes XXIII. ernannt. Sicher ist, daß Pater Rahner sich auf dem Konzil enorm eingesetzt hat. Vor verschiedenen Bischofskonferenzen hielt er auf dem Konzil Referate, Theologen sind zu ihm gegangen, um Rat zu holen. Er hat einen starken Einfluß gehabt, er ist beinahe der führende Theologe des Konzils geworden. Er hat das nie groß betont. Aber man hat das natürlich gespürt und herausgehört. Die anderen haben sich auf ihn bezogen! Das war für ihn schon eine große Bestätigung seiner Theologie und seines ganzen Anliegens.

Was hat Ihnen die Begegnung mit Karl Rahner und die Freundschaft mit ihm bedeutet?

□ „Freundschaft" kann ich es kaum nennen! Man ist gar nicht leicht an Karl Rahner herangekommen. Wie ich schon sagte: In den ersten Jahren, Anfang der 50er Jahre, habe ich sehr viel mit ihm gesprochen und lange diskutiert. Er hat mich lange als Gesprächspartner geachtet. Das ist allmählich immer weniger geworden. Erstens habe ich zu tun gehabt, zweitens war er überlastet. Wenn man zu ihm gekommen ist, hat er ständig geschrieben, entweder mit der Hand oder mit zwei Fingern auf der Schreibmaschine. Er hatte immer weniger Zeit. Dann hat er einen eigenen Sekretär gehabt, und man konnte überhaupt nicht mehr zu ihm, ohne vom Sekretär angemeldet zu werden. Er hat sich also abgeschirmt. Da bin ich also nicht mehr sehr viel an ihn herangekommen. Nur gelegentlich hat sich irgendetwas ergeben.

Im Dezember 1981 kam Pater Rahner wieder nach Innsbruck zurück.

□ Ja, da war das Jesuitenkolleg restauriert. In diesen letzten Jahren habe ich aber leider nicht sehr viel Kontakt mit ihm gehabt. Es war schwierig: Er hat sich auch mehr zurückgezogen, kräftemäßig war er nicht mehr sehr gut beisammen. Er hat sich hier aber soweit ganz wohl gefühlt, mehr als in München jedenfalls. Aber ich kann nicht sagen, daß ich einen sehr engen geistigen Kontakt mit ihm gehabt hätte. Er hat ein eigenes Büro gehabt, mit einer eigenen Sekretärin, er hat dann den ganzen Nachlaß noch verarbeitet und sehr viel Korrespondenz gehabt. Da wollte man auch nicht stören. Neben der enorm vielen Korrespondenz hielt er immer noch Vorträge. Er war geistig sicher sehr anregend.

Auffällig ist doch auch, daß er seinen Ordensvater Ignatius von Loyola sehr geschätzt hat.

☐ Er hat ihn geschätzt, und er hat im Geist unseres Ordensgründers gelebt und gearbeitet! Er hat sich durchaus als Jünger des Ignatius gefühlt. Er hat auch seine Theologie letztlich von den Exerzitien her betrieben. Beide Brüder Rahner waren sehr an Ignatius interessiert. Hugo Rahner wollte ja eine Biographie verfassen. Er hat es aber krankheitsbedingt nicht fertiggebracht, trotzdem er einiges über Ignatius geschrieben hatte.

Wenn jemand fragt, warum man sich überhaupt noch mit Karl Rahner auseinandersetzen solle, wenn doch seine Sprache so schwierig sei: Was würden Sie dazu sagen?

☐ Dazu wäre viel zu sagen! Karl Rahner ist ja nicht nur von seinem philosophischen Ansatz her zu verstehen. Er hat fast über alle Probleme der Theologie geschrieben und Stellung genommen. Seine Theologie ist eine sehr vielfältige und kann deshalb in sehr vielen theologischen Fragen wirklich Anregung geben. Sie bleibt richtungweisend – nicht immer so, daß man jetzt unbedingt allem folgen muß. Pater Rahner hat sich in manchen Dingen auch sehr geändert. Er hat zum Beispiel in seiner Frühzeit einen Artikel geschrieben, in dem er den Monogenismus, die Abstammung des Menschen, metaphysisch zu beweisen versucht[6]. Das hat er später sicher nie mehr getan. Aber er hat mit allen Problemen persönlich gerungen und ist in die Tiefe gegangen.

Pater Rahners Schwester Elisabeth soll seine zur Vorbegutachtung bei Professor Martin Honecker eingereichte Thomas-Studie, die als Dissertation vorgesehen war, 14 Monate später wieder abgeholt haben. Honecker habe gemeint, diese Interpretation führe von Thomas von Aquin weg. Pater Rahner hat schließlich auf das Doktorat verzichtet, weil er nicht zu Überarbeitungen bereit war. Hat er darunter gelitten?

☐ Er hat sicher nicht darunter gelitten. Vielleicht im ersten Augenblick schon, aber später hat ihn das gar nicht mehr gestört. Er hat das eher als Kuriosum betrachtet, daß man die Arbeit nicht als Doktorarbeit angenommen hat. Er hat dann sehr schnell hier in Innsbruck ein Doktorat in Theologie erworben[7] und war bereits ein halbes Jahr später habilitiert. Im großen und ganzen hat er offenbar ganz gern in die Theologie gewechselt[8]. Philosophie hat er aber immer für wichtig gehalten. Ich habe dann darüber auch einmal einen Artikel verfaßt[9].

Kirchenkritik

Unglücklich war ich über seine ständige Kirchenkritik. Manchmal hat er schon beim Frühstück angefangen, auf die Kirche zu schimpfen. Hugo Rahner hat zeitweise große Sorgen um Karl gehabt[10]. Dann ist es ihm gelungen, Karl einmal nach Rom zu bringen, und dort ist er dann gut empfangen worden. Da war es etwas besser. Er war bis in die 50er Jahre hinein noch nie in Rom gewesen. Karl Rahner hat sich gern selber als Märtyrer hingestellt: als Märtyrer Roms. Natürlich gab es Spannungen mit Rom, aber es war nicht so schlimm! Daß manche Anstoß genommen haben, ja. Aber er hat die maßgeblichen Leute kaum gekannt. Da haben wir eine Art Komplott geschlossen, Hugo Rahner und ich. Ich war damals Rektor des Jesuitenkollegs. Wir haben etwas eingefädelt: Daß der Karl zu Vorträgen an der Gregoriana eingeladen wird. Das ist sehr gut gegangen, und er wurde dann auch von Kardinal Ottaviani freundlich empfangen. Karl Rahner ist aufgeblüht und ist sehr gutgelaunt zurückgekommen. Er war sehr zufrieden und hat davon erzählt. Mir ist ein Stein vom Herzen gefallen. Manchmal ist

Hugo Rahner zu mir gekommen: „Wie geht es Dir denn mit Karl?" Er hat Sorgen gehabt, genauso wie ich.

Anmerkungen

[1] Hugo Rahner SJ (1900–1968) lehrte von 1937 bis 1964 Kirchengeschichte und Patrologie an der Universität Innsbruck; 1945/46 sowie 1953/54 Dekan der Theologischen Fakultät, 1949/50 Rektor der Universität Innsbruck; vgl. A. R. Batlogg, Hugo Rahner als Mensch und Theologe, in: Stimmen der Zeit 213 (2000) 517–530.

[2] Joseph Maréchal SJ (1878–1944) lehrte als Professor für Philosophie in Leuven (Belgien) und beeinflußte mit seinem Hauptwerk „Le point de départ de la métaphysique" (1923 ff.) zahlreiche sogenannte Transzendentaltheologen und -philosophen.

[3] Johann Baptist Lotz SJ (1903–1992), Professor für Philosophiegeschichte in Pullach bei München (Berchmanskolleg).

[4] Vgl. E. Coreth, Metaphysik. Innsbruck 1961 (^{3}1980).

[5] Vgl. K. Rahner, Biblische Predigten. Freiburg 1965.

[6] Vgl. K. Rahner / P. Overhage, Das Problem der Hominisation (QD 12/13) Freiburg 1961.

[7] Diese Doktorarbeit wurde erst 1999 veröffentlicht. Vgl. K. Rahner, E latere Christi. Der Ursprung der Kirche als zweiter Eva aus der Seite Christi des zweiten Adam. Eine Untersuchung über den typologischen Sinn von Joh 19,34, in: Ders., Sämtliche Werke, Bd. 3: Spiritualität und Theologie der Kirchenväter. Freiburg 1999, 1–84; vgl. dazu A. R. Batlogg, Karl Rahners theologische Disseration „E latere Christi". Zur Genese eines patristischen Projekts (1936), in: ZKTh 126 (2004) 111–130.

[8] Vgl. K. Rahner, Zur Rezeption des Thomas von Aquin, in: P. Imhof / H. Biallowons (Hg.), Glaube in winterlicher Zeit. Gespräche mit Karl Rahner aus den letzten Lebensjahren. Düsseldorf 1986, 49–71, 53: „Historisch gesehen ist jedoch die häufig vorgetragene Behauptung falsch, ich sei der Ablehnung wegen in die Dogmatik nach Innsbruck übergesiedelt. Ich habe meine Arbeit gegen Ende des Sommersemesters 1936 eingereicht, mußte dann aber nach Innsbruck, um, von den Oberen umdestiniert, in Dogmatik zu promovieren und mich zu habilitieren. Man brauchte in Innsbruck einen Professor, nachdem Johann Stufler und Joseph Müller, die Vorgänger von Franz Mitzka und mir, in Pension gegangen waren. Aus diesen Gründen also kam es zu meiner Umbestimmung. Und erst nachdem ich begonnen hatte, mein Doktorat in Theologie vorzubereiten, erhielt ich den Brief von Honecker, in dem ich erfuhr, er nehme meine Dissertation nicht an. Selbst wenn er sie also angenommen hätte, wäre ich Dogmatiker in Innsbruck geworden, und zwar gerne. (...) Und, offen gestanden, ich selbst habe keineswegs ein großes inneres Verhältnis zur Geschichte der Philosophie. Sicherlich, ich wäre ein ganz ordentlicher Philosophiegeschichtler geworden, aber mein Herz hat keineswegs geblutet, als ich von meinen Oberen umdestiniert wurde."

[9] Vgl. E. Coreth, Philosophische Grundlagen der Theologie Karl Rahners, in: StZ 119 (1994) 525–536.

[10] Vgl. den Brief von Hugo an Karl Rahner im Anhang dieses Bandes („Von Bruder zu Bruder", 1955).

Er kannte nur die Theologie
Im Gespräch mit P. Albert Keller SJ, München

Albert Keller SJ, Dr. phil., lic. theol., geb. 1932, ist seit 1952 Jesuit. Er wirkte als Professor für Erkenntnistheorie und Sprachphilosophie an der ordenseigenen Hochschule für Philosophie der Jesuiten in München, deren Rektor er von 1970 bis 1976 war. Von 1976 bis 1980 war er Leiter des Instituts für Kommunikationsforschung und Medienarbeit an dieser Hochschule. Seit dem Jahr 2002 ist er emeritiert.

Wie haben Sie Pater Rahner hier im Berchmanskolleg erlebt?

☐ Als er in Münster emeritiert wurde, kam er nach München zurück und wohnte zunächst im Schriftstellerhaus in der Zuccalistraße. Dann wohnte er mehrere Jahre hier im Berchmanskolleg. Er hatte ein Zimmer und ein Büro. Wenn er nicht unterwegs war, hat er täglich diktiert. Das war seine Arbeitsweise. Er hatte Sekretärinnen, die sehr geduldig sein mußten. Am Morgen hat er meistens von 9 Uhr an diktiert, bis etwa gegen 12 Uhr, mit einer Unterbrechung von einer halben oder einer dreiviertel Stunde, wo er Kaffee getrunken hat. So wie er diktiert hat, ist das dann auch gedruckt worden. Er hat nicht redigiert oder überarbeitet. Man merkt das an vielen Texten, daß sie gesprochenes Wort sind. Es sind meistens sehr lange Sätze. Gegen Störungen am Vormittag war er allergisch und konnte sehr zornig reagieren, wenn man ihn beim Diktieren unterbrochen hat.

Hatte er ein Schild „Bitte nicht stören" an der Tür?

☐ Nein. Man wußte: Am Vormittag darf man Pater Rahner nicht stören. Es mußte schon Pater General oder sonst jemand in einer sehr hohen Position anrufen, sonst wurden keine Telefone durchgestellt.

In welcher Beziehung standen Sie zu Pater Rahner?

☐ Ich war damals Hochschulrektor. Wir haben uns öfter beim Kaffeetrinken getroffen. Er ist während einer Pause in die Hochschule gekommen. Beim Kaffeetrinken war er ganz ruhig. Aber wenn er irgendwo eingeladen war und er abgeholt werden sollte, stand er schon 20 Minuten früher abfahrbereit da und hat immer gefragt: Wo bleiben die denn? – Wenn ihn jemand um 10 Uhr abholen wollte, war er bestimmt schon um 9.30 Uhr fertig. Wenn man bei einer Familie eingeladen war, hat er bestimmt nach einer Stunde gesagt: Jetzt müssen wir aber wieder gehen. – Diese Unruhe gehörte einfach zu ihm dazu.

Auf dem Lehrstuhl von Romano Guardini

Er ist offenbar immer sehr früh aufgestanden.

☐ Das war bekannt. Als er in München Professor auf dem Romano-Guardini-Lehrstuhl war, legte er seine Vorlesungen auf den frühestmöglichen Termin, ganz früh am Morgen. Ich glaube, er begann um 7.15 Uhr mit den Vorlesungen. Früher ging es nicht. Er wollte, daß die Hörer nicht beiläufig kommen, sondern sich wirklich interessieren. Deswegen verlegte er seine Vorlesung auf die frühestmögliche Zeit. Sonst hat natürlich niemand so früh begonnen[1].

Pater Rahner hatte Professuren in Innsbruck, München und Münster. Hat er einmal gesagt, er hätte die ganze Zeit in Innsbruck bleiben sollen, wo er dann ja seine letzten Lebensjahre verbracht hat?

☐ Als er in Münster emeritiert wurde (1971), kam er wieder fix nach München zurück. Was er bedauerte war, daß er in München mit seinen Vorlesungen nicht so gut ankam, als Nachfolger von Romano Guardini. Guardini war ein brillianter Rhetoriker, kein Show-Man, aber ein Ästhet mit vorzüglichem Deutsch und ein Meister der Literatur. Das war Pater Rahner nicht. Er hat zwar auch schön reden können, aber er war viel mehr an Ideen interessiert als an Formulierungen. Bei Guardini war es genau umgekehrt gewesen. Wenn man ein bißchen hart und kritisch sein möchte, könnte man sagen: Heutzutage ist Guardini angenehm zu lesen, aber es ist nichts Aufregendes. Alles ist schön und ausgewogen und auch nicht dumm. Aber mit Pater Rahner ist das nicht vergleichbar. Er hat eigene Ideen und Einfälle. Anderseits hatte Guardini volle Hörsäle, er las im Auditorium maximum, und es kamen Hörer aus allen Fakultäten, Philosophen, Theologen usw. Guardini war eine Kultur, könnte man sagen, und das hat man gespürt. Bei Pater Rahner war der Hörsaal nicht voll, und das hat ihn gewurmt. Er war einfach ein wenig gekränkt, daß er nicht so geschätzt wurde wie Guardini. Deshalb hat er dann auch den Ruf nach Münster (1967) angenommen.

Für Sie ist diese Meinung gut genug!

Was bleibt Ihnen von Pater Rahner in Erinnerung?

☐ Als erstes sicher seine Ungeduld! Ich erinnere mich aber auch sehr lebhaft daran, daß er mit jedem diskutierte. Er war nicht eitel. Er hat sich nicht nur mit Professoren abgegeben. Er hat nie gesagt: Das ist nur ein – sagen wir – Kaufmann, mit dem diskutiere ich nicht. Er hat mit allen möglichen Leuten geredet. Nur wenn jemand blockiert hat und auf seine Argumente nicht eingegangen ist, konnte er, ganz friedlich, diesen köstlichen Satz sagen: Bleiben Sie bei Ihrer Meinung, für Sie ist sie gut genug. – Das habe ich öfter gehört – und genossen, es ist ein exzellenter Satz.

Er hat es übrigens enorm verstanden, Leute für sich einzusetzen. Karl Lehmann, Herbert Vorgrimler, Johann Baptist Metz, Roman Bleistein und wie sie alle heißen: Sie haben für ihn gearbeitet und zwar intensiv. Betteln konnte Pater Rahner. Sonst hätte er auch gar nicht so viel schaffen und seine Ideen umsetzen können. Vielleicht hat er sich auch von Luise Rinser eine Hilfe in dieser Richtung erwartet: daß sie seine Dinge durchliest, sprachlich aufbessert. Sie war immerhin eine anerkannte Autorin.

Er mochte Witze

War Pater Rahner beim Kaffeetrinken kommunikativ?

☐ Beim Kaffeetrinken schon. Aber „Small talk" war nicht seine Sache. Wir haben oft Witze erzählt. Wenn sie theologisch interessant waren und ihm gefallen haben, merkte er sie sich. Zum Beispiel diesen: Einige Leute diskutieren über Gott. Die einen sagen: Es gibt ihn. Die anderen sagen: Es gibt ihn nicht. Die Wahrheit liegt wahrscheinlich in der Mitte. – Der hat ihm gefallen, so etwas mochte er.

Elisabeth Cremer, Pater Rahners Schwester, und Franz Johna vom Herder-Verlag haben mir erzählt, daß Rahner alle Briefe beantwortet hat, die er bekam. War das überhaupt zu schaffen bei der vielen Post? Half ihm dabei eine Sekretärin?

Manches hat eine Sekretärin erledigt oder ein Assistent, wenn es nicht zu persönlich war. Hier im Haus hat Pater Karl-Heinz Weger SJ viel mit ihm gearbeitet oder auch Pater Roman Bleistein SJ. Beide sind inzwischen verstorben[2]. Als Pater Rahner den Guardini-Lehrstuhl innehatte, war Jörg Splett[3] sein Assistent, der jetzt Professor in Frankfurt ist. Seine Assistenten haben ihm ziemlich intensiv zugearbeitet. Der Vormittag war die Phase seines theologischen Denkens. Da durfte ihn, wie gesagt, keiner stören. Nachmittags hat er dann Post erledigt oder etwas nachgelesen.

Hatte er überhaupt Zeit, um viel zu lesen?

☐ Viel Zeit hatte Pater Rahner sicher nicht. Nebenbei war er ja auch kirchenpolitisch aktiv: für die Gemeinsame Synode der deutschen Bistümer in Würzburg etwa (1971–1975). Da hat er viel Zeit investiert. Vorher war er natürlich auf dem Konzil. Dort hat er extrem viel gearbeitet und Texte gelesen und redigiert. Aber seine große intensive Studienzeit war sicher in Innsbruck, dort hat er die Kirchenväter und alles Mögliche studiert. Im Alter hat er nur noch aktuelle Auseinandersetzungen gelesen und nicht mehr andere Theologen studiert.

Pater Rahner hatte eine gute Beziehung zu Kardinal Julius Döpfner, dem Erzbischof von München und Freising.

☐ Die beiden verstanden sich gut, aber er stand auch gut mit Kardinal Hermann Volk aus Mainz. Pater Rahner mochte eine gewisse solide Autorität. Über den Orden hat er einmal gesagt, er habe nicht viele Obere erlebt, sondern meistens nur Kollegen. Er hat das nicht aggressiv gemeint. Er hat einmal an einen Jesuiten erinnert, der ein berühmter Provinzial war: Pater Hayler[4]. Es war irgendwann in den 20er Jahren, er war also auch Pater Rahners Provinzial. Hayler wurde einmal nach Rom zum Generaloberen beordert, der ihn zurechtweisen wollte, weil ihm dieser Provinzial zu eigenständig war. Hayler ist nach Rom gereist, und diese Reise war wahrscheinlich als eine Art „Culpa", eine Disziplinierungsmaßnahme, gedacht. Er mußte im Vorzimmer des Generals warten. Nach einer Stunde Wartezeit hat der dem Sekretär des Generals gesagt: Wenn Pater General soviel Zeit hat – ich habe sie nicht. – Und er ist wieder nach Deutschland zurückgereist, ohne den General getroffen zu haben. So etwas hat Pater Rahner geschätzt! Er meinte: Der Pater Hayler, das war ein Oberer, ein Mann, der wußte, was er wollte und der auch dazu stand!

Aus einem ähnlichen Grund hat er Kardinal Döpfner geschätzt[5]. Döpfner war ein ähnlicher Typ: energisch und ursprünglich sogar etwas konservativ, aber er gab zu, daß er nicht immer recht hatte und stand zu seiner Sache.

Ich protestiere!

Döpfners Nachfolger als Erzbischof wurde Joseph Ratzinger, der Johann Baptist Metz' Berufung an die Universität München verhindert hat.

☐ Den wollte Pater Rahner unbedingt als Nachfolger von Heinrich Fries durchsetzen, aber das wurde von Kardinal Ratzinger und Kultusminister Hans Maier blockiert. Pater Rahner hat sich sehr massiv für seinen Schüler und Freund Metz eingesetzt und auch einen dicken Zeitungsartikel verfaßt, den er, ähnlich wie in der Dreyfus-Affäre[6], mit „Ich protestiere!" überschrieb[7]. Pater Rahner hat darin Ratzinger und Maier ziemlich massiv angeklagt, es war gar nicht friedlich. Aber letztlich hat seine Intervention keinen Erfolg gehabt.

Besessen von seiner Arbeit

Was können junge Theologen von Karl Rahner lernen? Ich habe gelesen, Hans Küng habe im Zuge der Debatte um sein Buch „Unfehlbar?" Pater Rahner, der das Dogma verteidigte, gesagt: „Sie haben ihre Zeit gehabt, jetzt sind wir dran." Ist Pater Rahner passé, nicht nur wegen seiner schwierigen Sprache?

☐ Hans Küng hat bei weitem nicht die theologische Qualität von Karl Rahner. Er hat seine Ideen, unbestritten, aber theologische Substanz – da ist Pater Rahner unübertroffen. Er hat zum Beispiel – das ist ein deutlicher Unterschied zu Küng – den Personbegriff in der Trinität angegriffen[8]. Aber in demselben Artikel schreibt er auch: Ich will natürlich dem Lehramt der Kirche nichts vorschreiben. Es soll seine Sprache ändern. Küng würde sagen: Das Dogma muß geändert werden. Das wäre Rahner völlig fremd gewesen. Ihm war klar, daß ein Begriff wie der der Person, der eineinhalb Jahrtausende in der Theologie eine bestimmte Bedeutung hat, nicht einfach fallengelassen werden kann. De facto greift er den Begriff massiv an. Er wollte aber keine Auseinandersetzung mit dem Lehramt führen. Ich meine, in der Art und Weise der Auseinandersetzung mit dem traditionellen Lehrgut der Kirche kann man von Pater Rahner immer noch lernen. Es ist manchmal fast erschreckend, wie brisant manche seiner Ansätze heute noch sind.

Haben Sie selber bei Pater Rahner studiert?

☐ Nein, ich habe meine Theologie in Rom an der Gregoriana studiert, von 1962 bis 1966, also während des Konzils. Dort habe ich Pater Rahner natürlich immer wieder bei kleinen Konferenzen getroffen, die er für die Deutschen gehalten hat. Ich habe aber meine Theologie nach seinen Büchern studiert. Die Vorlesungen habe ich an der Gregoriana besucht, aber ich habe gemerkt: In Pater Rahner steckt mehr als das, was ich an der Universität höre.

Die spirituellen Schriften Karl Rahners wie „Von der Not und dem Segen des Gebetes" oder etwa die „Worte ins Schweigen" scheinen irgendwie zeitlos zu sein. Von den geistlichen Schriften ist für mich der Exerzitienkommentar, die „Betrachtungen zum ignatianischen Exerzitienbuch" (1965), am Wichtigsten. Dort ist er theologisch nicht spitzfindig, sondern sehr pastoral und spirituell. Es kommt auch seine eigene Frömmigkeit durch, und er sagt das auch: Ich stehe vor Gott. – In Deutschland ist das ja nicht so wie anderswo, daß man seine religiösen Empfindungen so leicht preisgibt. Wir sind da eher zurückhaltend. Aber Pater Rahner macht das! In diesen Büchern kann man durchaus seine persönliche Frömmigkeit entdecken, aus der heraus er lebt und seine Theologie treibt. Im „Grundkurs" schreibt er in der Einleitung im Blick auf sein Buch: „… man weiß selbst, daß man nicht genug gedacht, nicht genug geliebt, nicht genug gelitten hat."[9] Er breitet seine persönlichen Erfahrungen nicht aus, aber er verschweigt sie auch nicht. Das beeindruckt mich.

Wofür sind Sie ihm am meisten dankbar? Denken Sie an eine ganz bestimmte Begegnung?

☐ Menschlich gesehen ist Pater Rahner kein Vorbild, wenn man es hart und kritisch sagt. Er war besessen von seiner Arbeit. Das war sein Leben: kein Urlaub, kein Theater usw. Er kannte nur die Theologie – und zwar mit Blick auf die Menschen, Theologie nicht nur als Wissenschaft, sondern von der Frage geleitet: Wie kann ich den Glauben so durchdringen und darstellen, daß er für den heutigen Menschen akzeptabel ist? Ein solches Berufsethos kenne ich nur von einigen wenigen anderen Wissenschaftlern – Theologen oder auch Physiker, die kein anderes Interesse haben als ihr Fach, die auf eine Familie verzichten und nur für die Forschung leben. So ein Typ war Karl Rahner.

Anmerkungen

[1] Vgl. J. Splett, Auf dem Lehrstuhl Romano Guardinis, in: P. Imhof / H. Biallowons (Hg.), Karl Rahner – Bilder eines Lebens. Freiburg 1985, 72–73.

[2] Karl-Heinz Weger SJ (1932–1998), Dr. theol., war Professor für Grundlegung der Theologie und Philosophische Anthropologie an der Hochschule für Philosophie in München und Leiter des dortigen Instituts für Fragen der Religionskritik; Roman Bleistein SJ (1928–2000), Dr. phil., war Professor für Erwachsenenpädagogik an der Hochschule für Philosophie und Mitarbeiter der „Stimmen der Zeit".

[3] Jörg Splett, Dr. phil., geb. 1936, ist emeritierter Professor für Philosophie an der Hochschule Sankt Georgen in Frankfurt am Main (1971–2005) und Lehrbeauftragter an der Hochschule für Philosophie in München. Vgl. J. Splett, Im Dienst der Wahrheit. Abschiedsvorlesung, in: ThPh 80 (2005) 321–333.

[4] Franz Xaver Hayler SJ (1876–1965), 1928–1935 Provinzial der Oberdeutschen Jesuitenprovinz mit Sitz in München.

[5] Julius Döpfner (1913–1976) wurde bereits mit 35 Jahren Bischof von Würzburg, später von Berlin. Seit 1961 Erzbischof von München und Freising und Vorsitzender der Deutschen Bischofskonferenz, war er einer der führenden deutschen Bischöfe auf dem Zweiten Vatikanischen Konzil und zusammen mit den Kardinälen Gregorio Pietro Agagianian (Vatikan), Giacomo Lercaro (Bologna) und Léon-Joseph Suenens (Brüssel) einer von vier von Papst Paul VI. ernannten Moderatoren des Konzils.

[6] Alfred Dreyfus (1859–1935) war ein aus dem Elsaß stammender jüdischer Offizier im französischen Generalstab, der wegen angeblichen Verrats militärischer Geheimnisse an das Deutsche Reich 1894 zu lebenslanger Verbannung auf die Insel Chayenne (Französisch-Guyana) verurteilt wurde. Die Dreyfus-Affäre entwickelte sich zur größten innenpolitischen Krise der dritten französischen Republik. In einem offenen Brief an den französischen Präsidenten („J'accuse") rief Émile Zola zur Rehabilitierung von Dreyfus auf, der Opfer eines antisemitischen Komplotts geworden war.

[7] Vgl. die Informationen dazu im Interview mit A. Klein SJ.

[8] Vgl. K. Rahner, Der dreifaltige Gott als transzendenter Ursprung der Heilsgeschichte, in: MySal, Bd. 2 (1965), 317–347.

[9] Vgl. K. Rahner, Grundkurs des Glaubens. Einführung in den Begriff des Christentums. Freiburg 1976, 14; jetzt in: Ders., Sämtliche Werke. Bd. 26: Grundkurs des Glaubens. Studien zum Begriff des Christentums. Freiburg 1999, 9.

Was ein Provinzial alles erfährt

Im Gespräch mit P. Alfons Klein SJ, München

Alfons Klein SJ, Dr. theol., geb. 1929, ist seit 1948 Jesuit. Von 1978–1984 war er Provinzial der Oberdeutschen Provinz der Jesuiten in München. Seitdem wirkt er als Seelsorger an der Jesuitenkirche St. Michael in der bayerischen Landeshauptstadt.

Wie haben Sie Pater Rahner kennengelernt?

☐ Zunächst in Innsbruck, wo ich als junger Jesuit Theologie studiert habe: im Grundstudium zuerst und dann, nach dem Tertiat, noch für eine Promotion. Ich bin 1965 fertig geworden.

Ich habe Ihre Predigt, die Sie als Provinzial bei der Beerdigung von Pater Rahner gehalten haben, ins Englische übersetzt und veröffentlicht[1]. Wer entschied damals, daß der Provinzial predigen sollte und nicht einer der zahlreichen anwesenden Bischöfe oder ein Kardinal?

☐ Ich habe das damals mit mehreren Mitbrüdern sorgfältig besprochen. Karl Rahner war in erster Linie Jesuit. Deswegen haben wir uns letztlich dafür entschieden, daß ein Jesuit predigen sollte. Er war bei uns beheimatet. Der Orden war sein Leben. Wie Nathanael ein wahrer Israelit war, war Rahner ein wahrer Jesuit – mit einem Arbeitspensum, mit allen Vorzügen, mit allen Schrecken, mit allen Leiden, die damit verbunden sein können. Wir dachten uns: Es gibt viele andere Gelegenheiten, bei denen er wissenschaftlich gewürdigt werden kann, aber nicht bei seiner Beerdigung. Damit war auch die schwierige Frage, wer jetzt reden dürfe, erledigt. Viele seiner prominenten Schüler waren da, etwa Johann Baptist Metz; Bischöfe waren da, etwa Karl Lehmann und Hermann Volk, Friedrich Wetter und Ernst Tewes, Egon Kapellari und Reinhold Stecher. Uns Jesuiten ging es aber darum zu zeigen, wie Pater Rahner als Mensch gelebt hat: wie er sich innerlich als Mensch, als Priester, als Jesuit gefühlt hat. Seine wissenschaftliche Leistung sollte bei der Beerdigung im Hintergrund bleiben.

Warum gibt es in dieser Predigt kleinere lateinische Einschübe?

☐ Das ist bei uns Jesuiten üblich, daß dadurch an einige Leitsätze des Ordens erinnert wird: „Deus semper maior", „Adiuvare animas", „Sentire cum ecclesia", „Discretio spiritum" zum Beispiel. Das hat zu tun mit typischen Schlüsselwörtern bzw. „key words" ignatianischer Spiritualität. Ich habe ja als Mitbruder gepredigt, nicht als Wissenschaftler. Die Exerzitien haben Pater Rahner geprägt. Daraus hat er gelebt, und das versuchte ich in meiner Predigt herauszustellen[2].

Zum Schluß erwähnen Sie, Pater Rahner habe gesagt: „Wenn ich dem und jenem in meinem Leben ein klein wenig helfen konnte, den Mut zu fassen, mit Gott zu reden, an ihn zu denken, an ihn zu glauben, zu hoffen und zu lieben, dann – meine ich – ist das Leben der Mühe wert gewesen." Sie sagen dann: „Es war der Mühe wert, lieber Karl Rahner – und wir alle danken Gott und Ihnen aus ganzem Herzen!"

☐ Ich war mit Pater Rahner sehr verbunden und habe darum auch Dinge wiedergegeben, die er mir privat gesagt hat, nicht nur solche, die er irgendwo geschrieben hat.

Ich frage, weil ich irgendwo Ähnliches von Pater Alfred Delp SJ gelesen habe.

☐ Das wollte ich gerade sagen: Man muß immer vorsichtig sein bei solchen Zitaten. Die einen sagen: Das war Delp („Wenn durch einen Menschen etwas mehr Liebe, etwas mehr Hoffnung in die Welt gekommen ist, hat sein Leben einen Sinn gehabt."). Andere sagen: Das hat mir Pater Rahner gesagt. Der Inhalt eines Satzes gehört nicht immer nur einem einzelnen.

Ein Genie unter Druck

Haben Sie je mit Pater Rahner zusammen gewohnt?

☐ Als ich in Innsbruck studierte, wohnten wir im selben Haus: im Jesuitenkolleg. Er ist öfter auf mein Zimmer gekommen und hat mich gefragt: Kann ich eine Zeit lang bei dir bleiben? Er hat manchmal einfach einen ruhigen Platz gesucht und hat 20 Minuten zum Fenster hinausgeschaut. Dann hat er „Danke!" gesagt und ist wieder gegangen. Er haßte es, ständig gefragt zu werden, wie es ihm gehe. Offenbar kam er zu mir, weil ich spüren konnte, welches Bedürfnis er gerade hatte. Er wollte nicht ständig in theologische Gespräche verwickelt werden. Pater Rahner wollte manchmal einfach seine Ruhe und hat dafür das Zimmer gewechselt. Einmal kam ich auf sein Zimmer, und er weinte. Ich fragte ihn, was denn los sei? Er sagte: Der Herder-Verlag verlangt von mir ständig, daß ich etwas schreibe. Ich fühle mich so unter Druck. Ich habe schon fünf Seiten geschrieben, aber alle wieder zerrissen und in den Papierkorb geschmissen. Zwingt mich doch nicht immer zu produzieren! – Bei mir mußte er nicht produzieren oder irgendwelche Fragen beantworten. Das tat ihm gut, und das suchte er.

Wir waren aber nicht nur in Innsbruck zusammen, sondern auch an der Philosophischen Fakultät der Jesuiten in München, in der Kaulbachstraße, wo er in den 70er Jahren gewohnt hat. Er hat nicht mehr doziert, aber dort gelebt, Mitarbeiter gehabt, einen Assistenten, und da war ich sein Rektor.

Warum machte der Herder-Verlag solchen Druck?

☐ Weil er Geld machen wollte! Immer wieder etwas Neues von Pater Rahner – der Verlag wußte: Rahner wird gekauft, bevor er zu schreiben begonnen hat. Diesen Druck hat Pater Rahner immer gehabt. Es war schon stark, als er geweint hat: Ich bin auch nur ein Mensch. Ich kann nicht immer nur produzieren! Unglücklich und verärgert sagte er: Ich schreibe nicht, weil ich jetzt schreiben möchte und weil ich etwas habe, das ich ausdrücken will, ich schreibe, weil dieser blöde Herder immer wieder von mir verlangt, daß ich etwas abliefere, was er wieder drucken und verkaufen kann.

Später hatte Pater Rahner eine Sekretärin, der er diktierte. Zu Beginn hat er offenbar alles selber geschrieben.

☐ Nicht alles. Aber am Anfang, wenn er etwas formuliert hat, hat er immer selber getippt – mit dem „Zweifingersystem". Am Mittwochabend hat er in Innsbruck immer ein Kolloquium für alle Fakultäten gehalten. Manchmal hat er gesagt: Das war jetzt gut. Wenn man das aufgenommen hätte, dann hätte ich schon wieder einen Artikel. Darauf sagte ich: Ich mache das, ohne daß man das bemerkt. Es gab damals eine Maschine, die man getragen hat wie ein Cowboy seine Pistole. Man hat das Mikrophon nicht gesehen. Es war wie ein Stecknadel. Es hatte fünf Stunden Laufzeit, so daß man nicht ständig das Band wechseln mußte. Das habe ich ihm besorgt und gesagt, der Herder-Verlag solle es bezahlen, wenn er schon so viel Geld an ihm verdiene. Pater Rahner hat das dann getragen. So sind manche Artikel entstanden. Er hat ja frei geredet, unvorbereitet, weil er nicht wußte, welche Fragen kommen. Wenn er die Aufnahme für gut befand, dann mußte es eine Sekretärin abtippen.

Vor dem ersten Gebrauch des Recorders war Pater Rahner neugierig wie ein Kind, wie so etwas funktioniert und gleichzeitig voller Anspannung und Ungeduld. Schon eine Stunde vor Beginn des Kolloquiums rief er mich an und sagte: Wann kommst Du denn endlich, daß wir alles vorbereiten können? Dann gab ich ihm den Rat, während des Kolloquiums nicht immer in sein Sakko zu schauen, ob das Ding auch läuft, weil die Zuhörer sonst denken könnten, er habe Herzprobleme. Aber das war in den Wind geredet. Die Neugier war stärker als die Vernunft. Während er über die Dreifaltigkeit redete, ging sein Blick nicht auf die Zuhörer sondern in das Innere seiner Jacke, sodaß ihn die Zuhörer fragten, ob es ihm nich gut ginge und ob er Herzprobleme habe.

Plötzlich begann er zu beten

Er war also erstaunlich schöpferisch.

☐ Das stimmt, ja, und zwar inhaltlich wie auch formal! Bei Vorlesungen hat Pater Rahner schon oft eher kompliziert geredet. Das hatte seinen Grund auch darin, daß er jeden nur möglichen Einwand („adversarii") in seine Argumentation einbezog, um zu zeigen, daß er ihm nicht unbekannt ist. So kam es manchmal zu Nebensätzen von unglaublicher Länge. Er hatte das alles im Kopf. Jeder Satz, den er sagte, war druckfertig. Etwas anderes war, daß seine Rede sich plötzlich ändern konnte – und Pater Rahner hat dann in der Vorlesung gebetet: wie ein Kind, ganz einfach, derselbe Mann, der vorher noch abstrakt und kompliziert geredet hatte! Das war ergreifend: Da war er nicht mehr wiederzuerkennen: einfache, aus dem Herzen kommende Worte. Das haben wir oft erlebt.

Wenn man sich „Worte ins Schweigen" (1938) oder „Von der Not und dem Segen des Gebetes" (1949) anschaut, dann zeigt sich darin eine tiefe, aber auch eine einfache Spiritualität.

☐ Ja, das war Karl Rahner auch: ein geistlicher Mensch, nicht nur ein hochgabter Wissenschaftler. Als ich bei ihm vor der Priesterweihe Exerzitien machte, konnte er oft nicht weitersprechen, weil er mit den Tränen kämpfte. So sehr war er ergriffen von der Passion seines so geliebten Herrn Jesus Christus.

Aber Pater Rahner spürte auch die Last, die auf ihm lag?

☐ Den Druck, den er oft spürte, immer etwas produzieren zu müssen, hat er als Not erlebt. Da war er oft hilflos.

Aber er hat dann noch in relativ hohem Alter, als er nach Innsbruck zurückkam, ziemlich intensiv gearbeitet.

☐ Ich habe selten erlebt, daß er einfach nur dahinbummelte oder nichts tat. Er hat fast immer gearbeitet. Aber er ist gerne mit Menschen zusammen gewesen, bei denen er sich wohlfühlte. Dann sagte er schnell: Gehen wir eine Pizza essen, gehen wir irgendwohin. Eis hat er sehr gern gehabt. Es mußten Menschen sein, von denen er wußte, sie würden ihn in Ruhe lassen und nicht alles verkomplizieren, weil sie meinten, mit ihm theoretische Gespräche führen zu müssen.

Ich nehme an, Pater Rahner führte ein sehr geordnetes, diszipliniertes Leben. Er ging früh schlafen und ist sehr früh aufgestanden. Was ist Ihnen an seiner Tagesordnung aufgefallen?

□ Nur die Tatsache, daß er selbst eine klare Ordnung hatte. Das hat sicher bedeutet, daß er normalerweise zu einer ganz bestimmten Zeit aufsteht und nicht nach Lust und Laune. Ich vermute, er hat seine Betrachtung gemacht, wie sie für einen Jesuiten vorgesehen ist, er hat die Messe gelesen und ein Abendgebet gesprochen. Was er sonst alles noch untertags gemacht hat, das weiß ich nicht. Aber er hat sich eigentlich immer mit Gott beschäftigt, mit der Offenbarung, mit dem Geheimnis Gottes.

Haben Sie eine besondere Erinnerung an Pater Rahner, ein Gespräch vielleicht, das Sie tief beeindruckte?

□ Pater Rahner hat unter der Kirche auch gelitten. Er hat unmittelbar vor dem Konzil Schreibverbot gehabt. Er hat nicht einfach gesagt: Das erschüttert mich nicht. Es hat ihn getroffen! Was mich beeindruckte: Es gab da einen Jesuiten, der sich für die Kinder von Gastarbeitern, die nicht Christen waren, eingesetzt hat. Sie waren in Deutschland geboren, und dieser Jesuit hat gesagt: Diese Menschen gibt es, um sie muß man sich auch kümmern! – Er geriet dann wiederholt in Konflikt mit der Kirche, weil diese Gastarbeiterkinder natürlich nicht nach der katholischen Moral lebten. Er sagte nur: Das ist verrückt, es sind doch Muslime, muß denn die Kirche sich immer allen anderen aufoktroyieren? Dann ist er öffentlich aufgetreten. Und was hat Karl Rahner getan? Er hat diesen Jesuiten verteidigt! Da war er ein Mensch, der nicht nur unter der Kirche gelitten hat. Er hat auch den Mut gehabt, öffentlich aufzutreten.

Protest gegen einen Kardinal

Einmal hat Pater Rahner einen Artikel gegen Kardinal Ratzinger geschrieben. Es war die Zeit, als die Gesellschaft Jesu vom Papst und vom Vatikan sehr schlecht behandelt worden ist. Darunter hat Pater Rahner sehr gelitten[3]. Ratzinger wollte als Erzbischof von München und Freising (zusammen mit dem bayerischen Kultusminister Hans Maier) die Berufung von Johann Baptist Metz, einem der prominentesten Schüler Rahners, nach München verhindern. Er sollte dem Fundamentaltheologen Heinrich Fries nachfolgen. Ratzinger hat das verhindert. Da hat Rahner einen großen Artikel geschrieben: „Ich protestiere"[4]. Er wußte, daß ich als Provinzial sagen müßte: Rahner, das geht nicht. Du mußt mich vorher informieren. – Er hat mir dann gesagt: Ich habe Dich nicht informiert, weil Du nein sagen mußt. Ich wollte Dir nicht noch mehr Schwierigkeiten machen, Du bist sowieso so großzügig und verteidigst mich immer[5]. Mit seinem Alleingang wollte mich Pater Rahner schützen, damit man nicht mich als Provinzial für sein Handeln verantwortlich machen konnte. Ich mußte sein Vorgehen natürlich mißbilligen, so sehr ich anerkennen konnte, daß Pater Rahner subjektiv gut gemeinte Motive für seinen öffentlichen Protest hatte. Ich zitierte ihn also in mein Büro. Es kam dann zu diesem Gerücht, ich hätte Pater Rahner tätlich angegriffen, völlig ohne Rücksicht auf sein Alter und die Bedeutung seiner Person[6].

Als Verräter beschimpft

Karl Rahner ist immer aufgetreten, wenn er glaubte, die Kirche mache etwas, das nicht in Ordnung ist. Am Ende seines Lebens wurde er öfter kritisiert, von einer Richtung der Theologie, die ihn nicht positiv sehen konnte. Einmal passierte es, daß er in der Fußgängerzone in München von einem Postboten als Ungläubiger oder als Ketzer beschimpft wurde. Darin zeigte sich, daß Menschen, die nichts von Theologie verstanden, die nie etwas von ihm gelesen hatten, plötzlich gemerkt haben: Die Leitung der Kirche ist gegen ihn, jetzt können sie schimpfen. Rahner hat schlimme Briefe und Karten von allen möglichen Leuten bekommen. Diese konnten sich darauf berufen, daß die Amtskirche hinter ihnen steht. Pater Rahner hat diese Post nicht einfach zerrissen und weggeworfen, sondern sie mir zum Teil gezeigt. Drei Ordner voll von solchen dummen und furchtbar negativen Briefen gab es, in denen Worte standen wie: „Verräter", „Häretiker" usw. Er konnte nicht einfach sagen: Weg damit! Pater Rahner sagte mir, er wolle immer ein Mann der Kirche sein und den rechten Glauben verteidigen. Aber jetzt beschimpften ihn die Leute und behaupteten, er zerstöre ihren Glauben. Das tat ihm sehr weh.

Wissen Sie, warum er am Ende seines Lebens nach Innsbruck zurückging?

☐ Ich habe nur meine Vermutungen. Rahner war immer irgendwo auch ein unruhiger Mensch. Er konnte nie lange wo bleiben. Das hat sich dann eben auch bei dieser Übersiedlung gezeigt. Aus Innsbruck ging er Ende 1963 weg, weil er sagte: Da kann man nicht leben! Dann wechselte er nach München. Nach einiger Zeit sagte er: München, das ist nichts, niemand kommt zu mir! Ich fühle mich hier nicht zuhause, ich fühle mich nicht wohl. – Er hat dabei niemanden angeklagt. Aber er war unruhig und wollte die Kommunität wechseln.

Intellektuelle Redlichkeit

Pater Rahner war offenbar temperamentvoll. Was haben Sie an ihm besonders geschätzt?

☐ Seine intellektuelle Redlichkeit. Pater Rahner hat sich nie einem starren System unterworfen. Er war auch beweglich. Er hat Fragen ernst genommen. Er hat sich ehrlich auseinandergesetzt, auch mit Andersdenkenden. Er hat nach meinem Empfinden auch versucht, vielleicht ein bißchen naiv, treu zum katholischen Glauben und zum Dogma zu stehen. Er wollte ihn für die heutige Zeit durchdenken und vermitteln. Er wollte eigentlich nie das Wesentliche dieses Glaubens verändern, aber befreien von Dingen, die sehr zeitgebunden waren, wo man sagt: Damals dachte man so und hat es so formuliert.

Aber Pater Rahner hat immer gesagt: Es geht um das Wesen des Dogmas! Natürlich wird das in jeder Zeit mit der Sprache der Zeit, in der wir leben, mit den Bildern, mit denen wir leben, ausgedrückt. Er war schon jemand, der Grenzen durchbrochen hat, die ein anderer einfach als unumstößlich akzeptiert hat. Pater Rahner hat oft gesagt: Das ist nur die Verpackung, das sind nur Worte, es geht um die Wahrheit und Ehrlichkeit, die nicht von Buchstaben eingesperrt werden kann. Das erinnert mich an das Wort Jesu von der Erfüllung des Gesetzes erinnert[7]. Jesus wollte befreien von dem, was krank macht.

Pater Rahner wurde offenbar nicht von jedem Mitbruder akzeptiert.

☐ Natürlich, das ist ganz klar. Das muß man auch irgendwo verstehen. Wenn Sie Professor in Innsbruck sind und zehn andere auch, aber man redet immer nur über den einen: Das wären ja keine Menschen, wenn sie nicht eifersüchtig wären. Es war sicher nicht immer leicht, in derselben Fakultät wie Pater Rahner Professor zu sein.

Den „Knastbrüdern" ein Vater

Gibt es Beispiele von Pater Rahners Humor, wo er wirklich lachen konnte oder andere zum Lachen gebracht hat?

☐ Ich habe schon gesagt: Er war immer neugierig wie ein Kind, nicht nur Wissenschaftler. Er war immer interessiert am Neuesten: Was machst Du da? Er hat immer ganz als Mensch reagiert. Als einmal jemand Kardinal geworden ist, hat Pater Rahner die Bemerkung fallen gelassen: Jetzt hat er endlich sein Ziel erreicht, der Ehrgeizling.

Pater Rahner war kein Gefangener der Theologie oder der Wissenschaft, er war auch ein Mensch und deshalb hat er Schwache verteidigt. Wenn er in Wien war, hat er immer in einem Haus der Caritas bei jungen Leuten gewohnt, die alle aus dem Gefängnis kamen. Er wollte trotzdem dort wohnen. Er ist nicht zu den Jesuiten gegangen. Er hat bei diesen ehemaligen Strafgefangenen und schwer erziehbaren Jugendlichen geschlafen[8]. Da war er ganz selig. Er hat sich für sie interessiert, und die haben das gespürt. Die haben nicht gesagt: „Herr Professor", sondern einfach „Karl", und das hat ihm unendlich gut getan. Beim 80. Geburtstag in Innsbruck waren diese ehemaligen Strafgefangenen eingeladen und haben von dieser Beziehung erzählt. Er hat sich dafür nicht geschämt. Man hat gemerkt: Die haben ihn wie einen Vater erlebt. Er hat nicht geurteilt. Das sind alles Dinge, die nicht so bekannt sind. Aber das war der Mensch Karl Rahner. Wenn jemand oder wenn ein Mitbruder etwas gemacht hat für Menschen, die Opfer waren oder Hilfe gebraucht haben, dann war er da. Manchmal war er freilich zu naiv.

Naivität

War Pater Rahner auch bei Luise Rinser etwas naiv?

☐ Das kann man, glaube ich, sagen. Ich kann nicht leugnen, daß es eine Beziehung zu dieser Frau gegeben hat. Das ist ein Faktum. Aber sie war die aktivere, die da etwas herausholen wollte nach dem Motto: „Schaut her, ich bin so intensiv befreundet mit Karl Rahner." Menschlich bin ich hundertprozentig davon überzeugt, daß es nie zu sexuellen Kontakten gekommen ist. Pater Rahner hat mir aber erzählt, daß ich damit rechnen müsse, daß nach seinem Tod von Luise Rinser etwas kommt. Er wollte keine Veröffentlichung seines Briefwechsels mit ihr, der für ihn eine rein persönliche Angelegenheit war. Aber er hat auch angedeutet: Du mußt damit rechnen, daß sie es tut; sie ist darauf fixiert und besteht darauf! Sie haben beide Kosenamen gebraucht. Warum sollte Pater Rahner das auch nicht tun? Er war auch ein ganz normaler Mensch, nicht nur Wissenschaftler.

Ehrfurcht vor dem unfaßbaren Mysterium Gottes

Wenn jemand fragt: Was können wir heute noch von Pater Rahner lernen, lohnt es sich noch, sich mit ihm als Mensch und Theologe zu beschäftigen, was sagen Sie dann?

☐ Dann sage ich: Ja, beschäftigen Sie sich mit Karl Rahner! Denn er hat vorgelebt, wie das aussieht, wenn man ein gottsuchender Mensch ist, wenn man wirklich ehrlich Respekt hat vor dem Geheimnis Gottes. Das war für ihn ein wichtiges Wort: das Mysterium, das unfaßbare Mysterium, das wir Gott nennen. Genauso wichtig war ihm Ehrfurcht, ehrliches Suchen, welches das Herz bewegt, aber nicht auf den Verstand verzichtet, sondern voll einsetzt. Begegnung also mit dem Geheimnis hinter meinem Leben: Wer bin ich? Woher komme ich? Intellektuell redlich zu denken von der Perspektive meines Glaubens her, zu zeigen, daß man selbst auch ein Suchender ist und kein fanatisch Wissender – das fehlt vielleicht heute, und das ist viel wichtiger, als sich selber in das rechte oder in das linke Lager einzuordnen. Ehrlich suchen, hart studieren, zur Sache selber finden: Das kann man von Karl Rahner lernen. Pater Rahner denkt viel intensiver als die meisten, die ihm zuhören. Er setzte sich mit der Realität wirklich auseinander. Er wollte keinen Fan-Club gründen oder Gruppen in der Kirche bilden. Er wollte die Dogmen verständlicher machen und von zeitgebundenen Ausdrücken befreien. Er wollte ein ganz traditioneller, echter, ein gläubiger Mensch sein.

Anmerkungen

[1] Vgl. Rahner's Funeral Homily. Translated by M. E. Michalski, in: Philosophy and Theology 8 (1993) 93–96.

[2] Vgl. A. Klein, Predigt beim Requiem für P. Karl Rahner am 4. April [1984] in Innsbruck, in: Korrespondenzblatt des Canisianums 117 (1984) H. 2, 35–36.

[3] Vgl. K. Rahner, Zur Situation des Jesuitenordens nach den Schwierigkeiten mit dem Vatikan, in: Ders., Schriften zur Theologie. Bd. 15. Zürich 1983, 355–372.

[4] Vgl. K. Rahner, Ich protestiere, in: Publik-Forum 8 (1979) Nr. 23, 15–19; vgl. ders., Ich protestiere, in: Süddeutsche Zeitung, 14. 11. 1979, 9.

[5] Vgl. K. Rahners Begründung in Publik-Forum, 16: „Ich bin Ordensmann und protestiere gegen eine Maßnahme eines hohen kirchlichen Amtsträgers. Nach langem Hin- und Herüberlegen habe ich mich entschlossen, diesen Protest zu veröffentlichen, ohne vorher die ‚gesetzlich‘ erforderliche Erlaubnis meines Ordensobern einzuholen. Er hätte sie vermutlich nicht gegeben und aus Gründen, die mit der Sache selbst nichts zu tun haben, auch nicht geben können. Ich meine, in diesem Falle eines Pflichtenkonflikts nicht anders handeln zu können. Ich kann nur hoffen, daß das Amt in der Kirche meinen Obern und meiner Gemeinschaft meinen Schritt nicht entgelten läßt. Ich will hier keine unangebrachten Vergleiche

ziehen; aber schließlich hat Friedrich v. Spee sogar seine berühmte Cautio Criminalis ohne Ordenszensur erscheinen lassen."

[6] Vgl. A. Klein, Protest und Ordensgehorsam, in: P. Imhof / H. Biallowons (Hg.), Karl Rahner – Bilder eines Lebens. Freiburg 1985, 126–127, 127: „Was dann geschah, hätte einen vor der Tür wartenden Besucher dazu bringen können, guten Gewissens zu bezeugen, daß bei den Jesuiten heutzutage – ungeachtet der Person – körperliche Züchtigung durch den Oberen vollstreckt werde. Als P. Rahner nämlich zum vereinbarten Termin das Zimmer des Provinzials betreten hatte, sagte er mit lauter Stimme: ‚Also, P. Provinzial, nun schlagen Sie zu.' Gleichzeitig hörte man einen Schmerzensschrei und lautes Jammern. – P. Rahner hatte sich so heftig in die Polster des Sofas fallen lassen, daß er sich den Kopf an der Wandvertäfelung anschlug. Das Gespräch war weit weniger schmerzhaft."

[7] Vgl. Mt 5,17: „Denkt nicht, ich sei gekommen, um das Gesetz und die Propheten aufzuheben. Ich bin nicht gekommen, um aufzuheben, sondern um zu erfüllen."

[8] Vgl. das Interview mit G. Sporschill SJ in diesem Band.

Man kann nicht ständig Kniebeugen vor Karl Rahner machen

Im Gespräch mit P. Hans Rotter SJ, Innsbruck

Hans Rotter SJ, Dr. theol., lic. phil., geb. 1932, ist seit 1953 Jesuit. Er war Professor für Moraltheologie an der Universität Innsbruck und 1974/75 Dekan der Theologischen Fakultät Innsbruck. Seit seiner Emeritierung wirkt er als Krankenhaus- und Schwestern-Seelsorger in Zams/Tirol.

Wie und wo haben Sie Karl Rahner erlebt?

☐ Zunächst habe ich ihn in Vorlesungen erlebt bzw. in diesen berühmten Abend-Veranstaltungen, wo man Einzelfragen stellen konnte. Es war interessant, daß Pater Rahner damals eher unwillig geworden ist, wenn man Fragen aus dem Schulbetrieb gestellt hat. Er wollte Fragen haben, aber originelle Fragen: Fragen über Dinge, die nicht in den Lexika nachzulesen sind. Es konnten drei Fragen gestellt werden, und in der Regel hat er über diese drei Fragen dann eineinhalb Stunden lang gesprochen.

Nicht nur die übliche Schultheologie

Und er konnte immer alle drei Fragen beantworten?

☐ Am Anfang wurden drei Fragen gestellt, und dann hat er angefangen, sie zu beantworten. Bei der ersten Frage ist er, wenn sie gut war, am längsten geblieben. Die zweite und dritte Frage mußte dann kürzer behandelt werden. Das war eine sehr originelle Sache, ein sehr kreativer Umgang mit Theologie. Pater Rahner hat sich auch selber herausfordern lassen. Das war mein erster Eindruck. Ich habe dann von ihm natürlich auch interne Berichte gehört, er war ja beim Konzil. Ich kam 1961 nach Innsbruck. Pater Rahner war in Rom und kam nur gelegentlich ins Jesuitenkolleg. Er hat dann immer wieder die Gelegenheit benutzt, zu den jungen Studierenden zu kommen und einfach vom Konzil und von den Vorhaben, die er damals hatte, zu erzählen. Auch das war sehr beeindruckend und sehr lebendig. Er selber war nach meinem Eindruck ziemlich begeistert vom Konzil und von dem, was sich da alles getan hat an Auseinandersetzungen und Begegnungen.

Nebenher hat er berichtet von seinen Projekten, die er zum Beispiel im Herder-Verlag hatte. Dann ist er von Innsbruck weggegangen. Er hat uns gegenüber gesagt, er sehe, daß wir hier in der Dogmatik gut versorgt seien und daß er nicht notwendig sei. Das war natürlich eine subjektiv gefärbte Darstellung. Pater Rahner wollte eine Veränderung. Ich glaube, er wollte sie auch deswegen, weil er nicht nur normale Schultheologie machen wollte. Er suchte eine andere Herausforderung. Das war zuerst die Nachfolge von Romano Guardini in München, die ihn sehr gereizt hat, die ihn aber dann offenbar auch einigermaßen enttäuscht hat. Es ist ihm nicht in dem Maß wie Guardini gelungen, eine Vorlesung für alle Studienrichtungen aller Fakultäten anzubieten. Er war einfach zu theologisch, obwohl er sich sehr angestrengt und geistig sehr lebhaft gearbeitet hat. Es waren dann auch einige Schwierigkeiten mit der Theologischen Fakultät, die ihm dann nicht (trotz vorheriger Zusage) das Recht auf Promotion geben wollte. Dann ist er nach Münster gegangen. Nachdem er dort emeritiert wurde, kam er nach München zurück. In Innsbruck hatten wir damals eine kritische Phase. Ich war damals zufällig Dekan. Ausgelöst wurde diese Krise durch den Fall Schupp[1].

Worum ging es dabei?

☐ Pater Schupp war angezeigt worden. Eine Untersuchung durch zwei Gutachter hatte ergeben, daß seine Lehre mit der Lehre der katholischen Kirche nicht genügend übereinstimmen würde. Der Provinzial meinte, Pater Schupp solle sich rechtfertigen und Stellung nehmen. Das hat dieser aber verweigert. Er hat gemeint: Wenn jemand so dumme Gutachten schreibe wie die beiden, die er erhalten habe, dann sei es hoffnungslos, mit Gutachtern zu diskutieren. Er hat dann einfach sofort aufgegeben und ist weggegangen. Er hat die Fakultät verlassen und ist auch aus dem Orden ausgetreten. Wir hatten dann plötzlich keinen Dogmatiker mehr. Dogmatik war in Innsbruck immer das wichtigste Fach gewesen, und es war natürlich untragbar, ein

Semester ohne Dogmatiker zu beginnen. Man hat nach allen Richtungen versucht, jemanden zu finden, aber das war sehr schwierig. Da ist dann Pater Rahner bereit gewesen einzuspringen. Er wohnte in München und ist für Doppelstunden oder kleinere Blöcke alle 14 Tage nach Innsbruck gekommen.

Pater Rahner kam damals gleich auf mein Zimmer, hat sich eine Zigarette herausgeholt und wollte plaudern. Das war sehr nett, und das war eben dieser typische Aspekt von ihm: Er hat sehr gerne mit jungen Leuten geplaudert. Solche Gespräche waren für ihn viel unkomplizierter: Er wurde akzeptiert, es gab keine Konkurrenz, er mußte niemanden von seinem Standpunkt überzeugen oder sich rechtfertigen und dergleichen. Da konnte er viel unkomplizierter sprechen, und das hat er selber offenbar sehr geschätzt. Ich hatte damals ein sehr gutes, freundschaftliches Verhältnis zu ihm. Er ist sehr bereitwillig für unsere Fakultät und für die Studenten eingesprungen. Dann haben wir natürlich allmählich versucht, neue Professoren zu finden. Das war dann auch möglich, und damit ist Pater Rahner für uns wieder ein bißchen aus dem Auge verschwunden.

Aber im Herbst 1981 hat er seine Zelte in München abgebrochen und ist nach Innsbruck übersiedelt. Er schrieb einmal, er wolle in Innsbruck sterben und hier begraben werden[2]*.*

☐ Vom Sterben hat er öfter geredet. Das hat mich immer wieder beeindruckt, wenn er die Rede darauf gebracht hat, wenn er zum Beispiel sagte: Es ist genug! Es ist genug! Er hat gemeint, er habe getan, was er tun konnte, und er war bereit, von der Bühne abzutreten, wie wir sagen.

Eine enorme Neugierde

Ganz spontan, bitte: Was ist das Wichtigste an Pater Rahners Person? Was haben Sie menschlich an ihm am meisten geschätzt?

☐ Ich habe ihn als einen Menschen erlebt, der eine enorme Neugierde hatte. Es war sehr lustig, das bei vielen Kleinigkeiten zu erleben. Er wollte zum Beispiel einmal selber unsere große italienische Kaffeemaschine bedienen. Er wollte sehen, wie sie funktioniert. Oder er nahm jemandem gedankenverloren etwas aus der Hand, wenn man in einem Kreis stand, ein Feuerzeug zum Beispiel, und er spielte damit, bis er es durchschaut hatte und einem wieder zurückgegeben hat. Oder er sagte, wenn man im Auto unterwegs war und Radio hörte: Das ist doch eigenartig. Jetzt habe ich so oft im Studio Tirol gesprochen, aber ich verstehe immer noch nicht, wie das mit diesen Leitungen und Antennen funktioniert. – Überall, wo er hingeschaut hat, hat er solche Fragen gestellt. Das hat ihn auch gereizt, zum Beispiel in dem Büchlein, das er mit Pater Sporschill gemacht hat[3]. Er mochte es, mit Menschen und mit Dingen konfrontiert zu werden, die ihn herausgefordert haben, wo es nicht darum ging, banale Antworten zu geben, sondern wo man nachdenken mußte: Wie ist das eigentlich zu verstehen? Dieses Grübeln habe ich bei ihm immer wieder erlebt.

Karl Rahner als Moraltheologe?

Das war dann natürlich bei ihm auch in der Theologie interessant. Für mich war die beste Phase, die mir persönlich weitaus am meisten gegeben hat, die Zeit, als die ersten vier Bände der „Schriften zur Theologie" und die entsprechenden „Quaestiones disputatae" erschienen sind, also die Zeit vor dem Konzil. Dann kam es bei ihm zu Schwierigkeiten und Behinderungen durch Rom. Dann kam die Beteiligung auf dem Konzil, wo er sich mit Kardinal Ottaviani ausgesöhnt hat. Ich möchte fast sagen: angefreundet hat[4]. Ottaviani hat ihn dann wirklich respektiert, und Pater Rahner hatte daraufhin keine Schwierigkeiten mehr.

Komischerweise hatte Pater Rahner damals mit dem Gedanken gespielt, er wollte gerne sich umhabilitieren für Moraltheologie. Das wollte der Provinzial nicht. Wahrscheinlich wollten es auch die Professoren und der Pater Rektor hier nicht, auch deswegen, weil sie gedacht haben: Wenn Pater Rahner in dogmatischen Fragen Schwierigkeiten hatte, dann wird er in Moral noch größere Schwierigkeiten bekommen. Aber Pater Rahner wollte neue Herausforderungen, er wollte etwas Neues anpacken. Es ist dann bei der Dogmatik geblieben. Aber er hat dann eine Art Knick in seiner Lehrentwicklung: Er hat nicht mehr wie vorher diese Artikel mit spekulativen, nachbohrenden Grundfragen geschrieben, sondern es ist ihm plötzlich wichtiger geworden, sich über Strukturen der Kirche, mehr über politische Aspekte des kirchlichen Lebens zu äußern – was ja auch wieder manche Schwierigkeiten gebracht hat, weil dadurch natürlich eine gewisse Konfrontation mit dem kirchlichen System programmiert war.

Diese Phase begann nach dem Konzil?

☐ Ja. Nachdem er in Münster emeritiert wurde (1971), kam er nach München. Es war immer wieder davon die Rede, daß der Orden ihm irgendwelche Restriktionen auferlegt hätte, was seine Äußerungen angeht. Ich weiß nicht, ob das tatsächlich der Fall war, aber er entwikkelte eine ganz andere Art, sich zu artikulieren als früher. Es war auch die Zeit, als Joseph Ratzinger Erzbischof war[5]. Pater Rahner fühlte sich etwas im Abseits.

Johann Baptist Metz wollte damals in München die Nachfolge von Heinrich Fries antreten.

☐ Ja, aber das hat Kardinal Ratzinger verhindert[6]. Es hat auch an der Theologischen Fakultät starke Auseinandersetzungen gegeben. Metz hatte an der Fakultät selber ganz entschiedene Gegner. Er wurde als unruhiger Geist betrachtet, und viele wollten ruhigere Fahrwasser und haben sich für Leo Scheffczyk[7] entschieden. Metz tendierte auch deswegen nach München, weil er irgendwo in Oberbayern eine kleine Pfarrgemeinde betreut hat. Er wollte aus Münster weggehen. Später war er dann auch in Wien und erhielt als emeritierter Professor eine mehrjährige Gastprofessur für Religionsphilosophie und Weltanschauungslehre an der Grund- und Integrativwissenschaftlichen Fakultät.

Pater Rahner hat sich in dieser Zeit also mehr für kirchenpolitische Angelegenheiten interessiert?

☐ Ja. Die 68er Jahre und das, was darauf gefolgt ist, war eine sehr unruhige Zeit. Es gab starke Umbrüche. Pater Rahner hat sich für diese Dinge sehr interessiert. Einem jungen Mitbruder hat er einmal gesagt, er wolle in Schwabing[8] sehen, wie Rauschgift geraucht wird. Er hat sich dann auch hinbringen lassen. Der Umgang mit jungen Leuten, die sich in dieser Szene bewegt haben, hat ihn einfach interessiert.

„Schriften zur Theologie" – theologisch umstürzend

Kommen wir noch einmal zurück zu dem Eindruck, den die „Schriften zur Theologie" auf Sie machten.

☐ Die ersten drei Bände hatten ein Konzept. Sie waren ein großer Erfolg – für Pater Rahner ebenso wie für den Verlag Benziger[9]. Nach und nach sind dann weitere Bände herausgekommen. Daß es schlußendlich 16 werden sollten, war im Jahr 1954 nicht abzusehen, als der erste Band erschien. Die ersten drei Bände waren nach meinem Eindruck theologisch umstürzend. Sie haben eine sehr große Wirkung gehabt.

Pater Rahner hat dann ja auch einige bemerkenswerte Bände in der von ihm mit Heinrich Schlier begründeten Reihe „Quaestiones disputatae" herausgebracht.

☐ Ja, „Über die Schriftinspiration" (1957) zum Beispiel, „Das Dynamische in der Kirche" (1958), „Zur Theologie des Todes" (1958), „Kirche und Sakramente" (1961) oder, zusammen mit Joseph Ratzinger übrigens, „Episkopat und Primat" (1961) und „Schrift und Offenbarung" (1965)[10] – das waren echte Quaestiones disputatae: Da hat man wirklich gerungen um ein neues theologisches Konzept. In den späteren Bänden wurde die Rahnersche Theologie zwar weitergeführt, aber es war interessanter zu sehen, wie er das jetzt auf verschiedene Dinge anwendet. Die eigentlichen Überraschungen für die theologische Welt waren aber die ersten Bände.

Kritik, die trifft und hilflos macht

Was sollte von Pater Rahner bleiben?

☐ Ich habe eine Ringvorlesung bzw. eine Coproduktion zwischen Pater Schupp und Pater Rahner erlebt[11]. Das ist so gelaufen, daß bei jedem Termin zunächst Pater Schupp über ein Thema ein längeres Statement gehalten hat, das in der Rahnerschen Theologie eine Rolle spielte. Dann hat Pater Rahner Stellung genommen. Ich erinnere mich, daß Pater Schupp dabei Pater Rahner einmal vorgehalten hat, daß er nicht wirklich geschichtlich denke, daß er nur von Geschichtlichkeit (statt von Geschichte) spreche, daß er Heilsgeschichte im Sinn einer konkreten Geschichte mit Wandelbarkeit, Veränderung usw. nicht kenne. Da hat mir Pater Rahner leid getan. Ich neige dazu, Pater Schupp zuzustimmen. Pater Rahner war in der Frage eigentlich hilflos. Er hat dann immer wieder betont, daß er doch die wirkliche Geschichte meint, aber man hatte den Eindruck: Vielleicht versteht er gar den Einwand von Pater Schupp nicht wirklich.

Ich weiß von Pater Rahner selbst, daß er von Kritik seiner Schüler sehr getroffen war, sich manchmal fast verletzt gezeigt hat. Alle namhaften Rahner-Schüler, angefangen von Metz, haben irgendwo das Bedürfnis gehabt, sich zunächst einmal von ihrem Meister abzugrenzen. In dem Sinn würde ich sagen: Ich glaube, daß das Erbe Pater Rahners nicht darin bestehen kann, daß man die konkreten Einzelpositionen zu einer Theologie einfach für alle Zeit festschreiben möchte, sondern daß es darum geht, Impulse, die er gebracht hat, weiter zu entwickeln. Ich wüßte jedenfalls im 20. Jahrhundert keinen, der so mächtige Impulse gesetzt hat wie Karl Rahner. Aber man muß diese Impulse gerade auch in der Mentalität Karl Rahners weiterdenken – von diesen Prämissen und von neuen Erfahrungen. Pater Rahner ist kein Endpunkt.

Er hat einmal von einem Gespräch mit Heinrich Schlier erzählt. Schlier war Exeget, der zunächst protestantisch war und dann zur katholischen Kirche konvertiert hat[12]. Er hat Pater Rahner gesagt, so erzählte er mir, daß er großes Interesse habe an der Entwicklung in der Exegese, an der Entwicklung neuer Methoden, neuer Perspektiven. Aber er fühle sich nicht mehr in der Lage, all das voll zu integrieren, einfach weil er zu alt sei, geistig nicht mehr so beweglich. Man kann natürlich das, was man selber gelernt hat, ein Stück weitertreiben, aber man kann nicht immer wieder vom Nullpunkt anfangen. Pater Rahner sagte zustimmend, daß es ihm ähnlich ergehe. Auch wenn er also eingesehen hat, daß die Kritik seiner Schüler in mancher Hinsicht wohl richtig sei, so konnte er seine eigene Position nicht in der Weise in Frage stellen, daß er sozusagen dort angefangen hätte, wo ein Metz angefangen hat oder auch ein Küng angefangen hat und dergleichen. Er hat einfach akzeptiert, daß irgendwo Grenzen sind. Vielleicht war das auch ein Grund, weshalb er dann nach dem Konzil nicht mehr die „Bohrerei" weitergeführt hat, die er vorher betrieben hat, also das Stellen von Grundfragen der Dogmatik, sondern daß er dann mehr auf andere Perspektiven gekommen ist.

Pater Raymund Schwager SJ oder Pater George Vass SJ, die hier in Innsbruck Dogmatik dozieren, haben ähnliche Anfragen an Pater Rahner bezüglich der Bedeutung der Geschichte.

☐ Pater Rahner hat seine Karriere angefangen – sagen wir einmal – bei Heidegger bzw. bei der Transzendentalphilosophie, und das ist nun doch ein ganz bestimmter philosophischer Ansatz. Auch wenn er ihn überwunden hat, war das sein Ausgangspunkt. Dieser Ausgangspunkt hat von vornherein auch seine Grenzen, und seine Schüler konnten diese Grenzen von vornherein erkennen, Metz etwa, als er Pater Rahners Buch „Geist in Welt" neu herausgegeben hat. Rahners Schüler haben die Grenzen einer Transzendentalphilosophie schnell durchschaut, Pater Rahner selber konnte das nicht mehr.

Ein Schritt nach vorn

Wenn heute ein Theologiestudent die ersten vier Bände von Rahners „Schriften zur Theologie" zur Hand nähme, würde er vieles nicht verstehen, weil die Voraussetzungen fehlen. Der theologiegeschichtliche Kontext hat sich radikal verändert. Viele können deswegen mit Pater Rahner nichts anfangen.

☐ Ich meine, die Art und Weise, wie Pater Rahner sich mit der Tradition auseinandergesetzt hat, setzt heute voraus, daß einer die Tradition wirklich kennt, um erkennen zu können, was er geleistet hat. Das hat natürlich in der damaligen Zeit viel stärker angesprochen, als das heute der Fall ist. Was damals sehr stark angesprochen hat, das war der Geist der Freiheit in der Theologie. Es war damals ja noch die Periode von Papst Pius XII. In der Theologie gab es eine sehr strenge Reglementierung wie übrigens auch in der Philosophie. Als ich in der Philosophie war, war es an sich tabu, Pierre Teilhard de Chardin SJ zu lesen. Pater Rahner hat es dann fertiggebracht – und das ist seine hohe Leistung –, daß er sozusagen in Anknüpfung an die akzeptierte kirchliche Tradition einen mächtigen Schritt nach vorn gemacht hat. Das wurde als massive Befreiung von sehr engen Fesseln empfunden. Ich denke etwa an einen Artikel über das Herrenmahl[13]. Es wirkt fast banal, aber Pater Rahner hat vieles von einer Kasuistik, von einer dogmatischen Fesselung befreit, die wir damals sehr stark empfunden haben.

Hat Pater Rahner von Pierre Teilhard de Chardin gesprochen oder war er gar persönlich von seinem Beispiel beeinflußt?

☐ Das weiß ich nicht. Es hat sicher Affinitäten gegeben. Pater Rahner war sehr interessiert ja an der Sache des Monogenismus ebenso wie an Fragen der Evolution[14]. Von daher und von Pater Rahners mystischem Hintergrund würde es nicht verwundern, wenn er an Teilhard de Chardin herangekommen wäre. Ich weiß aber nicht, wie weit er ihn gelesen hat. Für uns Studierende waren diese Dinge damals unter Verschluß.

Im Jahr 1982 sollte Pater Rahner im Canisianum – Sie waren damals Rektor – etwas zum Priestertum sagen. Er hatte nur einen kleinen Zettel bei sich und hat zu reden begonnen. Das hat mich sehr beeindruckt. Man konnte spüren: Er wollte, daß die Studenten etwas mit nach Hause nehmen, seine Überlegungen weiterdenken und nicht nur wiederholen, was er gesagt hat.

☐ Pater Rahners Offenheit war umwerfend. Er war interessiert an den Leuten, er war interessiert am Gespräch, und er war auch interessiert, daß die Leute dann kreativ selbständig in der Kirche arbeiten.

Er konnte aber auch ungeduldig sein und auf die Kirche schimpfen.

☐ Pater Rahner war äußerst engagiert. Was die Liebe zur Kirche angeht: Da ist er für mich sehr interessant gewesen. Seine Auseinandersetzungen im Fernsehen mit Hans Küng zum Beispiel zeigen das. Es ging um die Frage der Unfehlbarkeit der Dogmen: Küng hat seine Position vertreten, daß Dogmen in einem neuen Kontext letztlich aufgegeben, neu formuliert werden müßten. Und Pater Rahner entgegnete einfach, daß Dogmen in jedem Jahrhundert neu interpretiert werden müßten, daß aber am Wortlaut nichts geändert werden könne. Er wollte die Kirche und die Lehre nicht einfach in Frage stellen lassen.

Diese Treue zur Kirche und zur Tradition ist irgendwie überraschend. Küng galt ja doch als der kommende große katholische Theologe. Anderseits: Henri de Lubac SJ, Yves Congar OP oder Hans Urs von Balthasar wurden Kardinäle, Pater Rahner nicht.

☐ Das hat Pater Rahner durchaus registriert. Es hat ihn auch ein bißchen geschmerzt: der Mangel an Anerkennung von Seiten Roms. Er hat dann Witze darüber gemacht: über die Idee, daß er vielleicht auch einmal ein bißchen ein rotes Streifchen an seinem Talar haben könnte oder so ähnlich, aber seine Theologie war eben ein bißchen aggressiver, sie war irgendwo direkter in der Auseinandersetzung. Ein de Lubac hat herrliche Sachen geschrieben, aber er war doch viel mehr mit der Patristik beschäftigt und nicht so unmittelbar mit konkreten brennenden Fragen. Oder Hans Urs von Balthasar: Der „streichelt". Pater Rahner hat diese Dinge sehr stark gespürt. Ich habe auch einmal ein Büchlein in die Hand bekommen, das Rahner ummittelbar davor von Hans Urs von Balthasar erhalten hatte.

Meinen Sie vielleicht „Cordula oder der Ernstfall" (1966)?

☐ Genau. Das hat Balthasar dem Pater Rahner geschickt, und vorn stand drin: „Mit der Bitte um eine wirkliche Theologie des Kreuzes." Das war natürlich ein Vorwurf von Hans Urs an den Karl. Pater Rahner hat das auch immer sehr sensibel gespürt. Er hat wohl auch gemerkt, daß da ein echtes Anliegen dahintersteckt, aber seine Theologie war nicht so ruhig wie die von Hans Urs von Balthasar. Der hatte sich mit schöngeistiger Literatur auseinandergesetzt und mit seinem reichen Wissen über die Väter. Pater Rahner beschäftigte sich unmittelbar mit den augenblicklich brennenden Fragen, und das hat ihn natürlich ständig in die Schußlinie gebracht.

14 Jahre lang Chefredakteur

Pater Rahner hat über einige Jahre hinweg auch eine Schwestern-Zeitschrift geleitet. Sie sind ihm dann als Chefredakteur gefolgt.

☐ Das war eine Zeit der intensiveren Zusammenarbeit mit Pater Rahner. „Jetzt" erschien seit 1968 als Mitgliederzeitschrift der Vereinigung der Frauenorden und Kongregationen Österreichs, verscherzte sich aber schon in den ersten Jahren durch einige Beiträge, kühne Leserbriefe und durch den Austritt einiger Redaktionsmitglieder aus ihren Ordensgemeinschaften so sehr die Gunst der Ordensoberinnen, daß diese die Zeitschrift nicht mehr an die Schwestern weitergaben und sich schließlich aus dem Projekt zurückzogen. Ab 1970 erschien „Jetzt" als unabhängige Zeitschrift. Auf Hildegard Wach folgte Karl Rahner als Chefredakteur. Die eigentliche Redaktionsarbeit machte aber weiterhin Hildegard Wach. Pater Rahner kam fleißig zu den Redaktionssitzungen und fragte nur von Zeit zu Zeit: Was soll ich jetzt da schreiben? Die Zeitschrift war ihm wirklich ein Anliegen, vielleicht auch wegen des starken Gegenwinds, die sie von mancher Seite hinnehmen mußte. Nach dem Tod von Pater Rahner blieb die Aufgabe des Chefredakteurs an mir hängen. Der starke Einbruch der Zahlen von Schwestern führte aber trotz allen Bemühens der Redaktion und nach mehreren Verlagswechseln 1998 schließlich zur Einstellung der Zeitschrift.

Eine Frage zu Rahners Offenheit und seine Beziehungen zu vielen Menschen: Welche Beziehung hatte er zu Herlinde Pissarek-Hudelist[15]? Sie war ja immer bei diesen Abend-Kolloquien dabei.

☐ Frau Pissarek-Hudelist war ihm eng verbunden. Sie war schließlich in früheren Jahren seine persönliche Assistentin gewesen. Er wollte unbedingt, daß Frauen in der Kirche ihren Weg machen. Er wollte Pissareks Karriere unterstützen.

Verweigerte Anerkennung

Welche Schattenseiten Karl Rahners würden Sie benennen wollen?

☐ Pater Rahner hat zeitlebens sicher viel gelitten. Er hat schon als Professor in Innsbruck gelitten, wobei er sicher auch Schuld daran hatte. Es kam vor, daß er unterwegs war auf einer Vortragsreise, und wenn er zurückkam, hielt er eine Dogmatikstunde und konnte am Schluß sagen: Wir haben so viel Zeit verloren, während ich nicht da war, wir hängen jetzt eine Stunde an. – Dann stand der andere Professor vor dem Hörsaal und konnte seine Stunde nicht halten. Das waren natürlich ungute Sachen.

Dann war es natürlich überhaupt so, daß jedem in der Professorenschaft klar war, daß Pater Rahner ein Genie war. Aber das ist im konkreten Zusammenleben dann etwas anderes. Man kann ja nicht dauernd vor Pater Rahner Kniebeugen machen. Pater Rahner hat das auch ständig als eine Art Ablehnung oder Verweigerung der Anerkennung empfunden. Bei uns im Jesuitenkolleg war es zum Beispiel üblich, daß eine Publikation mit einem Gläschen Schnaps gefeiert wurde. Wenn Pater Rahner eine Neuerscheinung aufgelegt hat, wurde das gefeiert. Einer der Mitbrüder machte dann einmal eine halb-witzige Bemerkung: Na, Pater Rahner, haben Sie wieder ein Ei ausgebrütet? Und Pater Rahner hat dann, offensichtlich beleidigt, gesagt: Na ja, wenn Ihr nicht wollt, dann laßt es! – und er ging weg. Da hat er sich wirklich verletzlich gezeigt.

Dazu kam die Problematik mit Rom. Was einem auf Dauer unter die Haut geht, ist natürlich die Verweigerung einer Anerkennung, auf die man glaubt, ein Recht zu haben. Dann gab es Auseinandersetzungen mit manchen Kollegen, auch mit Professor Michael Schmaus in München oder sonstigen maßgeblichen Leuten in der theologischen Szene. Es gab die Kritik der Rahner-Schüler. Wo man hinschaut, muß man sagen: So sehr er seine Bewunderer hatte, bei den eigentlichen Fachkollegen war diese Bewunderung eigentlich immer auch sehr verhalten und gemischt mit Kritik und Vorbehalten. Von daher hat er eine ziemliche Einsamkeit verspürt. Ich glaube, daß das auch ein Grund war, warum er dann mit den jungen Leuten immer wieder den Kontakt gesucht hatte, weil er hier eben eine größere Unbefangenheit gespürt hat und auch viel mehr Anerkennung erhielt.

Anmerkungen

[1] Franz Schupp, geb. 1936, Dr. theol., Dr. phil., 1960–1976 Mitglied des Jesuitenordens, Professor für Dogmatik an der Universität Innsbruck; seit 1979 Professor für Philosophie an der Universität Paderborn.

[2] Vgl. Karl Rahners letzte Stellungnahme. Interview mit Wolfgang Pfaundler, in: das fenster. Tiroler Kulturzeitschrift 18 (1984) Heft 34/35, 3418–3422, 3419: „Und weil ich eben so alt bin und vermutlich die Welt stehen bleibt, wie bisher, werde ich mein letztes Stündlein hier erleben und werde in Tirol beerdigt werden, und ich kann sagen, das ist mir ganz recht." Vgl. dazu A. R. Batlogg, Wo, bitte, geht's hier zum Karl-Rahner-Platz? Die Innsbrucker Jahre Karl Rahners SJ, in: das fenster. Tiroler Kulturzeitschrift 28 (1994) Heft 57, 5508–5510.

[3] Vgl. Mein Problem. Karl Rahner antwortet jungen Menschen. Freiburg 1982.

[4] Vgl. z. B. K. Rahner, Erinnerungen im Gespräch mit Meinold Krauss. Freiburg 1984, 69 f.: „Ottaviani war ein römischer Kanonist, ein Kirchenrechtler. Er hat dann das damalige Heilige Offizium, das jetzt Glaubenskongregation heißt, geleitet. Er hat sich selbst als ein Carabinieri des Heiligen Stuhles bezeichnet. Er hat natürlich eine etwas altmodische Theologie als selbstverständlich betrachtet und von da aus dann dies und jenes bei mir beanstandet. Aber persönlich war er eigentlich ein großartiger Kerl. Er hat aus eigener Initiative ein Waisenhaus begründet oder geleitet. Er war persönlich sehr nett. Er hat mich einmal von Innsbruck nach München zum Eucharistischen Kongreß in seinem Mercedes mitgenommen. Wir haben dann lateinisch zusammen den Rosenkranz gebetet und uns über diese kirchenpolitischen Sachen gar nicht unterhalten. Er hat mir während des Konzils,

wo er ja auch der Chef der sogenannten Theologischen Kommission des Konzils war, der ich als Peritus angehörte, einmal erklärt, ‚Ach, wir haben ja gar nichts gegen Sie. Sehen Sie, diese römische Vorzensur, das ist ein besonderes Privileg, durch das wir Sie vor Mißverständnissen dummer Freunde bewahren wollen.‘ Ich habe dann gesagt: ‚Eminenz, ich verzichte auf Privilegien.‘ Und seitdem war also eigentlich nichts mehr. Man hat mich sogar eingeladen, den alten, abgedankten Präfekten der Kongregation zu besuchen. Ich ging nicht. Aber in alten Zeiten hat man alle diese Dinge anders empfunden und aufgefaßt, auch bei der Kongregation selber. Die betrachten einen dann vielleicht auch als vorlaute und wilde Theologen, denen man einen auf den Deckel geben müsse. Aber das hat eigentlich mit persönlichem Widerwillen oder so ähnlichen Dingen nichts zu tun gehabt. Es sind natürlich trotzdem Dinge vorgekommen, die absolut nicht hätten sein dürfen.“

[5] Joseph Ratzinger, geb. 1927, Dogmatikprofessor und „Teenager“ des Konzils, wurde 1977 zum Erzbischof von München und Freising ernannt und noch im selben Jahr zum Kardinal kreiert. Im Herbst 1981 berief ihn Papst Johannes Paul II. als Präfekt der Kongregation für die Glaubenslehre nach Rom, eine Funktion, die er 24 Jahre innehatte. Am 16. April 2005 wurde Ratzinger zum Papst gewählt und nahm den Namen Benedikt XVI. an.

[6] Vgl. K. Rahner, Bekenntnisse. Rückblick auf 80 Jahre. Wien 1984, 42 f.: „Metz war von der Münchner Theologischen Fakultät an erster Stelle als Nachfolger von Fries vorgesehen. Der Kardinal hat in Zusammenarbeit mit Hans Maier, der Metz auch nicht mochte, bewirkt, daß das Ministerium ihn bei der Berufung überging. juristisch ist das möglich, es ist nur die Frage, ob das Ministerium für die bessere Theologie zuständig ist. Was den Kardinal betrifft, so kann er als privater Theologe Metz und seine Politische Theologie nicht wünschen oder kein Verständnis dafür haben. Aber in diesem Fall hat er meiner Meinung nach die Kompetenzen eines Bischofs in einer solchen Sache einer Berufung an eine staatliche Universität überschritten. Der Bischof hat bei der Ernennung eines Theologen zu prüfen, ob er orthodox ist und ein moralisch einigermaßen erträgliches Leben führt. In diesen beiden Hinsichten konnte er gegen Metz nichts sagen. Ich habe Ratzinger einen offenen Brief in Sachen einer Berufung von Metz nach München im ‚Publik-Forum‘ geschrieben, den er in fairer Weise entgegennahm. Er widersprach natürlich, hat mich aber einmal zum Abendessen eingeladen und mich dann mit dem Mercedes wieder nach Hause fahren lassen. Vor dem Abendessen sprachen wir ungefähr eine Stunde lang über diese Affäre, es kam aber dabei nichts heraus.“

[7] Leo Scheffczyk (1920–2005), Dogmatikprofessor in Tübingen, ab 1965 in München, wurde 2001 zum Kardinal kreiert.

[8] Schwabing ist ein Stadtteil von München, in dem viele Studenten wohnen.

[9] Vgl. O. Bettschart, „Schriften zur Theologie“ – Rückbesinnung eines Verlegers, in: P. Imhof / H. Biallowons (Hg.), Karl Rahner – Bilder eines Lebens. Freiburg 1985, 54–56.

[10] Vgl. K. Rahner, Bekenntnisse, 41 f.: „Während des Konzils war Ratzinger als junger, progressiver Theologe Berater von Kardinal Frings. Um ein vorkonziliares Schema zu Fall zu bringen, machten wir ein gemeinsames Elaborat, das den deutschen, belgischen und französischen Bischofskonferenzen unterbreitet wurde. Diese lancierten es als Vorschlag für das Konzil, um zu zeigen, daß man gut katho-

lisch auch anders sprechen kann als die vorkonziliaren Schemata. Unser gemeinsamer Text ist bald wieder im Papierkorb verschwunden, ohne daß man sagen kann, dadurch sei ein Unglück geschehen. Trotzdem hat er dazu beigetragen, daß die vorkonziliaren, von den Römern ausgearbeiteten Schemata in der Schublade verschwanden. Das Konzil hat in den verschiedenen Kommissionen seine Erklärungen, Dekrete und Konstitutionen selber erarbeitet. Das war vielleicht die entscheidende Weichenstellung am Anfang des Konzils, und da waren Ratzinger und ich ein Herz und eine Seele. Ob er heute noch so dächte, weiß ich nicht. Vielleicht würde er sagen, wir wären da in einer Konzilseuphorie in eine Richtung vorgestoßen, die sich dann als Sackgasse erwiesen habe. Wir hatten im Konzil aber sonst nicht sehr viel miteinander zu tun, einfach deshalb, weil ich in der Theologischen Kommission war und Ratzinger in einer anderen."

[11] Diese Veranstaltung wurde postum dokumentiert in: W. Rahberger / H. Sauer (Hg.), Vermittlung im Fragment. Franz Schupp als Lehrer der Theologie. Regensburg 2003, 211–279: Zum Begriff „Offenbarung". Gemeinsame Vorlesung von Franz Schupp und Karl Rahner im Wintersemester 1972/73.

[12] Heinrich Schlier (1900–1978).

[13] Vgl. K. Rahner, Die Gegenwart Christi im Sakrament des Herrenmahles, in: Ders., Schriften zur Theologie. Bd. 4. Einsiedeln 1960, 357–385, bes. 367–380.

[14] Vgl. z. B. K. Rahner, Theologisches zum Monogenismus, in: ZKTh 76 (1954) 1–18, 187–223; ders., Erbsünde und Monogenismus, in: K.-H. Weger (Hg.), Theologie der Erbsünde (QD 44). Freiburg 1970, 176–223; vgl. auch K. Rahner, Sämtliche Werke. Bd. 15: Verantwortung der Theologie. Im Dialog mit Naturwissenschaften und Gesellschaftstheorie. Freiburg 2002.

[15] Herlinde Pissarek-Hudelist (1932–1994), seit 1984 Professorin für Katechetik und Religionspädagogik an der Universität Innsbruck, war weltweit die erste Dekanin einer Kath.-Theologischen Fakultät (1989–1993). Vgl. G. Bader / M. Heizer (Hg.), Theologie erden. Erinnerungen an Herlinde Pissarek-Hudelist. Thaur 1996.

Nur die kleine Schwester, mit der man nichts Gescheites reden kann?

Im Gespräch mit Elisabeth Cremer (†) und Franz Johna, Merzhausen

Elisabeth Cremer (1909–2004), geborene Rahner, Dr. phil., war die jüngere Schwester Karl Rahners. Sie lebte zuletzt bei ihrem Sohn in Merzhausen bei Freiburg. Franz Johna, geb. 1929, Übersetzer und Herausgeber spiritueller Bücher, war bis 1994 Lektor im Verlag Herder, Freiburg.

Frau Dr. Cremer, wenn Sie an Ihren Bruder Karl denken: Wie haben Sie ihn im Familienkreis erlebt, was haben Sie an ihm besonders geschätzt, was hat Ihnen Freude gemacht, wenn er zuhause war?

☐ Wir waren sieben Kinder in der Familie. Karl war fünf Jahre älter als ich. Außerdem hatte meine Mutter, um das Studienratsgehalt unseres Vaters ein wenig aufzubessern, immer noch ein paar Kostgänger im Haus, denen mein Vater Nachhilfestunden gab. In der damaligen Zeit war ein Altersunterschied von fünf Jahren schon recht groß. Karl hat mich sicher als die kleine Schwester empfunden, mit der man nichts Gescheites reden kann. Einmal hat er zu mir gesagt: Du tropfst vor Einfalt. – Ich war für ihn keine Gesprächspartnerin. Aber er war ohnehin sehr, sehr verschlossen, jedenfalls in der Familie. Von allen Geschwistern hat er von sich aus am wenigsten gesagt.

„Er war immer da, wenn man ihn brauchte"

☐ *(Franz Johna:)* Aber später hatte Ihr Bruder Karl zu Ihnen meiner Erinnerung nach doch wohl das engste Verhältnis innerhalb der Geschwister. Wenn er nach Freiburg in den Verlag gekommen war, hat er, bevor er wieder weitergereist ist, selten gesagt: Ich möchte noch einen kurzen Besuch bei meiner Schwester, Frau Deppe, in Herdern machen[1]. Aber er hat fast immer gesagt: Fahren wir doch noch rasch nach Merzhausen.

☐ *(Elisabeth Cremer:)* Aber er hatte es immer eilig. Er hat sehr gern mit den Kindern gespielt. Ich habe vier Buben. Aber persönlich konnte er nicht sein. Meine Mutter hat im Wohnstift, in dem sie in den letzten Jahren gelebt hat, immer bedauert, daß Karl selten geistliche Gespräche geführt hat. Ich habe den Eindruck, das konnte er bei anderen Leuten sehr viel leichter als bei der eigenen Familie. Meine Mutter war an und für sich eine sehr interessierte Frau und hätte gern über Geistliches gesprochen. Aber Karl war da immer sehr, sehr schweigsam. Er war äußerst hilfsbereit. Als unser Bruder Hugo starb, war Karl sofort da, um ihn zu beerdigen. Er hat auch meinen Mann beerdigt und damals sehr an der ganzen Familie Anteil genommen. Einer meiner Söhne, Thomas, hat Karl sozusagen gezwungen, aus seiner Zurückhaltung herauszugehen. Thomas hatte immer alle möglichen Probleme gehabt und wollte sie mit dem Onkel Karl besprechen. Er hat in ihm einen echten Betreuer gefunden.

☐ *(Franz Johna:)* Ich erinnere mich lebhaft, wie Pater Rahner einmal voller Stolz nach einem Besuch bei Frau Cremer erzählt hat: Der Thomas ist Medizinprofessor in Heidelberg geworden. – Es hat ihn sehr gefreut.

☐ *(Elisabeth Cremer:)* Das muß ich wirklich noch einmal betonen: Karl war immer da, er war immer bereit, da zu sein, aber er hat nicht viel geredet.

War das allgemein so, wenn Pater Rahner auf Besuch kam? War er auch bei seinen anderen Geschwistern so zurückhaltend?

☐ Das kann man sagen. Innerhalb der Familie hat er ungern gesprochen. Ich habe den Eindruck, er war bei Fremden viel offener. Er hat einmal hier in Freiburg einen Vortrag gehalten. Da kamen viele Verehrerinnen. Eine hat ihm gesagt, sie würde ihm schreiben. Weil ich wußte, daß er immer über den Stoß von Briefen mit den vielen Anfragen stöhnt, die er auf seinem Schreibtisch vorfand, wenn er von einer Reise zurückkam, habe ich gesagt, ich wüßte nicht, ob sie Glück haben werde. Karl habe immer sehr viele Briefe zu beantworten. Nach einiger Zeit habe ich diese Frau wieder getroffen, und sie sagte mir: Er hat sofort geantwortet!

☐ *(Franz Johna:)* Ja, das war seine Art. Er hat, soweit ich weiß, keinen Brief unbeantwortet gelassen. Es kamen auch immer wieder Briefe an den Verlag mit dem Vermerk: „Bitte weiterleiten an Pater Rahner." Trotz seiner vielen Verpflichtungen bei einer Reihe von Verlagen, die ihn bedrängt haben, oder bei Katholischen Akademien, trotz vieler Anfragen von Journalisten, von Rundfunk- oder Fernsehredakteuren um ein Interview, einen Beitrag und manch anderes, hat er diese menschliche Seite nicht vernachlässigt. Ich erinnere mich: Meine Frau und ich waren mit Pater Rahner einmal in Colmar und anschließend in Kaysersberg, wo wir das Albert-Schweitzer-Haus besuchten. Es war nicht das erste Mal, denn ins Elsaß zog es Pater Rahner immer wieder, wenn er in Freiburg war. Unsere erste Station war das Unterlindenmuseum in Colmar. Meine Frau war noch dabei, die Eintrittskarten im Foyer zu lösen, als er schon ins Museum enteilt war, um zum Isenheimer Altar in den hinteren Räumen zu kommen. Doch schon nach gut fünf Minuten kam er uns bereits wieder entgegen und gab uns zu verstehen, unseren Rundgang ruhig fortzusetzen. Währenddessen würde er es sich im Foyer etwas bequem machen. Als auch wir unsere etwas beschleunigte Besichtigung beendet hatten und wieder an den Eingang kamen, saß Pater Rahner entspannt in einem Sessel und beobachtete aufmerksam das Kommen und Gehen der Besucher, neben sich zwei, drei Ansichtskarten, auf denen er in der Zwischenzeit guten Bekannten einen Gruß geschrieben hatte.

☐ *(Elisabeth Cremer:)* Kartengrüße kamen oft, meistens nur mit einem kurzen: „Gruß!" Aber wenn man ernstlich etwas von ihm wollte, dann hat er in Briefen sehr genau Stellung genommen und sich auseinandergesetzt. Er hat mich dann auch getraut.

Warum hat Sie Karl getraut und nicht Ihr Bruder Hugo, der ja auch Je-
suit und Priester war?

☐ Das war mitten im Krieg. Hugo konnte nicht kommen. Die Theologische Fakultät in Innsbruck war von den Nazis beschlagnahmt worden, und die Jesuiten bekamen eine Einladung des Bischofs von Sitten,
ins Wallis zu kommen. Vor allem die ausländischen Theologiestudenten gingen dorthin. Damals gab es in der Schweiz noch ein Jesuiten-
verbot. Daraufhin hat Papst Pius XI. alle Jesuiten von ihren Gelübden
entbunden, damit sie als Weltpriester in der Schweiz bleiben durften.
Karl war in dieser Zeit mit dem anderen Teil der Fakultät in Wien. Er
war dort mehr in der Seelsorge tätig. Er konnte zu unserer Hochzeit
kommen[2].

Spielte es eine Rolle, daß Hugo Jesuit war, als Karl in denselben Orden
eintrat?

☐ Karl hat immer sehr betont, daß sein Bruder damit nichts zu tun
gehabt habe und nicht an seinem Entschluß beteiligt gewesen sei[3].
Das war typisch für ihn. Meine Eltern haben von seinem Wunsch
durch den Religionslehrer erfahren[4]. Dieser besuchte meine Eltern,
und er war eigentlich gar nicht dafür, daß Karl zu den Jesuiten geht.
Karl hat die Eltern einfach vor vollendete Tatsachen gestellt[5]. Drei Wochen nach dem Abitur ist er in Feldkirch ins Noviziat eingetreten.

Sie sagten, die Umstände der Entscheidung für den Jesuitenorden seien
„typisch" für Karl gewesen. Was meinen Sie damit?

☐ Charme zu haben, war nicht seine Stärke. Er konnte sehr kritisch sein.
☐ *(Franz Johna:)* Pater Rahner hatte einen gewissen trockenen, nüch-
ternen Charme, möchte ich sagen. Er war nicht überschwenglich oder
gar schwärmerisch, aber sehr, sehr korrekt und gerade heraus – doch
durchaus auch charmant und herzlich.

Der fleißige Bruder

Anscheinend besaß Ihr Bruder große Energie und Willenskraft und konnte sehr konzentriert arbeiten. Haben Sie sich nicht manchmal gewundert, daß er so fleißig war?

☐ *(Elisabeth Cremer:)* Einer meiner Söhne war einmal mit Karl und einigen anderen Jesuiten im Ferienhaus meiner Schwägerin in Spanien auf Urlaub. Karl wollte an und für sich Ferien machen. Aber er hatte eine ganz strenge Disziplin: So und so viele Stunden müsse er zuerst arbeiten, dann auch ganz konzentriert, danach habe er frei. Wenn er sein Pflichtpensum absolviert hatte, hatte er Urlaub und konnte ganz entspannt sein.

☐ *(Franz Johna:)* Ich kann diese Arbeitsdisziplin nur bestätigen. Noch in seinen späten Jahren, als er zum Beispiel das Manuskript seines „Grundkurs des Glaubens" endlich abschließen wollte, kam er nach Freiburg und quartierte sich in einem Hotel in der Nähe des Verlags ein. Jeden Tag pünktlich um 9.30 Uhr war wie vereinbart eine Sekretärin des Verlags zur Stelle, der er – in seinem Zimmer auf und ab gehend – nahezu ohne Pause bis 12.30 Uhr diktierte. Es verlangte große Konzentration und strenge Disziplin, die oft schwierigen theologischen Gedankengänge zu formulieren und gleich druckreif zu diktieren. Dabei konnte er die Sekretärin zwischendurch schon einmal fragen: Wieviele Seiten sind das schon? Oder: Wie lange haben wir schon diktiert? Zwei Stunden? Dann machen wir noch eine Stunde! – Wenn er sein Pensum geschafft hatte, war er erleichtert und zufrieden.

Als Professor Martin Honecker im Jahr 1936 die philosophische Doktorarbeit Karl Rahners nicht annehmen wollte[6]: Hat da die Familie nicht gesagt, er sollte eben einiges ändern, damit Honecker die Dissertation paßt?

☐ *(Elisabeth Cremer:)* Die Familie hat dazu gar nichts gesagt. Karl wäre doch stur seinen eigenen Weg gegangen. Er hätte sich auch nichts sagen lassen. Professor Honecker entgegenzukommen, um die Doktorarbeit abzuschließen – das kam für ihn gar nicht in Frage. Aber das war dann auch gar nicht nötig[7]. Karl hatte sich inzwischen in Innsbruck in Theologie habilitiert und wurde Privatdozent für Dogmatik. Dann kamen bald die Nationalsozialisten. Hugo, der seit 1937 Professor für Kirchengeschichte war, ging im Herbst 1938 in die Schweiz und Karl ein Jahr später nach Wien.

Täuscht mein Eindruck, daß er sich mit Hugo sehr gut verstanden hat und nicht nur dessen „kleiner Bruder" war?

☐ *(Elisabeth Cremer:)* Die beiden schätzten sich und hatten ein gutes Verhältnis zueinander[8]. Im Lauf der Jahre haben sich die Gewichte natürlich verschoben. Erst war Hugo der bekanntere, der bedeutendere und irgendwie auch der anerkanntere der beiden. Hugo und Karl haben auch einiges zusammen veröffentlicht. Als unser Vater 60 Jahre alt wurde, haben sie ihm ihre ersten wissenschaftlichen Gedanken in einer Festschrift überreicht. Ich habe sie leider nie gesehen. Es gibt nur ein einziges Exemplar davon, das ihm Karl-Rahner-Archiv in Innsbruck aufbewahrt wird[9]. Später haben sich die beiden über diese ersten „Kinder" ihrer geistigen Tätigkeit amüsiert[10].

Es bestand also keine Konkurrenzsituation zwischen Hugo und Karl Rahner?

☐ Nein. Am Anfang gab es da so einen Scherz: „Schauen wir mal am Ende eines Jahres, wer von uns mehr veröffentlicht hat." Aber Hugo ist relativ früh krank geworden. Er litt an Parkinson und mußte seine Professur früher aufgeben, weil seine Bewegungsfähigkeit durch die Krankheit sehr eingeschränkt war. Kurz vor Weihnachten 1968 ist er gestorben. Zu seinem 100. Geburtstag erschien in den „Stimmen der Zeit" ein schöner Artikel über ihn[11].

Felsenfest zur Kirche gestanden

Welche Sorgen hatte Karl Rahner? Hat er irgendwann einmal gemeint, die Theologie oder die Kirche würden ihm Sorgen machen?

☐ *(Elisabeth Cremer:)* Natürlich war er der Kirche gegenüber kritisch eingestellt, so wie einer der eigenen Mutter gegenüber kritisch sein kann. Aber er hätte nie ihre Existenz in Frage gestellt. Er war felsenfest von ihr überzeugt, und er wußte: Ich kann mich kritisch äußern, aber ich kann nicht an ihr rütteln.

☐ *(Franz Johna:)* Pater Rahner konnte sich, wie mir manchmal auffiel, über die eine oder andere kuriale Angelegenheit oder über typisch römische Vorgänge sehr ärgern. Aber was die Kirche anging: Sie war für ihn etwas ganz Sicheres und Festes. Das kann man mit Gewißheit sagen. Heftige oder scharfe Papstkritik, wie sie etwa Papst Paul VI. erleben mußte, gab es meines Wissens von Karl Rahner nicht. Natürlich hat es in ihm gebohrt, wenn ihm zum Beispiel Einwände im Zusammenhang mit der Erteilung des Imprimatur mitgeteilt oder da und dort Zweifel an seiner Kirchlichkeit oder gar Rechtgläubigkeit geäußert wurden. Das alles änderte jedoch nichts daran, daß er innerlich treu und fest zur Kirche stand.

Aber manche seiner Veröffentlichungen sind auf Kritik seitens der Kirchenleitung gestoßen, ganz am Ende seines Lebens etwa die Quaestio disputata Nr. 100 mit Heinrich Fries, „Einigung der Kirchen – reale Möglichkeit" (1983).

☐ *(Franz Johna:)* Daran wurde heftige Kritik geübt, ja. Aber schon viel früher eckte er mit „Die vielen Messen und das eine Opfer" (1949 bzw. 1951) an[12]. Heute mag man sich darüber wundern, welche Themen einmal Anstoß erregten.

☐ *(Elisabeth Cremer:)* Meine Großmutter ist jeden Tag um 9 Uhr ins Münster gegangen und kam immer ganz begeistert heim: Fünf heilige Messen habe ich heute gehabt. – An den Nebenaltären wurde um diese Zeit ständig von irgendwelchen Herren aus dem Ordinariat eine Messe gelesen. Sie hat offenbar einen Altar nach dem anderen aufgesucht, an denen ein Priester eine Messe gefeiert hat. Früher wurden Messen sozusagen „gesammelt".

In Basel erzählte mir eine Frau, sie habe dort Karl Rahner einmal bei einer Ansprache gehört, die sehr gut angekommen sei. Es mag ja stim-

men, daß er oft schwierig geschrieben hat. Aber wenn man ihn hörte, hat das offenbar bei vielen einen tiefen Eindruck hinterlassen.

☐ *(Elisabeth Cremer:)* Karl hat einmal von einer Vereinigung irgend-einen Preis erhalten – wegen seiner Sprache[13].

☐ *(Franz Johna:)* Das war in Tübingen. Pater Rahner konnte sehr schöpferisch formulieren. Man muß freilich unterscheiden zwischen hoher theologischer Reflexion und gläubiger, existentieller Meditation. Hier wie dort besaß er eine besondere Formulierungsgabe, ja Formu-lierungskunst, die auch den Anspruch an den Leser nicht scheute[14]. In den letzten zehn, vielleicht sogar 20 Jahren seines Lebens wurde er von vielen Seiten regelrecht gedrängt, schriftstellerisch sozusagen zu pro-duzieren, und selten konnte er ablehnen. So konnte er selbst immer weniger auf die äußere Textgestalt achten und umso komplizierter konnte dann oft auch sein geschriebenes Wort sein.

Ich habe bereits erwähnt, wie er in den letzten Jahren häufig ein Manuskript verfaßt hat: indem er es unter angestrengtem Nachdenken und konzentriert diktierte. Die letzte, formale und leserfreundliche Aufbereitung eines Manuskripts vertraute Pater Rahner gern anderen Händen an. Dafür blieb ihm wohl immer weniger Zeit. Denn viele wollten etwas von ihm. Und bat man ihn um etwas, bekam man es in der Regel auch, gelegentlich mit einem Murren. Ich sage das aus eige-ner Erfahrung. Pater Rahner war offen für Anregungen und Wünsche. Trug ich ihm zum Beispiel die Idee einer „Kleinen theologischen Me-ditationsreihe" vor, deren Eigenart die Verbindung von theologischer Reflexion und gläubiger Meditation zentraler Glaubensthemen sein sollte, und zwar gedacht für einen breiteren theologisch wie spirituell interessierten Leserkreis, begrüßte er diesen Plan nicht nur, sondern machte sich eine kurze Notiz, und es dauerte nicht lange, bis von ihm ein Manuskript eintraf: „Was heißt Jesus lieben?" (1982) oder „Was heißt Auferstehung?"[15] So sehr er die Idee der Reihe beispielhaft umzusetzten verstand, waren seitenlange Absätze und lange Satzperio-den ein Punkt, mit dem sich das Lektorat zu befassen hatte.

☐ *(Elisabeth Cremer:)* Das kommt natürlich wieder vom Latein. In Innsbruck mußte er anfangs noch auf Lateinisch Vorlesungen halten.

☐ *(Franz Johna:)* Das kommt sicher vom Latein und von daher, daß er beim Nachdenken und gleichzeitigen Diktieren nicht so sehr auf äußere, formale Dinge achten konnte. Hier erwartete er die Hilfe des Lektorats, die wir gern boten. Pater Rahner hat mir auch immer wieder gesagt: Bitte, schaut Euch das genau an und gestaltet das noch ein bißchen. – So haben wir seine Mannuskripte sorgfältig lektoriert, den Text durch Einfügen von Zwischenüberschriften, stärkere Aufgliederung in Sinnabschnitte und nicht zuletzt durch Auflösung mancher langer Satzperioden lesefreundlicher gestaltet, jedoch ohne inhaltliche Änderungen. Und immer hat er das endgültige Mannuskript vor Satzbeginn noch einmal erhalten und manchmal auch noch ergänzt. Pater Rahner war für diese Hilfe dankbar.

☐ *(Elisabeth Cremer:)* Hugo soll ja einmal gesagt haben, wenn er emeritiert sei, werde er den Karl in ein anständiges Deutsch übersetzen. Das hat der Karl dem Hugo aber nicht übel genommen.

„Er hat immer gute Assistenten gehabt"

Hat Pater Rahner nie den Wunsch geäußert, er hätte gern eine Sekretärin oder einen Assistenten, der ihm bei der Gestaltung der Texte helfen könnte?

☐ *(Franz Johna:)* Er hat ja immer sehr gute Assistenten gehabt. Ich erinnere mich an die Zeit, als Karl Lehmann bei ihm war. Seine große Literaturkenntnis und seine Akribie kamen Pater Rahner gerade in einer Phase besonderer Kreativität sehr zu Nutzen. Er war ihm meines Wissens eine große Hilfe. Er gab, glaube ich, in dieser Zeit vielen Manuskripten seines Meisters den letzten Schliff. Das schmälert nicht die Verdienste – in fachlicher und menschlicher Hinsicht wie auch dem Verlag gegenüber – seiner anderen Assistenten, mit denen ich zu tun hatte: Pater Roman Bleistein und Pater Paul Imhof.

Einsamkeit: „Am Wochenende darf kein Knopf abreißen"

Als ich im Oktober 1981 für ein Doktoratsstudium nach Innsbruck ge-
kommen bin, hörte ich, daß Karl Rahner eventuell von München nach
Innsbruck übersiedeln würde. Er hat offenbar mit einem Metermaß
Räume ausgemessen, um zu sehen, ob für seine Bücher genügend Platz
vorhanden sei. Warum ist er nach Tirol zurückgekommen?

☐ *(Franz Johna:)* Ich glaube, daß er sich zuletzt in München nicht
mehr so recht wohl gefühlt hat. Als ich einmal Pater Rahner am späten
Vormittag in München in der Kaulbachstraße besucht habe, nahm er
mich zur Essenszeit ins Refektor mit, wo alle Patres bereits vor ihrer
Mahlzeit saßen. Ich hatte den Eindruck einer Mensa und kannte nicht
den Ablauf der Selbstbedienung: Teller und Besteck besorgen, anste-
hen zum Suppeschöpfen und Hauptmahlzeit am Küchenschalter holen und schließlich einen Platz belegen; zum Schluß das Geschirr weg-
bringen. Pater Rahner unterwies mich. Die Atmosphäre war nüchtern.
Jeder kannte jeden, ohne voneinander besonders Notiz zu nehmen.
Mir wurde klar, warum Pater Rahner so gern die Gelegenheit eines Be-
suchs wahrnahm, um einmal anderswo gemütlich zu essen. Immer
nahm er dazu gern eine Einladung an. – Ein anderes Mal besuchte
ich ihn an einem späten Freitagnachmittag. Er saß am Schreibtisch
und arbeitete, machte aber bald Schluß, denn es war Zeit, zum Abendessen aufzubrchen, zu dem ich ihn in ein Restaurant eingeladen hatte.
Da stellte er fest, daß ein Hosenknopf abgerissen war, nachdem er
während des Gesprächs mit mir immer wieder an den Hosenträgern
gezogen hatte. Verlegen erklärte er mir: Am Freitagnachmittag darf einem bei uns kein Knopf abreißen – und wechselte die Hose. Am Wochenende stehe man allein da. Da sei alles ruhig. Dabei lächelte er
ziemlich hilflos.

☐ *(Elisabeth Cremer:)* Man kann einen Knopf aber auch selbst annähen!

☐ *(Franz Johna:)* Natürlich, aber eben das konnte er nicht! Das
Abendessen hat darunter aber nicht gelitten. Dennoch hatte ich das
Gefühl, daß ihm eine gewisse Anonymität nicht gefiel, daß man voneinander wenig Notiz nahm, jedenfalls nach außen hin. Man vergrub
sich in seine Arbeit. Mag sein, daß er Innsbruck anders gekannt hat

und hier mehr Heimat sah, mehr Zusammengehörigkeit. Ich glaube auch, daß er sich dort dann tatsächlich irgendwie zuhause gefühlt hat. Je älter er wurde, um so bedrückender empfand er wohl das Auf-sich-allein-Gestelltsein und sich dabei selbst versorgen zu müssen, zumindest am Wochenende. Es beeinträchtigte auch seine Aktivität.

Eine scheue Frömmigkeit

Herr Johna, haben Sie auch etwas von Paters Rahners religiöser Seite mitbekommen?

☐ Er war ein frommer Mensch, aber dabei sehr zurückhaltend.

☐ *(Elisabeth Cremer:)* Karl hat immer wieder gesagt, der Fromme von morgen müsse ein Mystiker sein[16]. Das war, glaube ich, ein Rückgriff auf seine Form des Frommseins.

☐ *(Franz Johna:)* Ja, eine tiefe innere Frömmigkeit. Um so kritischer stand er gewissen Äußerlichkeiten der Frömmigkeit gegenüber, etwa dem zeitweilig sprießenden Erscheinungskult.

☐ *(Elisabeth Cremer:)* Ich weiß noch, daß er einmal meinte, wenn man alles, was die Muttergottes bei diesen Erscheinungen angeblich von sich gibt, auf seine theologische Richtigkeit prüfen würde, dann stieße man wahrscheinlich auf viele Häresien.

☐ *(Franz Johna:)* Für religiöses Brauchtum aber war er durchaus zugänglich. Als meine Frau und ich einmal mit Pater Rahner unterwegs waren, besuchten wir am späten Nachmittag eine Kirche. Der leere Kirchenraum lag fast im Dunkel. Nur den Marienaltar erleuchteten ein paar Votivkerzen. Pater Rahner war wie immer der erste, der den Rundgang beendet hatte und nun vor dem Marienaltar stand, um eine Kerze anzuzünden. Meine Frau griff nach dem Geldbeutel und wollte dasselbe tun. Aber Pater Rahner hielt ihre Hand zurück und sagte: Lassen Sie, eine reicht ...! Es ist eine meiner Erinnerungen an Pater Rahner, die ich nie vergessen werde[17].

Herr Johna, hatten Sie auch privat Kontakt zu Pater Rahner?

☐ Er war öfter, und ich glaube gern bei uns zuhause. Es hat ihm gutgetan, im Kreis einer Familie am Abend oder mittags gemeinsam zu Tisch zu sitzen. Dann konnte er auch plötzlich zu unserem Sohn, der damals zwölf oder 14 Jahre alt war, sagen: Robert, komm, zeig mir Dein Zimmer! – Und bald lag er ausgestreckt auf dem Bett, Jacke und Schuhe ausgezogen, unser Sohn an seinem Schreibtisch in der Nähe. – Als unser Sohn in der Schule Latein hatte, fragte er ihn einmal spitzbübisch: Was heißt das? Dabei schrieb auf seine Serviette einen lateinischen Satz, der sinngemäß übersetzt lautet: „Durch die Kinnbacken einer Frau kommt das große Übel in die Welt."[18]

Für Robert Johna

Mălă măli mălo măla maxima peperit mundo.

Mălus = Böse (pl. Unglück),
mălum = der Apfel
măla = Kinnbacken, Backen.

mit vielen Grüssen

28.2.78 · Karl Rahner

Ein anderes Mal fragte er nach dem Abendessen unseren Sohn und unsere Tochter: „Kennt ihr einen Satz, in dem kein einziger Vokal vorkommt?" Wir alle meinten, es gebe keinen deutschen Satz ohne einen Vokal. Daraufhin schrieb er auf seine Serviette:

Wnn d nch Frbg ghst, dnn bst d dhm

„Wnn d nch Frbrg ghst, dnn bst d dhm – Wenn Du nach Freiburg kommst, dann bist du daheim" – Hier ist die Serviette.

Pater Rahner hat Kinder gern gehabt. Er selbst besaß bis zuletzt eine kindliche Neugier.

„Wenn ich noch einmal auf die Welt käme ..."

Ich habe einmal gehört, daß er, wenn er in Innsbruck von einem Afrikaner oder von einem Amerikaner Besuch hatte, immer sofort den Atlas geholt hat und darum bat, ihm zu zeigen, wo der Besucher zuhause sei. Einen Atlas hatte er offenbar immer in Griffnähe.

☐ *(Elisabeth Cremer:)* Karl hatte wirklich diese richtige, kindliche Neugier. Er ist einmal mit einem Jesuitenpater in ein Geschäft gegangen. Er hat Parfümfläschchen gesehen und begonnen, sie der Reihe nach zu öffnen, um daran zu riechen. Man mußte ihn davon abhalten, nicht alle zu öffnen.

☐ *(Franz Johna:)* Wenn er im Auto saß, konnte er schon einmal fragen, ob man nicht hätte abbiegen müssen, denn er verfolgte immer auf der Straßenkarte genau den Weg. Einmal sagte er mir bei einer Autotour, wenn er noch einmal auf die Welt käme, würde er zwei Dinge nachholen: Autofahren lernen und sich ein fließendes Englisch aneignen.

☐ *(Elisabeth Cremer:)* Er hat wahrscheinlich besser Englisch verstanden, als es fließend zu sprechen. Die wissenschaftliche Fachsprache und die Alltagssprache, das sind natürlich zwei verschiedene Dinge.

☐ *(Franz Johna:)* Einen englischen Text zu lesen war für ihn kein Problem. Aber durch die zunehmende Internationalisierung der Theologie trat das Deutsche gegenüber dem Englischen zurück. Pater Rahner spürte da wohl einen gewissen Nachholbedarf.

Pater Rahner hat Briefe immer sehr gewissenhaft beantwortet. Was sagen Sie zu den von Luise Rinser veröffentlichten Briefen?

☐ *(Elisabeth Cremer:)* Mein Gott, was soll ich dazu sagen? Erstens einmal hat er, meiner Ansicht nach, ein absolutes Recht auf eine Freundschaft, auch auf eine Freundschaft zu einer Frau. Aber das hat Luise Rinser dann ganz schamlos ausgeschlachtet. Wenn ich mit jemandem tief befreundet bin, mache ich so etwas nicht.

☐ *(Franz Johna:)* Es ist darum mittlerweile still geworden. Wer Pater Rahner näher gekannt hat, dem war klar, daß hier viel überinterpretiert wird, was die Beziehung zu Luise Rinser angeht. Pater Rahner war treu und hat Freundschaften gepflegt. Ich habe selbst einmal gesehen, wie er ihr eine Ansichtskarte geschickt hat: „Herzliche Grüße". Das war für ihn sicherlich auch eine Frage der Höflichkeit und Wertschätzung. Er hat gern ein Lebenszeichen von sich gegeben. Muß man das aber in einer Weise interpretieren, wie das hier geschehen ist. Mir selbst hat er, auch wenn es nur vom Feldberg war, eine Karte geschrieben. Er wollte anderen eine Freude machen. Freundschaften bedeuteten ihm viel, und er pflegte sie, auch auf diese Weise.

☐ *(Elisabeth Cremer:)* Luise Rinser hat ja immer das Bedürfnis gehabt, zu bedeutenden Leuten eine Beziehung zu haben. Karl Rahner ging der Dalai Lama voraus. Sie konnte eben in Innsbruck an der Pforte stehen und nach Karl Rahner fragen. Vielleicht hat sie das dann als Liebeszeichen gedeutet, wenn er kam.

Luise Rinser war ja eine verheiratete Frau. Ihr Mann war ein großer Musiker[19]. Es gab bei ihr immer wieder den Versuch, mit irgendeinem bedeutenden Mann in Kontakt zu stehen. Das mit den Briefen hat Karl fast kommen sehen. Veröffentlicht sind ja nur die Briefe, die Rinser an ihn geschrieben hat, keine Briefe von Karl.

☐ *(Franz Johna:)* Das hat der Jesuitenorden nicht zugelassen. Er verfügt über die Veröffentlichungsrechte.

Herr Johna, haben Sie noch eine Erinnerung an Karl Rahner?

☐ Ich habe Photokopien einiger Schulaufsätze von ihm, die ich bei der Vorbereitung des Bandes „Bilder eines Lebens" erhielt und die sehr interessant sind. Darunter finden sich immer wieder „Gedanken zur Zeit": „Am letzten Sonntag feierte man den Jahrestag der deutschen November-Revolution (der Aufsatz stammt aus dem Jahr 1919!) … Die einen freuten sich, daß die Fürsten abgesetzt sind, das war so das Hauptthema der Reden an jenem Tag und daß höhere Löhne bezahlt werden. Die anderen dachten mit stiller Trauer an die alten Zeiten, wo Post und Eisenbahn noch funktionierten und wo es noch Kohlen zu kaufen gab." Es sind zum Teil ganz rührende Aufsätze.

☐ *(Elisabeth Cremer:)* Früher wurden ja viel mehr Hausaufsätze geschrieben. Mein jüngster Bruder teilte, wenn er wieder einen Hausaufsatz zu schreiben hatte, dem Hugo in Innsbruck das Thema mit.

☐ *(Franz Johna:)* Hier ist noch ein interessanter Aufsatz: „Hagen: eine Charakteristik. Die Gestalt des Hagen aus der Nibelungensage." Der darauf folgende Aufsatz hat die Überschrift: „Kriemhild … Parsifal". Er ist auch sehr lesenswert. Auf dem Umschlag des Aufsatzheftes steht: Realgymnasium mit Oberrealschule, Freiburg i. Br., Schuljahr 1919–1920. Da war Karl Rahner 15 Jahre alt.

Ich habe hier noch das Manuskript eines Vortrags, den Pater Rahner ursprünglich in Mainz gehalten hat: „Nachfolge des Gekreuzigten"[20]. Ich hatte mich dafür interessiert, um ihn eventuell für ein Bändchen der schon erwähnten „Kleinen theologischen Meditationsreihe" zu verwenden. Pater Rahner schreibt dazu kurz: „Anbei, wie ausgemacht, schicke ich Ihnen einen Durchschlag meines Mainzer Vortrags. Sollte er Gnade finden und mit den übrigen Vorträgen dieser Mainzer Reihe im Dom ein sinnvolles Bändchen ergeben, ist es mir recht." Auch dieser Text ist kaum durch Abschnitte aufgelockert und durch Zwischenüberschriften gegliedert, er läuft von einer Seite zur anderen dahin. Die notwendige Gestaltung, die das Lesen erleichtert, wie auch die kritische Durchsicht des Textes erwartete er vom Lektorat – und das taten wir gern, war doch jedes Mannuskipt von Pater Rahner dem Verlag besonders wertvoll. Ich meine, er war sich sicher, daß er jedes einzelne seiner Manuskripte zuverlässigen Händen anvertraute. Das war das Schöne an der Zusammenarbeit mit Pater Rahner: Daß vieles Wertvolle und Bleibende in enger vertrauensvoller Zusammenarbeit zustandekam. Es hat allen Beteiligten im Verlag und nicht zuletzt mir große Freude gemacht und Pater Rahner gefallen.

Anmerkungen

[1] Damit ist die ältere Schwester Karl Rahners gemeint: Anna Maria Charlotte Deppe (1897–1987), geborene Rahner.

[2] Zu den Hintergründen vgl. H. Rahner, Die Geschichte eines Jahrhunderts. Zum Jubiläum der Theologischen Fakultät der Universität Innsbruck 1857–1957, in: ZKTh 80 (1958) 1–65; K. H. Neufeld, Die Brüder Rahner. Eine Biographie. Freiburg [2]2004; ders., „Aufhebung" und Weiterleben der Theologischen Fakultät Innsbruck (1938–1945). Fakten, Reaktionen und Hintergründe während des Zweiten Weltkriegs, in: ZKTh 119 (1997) 27–50; A. R. Batlogg, Die Theologische Fakultät Innsbruck zwischen „Anschluß" und Aufhebung (1938), in: ZKTh 120 (1998) 164–183; ders., In die Pflicht genommen: Im Wiener Seelsorgeamt, in: Ders. / P. Rulands / W. Schmolly / R. A. Siebenrock / G. Wassilowsky / A. Zahlauer, Der Denkweg Karl Rahners. Quellen – Entwicklungen – Perspektiven. Mainz [2]2004, 144–157.

[3] K. Rahner, Erinnerungen im Gespräch mit Meinold Krauss. Freiburg 1984, 36 f.: „Alemannen reden über solche Dinge, auch wenn sie Brüder sind, die sich durchaus gernhaben, nicht sehr viel. Er war Jesuit geworden. Ich würde sagen, daß das sicher meinen Entschluß irgendwie erleichterte. Aber eine große Bedeutung erkenne ich diesem brüderlichen Vorbild für diesen Entschluß nicht zu. Ich habe ihm dann, ich erinnere mich noch – brieflich, als er schon im Orden war – er ist drei Jahre vor mir eingetreten mitgeteilt, daß ich auch Jesuit werden will, zitternd und schüchtern. Aber ich habe ihn – glaube ich auch einmal in dieser Zeit seines Noviziats und auch in Valkenburg in Holland, wo er Philosophie studierte, gesehen. Aber ich würde trotzdem behaupten, daß das keine nähere, entscheidende Rolle gespielt hat."

[4] Der Religionslehrer hieß Meinrad Vogelbacher (1879–1965). Hugo wie Karl Rahner blieben ihm zeitlebens eng verbunden. Vogelbacher hatte in Rom Theologie studiert und in dem von Jesuiten geleiteten traditionsreichen „Collegium Germanicum et Hungaricum" gewohnt.

[5] Vgl. K. Rahner, Erinnerungen im Gespräch mit Meinold Krauss, 24: „Ich hatte zunächst meinen Eltern von meinen Jesuiten-Berufsplänen nichts gesagt. Da ist der Alemanne eher verschlossen und kann nicht so leicht mit solchen Dingen heraus. Faktisch haben meine Eltern meine Absicht dann vom Religionslehrer erfahren. Der Religionslehrer hatte gesagt: ‚Nein, der Karl, der ist dafür nicht geeignet. Der ist viel zu kontaktarm und brummig. Laßt, der soll was anderes werden.' Na, Gott, es ist also dann doch gegangen, und die Sache hat sechzig Jahre gehalten."

[6] 1922 Jesuit geworden, war Karl Rahner im Januar 1927 von seinen Ordensoberen für eine Laufbahn als Professor für Philosophiegeschichte an der ordenseigenen Hochschule in Pullach bei München vorgesehen worden. Dafür benötigte er ein philosophisches Doktorat. Nach dem vierjährigen Theologiestudium, der Priesterweihe (1932) und einem ordensinternen Reflexionsjahr („Tertiat") in Österreich absolvierte er von 1934 bis 1936 in seiner Heimatstadt Freiburg philosophische Spezialstudien, unter anderem bei Martin Heidegger. Als Doktorvater war Martin Honecker vorgesehen.

[7] Karl Rahner reichte seine Studie „Zur Metaphysik der endlichen Erkenntnis bei

Thomas von Aquin" zur Vorbegutachtung im Juni 1936 bei Professor Honecker ein und reiste nach Innsbruck (Österreich) ab, wo er zu Weihnachten 1936 zum Doktor der Theologie promoviert wurde und im Juli 1937 die Lehrbefugnis als Privatdozent für Dogmatik und Dogmengeschichte erhielt. Erst im August 1937, also 14 Monate, nachdem er Freiburg verlassen hatte, erfuhr er von Professor Honecker, daß dieser seine philosophische Dissertation nur annehmen würde, wenn Rahner gewisse Überarbeitungen vornähme, zu denen Rahner aber nicht bereit war. Außerdem benötigte er jetzt, mittlerweile an einer Theologischen Fakultät eingesetzt, auch kein philosophisches Doktorat mehr. Zu den Hintergründen vgl. K. H. Neufeld, Die Brüder Rahner, sowie A. Raffelt, Editionsbericht, in: K. Rahner, Sämtliche Werke. Bd. 2: Geist in Welt. Philosophische Schriften. Freiburg 1996, XIII–XXXVII, bes. XXIV–XXIX.

[8] Vgl. A. P. Kustermann / K. H. Neufeld (Hg.), „Gemeinsame Arbeit in brüderlicher Liebe". Hugo und Karl Rahner. Dokumente und Würdigung ihrer Weggemeinschaft. Stuttgart 1993.

[9] Diese 375 Seiten umfassende Festschrift, von der es nur ein einziges Exemplar gibt, trägt den Titel „Sacra Historia": „Unserem lieben Vater zum 60. Geburtstag 1868–1928" gewidmet. Sie enthält sechs Studien von Hugo und fünf von Karl Rahner. Dabei handelt es sich vermutlich um Texte, die während der Studienzeit im Orden entstanden sind; vgl. dazu K. H. Neufeld, Die Brüder Rahner. Eine Biographie. Freiburg [2]2004, 39–41.

[10] Vgl. H. Rahner Eucharisticon fraternitatis, in: J. B. Metz / W. Kern / A. Darlapp / H. Vorgrimler (Hg.), Gott in Welt (Festschrift Karl Rahner). Bd. 2. Freiburg 1964, 895–899.

[11] Vgl. A. R. Batlogg, Hugo Rahner als Mensch und Theologe, in: Stimmen der Zeit 213 (2000) 517–530.

[12] Eine aufschlußreiche Auswertung dieses Artikels und seiner Rezeptionsgeschichte in päpstlichen Ansprachen und Schreiben erfolgt in der Studie von G. Rheinbay, Das ordentliche Lehramt in der Kirche. Die Konzeption Papst Pius' XII. und das Modell Karl Rahners im Vergleich. Trier 1988.

[13] Am 20. Oktober 1973 wurde Karl Rahner mit dem „Sigmund-Freud-Preis für wissenschaftliche Prosa" der Deutschen Akademie für Sprache und Dichtung ausgezeichnet. Vgl. P. Imhof / H. Biallowons (Hg.), Karl Rahner – Bilder eines Lebens. Freiburg 1985, 98; dazu H. Vorgrimler, Karl Rahner. Gotteserfahrung in Leben und Denken. Darmstadt 2004, 12. Der deutsche Literaturnobelpreisträger des Jahres 1972, Heinrich Böll, hat Rahners Sprachgewalt bewundert: Vgl. H. Böll, Auf der Suche nach einer neuen Sprache, in: K. Rahner – Bilder eines Lebens, 97–98.

[14] Vgl. auch K. Mayr, Vermutungen zu Karl Rahners Sprachstil, in: H. Vorgrimler (Hg.), Wagnis Theologie. Erfahrungen mit der Theologie Karl Rahners. Freiburg 1979, 143–159.

[15] Diese Schrift ist bereits postum erschienen; vgl. K. Rahner, Was heißt Auferstehung? Meditationen zu Karfreitag und Ostern. Hg. v. A. Raffelt. Freiburg 1985.

[16] Vgl. K. Rahner, Frömmigkeit früher und heute, in: Ders., Schriften zur Theologie. Bd. 7. Einsiedeln 1966, 11–31, 22 f.: „Nur um deutlich zu machen, was gemeint ist, und im Wissen um die Belastung des Begriffs ,Mystik' (der recht verstanden kein Gegensatz zu einem Glauben im Heiligen Pneuma ist, sondern dasselbe)

könnte man sagen: der Fromme von morgen wird ein ‚Mystiker' sein, einer, der etwas ‚erfahren' hat, oder er wird nicht mehr sein, weil die Frömmigkeit von morgen nicht mehr durch die im voraus zu einer personalen Entscheidung einstimmige, selbstverständliche öffentliche Überzeugung und religiöse Sitte aller mitgetragen wird, die bisher übliche religiöse Erziehung also nur noch eine sehr sekundäre Dressur für das religiös Institutionelle sein kann. Die Mystagogie einer angenommenen Erfahrung der Verwiesenheit des Menschen auf Gott hin hat das richtige ‚Gottesbild' zu vermitteln, die Erfahrung, daß des Menschen Grund der Abgrund ist: daß Gott wesentlich der Unbegreifliche ist; daß seine Unbegreiflichkeit wächst und nicht abnimmt, je richtiger Gott verstanden wird, je näher uns seine ihn selbst mitteilende Liebe kommt; daß man ihn nie als bestimmten Posten in das Kalkül unseres Lebens einsetzen kann, ohne zu merken, daß dann die Rechung erst recht nicht aufgeht; daß er nur unser ‚Glück' wird, wenn er bedingungslos angebetet und geliebt wird".

[17] Vgl. F. Johna, Eine reicht … Persönliche Erinnerung an Karl Rahner, in: Christ in der Gegenwart 56 (2004) 95. Eine ähnlich geartete Erinnerung weiß ein ehemaliger Doktorand und Freund K. Rahners aus den letzten Lebenswochen zu berichten: „Als ich dasselbe tun wollte, hielt er mich mit den Worten zurück: ‚Nein, ein Licht genügt'" (L. J. O'Donovan, Licht für das Geheimnis, in: K. Rahner – Bilder eines Lebens, 132–135, 135).

[18] „Mala mali malo mala maxima peperit mundo."

[19] Es handelt sich dabei um Carl Orff, mit dem L. Rinser von 1953 bis 1959 verheiratet war. Die Ehe wurde geschieden.

[20] Vgl. K. Rahner, Nachfolge des Gekreuzigten, in: Ders., Schriften zur Theologie. Bd. 13. Zürich 1978, 188–203.

Priester und frommer Christ
Im Gespräch mit Klaus Egger, Innsbruck

Klaus Egger, Dr. theol., geb. 1934, war von 1969–1979 Regens des Priesterseminars Innsbruck, 1979–1989 Professor für Religionspädagogik an der Pädagogischen Akademie und Honorarprofessor an der Theologischen Fakultät der Universität Innsbruck. Von 1989–1998 amtierte er als Generalvikar der Diözese Innsbruck. Seither ist er als Bischofsvikar für Ordensangelegenheiten und in der Exerzitienbegleitung tätig.

Wie haben Sie Karl Rahner erlebt?

☐ Zunächst habe ich ihn als Ministrant an der Jesuitenkirche erlebt. Ich habe ihn dort als einen Pater erfahren, der auf der einen Seite sehr verschlossen war, aber sehr fromm zelebriert hat; anderseits hat man damals, es war Anfang der 50er Jahre, erklärt hat: Das wird noch einmal ein ganz großer Professor! Hugo Rahner[1] war schon ein bekannter Professor, aber man hat immer dazu gesagt: Er hat einen Bruder, der noch einmal ganz berühmt werden wird.

Er hat einem etwas zugetraut!

Persönlich erlebt habe ich Karl Rahner dann das nächste Mal bei einer Vorlesung. Er ging vor dem Hörsaal auf und ab, wie das so üblich war, und als er mich sah, erkannte er mich aus der Ministrantenzeit und fragte: Ja, wie geht es denn? Ich sagte: Ich komme gerade aus Belgien, ich habe ein Jahr in Löwen Fundamentaltheologie studiert. Seine Antwort: Ach, dann können Sie mir vielleicht helfen. Ich habe da einen Artikel über Ätiologie im neuen „Lexikon für Theologie und Kirche", und da gibt es bei uns kaum Literatur. Kennen Sie vielleicht zufällig Literatur aus dem französischen Bereich? – Zufällig hatte ich in Löwen einen Professor gehabt, der darüber gearbeitet hat: Pater Gustave Lambert SJ[2]. Pater Rahner hat dann den entsprechenden Artikel ins Lexikon aufgenommen[3]. Das hat mich damals ungemein beeindruckt. Pater Rahner hat einem einfach unmittelbar etwas zugetraut, auch wenn man für ihn nur Ministrant war, der am Anfang der Theologie stand. Ich muß sagen: Von da an hatte ich eine persönliche Beziehung zu ihm.

Wie schaute das im Konkreten aus?

☐ Ich bin drei oder vier Jahre lang jede Woche mit ihm in die Sauna gegangen. Im Priesterseminar gab es eine Sauna. Es war so: Pater Rahner hat sich gewünscht, daß ihn jemand abholt, mit ihm hinaufgeht, ein Zimmer besorgt, wo er sich hinterher etwas ausruhen konnte, und dann wurde er meistens zurück ins Jesuitenkolleg begleitet. Ich glaube, das war der Dienstagnachmittag, ich nannte ihn den „Rahner-Tag". Wir haben für den Weg vom Kolleg ins Priesterseminar manchmal eine ganze Stunde gebraucht, weil er immer wieder stehengeblieben ist und gestaunt hat, was es alles gibt. Da war nicht viel von Theologie die Rede. Er hat einfach die Welt um sich herum wahrgenommen: den Verkehr, die Straßenlampen und solche Dinge. Was sehr nett war: Er hat dann jedes Mal dem Seminaristen, in dessen freiem Zimmer er sich hinterher kurz ausruhen konnte, einen Sonderdruck mitgebracht und unterschrieben mit: „Mit Dank, der Verfasser." Das war meine erste nähere Begegnung mit ihm.

Ich habe ihn dann als Regens des Priesterseminars zwei oder drei Mal zu Regentenkonferenzen eingeladen, auf denen er Vorträge gehalten hat. Er war eigentlich immer sehr entgegenkommend.

Vielleicht noch eine Episode: Ich habe mich auf das Doktorat vorbereitet und hatte noch das Dogma-Rigorosum zu machen[4]; Bibel und Moral hatte ich bereits hinter mir, das Dogma stand noch vor mir. Damals galt die Regel: Wer ein Rigorosum ablegt, muß nicht alle Semesterprüfungen haben, denn das geht beim Rigorosum in einem. Mir hat eine Prüfung bei ihm gefehlt, weil Pater Rahner damals in Rom war und ich ihn nicht erreichen konnte. Ich habe ihn dann endlich einmal – so um 1963/64, als er auf dem Konzil sehr beschäftigt war – erreicht, angeklopft und gefragt, ob ich ihn einen Moment stören dürfe. Ich sagte ihm, daß der Dekan (Engelbert Gutwenger SJ) darauf bestehe, daß ich diese Prüfung ablege. Aber Pater Rahner meinte nur: So ein Blödsinn, wenn Sie ein Rigorosum machen. Ich meinte dann: Ja, aber Pater Gut-

240

wenger besteht darauf. Da fragte mich Pater Rahner: Haben Sie ein Zeugnis hier? Ich hatte keines dabei. Daraufhin verließ er sein Zimmer, klopfte bei etlichen Scholastikern (jungen Jesuitenstudenten) an und bat um ein Zeugnis. Dann fragte er mich: Hast Du etwas studiert? Ich bejahte. Dann hat er auf Zeugnis geschrieben: „Valde bene". Er meinte noch: Mach ein gutes Rigorosum!

Ein anderes Beispiel, das mich spüren ließ, daß er einen als Menschen schätzt: Ich war bei ihm, und dann rief Walter Strolz an, der damals für den Verlag Tyrolia in Innsbruck arbeitete und später zum Herder-Verlag nach Freiburg wechselte. Da ist gerade die Sammlung „Sendung und Gnade" (1959) entstanden. Strolz brauchte ein paar Informationen. Pater Rahner sagte etwas barsch: Fassen Sie sich kurz, ich habe einen Besuch hier. – Das hat mir natürlich sehr gut getan!

Später hatte ich losen Kontakt mit ihm. Ich habe ihn gelegentlich getroffen. Dann habe ich im Herbst 1981 gehört, daß er nach Innsbruck zurückkommt. Er hat eine Sekretärin gesucht. Ich kannte Elfriede Oeggl von früher. Sie hat mich damals um ein Empfehlungsschreiben gebeten. Sie kam unter die ersten vier Kandidatinen und wurde schließlich ausgewählt und war darüber überglücklich. Pater Rahner hat mir immer erzählt: Erstens muß ich sagen, das war die beste Sekretärin, die ich je hatte. Sie konnte so schnell schreiben, wie ich gesprochen habe. Und zweitens habe ich sie eigentlich nur genommen, weil Du sie mir empfohlen hast[5].

Kerzen für die Fatima-Madonna

Wie haben Sie Pater Rahners Frömmigkeit erlebt?

☐ In diesen letzten Lebensjahren habe ich alle sechs bis acht Wochen einen Ausflug mit ihm gemacht. Da habe ich ihn eigentlich einfach als Menschen kennengelernt. Wir haben gelegentlich ein bißchen über Theologie geredet. Aber er hat auch von seiner Familie erzählt, von seinen Brüdern, vom Konzil. Pater Georg Sporschill SJ gegenüber hat er dann einmal gemeint, er sei froh, daß er mit mir über normale Dinge reden könne. Ich bin dann einmal drei Tage mit ihm nach Südtirol auf Urlaub gefahren. Wir haben bei einem befreundeten Pfarrer übernachtet, der eine Hauskapelle hatte. Pater Rahner bat mich dann: Mach Du den Hauptzelebranten, ich kann das nicht mehr so gut. – Er war immer sehr menschlich. Was mir bei diesen Ausflügen aufgefallen ist: Ich habe immer versucht, daß wir irgendwohin fahren, wo kunstgeschichtlich eine interessante Kirche, ein Bild oder sonst etwas zu entdecken ist. Wir haben sehr viel für ihn Neues angeschaut. Es hat mich ziemlich beeindruckt, daß er, wenn wir in eine Kirche gegangen sind, sich zuerst immer zehn Minuten lang hingekniet hat, als ob überhaupt niemand da wäre. Danach ist er aufgestanden und hat begonnen, sich die Kirche anzuschauen. Es war immer dasselbe.

Einmal haben wir in Südtirol eine Kirche besichtigt. Hinten gab es eine Marienstatue, eine Fatima-Madonna mit einem Kerzenständer davor. Pater Rahner hat sich das von oben bis unten angeschaut. Dann begann er, seine Taschen zu durchsuchen. Ich dachte zuerst, er braucht vielleicht ein Taschentuch. Plötzlich hatte er eine Münze herausgenommen, eingeworfen und zwei Kerzen angezündet. Das hat mir sehr imponiert: Der weltberühmte Mann zündet vor einer Fatima-Madonna Kerzen an! Das war vielleicht so eine Kostbarkeit, die ich an ihm erlebt habe: ihn auch als Priester oder einfach als den frommen Christen zu erfahren.

Sprachlos – im Angesicht Gottes und des Todes

Sie haben einmal etwas über einen Besuch mit Pater Rahner in einer Benediktinerabtei in Südtirol veröffentlicht[6].

☐ Ich kannte den Abt der Benediktinerabtei Marienberg im Vinschgau in Südtirol, und dort wollten wir einen Besuch machen. Am Abend vorher fragte mich Pater Rahner, ob er einen Mitbruder aus Amerika mitbringen könne. Es hat sich herausgestellt, daß es Pater Walchers[7] war, der fünf Jahre lang in Peking mit Pierre Teilhard de Chardin am selben Tisch gesessen hatte. Wir sind also zu dritt nach Marienberg gefahren. Der Abt selber gab uns eine Führung in der Krypta. Es ist eine berühmte Engelkrypta aus dem 12. Jahrhundert, sicher etwas vom Kostbarsten in ganz

Mitteleuropa, was die Malerei anbelangt. Der Abt erklärte uns, daß an der Rückwand das himmlische Jerusalem dargestellt sei. Darüber sind auf der Seite Engel abgebildet, die leere Spruchbänder in der Hand halten. Der Abt fragte Pater Rahner, ob er sich vorstellen könnte, was auf den Bändern gestanden haben könnte. Die Restauratoren hätten nämlich herausgefunden, daß nie etwas draufgestanden habe. Pater Rahner gab keine Antwort. Ein wenig später fragte der Abt noch einmal nach, weil er dachte, Pater Rahner habe vielleicht nichts gehört. Dieser rührte sich aber wieder nicht. Als ich das nächste Mal nach Marienberg kam, erzählt mir der Abt, daß er zwei Tage nach unserem Besuch einen Brief von Karl Rahner erhalten habe, in dem sinngemäß stand: „Lieber Herr Abt, ich möchte mich herzlich bedanken für die Führung in der Krypta. Sie haben mir dabei zweimal eine Frage gestellt. Ich war von der Reise so müde, daß ich im Moment nicht antworten konnte. Aber die Frage hat mich bis Innsbruck begleitet: Warum steht nichts auf diesen Spruchbändern? Ich persönlich kam dann darauf: Wer wie diese Engel das Angesicht Gottes geschaut hat, hat nichts mehr im Detail zu sagen."

Es war ein ganz eigene, persönliche Beziehung, die ich zu ihm in dieser Zeit hatte. Ich fragte ihn dann, als er Ende März 1984 bereits im Sanatorium Hochrum bei Innsbruck lag, ob er bei meinem 25jährigen Priesterjubiläum zu Ostern die Festpredigt halten könne. Er hat mir sofort zugesagt. Ich war dann auf einer Tagung von Religionspädagogen in Salzburg. Innerlich war ich irgendwie sehr unruhig. Ich wußte nicht, daß er inzwischen in die Innsbrucker Universitätsklinik verlegt worden war. An einem Samstagmorgen beim Frühstück sagte dann ein Tagungsteilnehmer, er habe im Radio gehört, daß Karl Rahner gestorben sei. Das hat mich so betroffen gemacht, daß ich bis mittags kein einziges Wort reden konnte. Ich war einfach sprachlos. Ich bin dann nach Hause gefahren und habe sofort Frau Oeggl angerufen, die mir dann erzählt hat, wie Pater Rahner gestorben ist[8].

Rosenkranz: Ich bete ihn täglich

Pater Rahner wurde dann in der Krypta der Jesuitenkirche aufgebahrt. Zwei oder drei Tage lang wurde am Abend der Sterberosenkranz gebetet. Da waren fast nur Jesuiten anwesend. Aber ich bin auch hingegangen. Ich habe nie zuvor in meinem Leben so dicht die Erfahrung gemacht, daß man sich durch einen gemeinsam gebeteten Rosenkranz von jemandem verabschieden kann. Beim Requiem war ich dann völlig ruhig.

Ich habe mich damals daran erinnert, daß Pater Rahner einmal in einem theologischen Kolloquium gefragt wurde, was er vom Rosenkranz halte. Ich war von 1953 bis 1959 im Priesterseminar, das war die Zeit, als man den Rosenkranz wie selbstverständlich täglich gebetet hat. Es hieß damals aber auch: Die wahre Liturgie lernen wir bei Josef Andreas Jungmann[9], die anderen liturgischen Formen sind nicht so bedeutsam. Man fragte also Pater Rahner, vielleicht um zu hören, der Rosenkranz sei überholt. Aber Pater Rahner sagte, erstaunlicherweise: Man kann dazu verschiedener Ansicht sein. Ich möchte nur sagen: Ich bete ihn täglich! – Das ist mir dann wieder in den Sinn gekommen, als man für ihn den Sterberosenkranz gebetet hat. Ich würde sagen: als Trauerbewältigung.

Gnade als Zuwendung Gottes

Was ist Ihnen theologisch am nachdrücklichsten in Erinnerung geblieben?

☐ Das war die Gnadenlehre. 1955/56 hat Pater Rahner den Traktat „De gratia Christi" gelesen. Da ist mir eine neue Welt aufgegangen! Er erwähnt das ja auch in seiner Freiburger Geburtstagsrede: daß bei ihm die Gnadenlehre einen Stellenwert eingenommen hat, wie er sie von der alten, vor allem der griechischen Theologie her einfach als notwendig empfunden hat[10]. Erst recht dem Menschen von heute muß man sagen, daß das erste Wort Gottes lautet: Ich mag dich! Ganz gleich, wie Du bist, aber Du hast meine Zuwendung.

Mir ist dann erst viel später bei einem Schweizer Jesuiten in Fribourg, bei dem ich schon über zehn Jahre lang eine Woche und einmal auch 30 Tage Exerzitien machte, bewußt geworden, daß es einen Überschuß der Gnade gibt. Ich habe einfach gespürt: Ja, das ist es, was ich damals in den Vorlesungen gar nicht so verstanden habe.

Um noch einmal zum Studium zurückzukommen: Ich habe meine Dissertation bei Pater Franz Lakner SJ gemacht. Pater Rahner hat mich einmal gefragt, ob ich eine Dissertation machen möchte. Aber es war damals so, daß man gesagt hat: Da braucht man zwei oder drei Jahre, und ich war schon Kaplan. Bei Pater Lakner hatte ich bereits Seminare belegt und habe dann über Gotteskindschaft und das Einwohnen des Heiligen Geistes bei Louis Thomasin eine Arbeit gemacht, und zwar als Beispiel für die lateinische oder westliche Theologie, die den Neuansatz der Gnadenlehre, wie er unter anderem bei Rahner und anderen vollzogen worden ist, angedacht hatte. Bei den 30tägigen Exerzitien ist mir dann aufgegangen, daß Elemente dieser Dissertation über das Einwohnen des Heiligen Geistes, über die Selbstmitteilung, über die ungeschaffene Gnade plötzlich wieder zusammengewachsen sind. Damals habe ich gemerkt, wie tief mich das letztlich geprägt hat!

„Ich glaube, weil ich bete!"

Wie war Pater Rahner im menschlichen Umgang?

☐ Es gab Leute, die er einfach mochte. Pater Georg Sporschill zum Beispiel, der in Wien mit strafentlassenen Jugendlichen gearbeitet hat, bei denen Rahner, wenn er in Wien war, gewohnt hat. Sie haben ihn „Rahner-Vater" genannt. Es hat aber auch andere gegeben: Die sind für drei Tage in Innsbruck und haben ihm ihre theologischen Fragen vorgelegt und mit ihm diskutiert[11].

Pater Rahner hat also nicht nur mit Jesuiten Kontakte gepflegt. Er hat auch Einladungen ins Priesterseminar angenommen und war wirklich an Menschen interessiert. Etliche seiner Mitarbeiter und Assistenten wie Adolf Darlap, Herbert Vorgrimler, Johann Baptist Metz, Karl Lehmann waren ja keine Jesuiten.

☐ Pater Rahner hatte viele Kontakte mit Nichtjesuiten, denken Sie etwa an Paul Michael Zulehner oder Paul Weß, der mehr ein Kritiker von ihm war, um nur zwei zu nennen. Da konnte Pater Rahner sehr offen sein. An Zulehner hat Pater Rahner sicher gefallen, daß er ein bißchen frech war. Seine spritzige Art beeindruckte ihn.

Ich habe in Pater Rahners letzten drei Lebensjahren die Kolloquien am Mittwochabend erlebt. Was mir dabei aufgegangen ist, war wirklich, wie er von der Selbstmitteilung Gottes gesprochen hat. Ich hatte es wahrscheinlich schon gelesen, aber als ich es gehört habe, habe ich mir gedacht: Das ist wirklich Karl Rahner! Da ist wirklich etwas dahinter, das ist wirklich sehr, sehr sinnvoll. Gnade als Selbstmitteilung Gottes – da hat Pater Rahner wirklich sehr, sehr viel geleistet.

Was sollte Ihrer Meinung nach von seinem Erbe bewahrt werden? Was haben wir vielleicht noch gar nicht so richtig ausgeschöpft?

☐ Für heutige Theologiestudierende ist es sehr schwierig, die Gnadentheologie Karl Rahners voll auszuschöpfen. Es ist doch eine spätscholastische Sprache. Die Terminologie, die er in der Gnadentheologie verwendet, hat er zwar aufgebrochen, aber er ist ihr doch noch weithin verhaftet. Wer kann heute schon etwas anfangen mit „geschaffener" und „ungeschaffener Gnade", mit „helfender Gnade", „heiligmachender Gnade"? Alle diese Differenzierungen, die von der scholastischen Theologie herkommen, sind ohne diesen Unterbau, den wir damals bekommen haben, nämlich zwei Jahre scholastische Philosophie, nur schwer verständlich. Manchmal geht man darüber hinweg, ohne das Gewicht wahrzunehmen bzw. wahrnehmen zu können, das da drinliegt.

In der Reihe „Innsbrucker theologische Studien" sind in den letzten Jahren interessante Arbeiten dazu erschienen, von dem evangelischen Theologen Ralf Stolina und dem Freiburger Arno Zahlauer, der nachgewiesen hat, daß Karl Rahner in Ignatius ein „produktives Vorbild" entdeckte[12]. Die in einigen Wochen in dieser Reihe erscheinende Dissertation des Jesuiten Andreas R. Batlogg zeigt, wie sehr Pater Rahner von den Exerzitien herkommt und was ihm das Gebet bedeutet; sie wird einiges an Aufklärungsarbeit leisten[13]. Allein der ganz kurze

Satz, mit dem Pater Rahner einmal eine heftige Diskussion mit Pater Karl-Heinz Weger SJ über die Existenz Gottes abschloß, ist so vielsagend: „Ich glaube, weil ich bete!"[14] Wohlgemerkt: Er sagte nicht, daß er beten würde, weil er glaube, sondern daß er glaube, weil er bete!

Diese Gnadentheologie mit der innersten Mitte der Selbstmitteilung Gottes an uns Menschen ist vor allem in einer Zeit, die mit einer personalen Du-Beziehung Gottes nicht mehr viel anfangen kann, geradezu epochal. Das hängt ja auch mit den Exerzitien zusammen, wo Ignatius darauf hinweist, daß es den unverstellten und unmittelbaren Kontakt zwischen dem Schöpfer und seinem Geschöpf gibt[15] – letztlich in einer Selbstmitteilung Gottes.

Die Frage nach dem Leid

Im Zusammenhang mit der Theodizeefrage bin ich neulich auf einen Satz von Paul Claudel gestoßen, der mir ungemein hilfreich ist. Er sagt sinngemäß: Jesus ist nicht gekommen, um das Leid weg zu nehmen. Er ist nicht gekommen, um das Leid zu erklären. Er ist gekommen, um das Leid mit der Gegenwart Gottes zu erfüllen. Das ist genau das, was im elften Kapitel des Lukasevangeliums nach dem Vaterunser steht: „Wenn nun schon ihr, die ihr böse seid, euren Kinder gebt, was gut ist, wieviel mehr wird der Vater im Himmel den Heiligen Geist denen geben, die ihn bitten" (Lk 11,13).

Ich habe hier in der Nähe von Innsbruck in einem Dorf über länger Zeit eine Frau begleitet, deren Mann und ältester Sohn am selben Tag auf einem Berg tödlich verunglückt sind. Das war für sie natürlich eine menschliche Katastrophe, aber es war für sie auch eine religiöse Infragestellung. Sie hat zwar gebetet, konnte jedoch trotzdem mit dem Warum nicht fertig werden. Ich habe dann in manchem Gespräch einfach versucht, sie dahin zu führen, daß es Gottes guter Geist sein wird, der sie begleiten wird. Gott schickt ja nicht diese und jene Hilfe, sondern er gibt sich selbst, damit man mit etwas zurechtkommt. Ich habe erlebt: Genau das ist passiert! Diese Frau ist heute eine sehr geachtete Frau in der Gemeinde, es ist jetzt elf Jahre her, daß der Mann verunglückt ist, und wenn sich irgendwo ein Schicksalsschlag ereignet, dann holt man sie, damit sie trösten kann. Dieser „Trost in Trostlosigkeit" bzw. „ohne vorausgehende Ursache", wie es in den Exerzitien heißt[16], hängt mit der ungeschaffenen Gnade zusammen. Ich würde mich nicht getrauen, heute irgendwo von „ungeschaffener Gnade" zu reden, weil man so viel dazu erklären muß. Aber von der Sache her bedeutet es letztlich, daß es die leise Stimme des gutes Geistes in mir gibt, in meinem Herzen, einen Geist, der mich auf die besseren Alternativen, die mit den Reichtümern Gottes (so übersetze ich „Reich Gottes") zu tun haben und die uns erlauben, diese Welt mit etwas Himmel anzureichern!

Das sind diese asymptotische Annäherungen an die These von der Selbstmitteilung Gottes. Wenn ich bei Exerzitien solche Themen anschneide, spüre ich dafür eine ganz große Offenheit. Man darf nur nicht mit theologischer Terminologie daherkommen.

Karl Rahner als produktives Vorbild für heutige Theologie

Sie würden also sagen, daß wir die Gnadenlehre, wie Karl Rahner sie entwickelt, neu durchdacht und entworfen hat, noch lange nicht ausgeschöpft haben?

☐ Ich behaupte: in der normalen Seelsorge und Verkündigung leider immer noch nicht. Da scheint mir Pater Rahner doch noch erst einzuholen zu sein. Wie gesagt: Das Problem ist für viele Jüngere die Sprache. Man muß sich in erst Karl Rahner einlesen. Aber man muß dann im Letzten das machen, was er selbst mit dem Ausdruck „produktives Vorbild" deutlich macht. Er hat diesen Begriff das erste Mal 1956 gebraucht: Ignatius als produktives Vorbild, das heißt: Ignatius ist ein Lebensbild, das in mir etwas produziert. Ich glaube, erst in den 60er Jahren hat er dann diesen Ausdruck auf Jesus Christus übertragen. Wenn ich Jesus offen begegne, dann löst er in mir etwas aus. Das ist ja der Sinn der Betrachtungen der Mysterien des Lebens Jesu in den Exerzitien: Daß mir, wenn ich mich da mit allen Sinnen hineinbegebe, auf diesem Weg sozusagen etwas aufgeht, sich in mir etwas zu produzieren beginnt. Ich denke mir manchmal, Pater Rahner müßte auch ein produktives Vorbild für uns sein. Wir sollen nicht einfach nur wiederholen, was er gesagt hat, sondern seinen Funken auf uns überspringen lassen, damit das heute von uns neu in der Sprache von heute gesagt wird.

Am Ende eines Vortrags über „Marienverehrung heute" wurden an Pater Rahner einmal einige Fragen gerichtet, und er hat darauf geantwortet. Es gab dann eine kleine Auseinandersetzung. Zum Schluß hat Pater Rahner gesagt, man solle gelegentlich ein „Gegrüßet seist du, Maria" beten, das sei wichtiger als theologisches Reden über Maria[17]. Ich habe mir damals gedacht: Meine Güte, ich würde auch gerne so etwas sagen, aber Pater Rahner sagt es, weil er es glaubt. Er sagt es nicht nur wie einen schönen Spruch, sondern weil er das wirklich glaubt. Wir sollen also vom Denken ins Glauben finden.

„Produktives Vorbild" drückt das ja aus: daß in mir ein Produkt („producere") entsteht, etwas in die Wege geleitet wird.

Anmerkungen

[1] Hugo Rahner SJ (1900–1968) war Karl Rahners vier Jahre älterer Bruder. Seit 1935 an der Theologischen Fakultät Innsbruck tätig, wirkte er als Professor für Patristik und Kirchengeschichte. Er war ferner ein anerkannter Ignatiusforscher. 1945/46 und 1953/54 Dekan der Theologischen Fakultät, 1949/50 Rektor der Universität Innsbruck, 1950 bis 1956 Rektor des Canisianums. Krankheitsbedingt schied er bereits Anfang der 60er Jahre aus dem Vorlesungsbetrieb aus.

[2] Vgl. G. Lambert, Le drame du jardin d'Eden, in: NRTh 76 (1954) 917–948 u. 1044–1072.

[3] Vgl. K. Rahner, Art. Ätiologie, in: LThK², Bd. 1, 1011–1012; jetzt in: Ders., Sämtliche Werke. Bd. 17: Enzyklopädische Theologie. Die Lexikonbeiträge der Jahre 1956–1963. Freiburg 2002, 130–140.

[4] Die Prüfungsregelung an der Theologischen Fakultät Innsbruck sah vor, daß neben der schriftlichen Arbeit (Dissertation) im Abstand von jeweils vier Wochen über sämtliche theologische Kernfächer drei jeweils zweistündige Rigorosenprüfungen abzulegen waren, die neben der Doktorarbeit gleichwertige Bestandteile des Verfahrens darstellten. Die Prüfungen sind im „Liber Suffragiorum examinum rigorosorum ab anno 1901–1968" verzeichnet, der im Archiv der Katholisch-Theologischen Fakultät Innsbruck aufbewahrt ist. Eingelegt ist dort ein maschinengeschriebenes, handschriftlich ergänztes DIN A4-Blatt „Die theologischen Rigorosen", das einen Beschluß des Professoren-Kollegiums vom 1. 7. 1910 mit den Klassifikationen wiedergibt. Das Votum „cum applausu" wurde gegeben, wenn alle vier Einzelnoten auf „eminenter" lauteten; „unanimia cum laude" stand für mindestens zwei „eminenter", die anderen Noten mußten auf „bene" lauten.

[5] Siehe das Interview mit E. Oeggl in diesem Band.

[6] Vgl. K. Egger, Im Kloster Marienberg, in: P. Imhof / H. Biallowons (Hg.), Karl Rahner – Bilder eines Lebens. Freiburg 1985, 134–135.

[7] Johannes Walchers SJ (1912–1992), 1938–1946 China-Missionar, 1948–1975 Französisch- und Deutschlehrer an der Cranwell Preparatory School in Lenox/ Massachusetts (USA).

[8] Vgl. E. Oeggl, Das Sterben, in: K. Rahner – Bilder eines Lebens, 162–163.

[9] Josef Andreas Jungmann SJ (1889–1975), Liturgiewissenschaftler in Innsbruck, Wegbereiter der Liturgiekonstitution des Zweiten Vatikanischen Konzils, Konzilstheologe, 1926–1963 Chefredakteur der „Zeitschrift für Katholische Theologie".

[10] Vgl. K. Rahner, Von der Unbegreiflichkeit Gottes. Erfahrungen eines katholischen Theologen. Hg. v. A. Raffelt. Freiburg 2004, 38 f.: „Ich meine, daß es einem christlichen Theologen nicht verboten sei, das Thema der Sündigkeit des Menschen und der Vergebung der Schuld aus reiner Gnade gegenüber dem Thema der radikalen Selbstmitteilung Gottes in einem gewissen Sinn etwas sekundärer zu empfinden. Nicht als ob wir nicht in unserem Egoismus immer neu verrannte Sünder seien. Nicht als ob wir nicht der vergebenden Gnade Gottes bedürfen, die von uns ohne jeden Anspruch unsererseits als reine Gnade entgegengenommen werden muß. Nicht als ob es nicht selbstverständlich sei, daß die Selbstmitteilung Gottes faktisch sich immer als vergebende ereigne. Nicht als ob die radikale Erfahrung unserer von uns aus hoffnungslosen Sündigkeit, in der wir zunächst unsere Freiheit konkret erfahren, nicht nach dem Zeugnis der christlichen Erfahrung aller Zeiten immer die konkrete Situation wäre, in der ein Mensch wirklich nach Gott auszulangen beginnt. Aber wenn wir heute sehen, wie schwer die Rechtfertigung als Vergebung der Sünde allein heute bei den Menschen ankommt, wenn überdies für einen katholischen Theologen Gott und seine Zusage seiner selbst an den Menschen (wie immer sie auch genauer verstanden werden mag) schon im voraus zur Sünde reine Gnade ist, reines unerwartetes Wunder Gottes, der sich wegverschwendet und das Abenteuer einer solchen Liebe zu seiner eigenen Geschichte macht, dann, meine ich, darf man ruhig die Selbstmitteilung Gottes an die Kreatur als zentraleres Thema denn Sünde und Sündenvergebung empfinden."

[11] Vgl. P. M. Zulehner, „Denn du kommst unserem Tun mit deiner Gnade zuvor …". Zur Theologie der Seelsorge heute. Paul M. Zulehner im Gespräch mit Karl Rahner. Düsseldorf ³1987.

[12] Vgl. R. Stolina, Die Theologie Karl Rahners: Inkarnatorische Spiritualität. Menschwerdung Gottes und Gebet. Innsbruck 1996; A. Zahlauer, Karl Rahner und sein „produktives Vorbild" Ignatius von Loyola. Innsbruck 1996.

[13] Vgl. A. R. Batlogg, Die Mysterien des Lebens Jesu bei Karl Rahner. Zugang zum Christusglauben. Innsbruck 2001 (²2003).

[14] Vgl. K.-H. Weger, „Ich glaube, weil ich bete". Für Karl Rahner zum 80. Geburtstag, in: Geist und Leben 57 (1984) 48–52, 51: „Einmal diskutierte ich heftig über die ‚Beweiskraft' seines transzendentalen Gottesbeweises. Immer wieder hatte ich eine Gegenrede und einen Einwand (und es war immer ernst damit). Als die Diskussion ausweglos wurde, beendet er das Gespräch mit den Worten: Ich glaube, weil ich bete. Ich habe diesen Satz nicht vergessen; ich werde ihn nie vergessen."

[15] Vgl. Ex. spir. Nr. 15.

[16] Vgl. Ex. spir. Nr. 330; dazu neuestens: H. Zollner, Trost – Zunahme an Hoff-

nung, Glaube und Liebe. Zum theologischen Fundament der ignatianischen „Unterscheidung der Geister". Innsbruck 2004, bes. 147–154.

[17] Vgl. Marienverehrung heute? Karl Rahner im Gespräch mit den Teilnehmern eines Kolloquiums über Marienverehrung, Innsbruck 1983, in: P. Imhof / H. Biallowons (Hg.), Glaube in winterlicher Zeit. Gespräche mit Karl Rahner aus den letzten Lebensjahren. Düsseldorf 1986, 105–113, 113: „Eines noch möchte ich zum Abschluß sagen: Wenn jeder von uns ein ‚Gegrüßet seist du, Maria' betet, und zwar wirklich aus innerstem Herzen, dann ist dies ohne Frage viel bedeutsamer als all unser gelehrtes Reden darüber, und es ist mehr als all das ganze Fuder theologischer Worte, das wir in diesem Gespräch angeschaufelt haben."

„Wir sind modern!"
Im Gespräch mit Elfriede Oeggl, Innsbruck

Elfriede Oeggl, geb. 1939, verheiratet und Mutter einer Tochter, war von 1981–1984 Karl Rahners letzte Sekretärin.

Wie ist es gekommen, daß Sie Sekretärin bei Pater Rahner wurden?

☐ Es ist gar nicht so einfach, davon in wenigen Worten zu erzählen. Viele meiner Erinnerungen an Pater Karl Rahner sind unvergeßlich und auf ihre Weise prägend. In sein kleines Büchlein „Wer ist dein Bruder"[1] schrieb er mir die Widmung: „Für Frau Elfriede Oeggl mit allen guten Wünschen für eine gute Zusammenarbeit. Karl Rahner SJ." – Es begann so: Auf das unscheinbare Inserat „Schreibkraft stundenweise für Jesuitenkolleg gesucht" meldete ich mich und bekam gleich die Auskunft: Das können Sie schon tun, Hoffnung gibt es aber wenig, Sie sind nämlich die 40. Bewerberin. Trotzdem kam dann ein Anruf mit der Einladung, mich vorzustellen. Ich kannte Pater Rahner nur dem Namen nach und war schon recht gespannt.

„Sie sind die Nummer eins!"

Ich wartete an der Pforte des Jesuitenkollegs. Da kam er – ein alter, kleiner Mann, unsicher die Stufen herunter, beinahe über seine Schuhbänder stolpernd. Ich bückte mich und band ihm die Schuhe zu. Diese spontane Geste brachte uns beide ein wenig in Verlegenheit. Pater Rahner stellte mir ein paar belanglose Fragen, bis er schließlich noch wissen wollte: Haben Sie auch einen Führerschein? Können Sie Autofahren und haben Sie auch einen Wagen zur Verfügung? Als ich bejahte, erhellte sich seine Miene, und er lud mich ein, in sein Büro mitzukommen. Ich fragte, ob ich etwas vorschreiben solle. Nein, meinte er, das sei nicht notwendig. Aber wenn ich mich hinsetzen würde, damit er sieht, wie das ausschaut – das hätte er schon gern. Ich machte das und schrieb dann doch irgendeinen kurzen Satz in eine völlig veraltete, in meinen Augen mittelalterliche mechanische Schreibmaschine, die ich mit aller Kraft bearbeiten musste und trotzdem nicht verhindern konnte, daß beinahe in jedes Wort ein Dollarzeichen sprang. Verzweifelt spannte ich das Papier aus, faltete es sorgfältig und steckte es mit der Bemerkung ein: Das kann ich Ihnen nicht zeigen, ich bin nämlich viel besser. Pater Rahner sah mich verdutzt an, brummte irgendetwas von „später hören" – und zwei Tage später rief er an: Sie sind die Nummer eins!

Wie schaute Ihr Arbeitspensum aus?

☐ Vereinbart waren drei Stunden am Vormittag. Am Anfang war es schon recht mühsam für mich. Da war dieser Kampf mit der Schreibmaschine, dann die Materie, die mir noch völlig fremd war, und außerdem noch Pater Rahners Gewohnheit, die Texte direkt in die Maschine zu diktieren und dabei auf und ab zu gehen, so daß ich – wenn er sich von mir wegbewegte – beinahe nichts verstand. Nach einiger Zeit setzte bei mir alles aus, und ich bat einmal um Wiederholung des letzten Wortes. Das hätte ich lieber nicht tun sollen. Blitzschnell drehte sich Pater Rahner zu mir um, warf den Schlüsselbund, mit dem er während des Diktates ständig herumspielte, durchs Büro und knurrte: Unterbrechen Sie mich nicht! Vor lauter Schreck schossen mir die Tränen in die Augen. Er schien überrascht, und so endete dieser erste Vormittag ziemlich abrupt. Ich bin gebrochen nach Hause gefahren und nahm mir vor, die Angelegenheit zu überdenken und die Arbeit nicht fortzusetzen. Am nächsten Morgen lag ein Stapel von 15 Tafeln Schokolade auf meinem Schreibtisch. Damit war die Sache geklärt.

Es wurde auch rasch eine supermoderne elektronische Schreibmaschine angeschafft, und dann ging es – nachdem die Chemie zwischen Professor Rahner und Sekretärin anscheinend stimmte – ganz gut voran. Wir haben auch ein Kopiergerät gekauft, weil es einfach umständlich war, mit einem Durchschlag zu arbeiten, auf dem jeder korrigierte Fehler zu sehen war. Pater Rahner meinte: Wir kopieren! Wir sind modern!

Karl Rahner hat also viel diktiert. Wie gestaltete sich nach dem ersten Schockerlebnis der weitere Arbeitsalltag?

☐ Ich war immer wieder fasziniert, wie Pater Rahner an ein Thema heranging. Zuerst wiederholte er den Titel mehrmals – nicht ohne dazwischen zu murmeln: Ach, was die immer wollen, das ist ja schwer! Dann fügte er Wort für Wort hinzu. Mir kam es immer vor wie Zahnräder, die ineinander greifen, langsam sich suchend, bis „das Werkl", wie wir Tiroler sagen, läuft. So entstand Gedanke um Gedanke, Satz für Satz. Pater Rahner diktierte immer schneller, fertig formuliert, die Sätze wurden dabei auch immer länger. Das hielt er ungefähr eine Stunde durch.

Sie sollten ursprünglich drei Stunden für Pater Rahner arbeiten. Dabei ist es offenbar nicht geblieben?

☐ Natürlich nicht. Karl Rahner liebte das Autofahren. Nichts war ihm lieber, als an schönen freien Nachmittagen mit dem Auto spazierengefahren zu werden. Er stieg vergnügt ein und los ging es – Richtung Süden, über den Brenner. Die Fahrt bis zur Autobahn kostete uns beide sehr viel Nerven: ihn, Pater Rahner, weil da so viele Gegner waren – rote Ampeln, die zum Halten zwangen; Lastautos, die zu langsam fuhren und das noch dazu im Überholverbot; und und und ... Und mich, weil ich mich taub stellen und durchhalten mußte, bis wir endlich auf der Autobahn waren. Dann seufzte er jedes Mal erleichtert: So – und jetzt lassen wir das Rösslein springen. Das bedeutete für Pater Rahner eine Geschwindigkeit um die 140 bis 160 km/h. Alles darunter war für ihn eine „Schleicherei". Wenn ich doch langsamer fuhr, griff er ungestüm nach der Gangschaltung und brummte: Ist da was kaputt? Und er wollte daran rütteln. Mich hat das so irritiert, daß ich erschrak, seine Hand wegstieß und ihn anfuhr: So nicht, Herr Professor! Sie wollen vielleicht schnellstens zum Herrgott in den Himmel, aber ich möchte wieder nach Hause zu meiner Familie.

Aus dem Herzen heraus

Ihre Tätigkeiten beschränkten sich also nicht auf Büroarbeit?

☐ Ich ahnte schon, daß Pater Rahner manche Tätigkeiten arbeitsbedingt zu beschwerlich waren. Mit Erlaubnis der Hausoberen durfte ich ihm mit der Zeit ein bißchen helfen, in seinem Zimmer aufzuräumen, was er stets mit großer Freude und Dankbarkeit quittierte. In praktischen Dingen war er einfach unbeholfen. – Anderseits war er, trotz seines hohen Alters und zunehmender Müdigkeit und Mattigkeit, unwahrscheinlich konsequent. Er erledigte jede Arbeit mit größter Gewissenhaftigkeit und Pünktlichkeit. Selbst im Krankenhaus diktierte er mir noch versprochene Texte über das Leid und einige Gebete. Pater Rahner war ein nimmermüder mitfühlender Mensch und aufmerksamer Seelsorger. Er machte keine Unterschiede: Jedem, der ihn aufsuchte, war er ein väterlicher Freund und Ratgeber. Er zeigte auf diese Weise, daß er mitten aus dem Herzen heraus dachte, sprach, schrieb und lebte.

Die Jahre meiner Tätigkeit für ihn waren wie das Mitgehen auf einem neuen, unerhört spannenden Weg, mit Erlebnissen, die sich tief ins Innere eingegraben haben – Erlebnisse wie das Dabeiseindürfen in seiner Sterbestunde, das Mitfühlen eines tröstlichen Abschieds[2].

Anmerkungen

[1] Vgl. K. Rahner, Wer ist dein Bruder? Freiburg 1981 ([2]1982). Das Bändchen trägt die Widmung „Dr. Egon Kapellari und der Katholischen Hochschulgemeinde Graz gewidmet." Kapellari (geb. 1936) war von 1964 bis 1981 Hochschulseelsorger und Leiter des Afro-Asiatischen Instituts in Graz. 1981 wurde er zum Bischof von Gurk-Klagenfurt, 2001 zum Bischof von Graz-Seckau ernannt.
[2] Vgl. E. Oeggl, Das Sterben, in: P. Imhof / H. Biallowons (Hg.), Karl Rahner – Bilder eines Lebens. Freiburg 1985, 162–163.

Die Frau vom anonymen Christentum

Im Gespräch mit Friedrich und Harald Röper,
Bingen am Rhein

Friedrich Franz Röper, Dr. phil., geb. 1941 in Hamburg, ist Priester der Diözese Mainz in der Pfarrei Liebfrauen in Mainz, Diözesanpräses der Katholischen Arbeiterbewegung (KAB) und Vorsitzender eines Jugendhilfevereins sowie der Pfarrer-Röper-Stiftung. – Sein Zwillingsbruder Harald Christian Röper ist ebenfalls Priester und Pfarrer in Eppertshausen sowie zweier weiterer Pfarreien. Er war viele Jahre Dekan des Dekanats Dieburg. Seit 1994 ist er Diözesanpräses des Kolpingwerks und zudem im Vorstand der Pfarrer-Röper-Stiftung tätig.

Wie hat Ihre Mutter Karl Rahner kennengelernt?

☐ *(Friedrich Röper:)* Sie hat irgendwann einmal etwas von ihm gelesen und hat dann aufgrund eines Textes Pater Rahner angeschrieben. Er hat zurückgeschrieben, sie solle ihre Lebenssituation genauer schildern. Unsere Mutter lebte damals in einer Mischehe[1]. Sie hat geschildert, mit welchen Schwierigkeiten das Leben in einer Mischehe verbunden ist, und daraufhin hat Pater Rahner das zu irgendeinem kleinen Aufsatz verarbeitet und ihr geschickt[2]. Er schrieb, eigentlich sei das ihr Aufsatz. Dann haben die beiden miteinander länger korrespondiert. Irgendwann einmal hat sie ihn dann in Innsbruck besucht.

Wann war das etwa?

☐ Im Jahr 1953. Mein Bruder und ich waren noch klein. Wir haben unsere Mutter begleitet und so Pater Rahner getroffen. In dem Buch von Luise Rinser wird sie zwei Mal erwähnt als die „Frau vom anonymen Christentum"[3]. Irgendwo wird sie als die „Frau A." (für Anita) erwähnt. – Pater Rahner hat unsere Mutter ermutigt, ein Buch zu schreiben und ihre Erfahrungen festzuhalten. Dann ist dieses Buch „Es ist Licht genug" im Tyrolia-Verlag erschienen, unter dem Pseudonym Schäfer[4]. Die ganze Familiendiaspora wird darin beschrieben. Das zweite Buch war dann das „anonyme Christentum"[5].

Sie sind dann nach dem Tod Ihres Vaters von Hamburg nach Bingen am Rhein übersiedelt.

☐ *(Harald Röper:)* Pater Rahner hat uns auch dort besucht und sogar übernachtet. Mein Bruder und ich waren damals ungefähr 16 Jahre alt und hatten natürlich Ehrfurcht vor dem großen Theologen. Anfangs war Pater Rahner noch nicht so bekannt. Ich habe alle Bücher von ihm, mit Widmung und Datum.

Können Sie sich an die allererste Begegnung in Innsbruck erinnern?

☐ Er lebte damals noch völlig bescheiden in diesen Klosterräumen in der Sillgasse, wo er dann für seine letzten Lebensjahre wieder hinzog. Wir haben ihn in Mainz und später in Bingen öfter getroffen. Unsere Mutter ist ihm zu vielen Vorträgen nachgereist. Sie hat Pater Rahner auch ein bißchen Taschengeld zugesteckt.

Die Frommen sind nicht dumm

Wußten Sie damals bereits, daß Sie einmal Theologie studieren würden?

☐ *(Friedrich Röper:)* Natürlich nicht. Mein Bruder Harald hingegen ist „von ganz oben", wie es bei uns heißt, schon sehr früh berufen worden. Er wußte bereits mit 16 Jahren, was er werden wollte. Mein Bruder kannte Leute, die etwas im Kopf haben und fromm sind. Normalerweise hieß es ja immer: Die Frommen sind die Dummen. Da war es natürlich gut zu wissen: Nicht alle Frommen sind dumm.

Wie haben Sie die Frömmigkeit Karl Rahners erlebt?

☐ *(Harald Röper:)* Ich habe einmal mit ihm konzelebriert, als ich zum Priester geweiht war. Pater Rahner hat ja immer am frühen Morgen seine Privatmesse gehalten. Das ging natürlich ruckzuck, danach war Frühstück.

Hat Pater Rahner Ihr Studium mit Interesse verfolgt?

□ Das kann man schon sagen. Es ist sicherlich auch in manchen Briefen meiner Mutter nachzulesen, daß zwei Söhne Theologie studieren. Pater Rahner schrieb auch ein Empfehlungsschreiben für das Priesterseminar. Er gratulierte meinem Bruder und mir dann brieflich zur Priesterweihe. Wir haben ihn aber für persönliche Dinge wenig beansprucht. Allerdings hat er zum 150jährigen Bestehen meiner Pfarrkirche in Eppertshausen gepredigt. Unseren älteren Bruder, der Jurist ist, hat er in Berlin getraut.

Woran erinnern Sie sich am intensivsten, wenn Sie an die Begegnungen mit Pater Rahner denken?

□ *(Friedrich Röper:)* Er war ein frommer, bescheidener Mann. Er war freundlich und an allem interessiert. Wir haben auch seine Mutter kennengelernt, die in Freiburg in einem Altersheim lebte. Mit 65 Jahren ist sie dort aufgenommen worden, weil sie meinte, sie müsse bald sterben: Sie wurde dann 101. Wenn ich mit meiner Mutter und meinem Bruder zu Besuch kam, hat sie uns Obstsalat gemacht.

Gab es weitere Begegnungen mit Karl Rahner?

□ *(Harald Röper:)* Er war einmal beim Bruder meiner Mutter, der Kaufmann in Hamburg ist. Pater Rahner wurde schon viel „herumgereicht" in der Familie. Zweimal pro Jahr gab es Besuche. Ich würde behaupten, wir waren mit ihm befreundet.

Sie sind beide Priester der Diözese Mainz, deren Bischof Karl Lehmann ist. Haben Sie ihn schon getroffen, als er noch Pater Rahners Assistent war?

□ Ja, wir haben Karl Lehmann natürlich getroffen, aber das waren keine engeren Kontakte. Wir wußten natürlich, daß Pater Rahner in ihm einen sehr fleißigen und sehr intelligenten Assistenten gefunden hatte. Er machte sich immer Sorgen, wie er mit seiner Arbeit zurande kommt, wenn Lehmann eines Tages anderswo eine Stelle bekommt. Als Karl Lehmann 1983 Bischof von Mainz wurde, hat sich Pater Rahner natürlich Gedanken gemacht, wie er sich als Bischof entwickeln würde[6]. In seiner „Rede des Ignatius von Loyola an einen Jesuiten von heute" hat Pater Rahner ja seine Mitbrüder davor gewarnt, sich zu Bischöfen machen zu lassen[7]. Aber Lehmann ist ja kein Jesuit.

Hat Pater Rahner Sie auch deswegen geschätzt, weil Sie beide Theologen und Priester werden wollten? Oder hat er vielleicht einem von Ihnen sogar gesagt, man könne auch einen Jesuiten gut gebrauchen?

☐ *(Friedrich Röper:)* Pater Rahner hat nie einem von uns gesagt, wir sollten Priester werden. Ich habe nicht so viele theologische Gespräche mit ihm geführt. Es ging bei unseren Begegnungen tatsächlich mehr um private Sachen. Er interessierte sich auch weitgehend für alles. Zum Beispiel haben wir hier ein mehr oder weniger kleines Sozialwerk aufgebaut. Deswegen habe ich auch keine Pfarrei, da ich einen Verein verwaltete, der 80 Kinder betreut. Wir haben hier in Mainz drei Häuser und weitere drei in Ingenheim. Es sind mittlerweile 50 Mitarbeiter. Pater Rahner hat an solchen Dingen sehr aktiv teilgenommen, er hat sich interessiert, was da so vor sich geht. Er hat sich auch immer nach den Pflegekindern unserer Mutter erkundigt. Er war einfach sehr aufmerksam. Und er war glaubhaft interessiert, er hat nicht nur schnell gefragt, wie es geht, sondern er war echt interessiert.

Rahners Privatschülerin

Ihre Mutter war keine ausbildete Theologin. War es Pater Rahner denn völlig egal, mit einer durchschnittlichen, wenn auch nachdenklichen Hausfrau Kontakt zu haben?

☐ *(Harald Röper:)* Unsere Mutter war keine Akademikerin, das stimmt. Aber sie hat sich dann sehr intensiv mit theologischen Fragen auseinandergesetzt und viel gelesen. Sie wurde sozusagen Pater Rahners Privatschülerin. Mit der Zeit wurde daraus eben eine ganz intensive Verbindung. Am Anfang war Pater Rahner ja noch nicht so bekannt. Wir haben ihn deswegen aber auch anders wahrgenommen, als wenn wir ihn später kennengelernt hätten.

Anfangs schrieb er seine Briefe an eine Deckadresse, nicht direkt an unsere Mutter, weil unser Vater das nicht wollte. Die Situation war natürlich schwierig: Unser Vater war evangelisch, wir lebten in Hamburg im gutbürgerlichen protestantischen Milieu. So etwas war damals ein Problem in einer Ehe. Das können sich manche, die aus katholischen Elternhäusern kommen, gar nicht vorstellen. Er wollte nicht, daß unsere Mutter und Pater Rahner sich über diese Situation austauschen. Um eben kein Mißtrauen zu säen, hat Pater Rahner deswegen seine Briefe manchmal an einen Bekannten geschickt, und der hat sie unserer Mutter gegeben. Wir wußten das anfangs auch nicht. Unser Vater erfuhr davon erst, als das Buch „Es ist Licht genug" erschien. Aber dann war er stolz darauf.

Wie groß war denn Ihre Familie?

☐ Wir waren zehn Kinder aus zwei Ehen. Die erste Garnitur war evangelisch, die zweite – das sind wir Zwillinge plus ein Bruder und ein gestorbenes Schwesterchen – war katholisch. Von der ersten Frau, die gestorben ist, gab es sechs Kinder. Unsere Mutter hat praktisch zehn Kinder großgezogen. Sie hatte einen verwitweten Psychiater mit sechs Kindern geheiratet, wobei der Älteste schon aus dem Haus war. Für die Familiengeschichte erschwerend kam dazu, daß unser Vater Halbjude war. Damit fiel unsere Mutter unter die Nürnberger Gesetze[8]. Man kann sich vorstellen, daß das damals eine sehr schwierige Situation war.

Wie schauten die Besuche Ihrer Mutter bei Pater Rahner ab?

☐ *(Friedrich Röper:)* Wir lieferten sie – sagen wir einmal – in München ab, dann blieb sie zwei Stunden bei Pater Rahner, und die beiden sprachen miteinander. Nach zwei Stunden kamen wir wieder zurück und gingen gemeinsam essen. Dabei wurde mehr über Alltägliches gesprochen: Was machen die Kinder? Was macht der kleine Hund? – In

Innsbruck hat Pater Rahner nämlich einmal unseren Hund in einer Tür eingequetscht. Das hat ihm so leid getan, daß er sich jedes Mal nach unserm Hund erkundigt hat. Anderen gegenüber hat unsere Mutter nicht gern von den Besuchen erzählt. Sie wollte kein Gerede aufkommen lassen. Manchmal haben wir Ausflüge gemacht: nach Südtirol oder an die Ostsee. Ich könnten Ihnen Photos zeigen von Ausflügen, wo Pater Rahner mit mir und meinem Bruder beim Spazierengehen diskutiert, und unsere Mutter geht einige Schritte hinter uns her und wollte gar nicht auffallen. Sie hat Rücksicht genommen auf Pater Rahner. Sie hat sich nicht selber in den Vordergrund gedrängt. Sie heißt ja nicht Luise Rinser. Vielleicht war diese ja am Ende ein bißchen enttäuscht. Pater Rahner erwähnte Frau Rinser eigentlich zuletzt gar nicht mehr. Einmal haben wir sie in Salzburg in der „Paulus-Gesellschaft"[9] getroffen. Ich glaube, ihr Buch „Gratwanderung" ist das Ergebnis dieser Enttäuschung. Sie kommt darin ja auch auf einen Benediktiner zu sprechen[10].

Rahner als Lebenselexier

Kurz nach seinem 80. Geburtstag ist Pater Rahner gestorben. Wie hat das Ihre Mutter erlebt?

☐ Bei der großen Geburtstagsfeier in der Freiburger Akademie waren wir noch zu dritt da: meine Mutter, mein Bruder und ich. Für unsere Mutter war Pater Rahner das Lebenselixier. Es war sehr schwierig für sie, als er starb. Sie lag damals selber in einem Krankenhaus in Hamburg. Sie war sterbenskrank, und sie vermißte seine Anrufe. Die beiden hatten viel miteinander telefoniert. Sie hatten auch geplant, zusammen noch ein Buch zu schreiben. Als Pater Rahner starb, fehlte unserer Mutter der Gesprächspartner. Bevor das Telephon in Mode kam, schrieben sie sich viele Briefe, die jetzt im Karl-Rahner-Archiv sind.

Hatten Sie den Eindruck, daß sich Ihre Mutter Sorgen machte, wenn Pater Rahner kritisch war oder Schwierigkeiten mit Rom hatte?

☐ *(Harald Röper:)* Das wurde natürlich immer erörtert. Ich würde sagen, die Theologie war Sache unserer Mutter, und wenn wir dann alle zusammen waren, hatte er ja auch nicht immer Lust, nur theologisch zu dozieren. Das war dann sein Feierabend. Da wurde über die Familie gesprochen oder über andere. Natürlich hat er dabei auch über Kollegen und Mitbrüder gesprochen. Aber das wäre nicht anständig, wenn wir jetzt ausplauderten, wen er für gescheit und wen er für nicht so gescheit hielt und was er so denkt über den und jenen. Es wurde bei uns zuhause nicht nur ständig hohe Theologie getrieben. Es wäre ja auch völlig ungehörig gewesen, wenn wir angehenden Priester Pater Rahner sozusagen um eine Vorlesung gebeten hätten.

Anmerkungen

[1] Statt von „Mischehe" (wörtliche Übersetzung des lateinischen kirchenrechtlichen Ausdrucks „matrimonium mixtum") sollte besser von einer „konfessionsverschiedenen" oder „bekenntnisverschiedenen Ehe" gesprochen werden: eine Ehe zwischen zwei Getauften, von denen ein Partner der katholischen Kirche angehört und der andere einer anderen Kirche oder kirchlichen Gemeinschaft angehört: Vgl. c. 1124 CIC/1983.

[2] Vgl. K. Rahner, Über Konversionen, in: Hochland 46 (1953/54) 119–126; später in: Ders., Schriften zur Theologie. Bd. 3. Einsiedeln 1956, 441–453.

[3] Vgl. L. Rinser, Gratwanderung. Briefe der Freundschaft an Karl Rahner 1962–1984. Hg. v. B. Snela. München 1994, 248: „Aber über die ‚anonymen Christen' habt Ihr (Du und A.) schon genug gesagt." Vgl. ebd. 398: „Der Frau – wie heißt sie (Der anonyme Christ) hast Du immer geholfen und sie gefördert. Und ich, ich?"

[4] F. M. Schäfer, Es ist Licht genug. Gespräche über den Glauben und seine vergessene Tiefe. Innsbruck 1959.

[5] A. Röper, Die anonymen Christen. Mainz 1963 (amerikan. Ausgabe: The anonymous Christian. New York 1966; argentin. Ausgabe: El hombre, cristiano implicito. Buenos Aires 1968); vgl. dies., Sind die Christen Heiden? Die anonymen Christen. Kevelaer 1964; dies., Karl Rahner als Seelsorger. Innsbruck 1987.

[6] Vgl. K. Rahner, Auch als Bischof ein Theologe der Mitte, in: Glaube und Leben. Kirchenzeitung für das Bistum Mainz 39 (1983) Nr. 40, 14: „Zur sachlichen Ausgewogenheit in der Mitte muß manchmal auch der Mut zur Einseitigkeit, zum Eintreten für eine Entscheidung gehören, die nicht allen gefällt und nicht apriori gerechtfertigt werden kann, für die man gegen andere, die man schätzt und die vielleicht noch weiter ‚oben' stehen, eintreten muß. Darf ich, sein alter Freund, sagen, daß ich ihm für sein Amt und seine Zukunft als bischöflichem Theologen auch – nicht nur – diese Tugend besonders wünsche?"

[7] Vgl. K. Rahner, Rede des Ignatius von Loyola an einen Jesuiten von heute, in:

Ders., Schriften zur Theologie. Bd. 15. Zürich 1983, 378–405, 388 f.: „Wenn heute ein Jesuit Bischof oder Kardinal wird, dann findet ihr eigentlich nichts dabei; es scheint euch im Grund normal zu sein, daß es das auch gibt, es gab ja Zeiten, wo so ein Jesuitenkurienkardinal eine fast ständige Einrichtung war … Bischöfe wie Hélder Câmara kann heute ruhig einer von euch werden, denn dann riskiert er für die Armen Kopf und Kragen. Aber überlegt, wo heute die ‚Bischofsstühle‘ stehen, wie sie heute vielleicht ganz anders heißen, auf denen ihr nicht sitzen sollt, obwohl man euch nachweisen kann, daß sie in der Kirche unentbehrlich sind."

[8] Der Ausdruck „Nürnberger Gesetze" ist eine Sammelbezeichnung für zwei Rassengesetze der nationalsozialistischen Regierung, die anläßlich des Reichsparteitages der Nationalsozialistischen Arbeiterpartei Deutschlands (NSDAP) in Nürnberg am 15. September 1935 verabschiedet wurden: das Gesetz zum Schutz des deutschen Blutes und der deutschen Ehre sowie das Reichsbürgergesetz. Ehen wie auch Geschlechtsverkehr zwischen „Deutschblütigen" und Juden wurden im sogenannten Blutschutzgesetz untersagt („Rassenschande"). Für sogenannte Arier wurde der Status des „Reichsbürgers" geschaffen; vgl. A. Schapira, Art. Nürnberger Gesetze, in: Ch. Zentner / F. Bedürftig (Hg.), Das Große Lexikon des Dritten Reiches. München 1985, 423 f.

[9] Die sogenannte „Paulus-Gesellschaft" wurde 1955 von dem charismatisch begabten Priester Erich Kellner gegründet. Er strebte eine grundsätzliche Erneuerung der Kirche an. Die Gesellschaft bemühte sich unter anderem um eine Förderung des Dialogs mit weltanschaulichen Gruppen, die der Kirche reserviert gegenüberstanden: zum Beispiel mit Atheisten aus dem marxistischen Lager. Zahlreiche Symposien mit Naturwissenschaftlern und Reformmarxisten wie Ernst Bloch oder Roger Garaudy kamen zustande. Diese Gespräche sind ein Stück katholischer Kirchen- und Kulturgeschichte. Vgl. dazu K. Rahner, Sämtliche Werke. Bd. 15: Verantwortung der Theologie. Im Dialog mit Naturwissenschaften und Gesellschaftstheorie. Freiburg 2001.

[10] Gemeint ist Johannes Maria Hoeck OSB (1902–1995), von 1951–1961 Abt von Ettal, von 1961 bis 1972 Abt des oberbayerischen Benediktinerklosters Scheyern. Als Präses der Bayerischen Benediktinerkongregation (1961–1968) nahm er auch am Zweiten Vatikanischen Konzil teil. Vgl. auch L. Rinser, Saturn auf der Sonne. München 1994, 138–165, 208–238.

Ein Meister von guten Fragen –
ein bißchen wie Sokrates
Im Gespräch mit P. Georg Sporschill SJ, Wien

Georg Sporschill SJ, Dr. phil., Mag. theol., Dr. theol. h.c., geb. 1946, ist seit 1976
Jesuit. 1978 wurde er zum Priester geweiht. Er war Chefredakteur der Jesuitenzeitschrift „Entschluss", Kaplan und Jugendseelsorger. Im Auftrag der Caritas gründete
er Anfang der 80er Jahre mehrere Häuser für strafentlassene Jugendliche in Wien.
Ab Herbst 1991 wirkte er, über mehr als zehn Jahre hinweg, in Rumänien, wo er
Häuser und ganze Dörfer für Straßenkinder einrichtete. Seit 2004 ist er für Straßenkinder in Moldawien tätig. In den letzten Lebensjahren war er viel mit Karl
Rahner zusammen. Er gab ein Bändchen mit Erinnerungen des Jesuitentheologen
heraus[1].

Wie haben Sie Pater Rahner kennengelernt?

☐ Ich habe eine Zeitschrift redigiert, den „Entschluss"[2], und Pater
Rahner hat mir fast jeden Monat einen Artikel geschenkt. Dafür
mußte ich ihn mit dem Auto ausfahren, mit ihm essen gehen, ihm
nahe sein. Das war ein Geschenk. Er hat mich in wichtigen Fragen
sehr persönlich begleitet. Ich hätte zum Beispiel Professor für Pastoraltheologie in Innsbruck werden sollen. Das war ein Plan des Provinzials. Aber ich bin kein Professorentyp, das kann ich nicht. Und dann
hat Pater Rahner einen dreiseitigen Brief an den Provinzial geschrieben, worin er genau argumentiert, warum ich nicht der richtige bin.
Er hat mich also gerettet vor einer Karriere, die nicht die meine gewesen wäre[3].

In Wien haben Sie Pater Rahner mit Obdachlosen zusammengebracht.

☐ Ich hatte im Auftrag der Caritas ein Obdachlosenhaus für strafentlassene Jugendliche gegründet. Wenn Pater Rahner in Wien war, hat er
immer in diesem Asyl übernachtet, nicht im Hotel oder in einer Jesuitenkommunität. Er war ein neugieriger Mensch. Er hat sich für alles
interessiert, was irgendwo unbekannt war. Und er hat Fragen gestellt.
Ich glaube, ihm hat imponiert, daß er bei mir, in meiner Sozialarbeit,

viele verrückte oder mindestens unbekannte Dinge entdecken konnte. Er war einer, der gerne neue Sachen erlebt hat.

Sie haben dann auch ein Buchprojekt mit Pater Rahner verfolgt.

☐ Ja, es heißt „Mein Problem"[4] und ist in viele Sprachen übersetzt worden. Es ist so: Ich habe ihm Briefe von Jugendlichen gebracht, das steht in der Einleitung[5], und er hat dann mir dann Antworten diktiert, die ich zunächst mitstenographiert habe. Daraus ist dieses Buch geworden. Die Jugendlichen waren Freunde von mir. Ich habe ihn gezwungen, das heißt: liebevoll unter Druck gesetzt. Aber es ist ein nettes Buch geworden.

Ich bin ihm immer noch sehr nahe

Vermissen Sie Pater Rahner?

☐ Am Anfang war ich sehr traurig. Ich war nicht in Österreich, als er starb, sondern in Israel. Ich habe mir damals gedacht: Vielleicht wäre er nicht gestorben, wenn ich da gewesen wäre. Gut, nach einer gewissen Zeit kann man mit allem leben. Ich bin ihm immer noch sehr, sehr nahe. Ich spreche oft mit ihm, ich begegne ihm auch im Gebet. Ich war in den letzten Jahren sicher wenigen Menschen persönlich so nahe wie ihm. Pater Rahner hat mir immer geholfen. Er war eigentlich einer, der gern Menschen geholfen hat, obwohl er ein großer Professor war. Er hat sich im Grunde gerne sozial betätigt. Deswegen habe ihn für die Jugendlichen verwendet oder eingeladen, wo ich ihn gebraucht habe.

Was faszinierte Sie so an ihm?

☐ Pater Rahner war immer sehr neugierig, selbst bei kleinsten Dingen. Er hat sich für alles interessiert, und er hat viele Fragen gestellt. Da ist zum Beispiel ein Wort, das mir nicht aus dem Kopf geht: Ich wollte einmal ein „Entschluss"-Heft zum Thema Glück machen. Er hat sich zunächst geweigert. Dann habe ich gesagt: Pater Rahner, schreiben Sie etwas über das Glück. – Und er hat sich immer noch geweigert. Eines Tages hat er gesagt: Ja, muß man denn immer glücklich sein? – Er hat mit seinen Fragen auch viele Antworten gegeben! Ob man denn immer glücklich sein müsse: Darüber kann man sehr viel nachdenken. Als wir einmal am Hauptbahnhof in München waren, wo es immer viele Menschen gibt, meinte er angesichts des Gedränges: Muß es denn so viele unsterbliche Seelen geben? – Er hat also die Fragen immer witzig gestellt. Er war ein Meister von guten Fragen, ein bißchen wie Sokrates.

Haben Sie von Anfang an gewußt, daß sich zwischen Ihnen eine tiefere Beziehung entwickeln wird?

☐ Nein, überhaupt nicht. Ich bin ihm am Anfang natürlich auch mit Scheu begegnet. Schließlich war er der berühmte Professor. Aber irgendwie ist es schnell eine sehr persönliche Beziehung geworden. Ich bin erst mit 30 Jahren in den Jesuitenorden eingetreten. Vorher habe ich als Bildungsreferent bei der Vorarlberger Landesregierung gearbeitet. Pater Rahner sollte dann meine Primizpredigt halten. Aber er wurde krank. Durch mich hat er ein bißchen Zugang zum Leben gehabt. Wir waren oft miteinander unterwegs.

Wie und wo haben Sie sich getroffen?

☐ Wenn er nach Wien gekommen ist, reiste er meistens mit der Eisenbahn an. Zweimal im Monat bin ich nach Innsbruck gefahren. Am Vormittag haben wir meistens gearbeitet, wenn es Frau Oeggl, seine Sekretärin, erlaubt hat[6]. Sie war sehr gut für ihn. Aber sie war die Chefin. Wenn man etwas von ihm wollte, ging es nur über sie. Ich habe immer zu ihm gesagt: Ich würde das nicht aushalten, immer in allem bevormundet zu werden. – Dann hat er gesagt: Das verstehe ich, aber für so einen alten Trottel wie für mich ist das das Beste. – Sie hat sehr viel für ihn geleistet, und er hat sich ihr ganz anvertraut. Er hat ihr auch immer wieder Süßigkeiten gekauft oder auch Lebensmittel. Er meinte dann zu mir: Sie verdient nicht so viel, und auf diese Weise kann ich ihr indirekt ein bißchen das Gehalt aufbessern. – So ist er eben für sie einkaufen gegangen, und an jedem Tag stand etwas für sie auf dem Schreibtisch.

Bei der Feier zu seinem 80. Geburtstag am 5. März 1984 in Innsbruck waren Sie dabei?

☐ Ja, zusammen mit zehn oder zwölf meiner Jugendlichen, die alle aus dem Gefängnis gekommen sind, also lauter ehemalige Kriminelle. Darüber hat er sich sehr gefreut. Natürlich gab es eine große akademische Feier an der Universität. Aber wir waren dann alle bei ihm im Zimmer, und jeder hat ihm eine Torte geschenkt. Die Jugendlichen wußten alle: Er ißt gern Süßes. Ich habe ihn dann, bevor ich nach Israel reiste, noch im Krankenhaus besucht, und noch vom Flughafen aus angerufen. Da meinte er: Georg, ich habe so eine Sauerstoffmaske auf meiner Nase. – Das hat ihm irgendwie gefallen. Ein paar Tage später ist er dann gestorben. Die verschiedenen Feiern rund um seinen Geburtstag waren einfach zu viel.

Karl Rahner hat von einer Frau Briefe zurückerhalten, weil diese nicht wollte, daß diese nach ihrem Tod in falsche Hände gelangen. Die Schriftstellerin Luise Rinser (1911–2002) hat ihre Briefe von Rahner behalten und dann 1994 das Buch „Gratwanderung"[7] veröffentlicht, das ziemlich viel Staub aufgewirbelt hat.

☐ Luise Rinser ist ihm mit der Zeit auf die Nerven gegangen. Aber sie ist ihm auf den Fersen geblieben. Sie hat ihm viele Briefe geschrieben, aber es war ihm unangenehm. Er hat schon irgendwie das Gefühl gehabt, daß die Frau ihn zu sehr besitzt, besitzen will. Er wollte frei sein. Aber ich glaube, daß da nichts dahinter gewesen ist, wie später spekuliert wurde. Da war keine wie auch immer geartete sexuelle Beziehung, sicher nicht. Daß sich die beiden eigene Kosenamen gegeben haben, ist eines. Das zu veröffentlichen ist indiskret und blöd.

Wenn ich zwei Sekretärinnen hätte ...

Wie haben Sie Pater Rahners Arbeitsstil empfunden?

□ Er hat natürlich sehr, sehr viel geschrieben, und manchmal hatte ich den Eindruck: Das ist zu belastend für ihn, so viel zu schreiben. Er hat gemeint: Ja, ich muß, ich tu das einfach, ich schreibe, ich muß schreiben, ich diktiere. – Er hat immer diktiert. Aber wenn er diktiert hat, war das schon so gut wie druckreif, sein Leben lang. Bei mir war es immer so: Ich mußte ihm ein Thema nennen, und dann hat er ein paar Tage darüber nachgedacht und schließlich gesagt: Jetzt kannst Du kommen. – Dann hat er alles diktiert, auf Punkt und Komma. Ich habe es dann abgeschrieben, dann hat er es noch einmal korrigiert. Beim Schreiben war er wie eine Maschine. Er hat sogar einmal gesagt: Wenn ich zwei Sekretärinnen hätte, könnte ich doppelt so viel schreiben.

Und er hat auch viel korrespondiert?

□ Er hat unheimlich viele Briefe und Karten geschrieben. Briefe hat er immer „Geschäftspost" genannt. Aber er hat auch viele sehr persönliche Briefe geschrieben. Um eine Frau in Bayern, hat er sich zum Beispiel wirklich jahrelang gekümmert. Ihr hat er, glaube ich, jeden Tag einen Brief geschrieben oder telephoniert. Das ist sicher die Frau gewesen, die er am besten gekannt hat. Er hat sie wohl 30 oder 40 Jahre lang begleitet. Ich glaube, ich war der einzige, der sie persönlich kennenlernen durfte. Andere, die ihn an den Chiemsee fuhren, durften nur bis zum Haus fahren, mußten ihn abliefern und eine Stunde später wieder abholen. Sie war eine behinderte, ältere Frau, sehr bescheiden und sehr diskret. Sie war ihm eine Freundin, eine Freundin im edelsten Sinn.

Es gibt keine dummen Fragen

In den USA werde ich oft gefragt: Warum lohnt es sich überhaupt, sich mit der Theologie Karl Rahners zu beschäftigen? Was würden Sie da antworten?

☐ Karl Rahner hat sich radikal und ehrlich mit allen modernen Fragen beschäftigt. Man hat das Gefühl: Er nimmt den Menschen ernst. Auf diese Weise ist auch das letzte Konzil entstanden, so wie auch die ganze Theologie erneuert wurde. Es wurden viele Fragen gestellt hat, und er hat nie gesagt: Das ist eine Dummheit. – Sondern er hat einfach Fragen gestellt, und dadurch hat sich vieles geöffnet. Er war sehr verwurzelt in der Tradition. Ich habe ihm gesagt: Können Sie noch Latein? – Da sagte er: Nein, ich habe alles vergessen. Aber den Augustinus könnte ich noch im Schlaf lesen. – Es klingt vielleicht paradox: Aber seine Verwurzelung in der Tradition hat ihm sehr geholfen, sich mit modernen Fragen auseinanderzusetzen. Und so hat er, glaube ich, vielen Menschen Hoffnung gemacht: Er hat die Theologie geöffnet. Er hat sicher über nichts anderes nachgedacht als über Gott, ein Leben lang. Ich bin aus theologischer Sicht nicht so kompetent. Ich war mehr sein Freund und wie ein Sohn für ihn. Aber Pater Rahner hat auch sehr schöne Sachen geschrieben. Die Gebete sind fast lyrische Texte.

Sie meinen die frühen Veröffentlichungen wie „Worte ins Schweigen" (1938), „Von der Not und dem Segen des Gebetes" (1949), „Heilige Stunde und Passionsandacht" (1949), „Kleines Kirchenjahr" (1954), „Biblische Predigten" (1965)?

☐ Diese Dinge sagen jedem etwas, nicht nur Theologen.

Was bleibt Ihnen als Wichtigstes in Erinnerung von Karl Rahner?

☐ Seine unglaubliche Weite! Ich konnte mit ihm über alles reden. Und ich hatte nie Angst, daß ich diese oder jene Frage nicht stellen darf. Er war überhaupt nicht kleinkariert oder festgelegt. Es hat alles Platz gehabt. Ich habe nie mit ihm in einer Kommunität gelebt. Über meinen Freund Wolfgang Feneberg, der damals Jesuit war, aber inzwischen geheiratet hat, habe ich Pater Rahner persönlich kennengelernt. Wenn mir Pater Rahner einen Artikel zugesagt hatte und er mir alles diktiert hatte, meint er hinterher oft: Können wir miteinander essen gehen oder irgendwohin fahren? – So haben wir am Vormittag eine oder zwei Stunden gearbeitet, und am Nachmittag sind wir meistens nach Südtirol gefahren. Einmal waren wir sogar in Venedig, einfach nur zum Kaffeetrinken.

Hat Pater Rahner während des Autofahrens geredet?

☐ Er hat es geliebt, chauffiert zu werden. Er war oft sehr still. Er hat manchmal kein Wort gesagt, sondern nur geschaut. Es war wie ein Meditieren. Aber auch so hat er mir unheimlich viel Nähe geschenkt und mir viel Mut gemacht. Einmal habe ich ihm zum Beispiel meine ganz persönlichen Erlebnisse erzählt. Ich konnte ihm ja wirklich alles sagen, und dann sind wir in der Nacht nach Hause gegangen, es war in Innsbruck, und unter irgendeiner Brücke blieb er stehen und fragte mich: Du, soll ich Dir die Absolution geben? – Er hatte eben das Gefühl, ich hätte praktisch gebeichtet. Ich habe nur gesagt: Bitte. Ich habe immer Sie zu ihm gesagt, er hat mich aber immer geduzt. Er war wirklich wie ein Vater. Und wenn wir zusammen waren, durfte er auch wie ein Kind sein. Ich habe ihm einen Photoapparat geschenkt, dann hat er immer Photos gemacht und sich kindlich gefreut. Solche Dinge haben ihn total begeistert.

Wer stand ihm von den Nicht-Jesuiten am nächsten?

☐ Johann Baptist Metz hat eine große Rolle gespielt, den hat er geschätzt, er hat ihm imponiert. Aber am engsten war er sicher, wie gesagt, mit dieser Frau in Bayern verbunden. In ihren Briefen spiegelt sich wirklich seine Person wunderbar wider. Als er im Herbst 1981 von München nach Innsbruck übersiedelt ist, hat er ihr eine Skizze gemacht, wie sein Zimmer ausschaut: Lehnstuhl, Bett, Schreibtisch, Kasten, Vorraum. Er hat dann Photos gemacht und sie ihr geschickt.

Während meines Doktoratsstudiums hatte ich einen Termin mit Pater Rahner vereinbart. Ich sollte ihn um 11 Uhr im Jesuitenkolleg treffen. Ich bin hingegangen, man hat ihn angerufen, und er war nicht da. Da habe ich eine Karte hinterlassen, es war sein 60. Ordensjubiläum als Jesuit[8]. Nachmittags hat er mich dann plötzlich im Canisianum[9] besucht. Ich erhielt einen Anruf: Ja, Karl Rahner hier, ich bin an der Pforte. Da hatte er wirklich Zeit für mich. Das werde ich nie vergessen. Er hat mich sogar auf Literatur in der Bibliothek hingewiesen.

☐ Das ist typisch für ihn. Pater Rahner hat Überraschungen geliebt. Er hat immer wieder Menschen verblüfft, wenn er plötzlich irgendwo auftauchte.

Anmerkungen

[1] Vgl. K. Rahner, Bekenntnisse. Rückblick auf 80 Jahre. Hg. v. G. Sporschill. Wien 1984.

[2] Entschluss. Jesuiten – Gesellschaft – Spiritualität, gegründet 1946 („Der Große Entschluß. Monatsschrift für aktives Christentum"), 1999 mit Heft 12 im 54. Jahrgang eingestellt.

[3] Siehe das Interview mit H. B. Meyer SJ in diesem Band.

[4] Mein Problem. Karl Rahner antwortet jungen Menschen. Freiburg 1982 (mehrfach aufgelegt). Zahlreiche Übersetzungen in europäische Sprachen.

[5] Vgl. ebd. 5: „Mit diesem kleinen Buch ist es so: Ein in der Jugendseelsorge einer großen Stadt tätiger Priester veranlaßte diese Briefe an mich. Dabei hat er mich vielleicht, ohne meine Schuld, bei diesen jungen Menschen mehr gelobt und ihnen von mir mehr versprochen, als ich leisten kann. Er brachte mich mit sanfter Gewalt dazu, auf diese Briefe zu antworten oder es wenigstens zu versuchen. Diese Briefe sind also echt. Was diese jungen Menschen schreiben, erstreckt sich auf das, was sie selber bewegt. Die Briefe werden hier unfrisiert wiedergegeben, und nur da und dort ist etwas ausgelassen, wo dies aus Gründen der Diskretion gegenüber dem Schreiber geboten war. Deshalb sind auch die Namen in der Anrede geändert."

[6] Vgl. das Interview mit E. Oeggl in diesem Band.

[7] Vgl. L. Rinser, Gratwanderung. Briefe der Freundschaft an Karl Rahner 1962–1984. Hg. v. B. Snela. München 1994.

[8] Karl Rahner trat am 22. April 1922 in den Jesuitenorden ein.

[9] Das „Canisianum" ist ein internationales, von Jesuiten geführtes Priesterseminar und Priesterkonvikt in Innsbruck mit über 100jähriger Tradition. Zuerst als Nikolaihaus im heutigen Innsbrucker Jesuitenkolleg untergebracht, besteht es seit 1911 als eigenes Konvikt im Innsbrucker Stadtteil Saggen.

5 KARL RAHNER ALS LEHRER UND SCHRIFTSTELLER

Interpret des Ignatius von Loyola
Im Gespräch mit P. Andreas R. Batlogg SJ, München

Andreas R. Batlogg SJ, Mag. theol., Dr. theol., geb. 1962, ist seit 1985 Jesuit. Seit Dezember 2000 arbeitet er als stellvertretender Chefredakteur bei der Jesuitenzeitschrift „Stimmen der Zeit" in München. Seit Herbst 2005 ist er Mitherausgeber der „Sämtlichen Werke" Karl Rahners.

Sie haben über Karl Rahner Ihre Doktorarbeit geschrieben. Was haben Sie dabei gelernt?

☐ In das Vorwort meiner an der Universität eingereichten (nicht in der publizierten) Arbeit habe ich geschrieben: „An ein Ende gekommen mit Karl Rahner bin ich längst noch nicht." Ich habe zwar eine umfangreiche Rahner-Studie verfaßt, aber das heißt nicht, daß ich alles über Karl Rahner kenne. Ich weiß über einen kleinen Bereich relativ viel. Ich habe aber nach wie vor Lust, mehr kennenzulernen. Auch nach vielen Jahren des Studiums sehe ich, daß es einige Dinge gibt, die ich noch nicht richtig verstanden habe. Es gibt zum Beispiel Passagen in seiner Thomas-Studie „Geist in Welt", die ich nicht vollständig verstehe, weil ich selber nie das neuscholastische System durchlaufen bin.

Haben Sie Pater Rahner persönlich kennengelernt?

☐ Nicht als Mitbruder. Ich bin 1985 Jesuit geworden, da war er schon tot. Aber ich habe im Herbst 1981 in Innsbruck mit meinem Studium begonnen. Zur gleichen Zeit ist Pater Rahner in die Tiroler Landeshauptstadt gekommen. Ich bin ihm ein paar Mal begegnet: auf der Straße, an der Fakultät bei den Mittwochabend-Kolloquien. Ein paar Mal kam

Pater Rahner ins Priesterseminar – ich studierte damals für die Diözese Feldkirch – und hat uns Vorträge gehalten. Instinktiv habe ich gespürt: Da ist irgendetwas an dem Mann! Pater Walter Kern SJ[1] war mein erster theologischer Lehrer. Er hat uns Studenten immer ermuntert, Karl Rahner selber zu lesen und nicht nur Bücher oder Artikel über ihn zu lesen.

Im Sommersemester 1984 war ich dann für ein Freisemester in Israel. Dort habe ich schmale Bändchen „Was heißt Jesus lieben?" von Karl Rahner gelesen. Es hat mich sehr beeindruckt und auch geprägt. Später habe ich meine Diplomarbeit darüber geschrieben, die ich dann zum 90. Geburtstag und 10. Todestag Karl Rahners in einem kleinen Artikel zusammengefaßt habe[2]. Ich war verwundert, daß ein Theologe in einer Publikation von fast 100 Seiten beinahe ohne Fußnoten auskommt. Das Genus litterarium einer theologischen Meditation – Theologisches ohne komplizierten Fußnotenapparat auszudrücken – hat mich fasziniert.

Wo waren Sie, als Pater Rahner starb?

☐ Ich bin Mitte März nach Tel Aviv geflogen, wenige Tage nach Karl Rahners 80. Geburtstag. Am 31. März 1984 saß ich in einem Hotel in Jerusalem. Neben mir daß Pater Georg Sporschill SJ, der mit Pater Rahner eng befreundet war. Wir hörten im Radio die Meldung: „Gestern ist in Innsbruck, Österreich, der Theologe und Jesuit Karl Rahner gestorben." Da hat Pater Sporschill zu weinen begonnen. Das war mir zuerst peinlich, hat mich dann aber sehr berührt. Ich habe mir gedacht: Ein Jesuit, der Sozialarbeiter ist und mit Kriminellen und strafentlassenen Jugendlichen zu tun hat, wird derart emotional, wenn er diese Todesnachricht hört: Was für ein Mensch muß Karl Rahner gewesen sein, daß er das bewirkt?

Wie haben Sie sich später weiter in die Theologie Karl Rahners vertieft?

☐ Ich habe nach meinem Israel-Semester einige Zeit bei Pater Sporschill gearbeitet. Er war Chefredakteur der Zeitschrift „Entschluss"[3] in Wien. Honorar habe ich für meine Mitarbeit keines bekommen. Aber er hat mir die ersten sieben Bände von Karl Rahners „Schriften zur

Theologie" überlassen, die er aus dem Nachlaß eines deutschen Jesuiten erhalten hatte, der jung an einem Gehirntumor verstorben war. Wenn man zwei, drei Jahre studiert hat und sieben Bände mit demselben Umschlag erhält, dann fügt sich das schön in ein Bücherregal ein. Ich habe einfach zu lesen begonnen. Und ich sage etwas pathetisch dazu: Ich lese immer noch! Ich habe einfach nicht aufgehört, Karl Rahner zu lesen!

Was haben Sie über Pater Rahner erfahren, als Sie selber Jesuit wurden?

☐ Ich wußte in Israel noch nicht, daß ich ein Jahr später selber in den Jesuitenorden eintreten würde. Der Schritt hatte eine gewisse Logik, weil ich mehrmals ignatianische Exerzitien gemacht und Jesuiten an der Theologischen Fakultät kennen- und schätzengelernt hatte. Ich hatte dann im Lauf meiner Ausbildung das Glück, eine ganze Reihe von Jesuiten näher kennenzulernen, die auf die eine oder andere Weise eng mit Pater Rahner zusammengearbeitet oder -gelebt hatten.

Pater Kern hat gewissermaßen den Grundstein gelegt. Dann kam Pater Sporschill. Nach dem Noviziat war ich dann etwas mehr als ein Jahr in München und habe bei der Zeitschrift „Geist und Leben" ein Praktikum absolviert. Paul Imhof, der die letzten vier Bände der „Schriften zur Theologie" zusammengestellt und auch einige Sammlungen mit Interviews von Karl Rahner herausgegeben hat, war damals der Chefredakteur. Im Schriftstellerhaus der deutschen Jesuiten wohnte auch Pater Friedrich Wulf SJ, der jahrzehntelang „Geist und Leben" geleitet hatte. Er war mit Karl Rahner zusammen auf dem Konzil gewesen. Außerdem hatte Pater Rahner von 1964 bis Anfang der 70er Jahre zur Schriftsteller-Kommunität in München gehört[4]. Dort wohnten auch Pater Josef Sudbrack SJ, Wulfs Nachfolger als Chefredakteur, und Pater Wolfgang Seibel SJ, der die Geschicke der „Stimmen der Zeit" 32 Jahre lang verantwortet hat. Pater Rahner hat in beiden Zeitschriften viel veröffentlicht. Ein junger Jesuit erfährt auf diese Weise eine ganze Menge! Pater Rahner ist mir dadurch sehr nahe gekommen. Ich habe ihn nicht nur gelesen, sondern sozusagen über Umwege auch menschlich kennengelernt.

Anfang 1989 kam ich nach Innsbruck zurück und habe dort Pater Karl H. Neufeld SJ getroffen, der von der Gregoriana in Rom nach

Innsbruck berufen worden war. Er war Anfang der 70er Jahre Pater Rahners Assistent in München gewesen. Bei ihm habe ich meine Magisterarbeit geschrieben und war auch zwei Jahre lang Assistent. Nach meiner Priesterweihe (1993) und einem Jahr in der Priesterausbildung wurde ich für ein Promotionsstudium freigestellt. Ich habe damals zusammen mit Roman Siebenrock, dem Sekretär des Karl-Rahner-Archivs, begonnen, Texte von Karl Rahner zu lesen. Daraus ist dann der Innsbrucker Rahnerkreis entstanden, zu dem abwechselnd Doktoranden dazugekommen sind. Dort wurde die Idee für ein Buch geboren, in das wir unsere unterschiedlichen Zugänge zu Karl Rahner einbringen wollen[5].

Eine maieutische Methode

Sagt Karl Rahner heutigen Studierenden der Theologie noch etwas?

☐ Wer heute mit 18, 19, 20 Jahren an eine Theologische Fakultät kommt, hört vielleicht hier oder dort den Namen Karl Rahner. Aber das ist für die meisten Studenten Vergangenheit oder bestenfalls Theologiegeschichte. Gut, in Innsbruck spazieren die Studierenden über den Karl-Rahner-Platz vor der Jesuitenkirche. Aber wer fragt schon nach, wer der Mann war, und wer weiß, was er mit der Theologischen Fakultät zu tun hat? Die meisten Studenten sind theologiegeschichtliche Analphabeten. Studenten sind heute spirituell anderswo sozialisiert. Karl Rahner – nie gehört; Hans Urs von Balthasar – nie gehört; Henri de Lubac, Yves Congar, Hans Küng – nie gehört! Ich denke, es ist eine Chance, an Karl Rahner zu zeigen, wie man Theologie studieren kann, auch wenn man existentielle Fragen stellt, wenn man nachbohrt, fragt und wieder und wieder fragt. Das ist für mich ein bißchen gegen den Trend. Heute ist die Generallinie eher: „Nimm einen Katechismus, darin findest du alle Antworten!" Ich empfinde die Methode Karl Rahners als sehr maieutisch: Für mich wurde er zur Hebamme, um selber Theologe zu werden.

Haben Sie Karl Rahners Theologie nie als zu schwierig empfunden?

☐ Natürlich gibt es auch den sogenannten „schwierigen Rahner". „Geist in Welt" und „Hörer des Wortes" verlangen einem einiges ab. Aber als Jesuit ist für mich dann dazugekommen, daß ich erst durch das Lesen von Rahnertexten manches an meinem Ordensvater Ignatius von Loyola richtig entdeckt und verstanden habe – und zwar theologisch. Ignatius ist ja nicht nur ein Heiliger an der Schwelle vom Mittelalter zur Neuzeit. Er war auch Theologe. Seine Exerzitien sind nicht nur Geistliche Übungen, sondern eine theologische Anleitung zur Gottesbegegnung. Exerzitien dienen nicht nur dem frommen Hausgebrauch. Sie vermitteln auch Erkenntnisse. Das habe ich bei Pater Rahner gelernt.

Als Karl Rahner 1922 Jesuit wurde, hatte er das Glück, in einer Phase in den Orden einzutreten, in der vieles im Aufbruch war. Die Jesuiten entdeckten ihren Gründer sozusagen neu. Erst im Jahr 1894, also mehr als 350 Jahre nach der Gründung des Ordens, hatte die Edition der „Monumenta Historica Societatis Iesu" begonnen. Karl Rahner hat sich in einige der Quellentexte vertieft. Die Autobiographie des Ignatius war bis dahin nur Insidern bekannt. Die Geistlichen Übungen, die Exerzitien, wurden theologisch verdünnt wiedergegeben. Bis in unsere Tage hinein ist es ein Anliegen, Ignatius nicht nur hagiographisch, sondern auch theologisch wahrzunehmen. Ein Hugo Rahner, ein Karl Rahner, ein Hans Urs von Balthasar, ein Gaston Fessard und andere haben darum geworben haben.

Die Bedeutung der Exerzitien für die Theologie

Die Prägung Karl Rahners durch die Exerzitien ist Ihnen also wichtig?

☐ Die Exerzitien sind eine großartige Anleitung, durch die Betrachtung verschiedener Stationen des Lebens Jesu diesen Jesus von Nazaret als den Christus, den Messias, zu entdecken, der in einem einzigartigen Verhältnis zu Gott steht. Nur im Blick auf Jesus den Christus läßt sich eine (Lebens-) Wahl treffen. Die Frage in ignatianischen Exerzitien ist ja: Wie komme ich zu einer absoluten Entscheidung? Darüber hat Karl Rahner in einem bemerkenswerten Artikel nachgedacht[6]. Er hat – ebenso wie sein Bruder Hugo oder vielleicht Erich Przywara SJ[7] – Erkenntnisse aus den Exerzitien aufgegriffen und versucht, in Theologie umzusetzen.

Die Tragik bei den Mysterien des Lebens Jesu war, daß sie nur als eine Art moralische oder moralisierende Vorlage verwendet wurden. Sie sind aber mehr als das. Für Karl Rahner steckte da mehr drin. Aber auch er hat mehr gefordert, als er dann selber ausarbeiten konnte. In seinem „Versuch eines Aufrisses einer Dogmatik"[8], den er kurz vor Kriegsbeginn zusammen mit Hans Urs von Balthasar entworfen hat, finden sich erstaunlicherweise die Mysterien des Lebens Jesu wieder. Das gab es sonst in einer Dogmatik nicht. Da kann man fragen: 1939 war Karl Rahner promoviert, er hatte eine Habilitation verfaßt, er war Privatdozent für Dogmatik und Dogmengeschichte an der Theologischen Fakultät Innsbruck und hatte ein anstrengendes Vorlesungs- und Seminarprogramm zu bewältigen. Warum verfiel er da auf die Idee, einen Dogmatik-Grundriß zu entwickeln, in dem ein Element aus der Spiritualität auftaucht, das sonst nirgendwo zu finden ist? Als er diese Skizze dann 1954 veröffentlichte, ist dieses Element immer noch vorhanden. Balthasar nimmt in einer Rezension genau auf diesen Punkt Bezug. Dahinter steckt die Frage nach der Gleichzeitigkeit: Wie kann ein Ereignis der Vergangenheit Heilsbedeutung für mich im Hier und Jetzt haben? Erste Überlegungen zur Gleichzeitigkeit stellt Karl Rahner bereits im kurzen Schlußkapitel seiner theologischen Dissertation „E latere Christi" (1936) an. Das Thema läßt ihn zeitlebens nicht mehr los.

Die Rahner-Interpretation der 60er und 70er Jahre war fixiert auf den transzendentalphilosophischen und transzendentaltheologischen Ansatz Karl Rahners und hat seine ignatianische Verwurzelung einfach ausgeblendet. Da gibt es aber so etwas wie eine unterirdische Wirkungsgeschichte, die man viel stärker sehen sollte! Deswegen muß man ja nicht gleich polemisch behaupten, es gäbe ein „Rahner-Lehramt" in Innsbruck, das alles bei Karl Rahner gleichsam auf das Semper idem einer ignatianischen Grunderfahrung zurückführen oder reduzieren wolle. Ich glaube, daß die ganz normalen Vollzüge des täglichen

Lebens, die Pater Rahner als Priester und Jesuit in Treue über Jahrzehnte hinweg getan hat, ihn auch theologisch geprägt haben, viel stärker jedenfalls, als manche wahrhaben wollen oder können. Wobei ich sagen würde: Es ist vielleicht ein Drittel, das andere Drittel ist sicher Neuscholastik, die meiner Generation völlig verschlossen ist, und ein weiteres Drittel ist sicher eine Art eigene Kreation mit Hilfe auch der Denkweise, die er bei Martin Heidegger gelernt hat.

Das Leben Jesu als theologische Erkenntnisquelle

Wie sind Sie auf das Thema der Doktorarbeit gekommen?

☐ Die Anregung stammt einerseits von Pater Neufeld. Anderseits war das Thema die logische Fortsetzung meiner Magisterarbeit von 1991. „Was heißt Jesus lieben?" ist ja so etwas wie eine Populärausgabe für das schwierige Anliegen, wie man ohne das Vokabular der Konzilien von Nicäa und Chalzedon rechtgläubig christologische Aussagen machen kann. Das ist aber eine dogmatische Frage. Mein Ausgangspunkt war der fundamentaltheologische Zugang: die Mysterien des Lebens Jesu als Zugang zum Glauben an Jesus als den Christus. Die Leben-Jesu-Forschung war seit Albert Schweitzer gut aufgearbeitet und bereits passé, als Karl Rahner die Mysterien des Lebens Jesu in einen Dogmatik-Aufriß eingebracht sehen wollte. Meine Frage war die Zugangsmöglichkeit zum Glauben. Der Topos der Mysterien des Lebens Jesu kann gleichsam zur Einstiegsluke werden, um in das theologische Gebäude einzutreten. In den Exerzitien steht aber zunächst nicht Theologie im Vordergrund, sondern eine Erfahrung. Die muß man zuerst machen, bevor man darüber nachdenken kann. Das Leben Jesu ist für Karl Rahner ein „locus theologicus". Er versucht also, etwas in die Dogmatik zurückzuholen, was im Hochmittelalter in die Spiritualität abgedrängt wurde und dort wie im Exil dahinvegetierte. Er steht mit diesem Anliegen übrigens nicht allein. Auch Alois Grillmeier hat das versucht und neuestens Alex Stock in seiner „Poetischen Dogmatik"[9].

Konnten Sie feststellen, daß Pater Rahner auch eine existentielle Bezie-hung zu Jesus entwickelt hat? Ging seine Identifikation mit Jesus eher vom Kopf oder eher vom Herzen aus?

☐ Wer kann schon in das Herz eines Jesuiten schauen? Das ist etwas Intimes, damit geht man nicht hausieren. Karl Rahner war von Haus aus offenbar eher zurückhaltend. Er war kein Plauderer, schon gar nicht in persönlichen Angelegenheiten. Aus dem Jahr 1978 stammt seine „Rede des Ignatius von Loyola an einen Jesuiten von heute"[10]. Dort steckt autobiographisch einiges drin, verhalten zwar, aber Pater Rahner blättert trotzdem in gewisser Weise seine Seele auf. Seine Or-densexistenz hat er einmal so bilanziert, und ich zitiere hier wörtlich den 70jährigen: „Ich hätte mein Leben als Jesuit nie leben können, wenn ich nicht das innere Verhältnis eines unbedingten Glaubens an Jesus Christus den Gekreuzigten und Auferstandenen gefunden hätte."[11]

Ist Ihre Doktorarbeit ein Beitrag, der Karl Rahner weiter vermittelt? Ha-ben Sie einen Zugang gefunden, der bisher vielleicht übersehen wurde?

☐ Einer der Standardvorwürfe gegen Karl Rahner lautet jedenfalls, daß er keine Geschichte kennt, sondern nur von Geschichtlichkeit spricht. Das ist vielleicht eine sehr deutsche Unterscheidung. Da muß ich jetzt einmal theologiegeschichtlich sagen: Zu der Zeit, als Karl Rahner von den Mysterien des Lebens Jesu sprach, war sowohl der Terminus „Leben Jesu" besetzt (durch das Scheitern der Leben-Jesu-Forschung) wie auch „Mysterien" (durch die Mysterientheologie der Benediktiner um Odo Casel OSB). Mit beidem hat das, was Karl Rah-ner will, nichts zu tun. Aber er bewegt sich nicht sozusagen im geisti-gen Niemandsland. Karl Rahner wollte nicht Jesulogie betreiben. Aber er hat gleichzeitig auf die Gefahr hingewiesen, daß manche Theologen so tun, als habe Jesus gar nicht gelebt, als könne ihre Theologie ohne den historischen Jesus auskommen.

Pater Rahner hatte zum Beispiel überhaupt keine Scheu, auch jungen Menschen das Leben Jesu nahezubringen, wenn er etwa einem Jugendlichen empfahl, doch den Rosenkranz zu beten, der für ihn ein

Jesusgebet war. Man kann sich ja leicht vorstellen, daß für einen durchschnittlichen Jugendlichen, der von frustrierenden Gebetserfahrungen berichtet, der Hinweis auf eine Gebetsform, die bei dieser Generation nicht gerade in Hochkonjunktur steht, etwas eigenartig wirken kann. Aber Pater Rahner empfiehlt in einem seiner fiktiven Briefe genau den Rosenkranz[12]. Das eigene Leben kann gleichsam zur Fortsetzung des Lebens Jesu werden – durch die Taufe. Da gibt es enge Verbindungen in die Sakramententheologie hinein.

Keine Ikone

Zum Thema „Sämtliche Werke": Warum braucht es überhaupt eine Gesamtausgabe?

☐ Viele stellen diese Frage. Ich möchte einmal vorausschicken: Nicht wenige sagen mit dem Verweis auf die 16 Bände „Schriften zur Theologie" (bzw. 23 Bände „Theological Investigations"), eine Gesamtausgabe sei nicht nötig. Um die Proportionen zurechtzurücken: Diese 16 Bände umfassen nur etwa ein Drittel des gesamten Textcorpus, aber nicht mehr. Es sind immer wieder Dinge verloren gegangen oder nur noch in Bibliotheken zugänglich. Die Frage ist: Wie hält man jemanden präsent und zwar umfassend? Das rechtfertigt eine Gesamtausgabe. Ich bin davon überzeugt, daß Karl Rahner immer noch zu entdecken ist, und ich sage es einmal mit Karl Lehmann: Karl Rahner ist vielleicht ein Mann für übermorgen[13]. Vielleicht ist er unter den jetzigen kirchenpolitischen Koordinaten kein Mann von heute oder von morgen, aber von übermorgen.

Im Blick auf den 100. Geburtstag und den 20. Todestag Karl Rahners im Jahr 2004: Was sollte da passieren?

☐ Ich vermute, daß es verschiedene Kongresse geben wird, es werden Artikel und Bücher erscheinen. Ich wünsche mir, daß nicht nur der Name Karl Rahner gewürdigt und geehrt wird[14]. Es bringt ja nichts, wenn ehemalige Mitarbeiter, Assistenten oder Freunde zum x-ten

Mal Weihrauch brennen, sich in pathetischen Reden ergehen und Karl Rahner wie eine Ikone auf dem Hausaltar behandeln.

Wenn jemand so viel geschrieben hat wie Pater Rahner, ist man natürlich immer in Gefahr, der ideale Stichwortgeber für Themen zu werden, mit denen man gar nichts zu tun hat. Da wird eine Autorität gesucht, im Negativen wie im Positiven. Karl Rahner ist ja, anders als Hans Urs von Balthasar, Henri de Lubac SJ oder auch Yves Congar OP nicht Kardinal geworden. Da muß man auch kirchenpolitisch vorsichtig sein. Aber ich denke, es geht nicht darum, Karl Rahner – wie Roman Siebenrock gerne sagt – „einzumotten", also gleichsam zu musealisieren, sondern zu fragen: Wo sind Themen, von denen man sagen kann: Wenn man heute Theologie studiert, wenn man heute über Glauben nachdenkt, kann dieser Theologe mit einigen Themen helfen. Das ist für mich der positive Ertrag, den man aber bearbeiten muß. Es geht darum herauszufinden: Was lohnt wirklich, geerbt zu werden?

Um es theologiegeschichtlich zu sagen: Ich glaube, daß das Problem der Neuscholastik darin bestand, daß das System am Kanon der Lebensfragen vorbeiging. Es war in sich steril geworden. Heutzutage ist das Problem genau umgekehrt: Wir kommen vom Leben und seinen Fragen nicht mehr zu einer Theorie. Alle verwenden dieselben Begriffe, aber jeder versteht darunter etwas anderes. Für Karl Rahner hatte Theologie immer mit dem Leben zu tun – und umgekehrt: Leben mit Theologie, insofern Leben mit Gott ins Gespräch kommen will. Ich bin ganz stark gegen die Spaltung in einen „frommen" und in einen „wissenschaftlichen Rahner". Es gibt natürlich unterschiedliche Genera bei ihm. Aber ihm war immer beides wichtig. Ich habe bei Karl Rahner immer gemerkt: Da ringt einer, da fragt einer, da hadert einer … Das kann auch heute wieder ein Grund sein, um Lesern Geschmack zu machen auf Karl Rahner. Ein Kongreß kann analysieren. Aber Entscheidendes findet nicht in Analysen statt, sondern weil sich Menschen mit Texten befassen, die etwas in ihnen auslösen.

Eine letzte Frage: Welche Studien aus jüngerer Zeit sind lohnenswert?

☐ Die ursprünglich von Pater Kern inaugurierten „Innsbrucker theologischen Studien" haben sich wirklich zu einer Reihe entwickelt, in der seriöse Rahner-Studien publiziert werden. Ich erinnere nur an Arno Zahlauer, Paul Rulands, Franz Gmainer-Pranzl, Nikolaus Knoepffler, Engelbert Guggenberger, Franz Gruber, Johannes Herzgsell, Walter Schmolly. Das sind alles lohnenswerte Arbeiten, an denen die Rahnerforschung nicht vorbeigehen kann. Aber es gibt natürlich auch anderswo sinnvolle Studien.

Der „Steinbruch Karl Rahner"

Das gigantische Werk Rahners eignet sich immer ideal als Steinbruch für Themen, die manchmal gar nicht seine Themen waren. Oder es muß für vordergründige Plausibilitäten herhalten: Man hat irgendein Thema und versucht krampfhaft, es mit Karl Rahner in Beziehung zu setzen. Eine heutige Fragestellung herzunehmen und dann einfach mit Rahner-Zitaten aufzufüllen, das – finde ich – ist keine adäquate Rezeptionsweise. Man darf nicht alles aus dem Zusammenhang reißen. Das ist Manipulation. Wer Karl Rahner kontextuell liest, merkt schnell, daß manche Ergebnisse gar nicht so spektakulär sind, wie man sie manchmal gern haben wollte.

Eine Gesamtausgabe kann Karl Rahner umfassend präsentieren. Ich stimme da sehr Roman Siebenrock zu, daß sich manche Rahner-Interpretationen als obsolet erweisen werden, wenn man einfach einmal fragt: Wo steht das denn im Text? Manche Behauptungen erübrigen sich dann. Karl Rahner hat selber mehrmals darauf hingewiesen, daß man bei ihm leicht auf Inkonsequenzen stoßen könne[15], wenn Doktoranden sagten: Da haben Sie das gesagt und da das. – Er wollte gar kein in sich geschlossenes System vorlegen. Es gibt Brüche in seinem Werk, da muß man gar nichts harmonisieren und Karl Rahner sozusagen vor sich selber in Schutz nehmen wollen. Das ist so urdeutsch, daß immer alles so systematisch sein muß!

Ich habe mich im Rahmen meiner eigenen Dissertation von manchen Ideen, die ich am Anfang hatte, verabschieden müssen. Karl Rahner denkt in vielen Dingen sehr traditionell. Man darf ihn nicht nur über Interviews aus den letzten Lebensjahren wahrnehmen, aus denen auch oft ein „zorniger alter Mann" spricht, der enttäuscht ist über vieles, was

in der Kirche nur schleppend vorangeht oder gar hinter das Konzil zu-
rückdrängt. Karl Rahner hat in vielen Dingen einfach traditionell geantwortet hat, ohne traditionsverhaftet zu sein. Sein kreativer Umgang mit
Tradition ist faszinierend. Er kritisierte manches, weil er Bescheid wußte
und nicht einfach nur Formeln der Vergangenheit wiederholte. Der Vorwurf, er habe das neuscholastische Schulsystem kaputtgemacht, ist absurd. Er hat seine Einseitigkeiten kritisiert und die Tradition gegen ihre
Verfälscher verteidigt. Dazu gehört einige Intelligenz.

Anmerkungen

[1] Walter Kern SJ, Dr. phil., Dr. theol., geb. 1922, war von 1969 bis 1989 Professor
für Fundamentaltheologie an der Universität Innsbruck. Zuvor lehrte er Philosophiegeschichte an der ordenseigenen Hochschule Pullach bei München. Der inter-
national anerkannte Hegel-Forscher war der erste Leiter des Karl-Rahner-Archivs
in Innsbruck.

[2] Vgl. A. R. Batlogg, Karl Rahner: Jesus lieben? Zum Schicksal einer Veröffentlichung aus den 80er Jahren, in: Geist und Leben 67 (1994) 90–101.

[3] Diese Monatsschrift der österreichischen Jesuiten ist erstmals im April 1946 erschienen als „Der große Entschluß. Monatsschrift für aktives Christentum". 1969
(25. Jahrgang) wurde die Zeitschrift umbenannt in „Entschluss". Mit Heft 12/1999
(54. Jahrgang) wurde die Zeitschrift eingestellt. Chefredakteure waren Ferdinand
Platzer SJ und Georg Strangfeld (1946–1954), Dominik Thalhammer SJ (1955–
1962), Michael Horatczuk SJ (1963–1973), Werner Reiss SJ (1974–1977), Georg
Sporschill SJ (1978–1989), Gustav Schörghofer SJ (1990–1997) und Thomas Neu-
linger SJ (1998–1999).

[4] Das Schriftstellerhaus war bis Januar 1966 in der Veterinärstraße, in unmittelbarer Nachbarschaft der Ludwig-Maximilians-Universität, untergebracht. Im Januar 1966 wurde das neuerbaute Schriftstellerhaus in der Zuccalistraße in München-Nymphenburg bezogen, das nach Alfred Delp (1907–1945), dem früheren
Mitarbeiter der „Stimmen der Zeit" benannt war, der von den Nationalsozialisten
hingerichtet wurde. Im Herbst 2003 mußten die deutschen Jesuiten das Alfred-
Delp-Haus schließen.

[5] Vgl. A. R. Batlogg / P. Rulands / W. Schmolly / R. A. Siebenrock / G. Wassilowsky / A. Zahlauer, Der Denkweg Karl Rahners. Quellen – Entwicklungen – Perspektiven. Mainz 2003 (²2004).

[6] Vgl. K. Rahner, Einige Bemerkungen zu einer neuen Aufgabe der Fundamentaltheologie, in: Ders., Schriften zur Theologie. Bd. 12. Einsiedeln 1975, 198–211.

[7] Erich Przywara SJ (1889–1972), Mitarbeiter der „Stimmen der Zeit" in München, hat das dreibändige Werk „Deus semper maior, Theologie der Exerzitien"
(1938–1940) verfaßt. Er war eine der prägenden Gestalten des katholischen Gei-
steslebens in der ersten Hälfte des 20. Jahrhunderts.

[8] Vgl. K. Rahner, Versuch eines Aufrisses einer Dogmatik, in: Ders., Schriften zur Theologie. Bd. 1. Einsiedeln 1954, 9–47; jetzt in: Ders., Sämtliche Werke. Bd. 4: Hörer des Wortes. Schriften zur Religionsphilosophie und zur Grundlegung der Theologie. Freiburg 1997, 414–443; vgl. A. R. Batlogg, Die Mysterien des Lebens Jesu bei Karl Rahner. Zugang zum Christusglauben. Innsbruch 2003; ders., Karl Rahners Projekt einer Theologie der Mysterien des Lebens Jesu. Systematisches Denken als Ausdruck ignatianischer Spiritualität, in: Th. Gertler / St. Ch. Kessler / W. Lambert (Hg.), Zur größeren Ehre Gottes. Ignatius von Loyola neu entdeckt für die Theologie der Gegenwart. Freiburg 2006, 349–367.

[9] Vgl. A. Grillmeier, Geschichtlicher Überblick über die Mysterien Jesu im allgemeinen, in: Mysterium Salutis. Bd. 3/2 (1969) 3–22; ders., Mit ihm und in ihm. Das Mysterium und die Mysterien Christi, in: Ders., Mit ihm und in ihm. Christologische Forschungen und Perspektiven. Freiburg 1975, 716–735; A. Stock, Poetische Dogmatik: Christologie. Bd. 3: Leib und Leben. Paderborn 1998.

[10] Vgl. K. Rahner, Rede des Ignatius von Loyola an einen Jesuiten von heute, in: Ders., Schriften zur Theologie. Bd. 15. Zürich 1983, 373–408.

[11] K. Rahner, Wie kann ein Mensch von heute noch Jesuit sein und Jesuit bleiben?, in: Jesuiten. Wohin steuert der Orden, Freiburg 1974, 142–145, 145.

[12] Mein Problem. Karl Rahner antwortet jungen Menschen. Freiburg [6]1984, 40: „So verrückt das vielleicht heute klingen mag, würde ich doch empfehlen, einmal zu versuchen, einen Rosenkranz zu beten, für Dich allein. Die ruhige, gelassen gesprochene Folge derselben Worte und ein Blick auf die darin angerufenen Mysterien des Lebens Jesu können, wenn man dabei nicht ungeduldig wird und so etwas auch langsam einzuüben versucht, jene eigentliche Stille in einem hervorrufen, in der man vor Gott weilt."

[13] K. Lehmann, Karl Rahner zum Gedächtnis. Neunzigster Geburtstag – zehnter Todestag, in: StZ 212 (1994) 147–150.

[14] Vgl. M. Striet, Ein bleibendes Vermächtnis. Was die Theologie heute von Karl Rahner lernen kann, in: HerKorr 58 (2004) 559–564; A. Raffelt, Nach wie vor starke Resonanz. Ein Rückblick auf das „Rahnerjahr" 2004, in: ebd. 564–568.

[15] Gewiß ohne Zynismus, doch im Bewußtsein von Brüchen und Inkonsequenzen im eigenen Œuvre meinte Karl Rahner am Ende seines Lebens: „Ich habe neulich einem gesagt, der seine Doktorarbeit über mich und meine Theologie machen will: Rechnen Sie selbstverständlich damit, daß Sie Dinge finden, wo ich mir widerspreche und das gar nicht merke. Es fängt eben jeder immer wieder an einem bestimmten Punkt neu an und entwickelt von dort aus etwas, was vielleicht auf Anhieb gar nicht mit dem bisher Gedachten zusammenpaßt"; zit. nach P. M. Zulehner, „Denn du kommst unserem Tun mit seiner Gnade zuvor …". Zur Theologie der Seelsorge heute. Paul M. Zulehner im Gespräch mit Karl Rahner. Düsseldorf [3]1987, 30.

Lektüre als Kapital
Im Gespräch mit Irmgard Bsteh, München

Irmgard Bsteh, geb. 1930 in Wien, Mitglied der Internationalen Bewegung Christlicher Frauen „Gral", Tätigkeit u. a. im Pax-Christi-Sekretariat in Wien, seit 1964 in München, seit Anfang der 70er Jahre gezielte Medienbeobachtung und Kontakte mit Autoren und Redakteuren.

Wie sind Sie auf Karl Rahner gestoßen?

☐ Normalerweise gehen Erfahrungen auf persönliche Begegnungen zurück. Aber man kann Erfahrungen auch durch eine bestimmte Lektüre machen. So ist jedenfalls mein Kontakt zu Karl Rahner entstanden. Weil ich aufgrund einer Tbc-Erkrankung (ab 1944) endlos liegen mußte, als Ersatz sozusagen für damals fehlende Medikamente, habe ich zu lesen begonnen: Klassiker, Biographien, Historisches – und Theologie, was eben bis etwa 1945 erschienen war; bei meinem nächsten Krankenhausaufenthalt von Hugo Rahner „Griechische Mythen in christlicher Deutung"[1] – ein stattlicher Band, stellenweise zum laut Lesen.

Aber die eigentlichen Erfahrungen tauchten mit einem Mal in Gestalt von „Heftln" in Nachkriegsausstattung auf: Karl Rahner. Ich dachte mir: Das muß wohl ein Bruder von Hugo Rahner sein. Mein erster Eindruck: Da ist plötzlich von Aktuellem die Rede, von Dingen, die uns hier und jetzt angehen, Fragen an unseren Glauben, in denen ich mich (wieder-)finden konnte. Wo gab's das sonst, damals?

Einwände gegen angebliche Selbstverständlichkeiten

Während einer Internatszeit teilte ich den Schlafraum mit Mädchen aus Nazifamilien, die kein gutes Haar am Christentum, erst recht nicht an der Kirche ließen. Das war für mich reizvoller als Gespräche mit Gleichgesinnten. Diese Einstellung führte Jahre später dazu, daß ich ein Angebot von Prälat Karl Rudolf[2], im Seelsorgeamt in Wien zu arbeiten, ausschlug: immer unter Gleichgesinnten!

Damals fragte ich mich auch, welche Religion ich wählen würde, wenn ich mich erst jetzt für eine zu entscheiden hätte. Ich kam zu dem Ergebnis: Wenn *eine* wirklich stimmt, mich ganz und gar ernstnimmt, kritische Fragen zuläßt, anstatt diese „in der Garderobe abzulegen", wie ich es nannte – dann brauche ich doch nicht erst alle anderen kennenzulernen. Ich entschied mich für das, was ich war und machte damit eine wichtige Freiheitserfahrung. Aber was fand ich dann irgendwo bei Karl Rahner? Gerade solche Überlegungen, wie ich sie angestellt hatte! Fast ungläubig stellte ich fest, daß dieser Jesuit nicht nur solche Fragen stellte, die ich unausgesprochen mit mir herumtrug, sondern gleich selber alle möglichen Einwände gegen angebliche Selbstverständlichkeiten und vieles „Gängige" aussprach. Das konnte natürlich nicht lange gut gehen. Ich wurde süchtig. Was mir unter dem Namen Karl Rahner begegnete, verschaffte ich mir; später ist das alles in dicken Bänden erschienen. Bissenweise hab ich es mir einverleibt, gekaut und wiedergekaut, bis es einleuchtete. Die für mich als nichtstudierte Theologin unvermeidlichen Reste störten mich nicht.

Wollten Sie auf dem Hintergrund dieser Aha-Erlebnisse Pater Rahner auch persönlich kennenlernen?

☐ Urlaubstage in Innsbruck Anfang der 50er Jahre brachten die erste, wenn auch nicht persönliche Begegnung. Es war Sonntag. Die Spitalskirche zum Heiligen Geist in der Maria-Theresien-Straße war gesteckt voll[3]. Auch ich mußte stehen. Pater Rahners Predigt war monoton und akustisch stellenweise schwer verständlich. Aber die Leute müssen ja gewußt haben, warum sie kommen. Der unmittelbare Eindruck war natürlich auch mir wichtig. Aber das geschriebene Wort hatte schon eine solche Bedeutung für mich bekommen, daß ich *diese* Erfahrung gleich hoch ansetzte wie die jetzt unmittelbare Begegnung. Es sollte nicht bei der einen bleiben.

1964 übersiedelte ich in Zusammenhang mit meinem Anschluß an die Internationale Bewegung Christlicher Frauen – Gral von Wien nach München in ein kleines Zentrum mit Wohngemeinschaft und monatlichen Treffen von Gleichgesinnten. 1965 fuhr ich nach Innsbruck zur Promotion meines Bruders Andreas[4]. In der kleinen Tischrunde beim anschließenden Festessen gab es keine Rangordnung. Plötzlich fand ich mich in nächster Nähe von Pater Rahner. Er wollte wissen, was ich in München mache. Wir wechselten nur ein paar Worte.

Wurde diese Begegnung zum Auftakt für einen intensiveren Kontakt?

☐ Pater Rahner war von da an kein „Fremder" mehr für mich. Noch im selben Jahr nahm ich mir ein Herz und fragte ihn im Schriftstellerhaus in der Zuccalistraße an, wo er seit der Übernahme des Romano-Guardini-Lehrstuhls in München wohnte, ob er in unserer kleinen Gruppe über ein durch das Zweite Vatikanische Konzil angeregtes neues Verständnis von Mission und den Umgang mit Andersdenkenden sprechen würde. Etliche unserer Frauen waren von Einsätzen in Afrika zurückgekehrt und sehr interessiert an dem Thema. Pater Rahner sagte zu. Dieser Nachmittag war ein bleibender Gewinn! Auf meine Anfrage wegen des Honorars bei seinem Mitarbeiter Adolf Darlap[5] sagte dieser: Ach, Pater Rahner ist eh unbezahlbar! – Er nannte dann aber doch einen Betrag. Ich schickte ihn an Darlap. Nicht lange darauf fuhr er bei uns vor und brachte als Gruß von Pater Rahner die bis dahin erschienenen sechs Bände „Schriften zur Theologie" mit.

Jetzt gab es für mich kein Halten mehr. Einmal packte ich einen Band für die Bahnfahrt München – Duisburg ein. Ich konnte nur entfernt erahnen, wie aktuell das Gelesene und Aufgenommene für meine viel spätere Tätigkeit sein würde. Für die Gespräche mit „Andersdenkenden" wurde ich in gewissem Sinn ausgerüstet.

Messe im Wohnzimmer

Ende der 60er Jahre war nochmals eine Operation mit jahrelangen schmerzhaften Folgen fällig. Infekterkrankungen konnte mich damals außer Gefecht setzen. An einen Kirchgang war nicht zu denken. Einmal hatte Pater Rahner (nicht durch mich) davon erfahren und rief völlig überraschend an, er würde zu einer Meßfeier kommen. Mir verschlug es die Rede. Er sagte in diese Pause hinein: Na, es soll ja keine Zwangsbeglückung sein! – Das wurde es auch nicht. Die bescheidene

Feier mit einem amerikanischen Mitbruder in unserem Wohnzimmer bleibt mir im Gedächtnis. Es existiert sogar ein kleines Photo davon.

Die Lektüre der Schriften Karl Rahners hat Sie also stark beeinflußt. Wie wirkte sich das auf Ihre Arbeit aus?

☐ In den Jahren darauf ergab sich eine Tätigkeit, die ich nie beabsichtigt hatte. Ich begann nämlich, die Wünsche, Vorstellungen, Probleme meiner jungen Mitbewohnerinnen – besonders bezüglich Partnerschaft – mit ihrer Behandlung in den Massenmedien zu vergleichen. Manches war zutreffend, anderes mit dem Anspruch auf Allgemeingültigkeit, obwohl es nur auch vorkam, wieder anderes fehlte ganz. Ich nahm schriftlich Kontakt mit Redaktionen auf und stieß, zu meinem Erstaunen, auf Interesse. Es folgten Einladungen in die entsprechenden Büros, schließlich Einladungen meinerseits zu einem Wiener Kaffee an meinem Tisch. Es waren unterschiedlichste Gesprächspartnerinnen, alle mehr oder weniger neugierig, wie ich zu so etwas komme: Von wem aus machen Sie denn das? – Immerhin glaubten sie mir, daß es meine persönliche Initiative war, ohne Auftraggeber – das war mir wichtig und erst recht ohne kirchlichen Auftraggeber. Meine Motivation – doch etwas mit Kirche? Letztere Vermutung kam vielleicht, weil ich aus meiner Einstellung zu Themen, die das Menschenbild betreffen, kein Hehl machte, natürlich auch nicht aus meiner „Weltanschauung", am wenigsten aus meiner Glaubensüberzeugung und der – kritischen, loyal kritischen – Sicht der Kirche. Zuerst wurden Klischeevorstellungen beseitigt und das, was ich „Angeblichkeiten" nenne. Nur so konnte eine Kirche von heute, ein vom Konzil bestimmtes Christentum in den Blick kommen: zum Beispiel Gewissens- und Religionsfreiheit. Von einer „Hierarchie der Wahrheiten"[6] und ähnlichem hatten sie nie etwas gehört, derlei der Kirche auch nicht zugetraut. Manchmal war die Skepsis mit Händen zu greifen („Die Kirche wird aber mit Ihnen keine Freude haben!"), weil sie dachten, ich würde nur meine Privatansicht vertreten. Da konnte ich mich aber auf maßgebende Konzilstheologen berufen, besonders auf einen.

„Sagen Sie es mit eigenen Worten!"

Die Gesichter signalisierten mir immer wieder, daß es „angekommen" war. Was ich der Rahner-Lektüre verdanke, erwies und erweist sich schlicht als Kapital. Es scheint unerschöpflich. Hin und wieder konnte ich Pater Rahner auch selbst von solchen Gesprächen erzählen. Er war jedes Mal hochinteressiert, schmunzelte manchmal und forderte immer wieder auf: Sagen Sie's nur mit eigenen Worten!

Ich erinnere mich zum Beispiel an Feuerbachs „Konkurrenzvorstellung": Gott spukt auf Kosten des Menschen noch viel herum. Ich meinte: Je mehr der Mensch in die Nähe Gottes gerate, um so mehr werde er Mensch, wird er er selber. Jesus ist nicht nur in Gottes Nähe geraten wie kein anderer, er ist sozusagen mit Gott zusammengefallen, darum ist er der Mensch schlechthin. Fragen, Unsicherheiten konnte ich bei Pater Rahner immer anbringen. Er hat sie mit ganz einfachen Worten beantwortet – ein anderes Wort fällt mir nicht ein. Jedenfalls erhielt ich Bestätigung. Für meine Tätigkeit gab es ja keinerlei Modell. Und die praktische, finanzielle Seite des Unternehmens war erst recht völlig ungeklärt. Nur als Zeitungsleserin, Radio- und Fernsehhörerin war ich Kunde, also König. Damit war eine Anstellung ausgeschlossen, besonders eine kirchliche: „Wes Brot sie ißt, des Lied sie singt ...". All das leuchtete Pater Rahner ein. Mitten in einem Gespräch stellte er die Frage, wieviel Geld ich brauchen würde. Bis es zu einer Regelung in Form von Aufwandsentschädigung komme, wolle er einspringen. Mit unglaublicher Verläßlichkeit in gesunden und in kranken Tagen hielt er seine Zusage, Monat für Monat. Die Begleitzettel zu den Geldsendungen bleiben ein gehüteter Schatz.

Gibt es einen Bereich, in dem Sie von Pater Rahners Theologie besonders profitierten?

□ Ja, es gibt einen Punkt, zu dem ich persönlich mehr als zu anderen bei Pater Rahner fündig geworden bin: die Bedeutung der evangelischen Räte. Längst nachdem ich mich für die Ehelosigkeit entschieden hatte, las ich Pater Rahners Arbeiten darüber.

Christliche Ehelosigkeit: Verheißung und Erfüllung

Auf diese Weise lernte ich, diesen Weg für mich selber und anderen gegenüber auch theologisch tragfähig zu begründen – und zwar nicht nur, wie damals noch vielerorts in einschlägigen Äußerungen zu hören und zu lesen stand – mit den Argumenten der größeren Verfügbarkeit, größerer Liebe und Ähnlichem. Beides hatte ich zu überzeugend auch an gläubigen Ehepaaren beobachtet. Pater Rahner hat das Thema in neuen Ansätzen umkreist und dabei auch die stärksten Einwände gegen die frommen Argumente selber formuliert. Er stellte gar die Frage, ob man überhaupt auf die Ehe verzichten dürfe. So kam er zu seiner Position, die mir unüberholbar schien und immer noch scheint – nachzulesen in Band 3 seiner „Schriften zur Theologie"[7]. Zu all dem gelang ihm noch ein in meinen Augen geniales Gleichnisbild mit dem Spatzen und der Taube[8].

Die Probe aufs Exempel durfte ich in unserer Wohngemeinschaft erleben. Eine junge Krankenschwester erzählte mir von ihrer vergeblichen Partnersuche. Daß auch ich „ohne Mann" war und mich sogar meines Lebens freute, hatte sie inzwischen gemerkt und komisch gefunden. Manchmal nannte ich mich selbst ein „unbemanntes Raumschiff", setzte mich diesmal aber zu ihr und begann, ihre meine nicht zufällige Lebensweise ein wenig zu erklären. Etwas Besseres als besagtes Bild vom Spatzen hätte ich dafür nicht finden können! Die Konsequenzen aus dieser Entscheidung, den Spatzen aus der Hand zu geben und fliegen zu lassen, führte ich dann bewußt drastisch aus: Wenn das nicht stimmt, was wir Christen als „Taube auf dem Dach" noch erwarten, dann haben wir gewaltig Pech gehabt, dann sind wir die letzten „Deppen": den kostbaren Spatzen Ehe aus der Hand lassen, noch bevor die Taube, das erst Verheißene, auf uns zugekommen ist?! Elisabeths plötzlichen Ausruf werde ich nie vergessen: Also, wenn ich auch nicht glaub', *was* du glaubst, muß ich Dir doch glauben, *daß* Du glaubst.

Das mußte Pater Rahner einfach erfahren. Er hat sich sehr darüber gefreut! Er meinte: Ja, sagen Sie's nur mit Ihren Worten! – Da habe ich ihn richtig temperamentvoll erlebt. Später einmal fragte er während eines Gesprächs, als sei es die größte Selbstverständlichkeit:

Können Sie nicht etwas über Ihr Leben inmitten Andersdenkender aufschreiben? Das könnte helfen, die heutige religiöse Sprachlosigkeit zu überwinden. – Bei mir kam es fast zu einer Schreckreaktion: Wie und wohin konnte ich mich zum Schreiben zurückziehen unter den gegebenen Umständen? So lehnte ich etwas betreten ab, was Pater Rahner aber sofort akzeptierte. Irgendwann, vielleicht ein Jahr später, kam er ein zweites Mal damit. Jetzt war mir sofort klar: Jemand, dem du so viel verdankst, hat einmal einen Wunsch an dich. So war meine Reaktion diesmal: Sofort, ich werd's versuchen. – Ich war wohl etwa ein Jahr lang damit beschäftigt, weil zusammenhängende Schreibzeiten fehlten und die Auswahl aus der Fülle so schwer zu treffen war. Nur das Gerippe wußte ich schnell; der wichtigste Schwerpunkt: die Lebensform des Um-des-Himmelreichs-willen. Die umständliche Formulierung nahm ich in Kauf. Für mich als ganz in der Welt Lebende ist sie stimmiger als „evangelische Räte", die ich mit Ordenschristen assoziiere – Pater Rahner hat diesen Punkt im Gespräch mit Hans Urs von Balthasar allerdings anders gesehen[9]. Hier kam es auf meine Erfahrungen und die Erfahrungen anderer mit mir an! Längst hatte sich diese Lebensform als überraschend wichtige Grundlage meines Einsatzes erwiesen und das in mehrfacher Hinsicht.

Welche Reaktionen gab es auf Ihre Recherchen hin?

☐ Ich lernte damals auch verheiratete Priester persönlich kennen. Im Gespräch entdeckten auch sie, manchmal sehr betroffen, wie bedeutend Pater Rahners Gedanken zu beiden Berufungen sind. Manchen dieser Priester, auch solchen im Amt, war anzumerken, daß sie erstmals einer Sicht wie dieser begegneten. Ins Manuskript, an dem ich jetzt schrieb, kamen natürlich auch Erkenntnisse, die aus Alltagsbeobachtungen zu gewinnen sind, etwa, daß Ehelosigkeit (mein Um-des-Himmelreichs-willen) gleichsam eine Medaille ist, deren zweite (nicht: Rück-)Seite praktisch nicht gesehen wird: Statt der fehlenden eigenen Familie gibt es eine neue Verwandtschaft: nämlich die Lieblinge Jesu, die Schwachen, Armen, Benachteiligten! Wie viele Priester sind es, die ihren Zölibat treu leben, diese andere Seite der Medaille aber nicht zu Gesicht bekommen! (Sie wenden sie nicht!) Zu meinem Glück begegne ich auch den anderen. Nach dem kleinen Ausschnitt, den ich von Pater Rahner bekam, weiß ich: Er hat ihnen zugehört. Schon das, was mich selbst betraf, war überzeugend. Ja, er mußte eine große „Verwandtschaft" haben.

„Bringen Sie das unter Priester!"

Endlich konnte ich das Manuskript wunschgemäß nach Innsbruck, Pater Rahners letzter Lebensstation, schicken. Zum vereinbarten Termin kam ich dann in sein Büro im Jesuitenkolleg. Wir besprachen kurz. Er schlug noch eine Änderung vor, die mir leicht fiel. Und er sagte noch: Bringen Sie das unter Priester! – So müde hatte ich ihn nie zuvor gesehen. Ich packte zusammen, wurde zur Tür begleitet, er drückte meinen Arm und sagte eindringlich: Beten Sie für mich! – Das war der letzte, persönliche Abschied.

Dann erlebte ich Pater Rahner nur mehr bei der Festakademie in Freiburg zu seinem 80. Geburtstag: Gott, das unfaßbare, unnennbare, unergründliche Geheimnis, von dem wir nur in Analogien stottern können und doch nicht schweigen dürfen[10]! Bald darauf erfolgte die österliche Trauerfeier mit Bischof Reinhold Stecher in der Innsbrucker Jesuitenkirche. Im Schneeregen gaben wir Pater Rahner das letzte Geleit. Ich sehe noch den frierenden Bischof Karl Lehmann an der Bahre vor dem Eingang zur Krypta.

Das nach seinem Tod herausgekommene Büchlein mutet mich wie ein Testament an: Ohne Pater Rahner wäre es niemals entstanden[11] Mit jedem neuen Kontakt durch den kleinen Band hörte ich wieder seine Anfrage. Die erste und die zweite.

Anmerkungen

[1] Vgl. H. Rahner, Griechische Mythen in christlicher Deutung. Gesammelte Aufsätze. Zürich 1945 (Zürich [2]1957; Lizenausgabe Darmstadt 1957; Neuausgabe Freiburg 1992: Herder Spektrum).

[2] Karl Rudolf (1886–1964), Pastoraltheologe und Seelsorger, Erneuerer der Seelsorge auf dem Weg zum Zweiten Vatikanischen Konzil; vgl. K. Rudolf, Aufbau im Widerstand. Ein Seelsorge-Bericht aus Österreich 1938–1945. Salzburg 1947; A. R. Batlogg, In die Pflicht genommen: Im Wiener Seelsorgeamt, in: Ders. / P. Rulands / W. Schmolly / R. A. Siebenrock / G. Wassilowsky / A. Zahlauer, Der Denkweg Karl Rahners. Quellen – Entwicklungen – Perspektiven. Mainz [2]2004, 144–157.

[3] K. Rahner predigte nach dem Zweiten Weltkrieg über viele Jahre hinweg regelmäßig jeden Sonntag, zunächst in der Innsbrucker Spitalskirche, weil die Jesuitenkirche (kurz vor Weihnachten 1943 durch einen Bombenangriff schwer beschädigt) erst 1953 wieder eröffnet werden konnte. Vgl. K. Rahner, Kleines Kirchenjahr. München 1954; eine Auswahl der ab Mitte der 50er Jahre in der Jesuiten- bzw. Universitätskirche gehaltenen Predigten liegt vor in: Ders., Biblische Predigten. Freiburg 1965 ([2]1966) mit einer Einführung von H. Vorgrimler (5–6).

[4] Andreas Bsteh SVD, Dr. theol., geb. 1933, seit 1954 Mitglied der Gesellschaft des Göttlichen Wortes (Steyler Missionare), Professor für Fundamentaltheologie und Religionstheologie an der Theologischen Hochschule St. Gabriel in Mödling (Niederösterreich), Leiter des Religionstheologischen Instituts. – Vgl. K. Rahner, Welt in Gott. Zum christlichen Schöpfungsbegriff, in: A. Bsteh (Hg.), Sein als Offenbarung in Christentum und Hinduismus. Mödling 1984, 69–82. Dieser Sammelband ist K. Rahner zum 80. Geburtstag gewidmet; vgl. A. Bsteh, Einführung, in: ebd. 9–12, 12: „Professor *Karl Rahner SJ* hat die Initiative dieser religionstheologischen Studientagungen nicht nur von Anfang an mit seinem persönlichen Interesse begleitet, sondern auch bei allen bisherigen Tagungen durch die Behandlung wichtiger Fragen selbst mitgewirkt. Die Herausgeber der ‚Beiträge zur Religionstheologie‘ und die Mitautoren des vorliegenden vierten Bandes der Reihe freuen sich, ihm dieses Buch anläßlich seines 80. Geburtstages als Ausdruck ihrer hohen Wertschätzung und ihrer aufrichtigen Segenswünsche widmen zu dürfen."

[5] Vgl. das Interview mit A. Darlap in diesem Band.

[6] Vgl. K. Rahner, Hierarchie der Wahrheiten, in: Ders., Schriften zur Theologie. Bd. 15. Zürich 1983, 163–168.

[7] Vgl. K. Rahner, Zur Theologie der Entsagung, in: Ders., Schriften zur Theologie. Bd. 3. Einsiedeln 1956, 61–72; ursprünglich war der Beitrag (unter demselben Titel) erschienen in: Orientierung 17 (1953) 252–255 bzw. (in niederländischer Übersetzung) in: Tijdschrift voor geestlijk Leven 9 (1953) 480–497 („Theologische Zin van de Onthechting door de Praktijk van de evangelische Raden"); K. Rahner, Passion und Aszese. Zur philosophisch-theologischen Grundlegung der christlichen Aszese, in: Ders. Schriften zur Theologie 3, 73–104.

[8] Vgl. K. Rahner, Über die evangelischen Räte, in: GuL 37 (1954) 17–37; später in: Ders., Schriften zur Theologie. Bd. 7. Einsiedeln 1966, 404–434. Vgl. ebd. 423: „Natürlich ist auch die gehorsame Annahme der unausweichlichen Passion des Daseins eine solche das ganze Dasein durchgreifende und durchherrschende Rea-

lisation dieses Glaubens und sogar die einzig mögliche absolute, denn nur in der prolixitas mortis, die das ganze Leben durchherrscht, kann der Mensch, weil er in ihr sich selber ganz entzogen wird, der sein, der sich selbst ganz abgibt. Und darin geschieht jener hoffende Glaube, in dem der Mensch ganz sich dem übergibt, das nicht mehr sein ist und nicht mehr in seiner Macht steht. Aber eben diese Passion kann doch nur dann die höchste und letzte Tat und so der auf den unverfügbaren Gott hin sich übergebende hoffende Glaube sein, wenn der Mensch diesem Ereignis der absoluten Passion frei entgegengeht in dem Verzicht auf ein positives innerweltliches, erfahrbares und besitzbares, genießbares Gut. Andernfalls ist dieser Glaube bloße, hingenommene ‚Theorie‘ oder ideologischer Trost, der erst dort zugelassen wird, wo die Welt nicht mehr trösten kann. Die ‚Taube auf dem Dach‘ ist nur wahrhaft geglaubt, wenn man in Tat und Wahrheit ‚den Spatz in der Hand‘ fliegen läßt und zwar bevor er einem genommen wird und bevor die Taube schon ergriffen ist."

[9] Vgl. K. Rahner, Laie und Ordensleben. Überlegungen zur Theologie der Säkularinstitute, in: Ders., Sendung und Gnade. Beiträge zur Pastoraltheologie. Innsbruck [5]1989, 359–391; jetzt in: K. Rahner, Sämtliche Werke. Bd. 16: Kirchliche Erneuerung. Studien zur Pastoraltheologie und Struktur der Kirche. Freiburg 2005, 86–107. – Rahner reagiert mit diesem ursprünglich in der „Orientierung" (1956) erschienenen Aufsatz unmittelbar auf einen von H. U. v. Balthasar (Wesen und Tragweite der Säkularinstitute, in: Civitas 11, 1955/56, 196–210): „Hans Urs von Balthasar glaubt in einem Aufsatz der ‚Civitas‘ feststellen zu müssen, daß die päpstliche Theologie der Säkularinstitute auch ‚von den besten Krichentheologen unserer Zeit‘ noch nicht eingeholt sei, daß insbesondere mit der ernste Vorwurf nicht zu ersparen sei‘ (S. 205), daß meine Auffassung vom Wesen des Laienstandes der Verbindung von Rätestand und Laientum jede Basis von vornherein raube" (SW 16, 86). Balthasar hatte sich bezogen auf: K. Rahner, Über das Laienapostolat, in: Der große Entschluß 9 (1954) 245–250. 282–285. 318–324; später in: Ders., Schriften zur Theologie. Bd. 2. Einsiedeln 1955, 339–373 (jetzt in: SW 16, 51–76) bzw. auf K. Rahner, Nochmals: das eigentliche Apostolat der Laien, in: Der große Entschluß 10 (1955) 217–221 (jetzt in: SW 16, 77–85).

[10] Vgl. K. Rahner, Erfahrungen eines katholischen Theologen, in: K. Lehmann (Hg.), Vor dem Geheimnis Gottes den Menschen verstehen. Karl Rahner zum 80. Geburtstag. München 1984, 105–119; vgl. K. Rahner, Von der Unbegreiflichkeit Gottes. Erfahrungen eines katholischen Theologen. Hg. v. A. Raffelt. Freiburg 2004.

[11] Vgl. I. Bsteh, Perlen brauchen Körperwärme. Wie Glaube im Alltag lebendig werden kann. Ein Zeugnis. Mainz 1985.

Hilfreiche Anregungen
Im Gespräch mit P. Peter Knauer SJ, Frankfurt am Main

Peter Knauer SJ, lic. phil., Dr. theol., geb. 1935, seit 1953 Jesuit, war Professor für Fundamentaltheologie an der Hochschule Sankt Georgen in Frankfurt am Main. Seit seiner Emeritierung (2003) arbeitet er im „Foyer Catholique Européen", einem Gemeindezentrum für EU-Angestellte, und im OCIPE (Office Catholique d'Information et d'Initiative pour l'Europe) in Brüssel.

Wie haben Sie Pater Rahner erlebt? Welchen Einfluß hatte er auf Ihr theologisches Denken? Und was soll man von seinem Erbe weitergeben?

☐ Ich erinnere ich mich daran, daß ich schon als Novize von Pater Rahner gehört habe. Es war die Zeit, als die ersten Bände seiner „Schriften zur Theologie" erschienen sind. Man hatte den Eindruck, daß er auf Fragen antwortete, die man irgendwie schon immer gehabt hatte, aber die erst er klar formulierte. Das war ein erster Eindruck. – Wenn ich Karl Rahners Texte insgesamt hernehme, so finde ich wichtig, daß er die christliche Offenbarung als Selbstmitteilung Gottes versteht, also nicht als Mitteilung über alles Mögliche, sondern daß Gott sich selbst schenkt[1]. Auch seine Lehre vom „übernatürlichen Existential"[2], daß wir in Christus geschaffen sind, daß wir also von vornherein verborgen bereits in Gottes Gnade sind und nur so die Verkündigung der Gnade Gottes in rechter Weise verstehen und annehmen können. Das sind die Hauptpunkte die ich ihm verdanke.

Übernatürliches Existential: in Christus geschaffen

Stichwort „übernatürliches Existential": Manche sagen, es sei entweder übernatürlich und dann kein Existential oder ein Existential, aber dann nicht übernatürlich.

☐ Das ist eine ganz falsche Problemstellung. Unter „Natur" verstehen wir, einfach gesagt, das Geschaffene als solches. Unter „Gnade" verstehen wir, daß eben diese geschaffene Welt hineingeschaffen ist in die

296

Liebe des Vaters und Sohnes. Das kann man natürlich nicht sehen. Mißverständnisse gegenüber der Rede von „natürlich" und „übernatürlich" entstehen, wenn man diese Begriffe wie zwei Stockwerke des Geschaffenen versteht. „Natürlich" ist alles von Gott Verschiedene. „Übernatürlich" bedeutet, daß eben dieses Natürliche in die Gemeinschaft mit Gott aufgenommen ist.

Finden Sie nicht, daß das zu theoretisch angelegt ist: die Selbstmitteilung Gottes einerseits und das übernatürliche Existential anderseits?

☐ Beides ist dasselbe, nur ist die Selbstmitteilung Gottes zunächst verborgen, und man nennt sie vom Glauben aus zurückschauend „übernatürliches Existential". In der Glaubensverkündigung wird uns dann auch offenbar, daß wir in die Liebe Gottes zu Gott, des Vaters zum Sohn aufgenommen sind. Das ist dann das Offenbarsein der Selbstmitteilung Gottes.

Uns begegnet die christliche Botschaft, die beansprucht, Wort Gottes zu sein. Auf die Frage, wer denn Gott überhaupt sei, antwortet sie mit dem Hinweis darauf, daß die Welt seine Schöpfung sei. Nichts kann ohne ihn sein. Dies läßt sich sogar mit der Vernunft erkennen. Es ist noch kein Glaubenssatz. Man nennt dies „natürliche Gotteserkenntnis". Aber keine geschaffene Qualität reicht aus, um auch Gemeinschaft mit Gott zu begründen. Er wohnt in unzugänglichem Licht. Und jetzt kommt die christliche Botschaft und sagt über den Hinweis auf unser Geschaffensein hinaus: Wir sind in die Liebe des Vaters zum Sohn hineingenommen. Wir sind sogar von vornherein in diese Liebe hinein geschaffen. Das steht im Glaubensbekenntnis: in Christus geschaffen – „durch ihn ist alles geschaffen". Das heißt eigentlich in unserer christlichen Sicht schlicht und einfach: Die Welt ist eine von Gott geliebte Welt, sie ist in die von Ewigkeit her bestehende Liebe des Vaters zum Sohn aufgenommen.. Das übernatürliche Existential meint genau dasselbe, wie wenn ich sage, daß wir in Christus geschaffen sind. Aber das kann man nicht an der Welt ablesen. Es kommt erst durch die christliche Botschaft selbst an den Tag. Daß aber die Bedingung der Möglichkeit, an die so zugesagte Gemeinschaft mit Gott zu glauben, darin besteht, daß sie von vornherein die wahre Wirklichkeit des Menschen ist, das meint Karl Rahner, der Sache nach, mit dem übernatürlichen Existential[3].

Die Logik der existentiellen Erkenntnis

Erinnern Sie sich an etwas besonders Persönliches in Zusammenhang mit Karl Rahner?

☐ Es gab schon früh einen persönlichen Kontakt. Ich habe ihn, als ich im Philosophiestudium in Pullach war, zu seinem Artikel über die Logik der existentiellen Entscheidung in der Festschrift zum Ignatiusjubiläum 1956 angeschrieben[4]. Ich hatte den Eindruck, daß sein Anliegen richtig, aber an den falschen ignatianischen Texten aufgehängt war. Ich habe damals an der Übersetzung des Tagebuchs von Ignatius gearbeitet[5], hatte überhaupt angefangen, Ignatius aus dem Spanischen zu übersetzen. Ich gewann den Eindruck, daß Pater Rahners Theorie von der „consolación sin causa"[6], also vom Trost ohne vorausgehende Ursache, darin nicht zutreffend ist, daß er diesen Trost auch für „gegenstandslos" hält; dem widersprechen die ignatianischen Texte.

Hat Ihnen Pater Rahner geantwortet?

☐ Er hat mir damals einen kleinen, mit der Schreibmaschine geschriebenen Brief geschrieben, den ich noch besitze, ungefähr eine halbe Seite, engzeilig und ohne Rand, mit allen möglichen Tippfehlern und überschriebenen Buchstaben. Es war ein interessanter Brief. Er meinte: Sie könnten recht haben, man müßte noch dieses und jenes bedenken[7].

Und Sie haben das als eine kleine Bestätigung empfunden?

☐ Darum ging es nicht. Später, während meiner Promotionszeit in Münster, war Pater Rahner eine Zeit lang ebenfalls in Münster als Professor tätig[8]. Er wurde, bevor er den Ruf erhielt, zu einer Gastvorlesung nach Münster eingeladen[9], vom damaligen Dekan Erwin Iserloh[10]. Er wollte sich am Beginn beim Dekan für die Einladung bedanken. Aber er hatte dessen Namen vergessen, das war richtig lustig. Er wiederholte sich mehrmals: Ich möchte dem Herrn Dekan … Aber der Name fiel ihm einfach nicht ein.

Eine andere Erinnerung: Ich habe an einem Seminar bei ihm teilgenommen. Damals war Karl Lehmann sein Assistent, meinen Seminarschein habe ich von ihm bekommen. Es war ein großes Seminar mit 60 Teilnehmern. Jeder mußte eine Seminararbeit schreiben, einige durften daraus etwas vorlesen, gewöhnlich einen Satz oder vielleicht zwei. Vielleicht übertreibe ich, aber dann fing Pater Rahner an zu reden: Er ging durch den ganzen Saal, und immer wenn er an der Tafel vorbeikam, nahm er ein Stück Kreide und malte einen Kreis an die Tafel, der nichts mit dem zu tun hatte, was er sagte. Kam er an einem Lichtschalter vorbei, dann knipste er ihn an und wieder aus. Er redete einfach vor sich hin.

Ich konnte ihn dann auch für meine Doktorarbeit interessieren[11]. Ich zeigte ihm einen Brief von Gerhard Ebeling[12], den dieser mir zu meiner Untersuchung geschrieben hatte. Rahner wurde Zweitgutachter. Er schrieb sinngemäß, er wisse nicht genau, ob das Ganze noch katholisch sei. Ich hatte ja über den berühmten evangelischen Autor und großen Lutherkenner Gerhard Ebeling geschrieben und stimmte diesem sehr weitgehend zu. Später war Rahner Gutachter bei meiner Habilitationsarbeit. Dort schrieb er, er könne nicht nachweisen, daß es nicht katholisch sei, was ich schreibe.

Auf dem Einband der sechsten, neubearbeiteten Auflage meiner „Fundamentaltheologie"[13] habe ich, sozusagen als Reklame, ein Zitat von Pater Rahner, das in seinen „Schriften" steht, verwendet: Zur Frage, was Gegenstand von Offenbarung sein kann und was nicht: „Außer eigenen Überlegungen anderswo … ist mir diese Frage innerhalb der katholischen Theologie nur aus der Fundamentaltheologie von P. Knauer bekannt."[14] Das ist genau die Frage: Heißt Gottes Offenbarung, daß Gott uns alles Mögliche mitteilt, zum Beispiel: Am 25. Mai ist Weltuntergang? Kommt so etwas als Offenbarung in Frage? Gegenstand von Offenbarung ist Gemeinschaft mit Gott und nichts Anderes. Die christliche Botschaft macht sich durch ihren Inhalt verständlich. Nur dieser Inhalt macht verständlich, wie es überhaupt möglich ist, Gott ein menschliches Wort zuzuschreiben und ihm zuzuschreiben, daß er uns zugewandt ist. Das ist ein Anliegen meiner Fundamentaltheologie. Sie hat durchaus Gemeinsamkeiten mit Karl Rahner.

Man bekommt bei ihm immer gute Fragestellungen

Wenn jemand heute fragt: Hat es noch einen Sinn, sich mit Karl Rahner zu beschäftigen? Was antworten Sie darauf?

☐ Zunächst einmal sehr grundsätzlich: Es ist hilfreich, sich auf Karl Rahner einzulassen, auch wenn man nicht in allem mit ihm übereinstimmt. Man bekommt immer gute Fragestellungen.

Ich denke, daß vor allem der „Grundkurs" eine gute Einführung in Karl Rahners Denken ist, aber das gilt auch eine Reihe einzelner Artikel in den „Schriften zur Theologie". Ich denke etwa an „Theos im Neuen Testament"[15] und ähnliche Dinge. Ich finde aber insgesamt, daß Rahners unmittelbar geistliche Texte, Gebete und Predigten im Grunde besser als manche seiner theologischen Schriften sind.

Es gibt bei ihm theologisch auch eine Menge weniger gut geklärte Dinge, etwa – wie mir scheint, im Grunde eine Verwechselung zwischen dem Horizont des Seins und Gott[16]. Im Letzten bleibt sein Denken doch einer Substanzmetaphysik verhaftet. Er hat die Schöpfung als die Insel im Meer des Geheimnisses bezeichnet; das ist eine sehr problematische Vorstellung. Ich denke überhaupt, daß der Schöpfungsbegriff bei ihm nicht geklärt ist. Es gibt eine ganze Reihe von Problemen. Persönlich meine ich, um das zu wiederholen, daß seine geistlichen Schriften tiefer gehen als manche seiner theologischen Reflexionen.

Meinen Sie vielleicht „Von der Not und dem Segen des Gebetes" oder „Worte ins Schweigen"?

☐ Genau. Solche Texte finde ich insgesamt reicher als die wissenschaftlich-theologischen Werke. Vielleicht klingt das jetzt ein bißchen zu negativ: Aber ich meine, daß es an einem ungeklärten Vorverständnis liegt. Es ist eine Frage des Vorverständnisses, um ein Beispiel zu nennen, wenn man sagt: Gott ist unbegreiflich. Dann stellt sich sofort die Frage: Wie kann man denn von ihm reden? Überhaupt nicht? Ich meine, daß man die Rede von Gott nur in einer relationalen Ontologie verantworten kann, sonst wird Gott zu einer Größe unter anderen. Wir begreifen von Gott immer nur das restlos von ihm Verschiedene, das restlos auf ihn verweist.

In Karl Rahners Trinitätslehre finde ich sehr wichtig seine Identifizierung der immanenten und der ökonomischen Trinität. Es gibt keine andere Gemeinschaft mit Gott, als in seine ewige Liebe von Gott zu Gott aufgenommen zu sein. Das ist auch der Schlüssel zur Rechtfertigungslehre. Keine geschaffene Qualität reicht aus, um Gemeinschaft mit Gott zu begründen. Ich kann so begabt oder sonstwas sein – das reicht nicht aus, um Gemeinschaft mit Gott zu begründen.

Ist das eine Kritik an Karl Rahner?

☐ Das ist eine Bestätigung, daß Gott in sich trinitarisch ist, daß Gottes Liebe eine ewige Liebe Gottes zu Gott ist, in die wir aufgenommen werden. Die ökonomische Trinität ist die immanente[17]. Es ist ausgeschlossen, daß Gottes Liebe zu uns an irgendetwas Geschaffenem ihr Maß hätte. Dies zu behaupten, würde der Anerkennung der Transzendenz Gottes widersprechen. Wären wir nicht in einer ewigen, unbedingten Liebe Gottes aufgenommen, könnten wir keine Gemeinschaft mit Gott haben. Das ist ein ganz wichtiger Punkt, den Pater Rahner sehr richtig gesehen hat: daß Gott von Ewigkeit her Vater, Sohn und Heiliger Geist ist und sich gerade so offenbart hat.

Zu Karl Rahners Lebenswerk: Verblaßt es mit der Zeit? Wird er bereits vergessen?

☐ Bei vielen großen Theologen passiert es manchmal, daß sie vergessen werden oder aber mißverstanden. Es gibt in der Theologiegeschichte unglaubliche Mißverständnisse. Zum Beispiel gegenüber Anselm von Canterbury und seiner Erlösungslehre. Ihm geht es nicht darum, daß angeblich Gottes Zorn besänftigt werden müsse, sondern darum, daß Gottes Barmherzigkeit nicht nur einfach darin bestehen kann, daß er die Augen zudrückt. Richtig ist vielmehr, daß nichts Geschaffenes ausreichen kann, Gemeinschaft mit Gott zu begründen; Gemeinschaft mit Gott kann nur in der Weise möglich sein, daß wir in eine Liebe von Gott zu Gott aufgenommen sind. Cur Deus homo? Damit es das Wort geben kann, das uns dies zusagt. Der Kreuzestod Jesu ist für Anselm von Canterbury das Martyrium für seine Botschaft.

Oder gegenüber der Rechtfertigungslehre Luthers. Daß der Glaube allein rechtfertigt, ist, weit davon entfernt, die Werke für überflüssig zu erklären, eine Kampfparole für gute Werke. Nicht die Früchte machen den Baum gut, sondern nur ein guter Baum bringt gute Früchte. Wer gut handeln will, muß von der Gemeinschaft mit Gott her leben. Nur wer sich letztlich geborgen weiß, der lebt anders als aus der Angst um sich selbst und kann nicht nur richtige, sondern in Wahrheit gute Werke tun.

Typisch war die Sprache

Können Sie noch etwas erwähnen, was in ihren Augen typisch für Karl Rahner war?

☐ Ganz typisch für ihn war seine Sprache! Er hat ja sogar einmal irgendeinen Preis für deutsche Prosa bekommen, obwohl eigentlich seine Texte sehr kompliziert sind und lange Sätze haben[18]. Aber wenn man Rahner liest, und vor allem wenn man ihn laut liest, sozusagen seine Intonation der Sätze kennt, dann geht es besser. Auch seine Artikel und Bücher sind streng genommen, meine ich, eher gesprochene Sprache: eine etwas komplizierte, gesprochene Sprache. Nur beim bloßen Lesen kann einem das ganz schön kompliziert vorkommen.

Ist das bei den geistlichen Schriften anders?

☐ Sie sind in einer etwas einfacheren Sprache geschrieben und ohne Zweifel leichter zugänglich; ich meine, sie seien auch sachlich am besten.

Mir ist noch etwas aufgefallen. Für Rahner sind manchmal Fußnoten folgender Art typisch: „In diesem Zusammenhang können wir dieses und jenes Problem nicht mit behandeln ...". An solchen Stellen kann man fast immer sagen: Da hat er geahnt, daß es in Wirklichkeit genau darauf ankommt. – Um noch etwas Kritisches zu sagen: Ich habe mehrere seiner Bände seiner „Schriften zur Theologie" rezensiert[19]. Ich erinnere mich daran, daß er in Band 10 Angaben der Tradition über Maria, ihre Sündenlosigkeit und ihre Vollkommenheit, ihre Freiheit von jeglicher Begierde und ähnliche Dinge entfaltet hat[20]. Die Freiheit von Konkupiszenz bestünde darin, daß Maria eine vollkommen integrierte Persönlichkeit gewesen ist. Ich habe damals in der Rezension gefragt, ob nicht vielleicht umgekehrt gerade eine solche Vorstellung vom idealen Menschsein selber höchst fragwürdig ist, also eine Art von „Konkupiszenz" sei[21].

Anmerkungen

[1] Vgl. die Artikel „Selbstmitteilung Gottes" in: LThK², Bd. 9 (1964), 627; jetzt in: K. Rahner, Sämtliche Werke. Bd. 17: Enzyklopädische Theologie. Die Lexikonbeiträge der Jahre 1956–1973. Freiburg 2002, 409; SM 4 (1969) 521–526; jetzt in: SW 17, 1280–1284; ders. / H. Vorgrimler, Art. Selbstmitteilung Gottes, in: Dies., Kleines theologisches Lexikon. Freiburg 1961 (¹⁰1976), 333; jetzt in: SW 17, 806–807.
[2] Vgl. den Artikel „Existential, übernatürliches" K. Rahners in: LThK², Bd. 3 (1959), 1301; jetzt in: SW 17, 225–226; ders., Art. Existential, II. Theologische Anwendung, in: SM 1 (1967) 1298–1300; jetzt in: SW 17, 1038–1039; ders. / H. Vorgrimler, Art. Existential, übernatürliches, in: Dies., Kleines theologisches Lexikon. Freiburg 1961 (¹⁰1976), 107; jetzt in: SW 17, 565.
[3] Rahners Theologumenon ist Gegenstand andauernder fruchtbarer Debatten; vgl. z. B. (in Auswahl): N. Knoepffler, Der Begriff „transzendental" bei Karl Rahner. Zur Frage seiner Kantischen Herkunft. Innsbruck 1993; H. Verweyen, Wie wird ein Existential übernatürlich? Zu einem Grundproblem der Anthropologie K. Rahners, in: TThZ 95 (1996) 115–131; P. Rulands, Menschsein unter dem Anspruch der Gnade. Das übernatürliche Existential und der Begriff der natura pura bei Karl Rahner. Innsbruck 2000; ders., Zur Genese des Theologumenons vom „übernatürlichen Existential". Ein Versuch zur exemplarischen Erhellung der Bedeutung der Neuscholastik für die Theologie Karl Rahners, in: R. A. Siebenrock (Hg.), Karl Rahner in der Diskussion. Erstes und zweites Innsbrucker Karl-Rahner-Symposion: Themen – Referate – Ergebnisse. Innsbruck 2001, 225–246; ders., Das übernatürliche Existential. In der Taufgnade begründeter Beginn der Gleichförmigkeit des Menschen mit Christus. Ein neuer Blick auf die Genese eines Grundaxioms Karl Rahners, in: ZKTh 123 (2001) 237–268; D. Coffey, The whole Rahner on the supernatural existential, in: TS 65 (2004) 95–118; Th. P. Flößel, Gott – Begriff und Geheimnis. Hansjürgen Verweyens Fundamentaltheologie und die ihr inhärente Kritik an der Philosophie und Theologie Karl Rahners. Innsbruck 2004; ders., Warum ein Existential *übernatürlich* ist: Anmerkungen zur kontrover-

sen Diskussion um Karl Rahners Theologumenon vom „übernatürlichen Existential", in: ThPh 80 (2005) 389–411.

[4] Vgl. K. Rahner, Die ignatianische Logik der existentiellen Erkenntnis. Über einige theologische Probleme in den Wahlregeln der Exerzitien des heiligen Ignatius, in: F. Wulf (Hg.), Ignatius von Loyola. Seine geistliche Gestalt und sein Vermächtnis. 1556–1956. Würzburg 1956, 345–405; später unter dem leicht veränderten Titel „Die Logik der existentiellen Erkenntnis bei Ignatius von Loyola" aufgenommen in: K. Rahner, Das Dynamische in der Kirche (QD 5). Freiburg 1958 ([3]1965) 74–148; jetzt in: Ders., Sämtliche Werke. Bd. 10: Kirche in den Herausforderungen der Zeit. Studien zur Ekklesiologie und zur kirchlichen Existenz. Freiburg 2003, 368–420.

[5] Vgl. Ignatius von Loyola, Das Geistliche Tagebuch. Hg. v. A. Haas u. P. Knauer. Freiburg 1961; Ignatius von Loyola, Gründungstexte der Gesellschaft Jesu (Deutsche Werkausgabe. Bd. 2). Übers. v. P. Knauer. Würzburg 1998, 343–428.

[6] Vgl. Ex. spir. 330 u. 336. Vgl. dazu P. Knauer, Die Wahl in den Exerzitien von Ignatius von Loyola. Vom Geistlichen Tagebuch und anderen ignatianischen Schriften her gesehen, in: ThPh 66 (1991) 321–337, bes. 331–334.

[7] Der Brief Rahners datiert vom 27. 2. 1959.

[8] Rahner wurde 63jährig von München (Romano-Guardini-Lehrstuhl: 1964/67) nach Münster (1967/71) berufen; vgl. K. H. Neufeld, Die Brüder Rahner. Eine Biographie. Freiburg [2]2004, 279–284; H. Woestmann, Ordinarius für Dogmatik und Dogmengeschichte in Münster 1968–1971, in: P. Imhof / H. Biallowons (Hg.), Karl Rahner – Bilder eines Lebens. Freiburg 1985, 84–88.

[9] 1964 erhielt Rahner in Münster ein theologisches Ehrendoktorat. Bereits nach der Bestellung des Münsteraner Dogmatikprofessors Hermann Volk (1903–1988) zum Bischof von Mainz (1962) gab es 1962 und noch einmal 1963 Bemühungen, Rahner für Münster zu gewinnen; vgl. H. Vorgrimler, Karl Rahner verstehen. Eine Einführung in sein Leben und Denken. Freiburg 1985, 129 f. sowie Neufeld, Die Brüder Rahner, 278; außerdem: K. Rahner, Kleine Brieffolge aus der Konzilszeit, in: H. Vorgrimler, Karl Rahner, 171–220, 209: „Kötting hat mir wieder ein dringliches Angebot für den dogmatischen Lehrstuhl nach Münster gemacht" (Brief vom 27. 9. 1963).

[10] Eugen Iserloh (1915–1996), 1954 Professor für Kirchengeschichte an der Universität Trier, 1964 Professor für Ökumenische Theologie, ab 1967 für Kirchengeschichte des Mittelalters und der Neuzeit an der Universität Münster.

[11] Vgl. P. Knauer, Verantwortung des Glaubens. Ein Gespräch mit Gerhard Ebeling aus katholischer Sicht. Frankfurt 1969.

[12] Gerhard Ebeling (1912–2001), 1946 Professor für Kirchengeschichte, dann für systematische Theologie an der Universität Tübingen, 1968 Professor für Fundamentaltheologie und Hermeneutik an der Universität Zürich; vgl. P. Knauer, Art. Ebeling, Gerhard, in: LThK[3], Bd. 3 (1995), 425.

[13] Vgl. P. Knauer, Der Glaube kommt vom Hören. Ökumenische Fundamentaltheologie. Graz 1978 ([6]1991); vgl. ders., Unseren Glauben verstehen. Würzburg 1986 ([6]2001).

[14] K. Rahner, Über Engel, in: Ders., Schriften zur Theologie. Bd. 13. Zürich 1978, 381–428, 388: „Kann man die Frage beantworten: Gibt es ein formales Prinzip, das

apriori eine Scheidung zwischen Gegenständen erlaubt, die von vornherein als solche gar nicht als Gegenstand der Offenbarung in Frage kommen, und solchen, die Gegenstand solcher übernatürlicher Ordnung sein können? Kann man unter Umständen von bestimmten Sätzen über Existenz und Wesen bestimmter Wirklichkeiten sagen, sie könnten gar nicht geoffenbart sein, weil ihr Inhalt von vornherein gar nicht Offenbarungsgegenstand sein könne? Wenn nicht alles täuscht, wird eine solche Frage in der katholischen Theologie kaum oder gar nicht gestellt. (Es kann sein, daß diese Behauptung auf eigener Unkenntnis beruht; außer eigenen Überlegungen anderswo, die an diese Frage sich herantasten, ist mir diese Frage innerhalb der katholischen Theologie nur aus der Fundamentaltheologie von P. Knauer bekannt ...)".

[15] Vgl. K. Rahner, Theos im Neuen Testament, in: Ders., Schriften zur Theologie. Bd. 1. Einsiedeln 1954, 91–167; jetzt in: SW 4, 346–403.

[16] Vgl. P. Knauer, Der Glaube kommt vom Hören (Bamberg [5]1988), 56, Anm. 59.

[17] Vgl. K. Rahner, Der dreifaltige Gott als transzendenter Ursprung der Heilsgeschichte, in: MySal, Bd. 2 (1967), 317–401, 328: *„Die ‚ökonomische' Trinität ist die ‚immanente' Trinität und umgekehrt."* Vgl. dazu R. A. Siebenrock, Urgrund der Heilsgeschichte: Trinität, in: A. R. Batlogg / P. Rulands / W. Schmolly / ders. / G. Wassilowsky / A. Zahlauer, Der Denkweg Karl Rahners. Quellen – Entwicklungen – Perspektiven. Mainz [2]2004, 197–222.

[18] Es handelte sich um den „Sigmund-Freud-Preis für wissenschaftliche Prosa", den K. Rahner 1973 erhielt; vgl. die Erinnerung des Literaturnobelpreisträgers H. Böll, Auf der Suche nach einer neuen Sprache, in: P. Imhof / H. Biallowons (Hg.), Karl Rahner – Bilder eines Lebens, 97–98.

[19] Vgl. ThPh 45 (1970) 133–136; 46 (1971) 423–426; 50 (1975) 448–451.

[20] Vgl. K. Rahner, Menschliche Aspekte der Geburt des Herrn, in: Ders., Schriften zur Theologie. Bd. 10. Zürich 1972, 203–208.

[21] Vgl. P. Knauer, Rezension, in: ThPh 50 (1975) 203–208, 208: „Demgegenüber versteht R. die Integrität der Muttergottes als die Freiheit von der Konkupiszenz als der Unmöglichkeit, die Antriebe der leiblichen Sphäre und der Umwelt in die personale Entscheidung des Subjekts zu integrieren (208). Ich frage mich, ob man den Begriff der Konkupiszenz nicht genau umgekehrt definieren müßte, nämlich als das illusionäre Streben nach einer solchen Integration, in der man gewissermaßen alles in die eigene Regie übernimmt. Würde dann nicht die wahre Freiheit von der Konkupiszenz gerade darin bestehen, auf dieses illusionäre Verlangen zu verzichten? So sagt ja R. in bezug auf den Pluralismus, daß er gar nicht verschwinden dürfe (112)."

Ein Professor mit Krawatte!
Im Gespräch mit József Niewiadomski, Innsbruck

József Niewiadomski, Dr. theol., Mag. phil. fac. theol., geb. 1951 in Polen, 1991–1996 Professor für Dogmatik an der Katholischen Privatuniversität Linz, ist seit 1996 Professor für Dogmatische Theologie an der Leopold-Franzens-Universität Innsbruck und seit 2004 Dekan der dortigen Theologischen Fakultät.

Wie haben Sie Karl Rahner kennengelernt und erlebt?

☐ Für mich sind das drei Begegnungen, die sehr unterschiedlich sind: Zum ersten Mal in meinem Leben habe ich Pater Rahner in Polen gesehen. Er ist als Professor nach Lublin gekommen, an die Katholische Universität, noch zur kommunistischen Zeit, so um 1970 oder 1971. Er hat eine Vorlesung auf Deutsch gehalten. Ich war damals im Priesterseminar. Wir Seminaristen waren bei Gastvorlesungen immer dazu gut hinzugehen, wenn man befürchtete, daß zu wenig Leute kommen würden. Wir waren 150 Seminaristen, alle in Talaren. Wir haben den Saal gefüllt. Es waren auch andere Leute da. Dann gab es für mich ein Aha-Erlebnis: Karl Rahner kam mit Krawatte! Für uns war Pater Rahner damals schon ein Begriff: der große Jesuitenprofessor! Und er tritt mit Krawatte auf, während die Seminaristen im Talar erscheinen müssen. Natürlich ist der Talar nur ein Kleidungsstück, aber man durfte es von früh bis spät nie ausziehen. Ich weiß gar nicht mehr, worüber er geredet hat, der Vortrag wurde übersetzt. Das Einzige, was mir geblieben ist, war: Pater Rahner spricht mit Krawatte. Unsere Präfekten schwitzten, weil sie natürlich alle befürchtet haben, daß jetzt das Problem von den Seminaristen käme: Warum darf der mit Krawatte reden, und wir laufen mit Talaren herum?

Mitgenommen in ein bewußtes Denken

Das zweite Mal bin ich Rahner dann in Innsbruck begegnet. Ich bin 1972 nach Tirol gekommen. Pater Schupp[1] war damals Dogmatiker, und er hat Pater Rahner zu einer Dialogvorlesung über Offenbarung eingeladen. Es war ein großes Erlebnis: Der Madonnensaal, einer der größten Hörsäle, war bis zum letzten Platz besetzt. Mein Deutsch war damals noch nicht so gut. Pater Schupp hat seine Skripten vorgelesen, und dann durfte Pater Rahner etwas dazu sagen. Er hat – das vergesse ich nie – immer mit folgendem Einleitungssatz angefangen: Wenn ich Pater Schupp richtig verstanden habe, was ich bezweifle, dann meint er … Dann kam natürlich der typische Rahner, aber er begann jedes Mal mit diesem Satz: Wenn ich Pater Schupp richtig verstanden habe, was ich bezweifle … Das war nicht nur kokett, sondern stückweise auch eine Anerkennung: daß hier eine Art des theologischen Denkens vorliegt, die von woanders herkommt. Pater Rahner hat Pater Schupp geschätzt. Als Pater Schupp seinen Lehrstuhl verloren hat, wurde das als deutliches Zeichen verstanden. Ich war sein letzter Diplomand. Meine Arbeit war schon angenommen, als er gefeuert wurde. Pater Rahner hat die Vorlesungen über Christologie und Erlösungslehre übernommen. Das war im Wintersemester 1974/75, er reiste dafür aus München an. Pater Schupp ist immer beim Lesepult gestanden und hat seine Vorlesung abgelesen. Er hatte sie immer schriftlich konzipiert. Bei Pater Rahner hat mich fasziniert, daß er auf und ab gewandert ist. Ich wandere inzwischen auch und tue es sehr gerne, ich bleibe nie am Pult stehen. So wird man als Student sehr beeindruckt. Pater Rahner hatte offenbar ein Konzept im Kopf. Aber das war nicht abgehakt, es war ein bewußtes Denken. Man hat das Gefühl gehabt: Man wird mitgenommen in ein bewußtes Denken. Das war meine zweite große Begegnung.

Schließlich ist er 1981 als Pensionist ins Jesuitenkolleg zurückgekommen. Da war ich schon Assistent an der Fakultät und am Institut für Dogmatik beheimatet. Das ist die dritte Begegnung, und die war völlig anders. Pater Rahner hat damals die Mittwochabend-Kolloquien initiiert. Da wurde über Gott und die Welt diskutiert. Es ist irgendein Thema gestellt worden, und Rahner hat einfach diskutiert. Er kam auch immer wieder ans Institut. Da habe ich ihn wirklich als Menschen wahrgenommen. Er kam regelmäßig, fast jeden zweiten Tag. Als Assistenten mußten wir damals noch Bibliotheksdienst machen. Man saß im großen Leseraum und „bewachte" die Bücher, und Pater Rahner kam, hat sich angeschaut, welche Neuerscheinungen da sind und hat halblaut kommentiert, so daß alle es gehört haben. Eine Anekdote am

Rande, die Pater Rahner zeigt: Da ist gerade ein Band der Fundamental-theologie von Adolph Kolping[2] erschienen, ein ziemlich dicker Band[3]. Er hat ihn genommen, von allen Seiten angeschaut – ich hatte Präsenz-dienst, saß am Schreibtisch, mit dem Gesicht zu Studenten –, und Pater Rahner hat mich angeschaut, mich mit dem Finger zu sich gerufen und wollte mir dann etwas leise ins Ohr sagen, aber so, daß es der ganze Saal hören konnte: Weißt Du, der Kolping, das ist ein Riesen … Auch das war Karl Rahner! Im Grunde genommen wollte er mit jungen Assisten-ten und Studenten reden, er wollte Eis essen gehen, dafür hat er immer leidenschaftlich jemanden gesucht. Als Assistent hat man natürlich im-mer so eine Ehrfurchtshaltung gehabt: der große Rahner! Aus heutiger Perspektive tut es mir leid, daß ich nicht öfter mit ihm ausgegangen bin. Man hat das Gefühl gehabt: Man muß sich mit ihm ständig über ge-lehrte Themen unterhalten. Aber im Grunde genommen war er, je älter er wurde, um so mehr auf der Suche nach ganz normalen menschlichen Begegnungen, oft nach ganz banalen Gesprächen. Das hat man erst im nachhinein bemerkt.

Am Institut war er ein Stück beheimatet. Er ist sehr gerne ge-kommen. Er war bei allen Institutsfeiern dabei. Unvergeßlich ist mir die Feier zum 60. Geburtstag von Pater Walter Kern SJ[4]. Da saß er mit Pater Engelbert Gutwenger SJ[5] am selben Tisch. Beide haben sich ihr Leben lang bekriegt, und jetzt saßen sie wie zwei alt gewordene Kinder da und scherzten miteinander. Das war irgendwie schön anzu-sehen, und trotzdem konnte man merken: Im Grunde sind das zwei Menschen, die nebeneinander leben, zwei einsame Inseln. Bei solchen Feiern habe ich ihn jedenfalls immer sehr menschlich erlebt.

Das Karl-Rahner-Archiv

Pater Rahner starb dann in Innsbruck.

□ Das war Ende März 1984. Ich war natürlich beim Begräbnis dabei. Dann wurde klar, daß sein wissenschaftlicher Nachlaß nach Innsbruck in ein eigenes Archiv kommt[6]. Pater Kern hat sich sehr darum bemüht, daß jemand für die Bearbeitung des Archivs freigestellt wird. Da ich

Assistent am Institut war, hat er mich mit den ersten Sortierarbeiten beauftragt. Verschiedene Dinge waren natürlich von den Jesuiten schon aussortiert, vor allem ungedruckte Sachen. Ich habe einfach angefangen, die Veröffentlichungen Pater Rahners zu ordnen und aufzustellen. Wir haben uns einen kleinen Stempel zugelegt: „Rahnerarchiv". Pater Kern war gewissermaßen der erste Archivar, und ich war gewissermaßen der Hilfsknabe. Dann kam der Gedanke, daß man sich bewerben kann um finanzielle Unterstützung des „Fonds zur Förderung der Wissenschaftlichen Forschung" in Österreich. Das ist dann auch geglückt. Eine halbe Stelle wurde bewilligt, der Posten wurde ausgeschrieben, es gab etliche Bewerbungen. Ich habe alle zusammen mit Pater Kern gelesen, und er hat damals Roman Siebenrock ausgewählt. Dann wurde ich abgelöst. Die Reihenfolge der ersten Ordnung im Archiv geht aber auf mich zurück. Die treibende Kraft war Pater Kern. Er hat auch den Unterschied zwischen veröffentlichten und unveröffentlichten Manuskripten, vor allem Briefen, gemacht. Das Archiv wurde an das Institut für Dogmatik und Fundamentaltheologie (so hat das Institut damals geheißen) angeschlossen. Als Pater Kern emeritiert wurde, ist fast logischerweise Pater Neufeld sein Rechtsnachfolger geworden. Inzwischen hat es aber schon die Karl-Rahner-Stiftung gegeben und auch den Karl-Rahner-Preis.

Welche Bedeutung hat das Karl-Rahner-Archiv heute?

☐ Meiner Meinung nach – das ist jetzt sehr kritisch gesagt – haben die Jesuiten die Chancen, die sie mit dem Archiv gehabt haben, jahrelang vertan. Es ist kaum etwas gemacht worden, um das Archiv systematisch zu entwickeln, zu bearbeiten und auch ins Bewußtsein der Öffentlichkeit zu bringen. Man kann das Pater Kern nicht vorwerfen. Ich würde sagen, er war damit überfordert. Er war kein richtiger Rahner-Schüler im engeren Sinn. Daß das Archiv stückweise funktionstüchtig geworden ist, ist das Verdienst von Roman Siebenrock[7]. Er hat sich in die Rahnersche Theologie immer mehr vertieft, er hat irgendwo auch Liebe zu dem entwickelt, was man als Archivar haben muß. Er hat dann das Karl-Barth-Archiv in Basel konsultiert, um zu schauen, wie man solche Sachen macht, um sich Know-how zu holen.

Als dann Pater Neufeld aus Rom kam, hat er das Nötigste getan. Trotzdem sage ich: Die Ordensprovinz und auch das Jesuitenkolleg haben meiner Meinung nach viele Chancen verpaßt. Es ist zum Beispiel versäumt worden, sich von Anfang an um irgendwelche Stiftungen zu bemühen, damit Stipendien vergeben werden können, damit junge Forscher kommen und studieren können. Daran hat man nicht gedacht. Mit dem Jungmann-Archiv ist das ähnlich. Das ist einfach irgendwo gehortet und in die Bibliothek abgelegt worden.

Zurück zu Ihren Begegnungen mit Pater Rahner: Was hätten Sie sich davon versprochen, wenn Sie öfter mit ihm zu tun gehabt hätten?

☐ Ich bin jetzt als Theologe natürlich auch ein Kind einer bestimmten Zeit und Mode, und das waren die verspäteten 68er Jahre. Es war die Zeit von großen wissenschaftstheoretischen Diskussionen um den Status der Theologie als Wissenschaft. Das haben wir als das Nonplusultra angeschaut. Anderes als jetzt so wichtige Themen wie Biographie – Theologie, Spiritualität, Reflexion, Kirche und Leben standen bei uns nicht so sehr im Vordergrund. Pater Schupp war geradezu der Sprecher für diese Generation. Seine Veröffentlichungen in dieser Zeit sind alle wissenschaftstheoretische Reflexionen, abgehoben vom spirituellen und auch ekklesialen Leben. Pater Rahner stand zunächst für etwas anderes. Aber als junger Assistent habe ich ihn zuerst einmal durch diese Brille angeschaut: Das ist der berühmte Theologe! Wir haben natürlich alle gespürt, daß hier eine Gesamtpersönlichkeit vorliegt, daß da also nicht nur jemand nur mit Hirn arbeitet, sondern einer, der seine Theologie „verleiblicht" hat. Insofern ist der Vorwurf von Johann Baptist Metz, Pater Rahner bleibe einem abstrakten Subjektdenken verpflichtet, an sich absurd. Ich sage: Pater Rahner hat zuerst einmal von der spirituellen Erfahrung und zwar von der Erfahrung des einzelnen her gedacht und nicht auf einer abstrakten Ebene angesetzt. Spirituelle Erfahrungen können sehr intim sein, sie sind nicht verallgemeinerungsfähig und auch nicht abstraktionsfähig.

Was ich glaube verpaßt zu haben – als einer, der die Chance gehabt hätte – war, mit Pater Rahner menschlichere Kontakte zu pflegen, ihn mehr als Mensch, und zwar von der alltäglichen, banalen Seite kennen zu lernen. Eis essen zu gehen war für Rahner, so würde ich es heute sehen, durchaus ein spiritueller Vollzug, im Sinne auch seiner Gnadentheologie, wenn man nicht die Trennung in zwei Stockwerke in der Theologie, Natur und Gnade, sondern eine integrale Sicht des Ganzen haben will. Als Theologe war Karl Rahner ein Denkmal.

Karl Rahners Kirchlichkeit

Pater Rahner war auch ungeduldig. Hat er über Rom zu viel geschimpft? War er zu kritisch?

☐ Zum einen: Ich habe Pater Rahner selber nie zornig oder aufbrausend erlebt. Er gab sich immer sehr liebenswürdig. Ein paar Bemerkungen haben mir natürlich schon imponiert. An sich habe ich ihn aber eher als einen liebenswürdigen, älter gewordenen Menschen erlebt, der von einem ungeheuren Ernst des Lebens durchdrungen war. Er hatte auch Humor. Das zweite Bild, das ich von Pater Rahner habe, ist natürlich geprägt durch die öffentliche Wahrnehmung seines Verhältnisses zur Institution Kirche. Es fiel einem schon auf, daß Pater Rahner ein unheimlich frommer Mensch war, ein zutiefst frommer Mensch, der von seiner Frömmigkeit bis in die letzten Tage getragen war. Aus der Frömmigkeit heraus entwickelte er seine Theologie. Die ersten Veröffentlichungen, „Worte in Schweigen", „Von Not und dem Segen des Gebetes", „Heilige Stunde und Passionsandacht" – das sind Dinge, die im Kontext der Spiritualitätsübung entstanden sind.

Die Frage nach der Kirchlichkeit Karl Rahners ist nur im Kontext seiner Frömmigkeit zu beantworten und nicht im Kontext seines Verhältnisses zu Bischöfen. Das wäre eine verkürzte Sicht der Kirche. Ich würde sagen: Die Kirchlichkeit Karl Rahners entscheidet sich zuerst einmal an seiner Frömmigkeit, und die ist zutiefst kirchlich, oft sehr traditionell. Das fiel mir als Student auf. Anfang der 70er Jahre hat man das vielleicht weniger geschätzt. Man hat dann auch Pater Rahners ständige Betonung des Schweigens und des Gebetes überhört. Zu Amt und Papst fällt mir eine Bemerkung während einer Autofahrt ein. Er meinte: Weißt Du, der Hans Urs von Balthasar frühstückt mit

dem Papst. – Einer solchen Bemerkung entnahm man beides: ein bißchen eine kritische Äußerung über Balthasar, gleichzeitig aber doch
auch: Ich würde auch gerne mit dem Papst frühstücken. Karl Rahner
als Bischof oder Kardinal – das ist für mich unvorstellbar!

Die Kardinalserhebung von Henri de Lubac SJ war natürlich ein
Signal von Papst Johannes Paul II. Ich habe sie nicht sehr begrüßt. De
Lubac war nie in der akademischen Lehre tätig, weil er als Außenseiter
immer ausgeschlossen war. Aber das ist eben so eine Marotte des Pap-
stes. Später wurden dann auch Yves Congar OP, Avery Dulles SJ oder
Leo Scheffczyk Kardinäle.

Wie sehr sind heutige Studenten von Karl Rahner beeinflußt? Zählt er
noch oder ist etwa ein Pierre Teilhard de Chardin populärer?

☐ Was konkrete Forschungsergebnisse gibt, bin ich überfragt. Da müßten Sie Roman Siebenrock fragen. So paradox es klingen mag: Aber bei
mir hat, seitdem ich in Innsbruck bin, niemand eine Dissertation über
Rahner angefangen und interessanterweise auch keine Diplomarbeit.
Wohl aber haben einige Inder Diplomarbeiten über Teilhard geschrieben. Bei Pater Schwager sind einige Arbeiten über Rahner gemacht worden und dann natürlich in der Fundamentaltheologie.

Sie sagten, Pater Rahner habe als Theologe nicht nur mit dem Kopf gear-
beitet, sondern auch sehr mit dem Herzen – als Mann der Kirche, als
Priester, als Beter.

☐ Ich muß den Gnadentraktat lesen. Natürlich benutze ich dafür den
schönen Aufsatz Pater Rahners über die Erfahrung der Gnade[8]. In diesem Aufsatz verdichtet sich alles. Es verdichtet sich eine ungeheure
Stringenz des Denkens einerseits. Anderseits aber hat man einen ganz
gezielt erfahrungsbezogenen Zugang vor sich, jenseits aller billigen
Psychologisierung und eines sehr flachen Erfahrungsbegriffs. Spirituelle Erfahrungen sind ausgeweitet: Was heißt Gnadenerfahrung im
umfassenden Sinne des Wortes? Hier wird Karl Rahner für mich in
allen seinen Dimensionen greifbar: als Mensch, als Christ, als Priester
und Theologe, als Jesuit.

Anmerkungen

[1] Franz Schupp, geb. 1936, Dr. theol., Dr. phil., 1960–1976 Mitglied des Jesuitenordens, Professor für Dogmatik an der Universität Innsbruck; seit 1979 Professor für Philosophie an der Universität Paderborn; vgl. W. Rahberger / H. Sauer (Hg.), Vermittlung im Fragment. Franz Schupp als Lehrer der Theologie. Regensburg 2003, 211–279: Zum Begriff „Offenbarung". Gemeinsame Vorlesung von Franz Schupp und Karl Rahner im Wintersemester 1972/73.

[2] Adolph Kolping (1909–1997), 1949 Professor für Fundamentaltheologie an der Universität Münster, 1962–1978 Professor für Fundamentaltheologie an der Universität Freiburg.

[3] Vgl. A. Kolping, Fundamentaltheologie. Bd. 3: Die katholische Kirche als die Sachwalterin der Offenbarung Gottes. Münster 1981 (875 Seiten!) (Bd. 1: Theorie der Glaubwürdigkeitserkenntnis der Offenbarung. Münster 1968; Bd. 2: Die konkret-geschichtliche Offenbarung Gottes. Münster 1974).

[4] Walter Kern SJ, Dr. theol., Dr. phil., geb. 1922, war Professor für Fundamentaltheologie an der Universität Innsbruck und erster Leiter des Karl-Rahner-Archivs.

[5] Engelbert Gutwenger SJ (1905–1985), 1939 Lehrtätigkeit Innsbruck, 1939–1946 Dozent am Heythrop College/Oxford, 1946/47 Professor am Priesterseminar Sankt Georgen am Längsee/Kärnten, dann wieder Lehrtätigkeit in Innsbruck (Fundamentaltheologie, Dogmatik, Philosophie), 1954 ao. Professor, 1958 Professor für Fundamentaltheologie, 1959/60 Dekan der theologischen Fakultät, 1961/62 Rektor der Universität Innsbruck, 1949/50 Vizerektor des Canisianums; vgl. E. Coreth, In memoriam P. Engelbert Gutwenger SJ, in: ZKTh 107 (1985) 249–251; K. H. Neufeld, Fundamentaltheologie in Innsbruck, in: W. Kern, Geist und Glaube. Fundamentaltheologische Vermittlungen zwischen Mensch und Offenbarung. Hg. von K. H. Neufeld. Innsbruck 1992, 7–30.

[6] Vgl. A. Darlap, Das ,Archiv' und der ,Preis', in: P. Imhof / H. Biallowons (Hg.), Karl Rahner – Bilder eines Lebens. Freiburg 1985, 172–173.

[7] Vgl. den Artikel von R. A. Siebenrock im Anhang: Erfahrungen im Karl-Rahner-Archiv.

[8] Vgl. K. Rahner, Über die Erfahrung der Gnade, in: Ders., Schriften zur Theologie. Bd. 3. Einsiedeln 1956, 105–109.

„Wir haben nur Ahnungen"
Im Gespräch mit Gerhard Ruis, Salzburg

Gerhard Ruis, Mag. theol., geb. 1931, langjähriger Redakteur des „Nachtstudios" im Österreichischen Rundfunk (ORF-Studio Salzburg), Wissenschaftslektor im Verlag Styria (Graz).

Täuscht der Eindruck, daß Karl Rahner aus dem kirchlichen Bewußtsein langsam, fast unmerklich verschwindet?

☐ Bei uns im deutschsprachigen Raum, vielleicht auch im italo-romanischen Bereich, wurde er jedenfalls – nach meiner Wahrnehmung – sozusagen „auf Eis gelegt", wie wir sagen. Er wird in jüngeren theologischen und religionsphilosophischen Publikationen kaum zitiert. Selbst an theologischen Fakultäten, ich denke jetzt an die Salzburger Universität, kommt es nicht oft vor, daß man Rahner zu einem Thema eines Seminars macht.

In winterlicher Zeit Karl Rahner lesen

Er hat es ja vorausgesagt: Die allgemeine Situation der Kirche ist die einer „winterlichen" Zeit. Er hat dabei aber auch erwähnt, daß unter der Schneedecke die Saat einer Zukunft nicht erfriert, sondern eben im Weiterkeimen ist. Das gilt auch für seine Theologie. Ob die „Sämtlichen Werke" Karl Rahners, die mit Karl Lehmann, Johann Baptist Metz, Karl H. Neufeld, Albert Raffelt und Herbert Vorgrimler ein prominentes Herausgeberkollektiv gefunden haben, eine Rahner-Renaissance auslösen können, ist aber nicht abzusehen. Es gibt einzelne, die Rahner auch in dieser Winterzeit – wenn man so sagen will – die Treue halten und mit seinem Werk leben. Ich selber habe nie aufgehört, Rahner zu lesen, und ich bin immer wieder angetan von seinen Gedanken. Es gibt ja auch kleinere Schriften, die Albert Raffelt in verdienstvoller Weise herausgebracht hat, die man als Vademecum benutzen, kleine Bändchen, mit denen man Rahner sozusagen in kleinen Dosen täglich

314

zu sich nehmen kann. Meine Frau und ich haben beim Frühstück immer auch eine kleine Rahner-Lektüre. Ich schätze sehr die beiden Lesebücher mit Rahner-Predigten und -Gebeten, die Raffelt zusammengestellt hat[1].

Ich finde, es ist eine große Selbstentäußerung, wenn man sich in seinen Gebeten „zeigt", wenn man Menschen an seinen Gebeten teilhaben läßt. Denn das ist doch etwas ganz Intimes. Rahners Gebete wurden immer wieder aufgelegt. Ich verwende sie oft, gerade bei Begräbnissen. Rahner war im Umgang oft etwas brummig, aber im Grunde genommen hat er eine sehr tiefe und zartfühlende Seele gehabt. Ich bin überzeugt, daß er wieder eine Renaissance erleben wird.

Fragen bohrend diskutieren

Sie haben mit Pater Rahner im deutschen und im österreichischen Rundfunk mehrere Sendungen gemacht. Wie haben Sie die Themen ausgewählt?

☐ Es waren mehrere Gespräche. Die wurden auch veröffentlicht[2]. Die Gespräche waren natürlich immer sachbezogen. Wir haben dabei aber auch über sein Leben gesprochen. Er hat mir von seiner Kindheit und von seinen Eltern erzählt. Seine Mutter[3] ist ja über 100 Jahre alt geworden. Er hat sie sehr geliebt. Es gab ein Sterbebildchen von ihr, das hat er mir gezeigt, mit einem Gebet von Pierre Teilhard de Chardin SJ[4]. Pater Rahner hat mich gefragt, wie alt wohl der Mensch sei, der das geschrieben habe. Ich hatte natürlich keine Ahnung und habe geschätzt – und lag ziemlich daneben. Er meinte nur: Das ist meine Mutter, und sie hat das mit 100 Jahren geschrieben. Und das ist ein sehr schönes Gebet. – Seine Mutter hat ja auch immer zu Karl gesagt: Weißt Du, wenn Du verständlicher schreiben würdest, könnte ich Dich besser verstehen. – Hugo Rahner hat das auch immer wieder gesagt.

Die Gespräche, die wir geführt haben, waren natürlich immer thematisch, etwa das Gespräch „Warum läßt Gott uns leiden?" Darüber haben wir eine ganze Stunde lang gesprochen. Verschiedene Themen waren angestoßen von Ereignissen oder auch von irgendwelchen Festzeiten-Geheimnissen: Weihnachten oder Pfingsten. Bei Pater Rahner konnte man Probleme sozusagen bohrend diskutieren. Er hat auch immer wieder zugegeben: So viel kann ich sagen und kann ich verantworten, aber letzten Endes haben wir auch nur Ahnungen. Man soll nie meinen, daß wir wirklich die Mysterien des Glaubens bis ins Letzte verstehen würden. Da steckt Thomas von Aquin dahinter, der diesen Ausdruck geprägt hat: „Totaliter aliter" – es ist immer ganz anders (als wir meinen).

Hat Pater Rahner bei diesen Gesprächen die Fragen vorher angeschaut?

☐ Nein. Wir haben die Gespräche zum Teil im Studio geführt oder ich hatte ein Aufnahmegerät dabei, und wir haben es entweder auf seinem Zimmer oder in einem Büro gemacht, das war ganz verschieden. Live macht man so etwas in den seltensten Fällen. Mit meinem Schwiegervater habe ich die sogenannten „Salzburger Nachtstudios" erfunden, das war jeden Mittwoch eine Stunde, und da hat man die Sendung vorproduziert und dann gesendet.

„Löscht den Geist nicht aus!"

Und Pater Rahner fiel immer etwas ein?

☐ Bei ihm war es so: Er hat Theologie betrieben so wie ein anderer atmet. Theologisch zu denken war ihm eine unverlierbare Gewohnheit. Er war ein zutiefst spiritueller Mensch. Ich fragte ihn einmal, ob Christen nicht von manchen Zeitgenossen vorgeworfen werden könnte, daß sie sich zwar sozial engagieren und für Schwache und Arme einsetzen, Initiativen zur Sozialreform ergreifen und für mehr Gleichheit kämpfen, daß sie jedoch ihr Tun nicht einfach auf das Einwirken des Heiligen Geistes zurückführen sollten, weil das eine Seelenfängerei sei. Pater Rahner antwortete, ich zitiere ihn jetzt wörtlich: „Ja, ich würde sagen, dort, wo in letzter Selbstlosigkeit geliebt wird, und der Mensch wirklich den Sprung in das Geheimnis, in die unbelohnte Liebe, in eine letzte radikale Treue wagt und vollbringt, da hat er mit Gott und seinem Geist schon zu tun gehabt, da hat er ihn angenommen. Ob er das so erfaßt, so thematisieren und verbalisieren kann oder nicht, das ist gewiß auch noch einmal eine wichtige menschliche, glaubensmäßige und theologische, aber letztlich doch sekundäre Frage. Es kommt tausendmal im Leben vor, daß ein Mensch durchaus echte, wurzelhafte Erfahrungen, ohne deren Anerkennung als Erfahrung des Heiligen Geistes, macht, sie hat, sie besitzt, und trotzdem diese Erfahrung falsch deutet oder eine richtige Interpretation dieser Erfahrungen ablehnt – dennoch hat er diese Erfahrung. Eine Psychologe, der nach seiner Theorie meint, alles menschliche Denken sei im Grunde genommen bloß sinnliche Erfahrung, Assoziation, beheavioristisch usw., lehnt eine Geistinterpretation seiner eigenen Erfahrung ab. Er macht sie aber trotzdem. Und so kann es natürlich tausendmal im Leben vorkommen, daß einer eine echte Geisterfahrung macht, aber mit einer richtigen, mit einer theologischen glaubensmäßigen Darstellung und Interpretation dieser Erfahrung nicht fertig wird, diese Interpretation sogar ablehnt und dabei dann meint, er habe auch die Erfahrung selber abgelehnt, nämlich des Heiligen Geistes, die er trotzdem im Grunde gemacht hat. Wer restlos und absolut liebt, der hat auch damit schon, ob er es weiß oder nicht, ob er es in seiner Theorie annimmt oder nicht, Gott geliebt und ist dem Mysterium des Heiligen Geistes begegnet."[5]

Pater Rahner hat kurz vor dem Konzil in Salzburg eine berühmte Rede gehalten, die ihm in Rom unmittelbar Schwierigkeiten einbrachte.

☐ Das war an Pfingsten 1962. Rahner hat hier in Salzburg am 1. Juni 1962 den Festvortrag „Löscht den Geist nicht aus!" auf dem Österreichischen Katholikentag gehalten. Da hat er flammend gefordert, daß die Christen, vor allem die Bischöfe und die Priester, den Weg des „Tutiorismus des Wagnisses"[6] gehen müssen.

Beziehungen zu anderen Theologen

Was waren aus Ihrer Sicht Pater Rahners Hauptanliegen?

☐ Die Ökumene lag ihm sehr am Herzen, jedenfalls am Ende seines Lebens. Was er da mit seinem Freund Heinrich Fries 1983 geschrieben hat, ist für mich eine Art Kursbuch für eine weitere ökumenische Entwicklung[7]. Da waren unter anderem konkrete Schritte vorgesehen, eine Art theologische Marschrichtung. Der Band hat beim Erscheinen sehr viel Staub aufgewirbelt. Aber er ist natürlich dann mehr oder weniger in der Schublade verschwunden, und heute hört man kaum mehr jemanden, der darauf Bezug nimmt. Ich weiß zum Beispiel, daß der große Basler Ökumeniker Oscar Cullmann[8] mit großem Respekt von dieser Publikation Fries – Rahner gesprochen hat.

Was sagen Sie zum Verhältnis Rahner – Balthasar?

☐ Das war eine schwierige Beziehung. Ich kann mich erinnern, daß Pater Rahner wiederholt im Sommer zu den Salzburger Festspielen eingeladen wurde. Er hat zwar immer großes Interesse gezeigt, aber kaum saßen wir in der Vorstellung, ist er eingeschlafen. Er war schon schwerhörig. Ich habe ihn einmal zur Freilichtaufführung auf den Domplatz mitgenommen, um den „Jedermann" von Hugo von Hofmannsthal anzuschauen. Am Rande der Aufführung sagte ich, daß Hans Urs von Balthasar bald einen runden Geburtstag habe und ich eine Sendung machen müsse, ob er mir nicht ein wenig seine Einschätzung über Balthasar sagen könne. Da hat er sich geziert und nur gemeint: Ach, ich weiß nicht, was ich über ihn sagen soll. Er ist ja immer gegen mich. Pater Rahner hat aber dann doch etwas gesagt, denn er beneidete Balthasar, weil er ein musischer Mensch war. Das ist Rahner völlig abgegangen. Er hat ihn auch als den viel Begabteren geschildert.

Pater Rahners Nachfolger auf dem Romano-Guardini-Lehrstuhl war Eugen Biser. Welches Verhältnis bestand zwischen den beiden?

☐ Sie waren befreundet, aber es war etwas schwierig. Biser hatte einen runden Geburtstag und hatte sich Pater Rahner als Laudator gewählt. Dem war das gar nicht recht. Das Ganze fand in der bedeutenden Siemens-Stiftung statt. Rahner sagte mir: Ich weiß nicht, was ich über Biser sagen soll, als Theologe wird er nicht sehr geschätzt, wie soll ich da was über ihn sagen? Ich kenne sein Werk nicht. – Er hat dann irgendeinen Vortrag gehalten, der überhaupt keinen Bezug zu Biser hatte[9], der natürlich maßlos enttäuscht war. Aber so hat sich Pater Rahner aus der Affäre gezogen.

Anmerkungen

[1] Vgl. K. Rahner, Großes Kirchenjahr. Geistliche Texte. Hg. v. A. Raffelt. Freiburg ³1990; ders., Gebete des Lebens. Hg. v. A. Raffelt. Freiburg ³1984.

[2] Vgl. K. Rahner, Heiliger Geist – Gibt es ihn noch in der Welt von heute? Gespräch mit Gerhard Ruis (Salzburg 1976), in: K. Rahner, Im Gespräch. Bd. 1. Hg. v. P. Imhof / H. Biallowons. München 1982, 277–281; ders., Der Tod als Vollendung. Ostergespräch mit Gerhard Ruis (Salzburg 1980), in: K. Rahner, Im Gespräch. Bd. 2. Hg. v. P. Imhof / H. Biallowons. München 1983, 122–125; ders., Aggiornamento ist nicht vollendet. Gespräch mit Gerhard Ruis, Salzburg, über die Berufung von Kardinal Ratzinger nach Rom (1982), in: ebd. 239–244; Erlösung und Emanzipation. Gespräch mit Gerhard Ruis (Salzburg 1982), in: ebd. 278–283; in: Auf den Spuren priesterlicher Existenz. Gespräch mit Gerhard Ruis zum 50jährigen Priesterjubiläum (Salzburg 1982), in: ebd. 283–295.

[3] Luise Rahner, geborene Trescher (1875–1976).

[4] Faksimile abgedruckt in: P. Imhof / H. Biallowons (Hg.), Karl Rahner – Bilder eines Lebens. Freiburg 1985, 163.

[5] Vgl. K. Rahner, Heiliger Geist – Gibt es ihn noch in der Welt von heute? Gespräch mit Gerhard Ruis (Salzburg 1976), in: K. Rahner, Im Gespräch. Bd. 1. Hg. v. P. Imhof / H. Biallowons. München 1982, 277–281, 280 f.

[6] Vgl. K. Rahner, Löscht den Geist nicht aus!, in: Ders., Schriften zur Theologie. Bd. 7. Einsiedeln 1966, 77–90, 85: „Wir leben in einer Zeit, wo es einfach notwendig ist, im Mut zum Neuen und Unerprobten bis zur äußersten Grenze zu gehen, bis dorthin, wo für eine christliche Lehre und ein christliches Gewissen eindeutig und indiskutabel eine Möglichkeit, noch weiter zu gehen, einfach nicht mehr sichtbar ist. Der einzige heute im praktischen Leben der Kirche erlaubte Tutiorismus ist der Tutiorismus des Wagnisses. Wir dürfen heute eigentlich nicht bei der Lösung von echten Problemen fragen: Wie weit *muß* ich gehen, weil es einfach von der Situation erzwungen wird, wenigstens so weit zu gehen, sondern wir müßten fragen: Wie weit *darf* man unter Ausnützung aller theologischen und pastoralen Möglichkeiten gehen, weil die Lage des Reiches Gottes sicher so ist, daß wir das Äußerste wagen müssen, um so zu bestehen, wie Gott es von uns verlangt."

[7] Vgl. H. Fries / K. Rahner, Einigung der Kirchen – reale Möglichkeit (QD 100). Freiburg 1983. Eine erweiterte Sonderausgabe, die auch die Kritik an den Thesen von Fries und Rahner aufnahm, erschien 1985. Jetzt ist die Quaestio disputata zugänglich in: K. Rahner, Sämtliche Werke, Bd. 27: Einheit in Vielfalt. Schriften zur ökumenischen Theologie. Freiburg 2002, 286–396.

[8] Oscar Cullmann (1902–1999), war seit 1938 Professor für Neues Testament und Geschichte der Alten Kirche an der Universität Basel. Er beriet die Päpste Pius XII., Johannes XXIII. und Paul VI. in Ökumenefragen.

[9] Vgl. K. Rahner, Realistische Möglichkeiten der Glaubenseinigung?, in: H. Bürkle / G. Becker (Hg.), Communicatio fidei (Festschrift E. Biser). Regensburg 1983, 175–183.

Wie ein Weckruf
Im Gespräch mit Walter Strolz, Innsbruck

Walter Strolz, Prof. Dr. phil., geb. 1927, 1954–1958 Lektor beim Verlag Tyrolia in Innsbruck, 1959–1964 im Cheflektorat des Verlags Herder in Freiburg, 1965–1987 Wissenschaftlicher Leiter des Dialogunternehmens „Weltgespräch" und der ökumenischen Stiftung „Oratio Dominica" zur Förderung der christlichen Begegnung mit den Weltreligionen, seither freier Schriftsteller in Innsbruck, seit 1972 Mitglied des Österreichischen P.E.N.-Clubs.

In einem Artikel über Ihre Begegnung mit Martin Heidegger schreiben Sie, daß Sie in den 50er Jahren ein ganz persönliches Verhältnis zu Karl Rahner entwickelt haben[1]. Wie kam es dazu?

□ Wenn ich heute im Abstand von mehr als 50 Jahren etwas zu meinem Verhältnis zu Karl Rahner sagen soll, trifft mich eine solche Frage wie ein Weckruf. Seine Gestalt und sein Wesen bleiben mir unvergessen. In den Jahren 1949 bis 1959 hat er einen entscheidenden Einfluß auf mich ausgeübt. Zuerst begegnete ich ihm zu Beginn des Studiums in Germanistik, Philosophie und Geschichte als Prediger in der Universitäts- bzw. Jesuitenkirche[2], damals begleitet von seinem Buch „Von der Not und dem Segen des Gebetes"[3]. Sein unverwechselbarer, sprachlicher Grundton, die in seelische Tiefenräume vordringende Kraft unmittelbarer Existenzdeutung in Mühsal und Leid, durchgehend verbunden mit philosophischen Einsichten, beeindruckten mich nachhaltig.

Zum eigenen Nachdenken ermutigt

Ab 1953 begannen die Besuche in der Sillgasse[4], zuerst ausgelöst durch sein religionsphilosophisches Buch „Hörer des Wortes". Schon damals beunruhigte mich die Frage nach dem Verhältnis von Vernuft und Offenbarung, Philosophie und Glaube. Rahners Exposition dieser Beziehung blieb zusammen mit der mehrfachen Durcharbeitung seines Werkes „Geist in Welt" für meine weitere Glaubensentwicklung bis zu meinem ersten philosophischen Buch „Der vergessene Ursprung"[5] maßgebend. In Gesprächen ermutigte mich Pater Rahner vertrauensvoll zu eigenem Nachdenken, überzeugt, daß ich schon zu dieser Zeit den untrennbaren Zusammenhang des philosophischen Fragens mit dem Offenbarungswort erkannte. Er übergab mir das Manuskript seines Vortrags „Chancen des Christentums"[6] zur Bearbeitung für eine Rundfunkfassung, beauftragte mich, an seiner Stelle einen Beitrag über die Kosmologie von Pierre Teilhard de Chardin für den „Rheinischen Merkur" zu schreiben[7] und nahm die Einladung zu einem Vortrag des Tiroler Akademikertages über „Wissenschaft als Konfession?"[8] an. Pater Rahner lud mich auch zu seinem „Privatissimum" für ausgewählte Theologiestudierende ein. Ich nahm am Seminar über „Natur und Gnade" und das Weltgeheimnis teil.

Für immer hat sich in mein Gedächtnis sein Stil und seine Vorgangsweise bei dieser Veranstaltung eingeprägt: sein freimütiges Fragen in ungesichertem Gelände. Pater Rahner begann das Gespräch, hin- und hergehend nach Fragen des damaligen Wortführers Johann Baptist Metz mit einer argumentativ bohrenden Unaufhaltsamkeit. Geistesfeuer blitzte aus seinen tiefliegenden Augen, wenn sich eine mögliche Antwort auf das gestellte Problem abzeichnete. Dergestalt lernte ich zusammen mit dem Studium der ersten drei Bände der „Schriften zur Theologie", Philosophie und christlichen Glauben weder zu trennen noch gleichzusetzen, sondern als nachbarschaftliches Verhältnis zu verstehen.

„Sendung und Gnade"

Im Jahr 1959 hat Karl Rahner im Tyrolia-Verlag die Sammlung „Sendung und Gnade" veröffentlicht. In der Einleitung der Neuausgabe von 1989 heißt es, die 24 darin veröffentlichten Beiträge hätten damals „eine Reihe neuer Perspektiven (eröffnet), die für die Arbeit des Konzils wichtig werden sollten."[9] Warum hat der Dogmatikprofessor Karl Rahner überhaupt pastoraltheologische Fragestellungen aufgegriffen?

☐ „Sendung und Gnade" ist wie ein Vorspiel zum „Handbuch der Pastoraltheologie"[10] zu verstehen. Karl Rahner hat sich, wie ich aus verlegerischen Gesprächen zu diesem Projekt um 1962/63 weiß, um eine Neubegründung der Seelsorge bemüht. Deshalb ist unter den ersten Beiträgen dieser Sammlung eine Besinnung auf die Beziehung von „Erlösungswirklichkeit in der Schöpfungswirklichkeit"[11] zu finden. Kirchliche Praxis gerät dadurch nicht in die Gefahrenzone kurzatmiger Betriebsamkeit. Daß die Schöpfung unumgänglich vor-gegeben ist, wenn die christliche Heilsbotschaft den Menschen in seinem Geschaffensein treffen soll, stellt Pater Rahner eindringlich heraus.

Warum er sich als Dogmatiker und Dogmenhistoriker so stark für die Pastoraltheologie engagieren konnte, hat für mich mit seiner Denkweise zu tun[12]. Der philosophisch-anthropologische Hintergrund seiner Metaphysik ist die Frage nach dem Sein im Ganzen, erweitert durch die Leitkategorien „Weltlichkeit" und „Geschichtlichkeit" aus Heideggers „Sein und Zeit". So kommt der Mensch, wie er leibt und lebt, vor Rahners fragenden, bekümmerten, sorgenvollen Blick.

Pater Rahner schreibt im Vorwort von „Sendung und Gnade", sein Buch wolle „nichts anderes sein als eine bescheidene Sammlung von Aufsätzen, die vielleicht ein klein wenig die Begegnung von ,Theorie' und ,Praxis' zu beider Nutzen fördern. Der Titel des Buches möchte der Überzeugung Ausdruck verleihen, daß Sendung zum Apostolat und zur Seelsorge ein von der Gnade Gottes getragenes Heilsgeschehen ist." Hatte er einen überhöhten Anspruch an die Seelsorge?

☐ Seelsorge gilt für ihn immer unzerteilt dem ganzen Menschen. Sie muß von jedem dualistischen Verständnis von Welt und Gott befreit werden. Rahners Auffassung von Pastoraltheologie ist erstaunlich konkret, irdisch-zeitlich gefärbt, Alltägliches und Festliches, Niederdrückendes und Freudvolles zusammenführend. Sie steht im übergreifenden Zeithorizont von Welt- und Heilsgeschichte, Schöpfung und Erlösung. Diese integrative Kraft von Rahners Denken, zeitgemäß bewährt und durchgehalten, durchpulst die fundamentalen Beiträge im ersten Band des „Handbuches für Pastoraltheologie". Eine Pastoraltheologie, die hinter diesen großen Entwurf in bloße Psychotherapie und esoterische Tröstung zurückfällt, hat keine Zukunft.

Die Neuausgabe 1989 erschien in derselben Aufmachung wie die Schriften zur Theologie, die ab 1954 im Benziger-Verlag herauskamen. Pater Rahner schreibt einmal, die Aufsätze hätten genauso gut in den „Schriften zur Theologie" erscheinen können[13]. Herbert Vorgrimler äußerte sich gleichlautend[14]. Warum ist „Sendung und Gnade" bei Tyrolia erschienen?

☐ Darüber haben wir überhaupt nie gesprochen. Der Verlag Tyrolia erhielt das Veröffentlichungsrecht allein durch meine mit Pater Rahner geführten Gespräche in der Sillgasse in seinem Arbeitszimmer. Durch meine Kontakte mit den Jesuiten des Kollegs begegnete ich auch Emerich Coreth, dessen „Metaphysik" 1961 bei Tyrolia erschien.

Anwalt des Seinsganzen

Das Rahnerjahr 2004 zeigte das ungebrochene Interesse an der Gestalt Karl Rahners ebenso wie an seinen Schriften. Wie erklären Sie sich, daß Publikationen wie „Worte ins Schweigen" von 1938 oder „Von der Not und dem Segen des Gebetes" (1949) heute noch ihre Leser finden?

☐ Es handelt sich zweifellos um eine zeitbedingte Nachwirkung. Karl Rahner kommt mit seinem geistlichen Wort einem gegenwärtig weitverbreiteten meditativen Grundbedürfnis entgegen. Es ist eine mögliche Antwort auf eine völlig durchrationalisierte Welt, deren geheimnsivoller Wesensgrund entschwunden ist. Pater Rahner versteht es, dem sinnsuchenden Menschen, umringt von rastloser Berechenbarkeit der Dinge, einhaltgebende Ruhe zu geleiten. Wer ihn beim Wort nimmt, bemerkt einen veränderten Sprachgebrauch. Der Verfasser von „Worte ins Schweigen" spürte anläßlich der Neuauflage dieser Schrift im Jahr 1972, „daß sich inzwischen die religiöse Sprache geändert hat"[15]. Diese neue Sprachbewegung zeichnet sich in „Von der Not und dem Segen des Gebetes" ab. In ihrer geradezu leibhaftigen Menschlichkeit ersetzt sie heute noch ein Bündel psychotherapeutischer Literatur. Jetzt weicht unmittelbare Gottesanrede von Du zu Du verletzbarer, existentieller Betroffenheit. Nicht mystische Abgeschiedenheit, sondern die Annahme urmenschlicher Geschöpflichkeit wird bestimmend. Rahners höchst einfühlsame Seelenkunde wird bleiben. In der später entstandenen Besinnung über das Verhältnis von „Priester und Dichter" (1955)[16] vermittelt der Denker und Theologe geisteshell etwas von der vergessenen Würde und Ehre der Sprache aus ihrem göttlichen Ursprung. Deshalb lebt das Wort vielfältig wirkend, die gegenständlich gefaßte Welt überschreitend, in jeder Generation im Offenbarungslicht des ewigen Wortes.

Hat die Theologie Karl Rahners Zukunft?

☐ Ich bin natürlich kein Prophet. Aber Karl Rahner ist und bleibt mit seinem Werk denkerisch und gläubig der Anwalt des Seinsganzen, der Einheit von Schöpfung und Geschichte, Vernunft und Offenbarung. Seine theologische Phänomenologie des weltlichen Daseins ist grundsätzlich unüberholbar und mündet in seiner Spätzeit in die Wegformel „Welt in Gott"[17]. Damit ist die dualistische Zerfällung des Geschaffenen in eine gottlose Welt und einen weltlosen Gott ausgeschlossen. Gerade diese Einsicht nötigt dazu, den ontologischen Status von Spiritualität neu zu durchdenken. Karl Rahners Denkweise und Sprachform ist entscheidend geprägt durch das transzendentale Argumentationsverfahren. Eine sprachanalytische Untersuchung der Transzendentalphilosophie zur prophetischen Überlieferung Israels steht noch aus. Das bleibt ein Desiderat der Rahnerforschung. Wie verhält sich die geschichtliche Konkretion dieser Heilszusagen zur Metaphysik des Geistes?

Ich meine, die Auseinandersetzung mit dem geistig und religiös weiträumigen Werk Karl Rahners müßte einige Gesichtspunkte beachten: die fehlende Begegnung mit dem Judentum und seiner nachbiblischen Glaubensgeschichte bis zur Gegenwart im Zeichen des „ungekündigten Bundes" (Röm 9–11) etwa; oder den Zusammenstoß des christlichen „Absolutheitsanspruchs" mit der islamischen Position, die letzte Vollendungsstufe der Religionen zu sein; oder die Weiterführung des von Rahner beispielhaft und mutig geführten Gesprächs zwischen Naturwissenschaft und Theologie, verschärft durch den Streit über die Willensfreiheit angesichts der naturalistischen Reduktion des Menschseins; die Besinnung auf die ununterbrochene Leidensgeschichte der Kreatur, sei es in der Natur, sei es in der Menschheitsgeschichte mit steigendem Katastrophengefälle und sich daraus ergebenden Konsequenzen für das Verständnis von Erlösung; oder der über der jüdisch-christlichen Botschaft der Hoffnung liegende Schattenwurf des hier und jetzt unlösbaren Theodizeeproblems. Ich für meinen Teil kann nicht beurteilen, welche Anstöße aus Rahners theologischen Schriften für die Theodizeefrage, diesen härtesten Prüfstein christlicher Glaubensgewißheit nach dem Holocaust, ausgehen könnten. Nur so viel wage ich aus meiner begrenzten Kenntnis zu sagen: Für diesen großen, in seiner Redlichkeit schwer zu übertreffenden Theologen bleibt die menschlich scheiternde Rechtfertigung Gottes angesichts des fortschreitenden Bösen vom zeittragenden Schöpfungsgeheimnis umfaßt.

Anmerkungen

[1] Vgl. W. Strolz, Meine Begegnung mit Martin Heidegger (1889–1976) – Denker des Seins. Ein autobiographisches Wegstück, in: Jahrbuch Franz-Michael-Felder-Archiv, 4. Jahrgang 2002. Graz 2003, 31–43, 32: „Zugleich wurde ich durch Veranstaltungen der katholischen Hochschuljugend, in der ich führend tätig war, mit Professor Karl Rahner bekannt. Es entwickelte sich dann in den fünfziger Jahren ein persönliches Verhältnis, so daß ich in seinem Arbeitszimmer in der Sillgasse bis zum Umzug nach Freiburg ein gern gesehener Gast war."

[2] Vgl. H. Vorgrimler, in: K. Rahner, Biblische Predigten. Freiburg 1965, 5–6, 5: „Karl Rahner bat mich um einige einführende Worte. Fast zehn Jahre lang hat Karl Rahner Sonntag für Sonntag in der Innsbrucker Universitätskirche gepredigt, meist über biblische Texte ... Es sind Versuche, ohne wissenschaftlichen Zierat die uralten stilisierten Bibeltexte hier und heute ankommen zu lassen bei dem, der zuhören kann, bei dem, der vor einfachen und konkreten Forderungen nicht zurückschreckt – denn diese Predigten verlaufen sich nicht in unverbindlichem Optimismus –, bei dem, der angesichts des Geheimnisses zu sich selber finden will und Kirchlichsein als Brüderlichkeit verstehen will." Vgl. ders., Karl Rahner verstehen. Eine Einführung in sein Leben und Denken. Freiburg ²1988, 30–32.

[3] Vgl. K. Rahner, Von der Not und dem Segen des Gebetes. Innsbruck 1949 (vielfach aufgelegt); zuletzt erschienene Ausgabe zusammen mit „Gebete des Lebens" unter dem Titel „Beten mit Karl Rahner". 2 Bde. Freiburg 2004.

[4] Gemeint ist das Innsbrucker Jesuitenkolleg, das in der Sillgasse untergebracht ist; vgl. E. Coreth, Das Jesuitenkolleg Innsbruck. Grundzüge seiner Geschichte, in: ZKTh 113 (1991) 140–213.

[5] Vgl. W. Strolz, Der vergessene Ursprung. Das moderne Weltbild, die neuzeitliche Denkbewegung und die Geschichtlichkeit des Menschen. Freiburg 1959. – „Hörer des Wortes" ist erstmals 1941, „Geist in Welt" 1939 erschienen. Jetzt sind beide Werke (in erster und zweiter Auflage) leicht zugänglich in: K. Rahner, Sämtliche Werke. Bd. 2: Geist in Welt. Philosophische Schriften. Freiburg 1996; ders.,

Sämtliche Werke. Bd. 4: Hörer des Wortes. Schriften zur Religionsphilosophie und zur Grundlegung der Theologie. Freiburg 1997.

[6] Vgl. K. Rahner, Die Chancen des Christentums (1952), in: Ders., Das freie Wort in der Kirche. Einsiedeln 1953, 37–78; jetzt in: Ders., Sämtliche Werke. Bd. 10: Kirche in den Herausforderungen der Zeit. Studien zur Ekklesiologie und zur kirchlichen Existenz. Freiburg 2003, 160–183.

[7] Vgl. W. Strolz, Der „Punkt Omega" – Teilhard de Chardin und die Leidenschaft zur Erde, in: Rheinischer Merkur, Beilage „Echo der Zeit", 14. 6. 1959.

[8] Vgl. K. Rahner, Wissenschaft als „Konfession"?, in: Ders., Schriften zur Theologie. Bd. 3. Einsiedeln 1956, 455–472; jetzt in: Ders., Sämtliche Werke. Bd. 15: Verantwortung der Theologie. Im Dialog mit Naturwissenschaften und Gesellschaftstheorie. Freiburg 2002, 171–183.

[9] K. H. Neufeld, Einleitung zur Neuausgabe, in: K. Rahner, Sendung und Gnade. Beiträge zur Pastoraltheologie. Innsbruck [5]1988, I–VI, I.

[10] K. Rahner war, zusammen mit Franz Xaver Arnold, Viktor Schurr und Leonhard M. Weber Herausgeber des vierbändigen „Handbuchs der Pastoraltheologie. Praktische Theologie der Kirche in ihrer Gegenwart", das zwischen 1964 und 1969 erschien (Herder, Freiburg). Als Band 5 erschien 1972 noch das „Lexikon der Pastoraltheologie", das K. Rahner zusammen mit Ferdinand Klostermann und Hansjörg Schmid herausgab. Im Vergleich mit den anderen Herausgebern, von denen er als einziger den Abschluß des Projekts überlebte, liegt der Anteil K. Rahners bei mehr als 500 Druckseiten (im Vergleich: F. X. Arnold 25, L. M. Weber 20, V. Schurr 63, F. Klostermann 150). Die meisten seiner Beiträge wurden aufgenommen in: K. Rahner, Sämtliche Werke. Bd. 19: Selbstvollzug der Kirche. Ekklesiologische Grundlegung praktischer Theologie. Freiburg 1995, darin auch der instruktive Editionsbericht des Bearbeiters Karl H. Neufeld mit vielen wertvollen Einzelinformationen (ebd. XXV–XXXV). Vgl. ferner H. Vorgrimler, Karl Rahner verstehen, 105–107; ders., Karl Rahner. Gotteserfahrung in Leben und Denken. Darmstadt 2004, 74–79; W. Schmolly, Pastoral verantworten: Praktische Theologie, in: A. R. Batlogg / P. Rulands / ders. / R. A. Siebenrock / G. Wassilowsky / A. Zahlauer, Der Denkweg Karl Rahners. Quellen – Entwicklungen – Perspektiven. Mainz [2]2004, 242–261.

[11] Vgl. K. Rahner, Sendung und Gnade, 51–87. Der Beitrag erschien stark überarbeitet im zweiten Band des „Handbuchs der Pastoraltheologie" (Freiburg 1966) unter dem Titel „Grundsätzliches zur Einheit von Schöpfungs- und Erlösungswirklichkeit" (208–228); jetzt in: SW 19, 375–394.

[12] Vgl. H. Vorgrimler, Karl Rahner (2004), 78: „Charakteristisch für Rahnes praktisch-theologisches Engagement ist auch das Faktum, daß er jahrelang bei der von ihm mitbegründeten internationalen Zeitschrift ‚Concilium' die Sektion ‚Pastoraltheologie', nicht die Sektion ‚Dogmatik' geleitet hatte."

[13] Vgl. K. Rahner, Schriften zur Theologie. Bd. 4. Einsiedeln 1960, 7 (Vorwort): „Bei dem sachlichen Zusammenhang zwischen solchen pastoraltheologischen Erwägungen, die aus dogmatischen Untersuchungen hergeleitet werden, und dogmatischen Untersuchungen ist es nicht verwunderlich, daß manche Aufsätze, die ich in dem Buch ‚Sendung und Gnade, Beiträge zur Pastoraltheologie' (2. Auflage, Innsbruck 1959) zusammengefaßt habe, ebensogut in dieses Buch gepaßt hätten

(und umgekehrt). Ich verweise in ‚Sendung und Gnade' vor allem auf: ‚Erlösungs-wirklichkeit in Schöpfungswirklichkeit', ‚Über die heilsgeschichtliche Bedeutung des einzelnen in der Kirche', ‚Danksagung nach der Messe', ‚Über die Besuchung des Allerheiligsten', ‚Primat und Episkopat', ‚Dogmatische Vorbemerkungen für eine richtige Fragestellung über die Wiedererneuerung des Diakonats', ‚Überlegungen zur Theologie der Säkularinstitute'."

[14] H. Vorgrimler, Karl Rahner verstehen, 97: „Die theologische Fundierung dieser Aufsätze ist so stark, daß sie ohne weiteres auch in die ‚Schriften zur Theologie' gepaßt hätten, so wie dort auch zahlreiche Artikel enthalten sind, die Rahners große Konzepte für die kirchliche Praxis und seine pastorale Findigkeit dokumentieren."

[15] Vgl. K. Rahner, Vorwort, in: Ders. / H. Rahner, Worte ins Schweigen. Gebete der Einkehr. Freiburg 1973, 7–8, 8: „An beiden Texten wird spürbar, daß sich inzwischen die religiöse Sprache geändert hat. Da aber Sprache aus einem bestimmten Lebensgefühl entspringt, war es nicht möglich, alle jene Passagen zu ändern, die man heute anders formulieren würde."

[16] K. Rahner, Priester und Dichter, in: Ders., Schriften zur Theologie. Bd. 3. Einsiedeln 1956, 349–375; vgl. dazu K. H. Neufeld, Theologie und Dichtung. Über Karl Rahner, in: P. Tschuggnal (Hg.), Perspektiven einer Begegnung am Beginn eines neuen Millenniums (Anif/Salzburg 2001) 56–65.

[17] Vgl. K. Rahner, Welt in Gott. Zum christlichen Schöpfungsbegriff, in: A. Bsteh (Hg.), Sein als Offenbarung in Christentum und Hinduismus (Beiträge zur Religionstheologie, Bd. 4). Mödling 1984, 69–82.

Ist Gottes Geheimnis nicht größer?
Im Gespräch mit Paul Weß, Innsbruck

Paul Weß, Dr. phil., Dr. theol., geb. 1936, ist Privatdozent für Pastoraltheologie an der Universität Innsbruck. Von 1962–1996 war er Pfarrseelsorger in Wien und habilitierte sich 1989 im Fach Pastoraltheologie in Innsbruck. Seit seiner Pensionierung als Pfarrer doziert er an den Universitäten in Graz, Würzburg und Innsbruck.

Wie haben Sie Karl Rahner erlebt? Was schätzen Sie an ihm? Wo haben Sie kritische Anfragen an seine Theologie?

☐ Ich bin 1954 nach Innsbruck ins Canisianum gekommen, unmittelbar nach dem Abitur, und habe dort zu studieren begonnen, zunächst vor allem bei Pater Coreth. Dadurch war ich natürlich gut vorbereitet auf das Studium bei Pater Rahner. Bereits im Wintersemester 1957/58 habe ich eine Vorlesung über den Begriff des Geheimnisses besucht, an das sich ein Seminar anschloß[1]. Mit einem zweiten Kollegen habe ich das dogmatische Seminar protokolliert. Dieses Manuskript habe ich heute noch. Später habe ich meine theologische Lizentiatsarbeit bei Karl Rahner geschrieben.

Damals schon habe ich erste kritische Anfragen an Pater Rahner formuliert, die mich im Grunde bis heute maßgeblich beschäftigen. Ich habe zum Beispiel die Frage gestellt, ob man wirklich sagen kann, daß Gott das Du, das Gegenüber, das Woraufhin des menschlichen Geistes ist; ob Gott nicht größer ist; ob nicht das Du des Menschen der Mitmensch ist und Gott noch einmal das größere Geheimnis; ob der Mensch als geschaffenes Wesen einen solchen unendlichen Horizont haben kann, ob das nicht dem Prinzip „Agere sequitur esse" widerspricht? Diese Rückfragen habe ich am Ende dieser Lizentiatsarbeit gestellt, und Pater Rahner hat mir damals trotzdem neun Punkte gegeben[2].

Ich habe dann bei Pater Rahner Dogmatik gehört und Prüfungen abgelegt. Anschließend habe ich aber ein philosophisches Doktorat bei Pater Coreth gemacht und mußte im Jahr 1961 nach Wien in das sogenannte Weihejahr zurück.

329

Mit dem Ansatz Karl Rahners – dem transzendentalen Vorgriff auf das Unendliche – habe ich immer Probleme gehabt! Aber ich konnte sein Argument für diesen unendlichen Horizont nicht widerlegen. Es ist bereits in „Geist in Welt" zu finden: Jeder, der eine Grenze auch nur vermutet, hat sie bereits überschritten[3]. In den Vorlesungen, aber in keinem seiner Bücher hat sich Karl Rahner dabei auf Hegel berufen. Es ist das klassische Argument der idealistischen Metaphysik: Jeder, der eine Grenze des menschlichen Geistes annimmt, widerspricht sich selbst, weil er ja um eine Grenze weiß und um ein Jenseits der Grenze, und damit hat er sie bereits überschritten.

Ich mache noch eine Nachbemerkung: Meine philosophische Dissertation behandelte die Frage des Verhältnisses von Erkennen und Wollen im Geist und die Relationalität des Menschen: Daß der Mensch Beziehung-Sein, nicht nur Bei-sich-Sein ist. Das war bereits eine gewisse Kritik an Rahner. Weil er den Menschen nicht gleich-ursprünglich als Beziehung versteht, braucht es nach ihm ein „übernatürliches Existential", um den Menschen auf den redenden Gott hinzuordnen. Vor dem schweigenden Gott zu stehen wäre für den Menschen die Hölle, wenn er ein Beziehungswesen ist und Gott sein eigentliches Du wäre.

Ich habe also in jener grundtheologischen Frage „Transzendenz Gottes – Beziehung des Menschen zu Gott" das Argument Pater Rahners nicht widerlegen können, aber damit immer Probleme gehabt, gefühlsmäßig, möchte ich fast sagen. Mit diesen Problemen und Fragen bin ich in die Praxis gegangen. Ich war damals also Rahner-kritisch eingestellt und hätte deswegen wohl auch gar keine Chance gehabt, an irgendeiner theologischen Fakultät Fuß zu fassen.

Fragwürdiges Reden von Gott?

Nach drei Jahren in der Seelsorge als Kaplan in einer Stadtpfarre in Wien ist meine 13jährige Schwester – ein Nachzüglerkind und für meine Eltern sehr wichtig (mein Vater war elf Jahre im Krieg und in Gefangenschaft gewesen) – an Leukämie erkrankt und dann gestorben. Ich habe sie begleitet. Sie starb mit den Worten: Mein Gott, mein Gott, warum hast Du mich verlassen? Sie hat das in der aramäischen Urfassung gesagt, vermutlich, um unsere Eltern nicht zu erschrecken, die dabei waren. Zu mir hin fügte sie noch hinzu: Paul, weißt du, was das heißt? Der Tod meiner Schwester mit diesen letzten Worten hat mich so getroffen, daß für mich die ganze Theologie und das Reden von Gott noch einmal fragwürdig geworden sind.

Daraufhin habe ich unseren Erzbischof, Kardinal Franz König, um ein Jahr Studienurlaub gebeten. Ich mußte mir von Grund auf alles neu überlegen: Wie man überhaupt von Gott sprechen kann. Ich bin als Kaplan nach Amras bei Innsbruck gekommen und habe dort im Pfarrhof gewohnt. Jeden Abend bin ich auf der Baustelle der Brenner-Autobahn spazieren gegangen. Dabei habe ich immer nachgedacht, wo der springende Punkt sei, warum das Argument von Pater Rahner nicht stimmen könne. Ich war sozusagen gefühlsmäßig davon überzeugt, daß er falsch liegt. Und dann ist mir wirklich eines Nachts eine Antwort eingefallen; es war wie eine Erleuchtung! Die Lösung sieht für mich so aus: Karl Rahner macht einen illegitimen Übergang von der Denkmöglichkeit in die Seinsmöglichkeit. Wenn ich mir projektiv eine Grenze denke, habe ich sie noch nicht real überschritten. Wir dürfen nicht allein von der Denkmöglichkeit auf die Seinsmöglichkeit schließen.

Diese Erkenntnis habe ich dann umgesetzt in eine theologische Dissertation. Sie war der Frage gewidmet: Wie können wir von Gott sprechen, wenn die Theologie selber sagt, daß Gott ein absolutes Geheimnis ist? Ich kann diese Geheimnishaftigkeit Gottes nicht als eine Eigenschaft neben andere stellen, denn sie stellt mein ganzes Reden von Gott in Frage. Mein Thema lautete: „Die Inkomprehensibilität Gottes und ihre Konsequenzen für die Gotteserkenntnis bei Thomas von Aquin und Karl Rahner"[4]. Diese Arbeit habe ich bei Pater Engelbert Gutwenger SJ gemacht. Er war damals der einzige in Innsbruck, der eine Rahner-kritische Arbeit angenommen hat. Ich habe Pater Coreth um das Zweitgutachten gebeten. Er hat mich als Philosoph sehr geschätzt – er hat mich seine „Metaphysik"[5], bevor sie noch erschienen ist, im Manuskript durchlesen lassen, um meine Meinung zu hören –, aber als ich ihm die theologische Doktorarbeit gegeben habe, meinte er: Herr Weß, Sie haben mich überhaupt nie verstanden! Ich hatte na-

türlich seinen transzendentalen Ansatz, den er von Pater Rahner übernommen hatte – also schon aus dem Vorwissen der Frage die Antwort
abzuleiten – radikal in Frage gestellt. Meine These lautete: Ich kann
mir aus der denkbaren Frage nicht die reale Beantwortbarkeit dieser
Frage ableiten. Pater Coreth hat die Zweitbegutachtung also abgelehnt.
Pater Gutwenger hat die Dissertation aber angenommen und meine
Kritik zumindest als ungelöste Rückfrage anerkannt. Das Zweitgutachten erstellte Pater Marlet.

*Die Unterscheidung zwischen Seinsmöglichkeit und Denkmöglichkeit
scheint die entscheidende Frage zu sein.*

☐ Klaus P. Fischer verteidigt in seiner Dissertation „Der Mensch als
Geheimnis"[6] die philosophische Anthropologie Karl Rahners. Er ist einer der wenigen, der auf meine Dissertation eingegangen ist, aber völlig negativ. Das erste, was er mir vorwirft und was mich sehr verletzt
hat, ist, daß ich von Hansjürgen Verweyen abgeschrieben hätte[7]. Naiv,
wie ich war, habe ich dessen Buch, das in dieselbe Richtung geht wie
meine Studie, ins Literaturverzeichnis aufgenommen. Weil Verweyen
in gewissen Punkten ganz ähnlich denkt wie ich, aber ohne jeden Einfluß auf mich, hat mir Fischer vorgehalten, ich hätte von Verweyen abgeschrieben, ohne das zu kennzeichnen. Dann sagt er aber, ich ginge
über Verweyen noch hinaus. Das ist doch ein gewisser Widerspruch!
In meiner Habilitation habe ich auf diese Kritik von Fischer reagiert[8].

*Ich habe den Eindruck, Pater Rahner würde einen Gesprächspartner, der
nicht nur alles billig wiederholt, sondern mitdenkt, begrüßen.*

☐ Da muß ich ein bißchen widersprechen. Ich habe Pater Rahner
mein Buch „Wie von Gott sprechen?" mit einem persönlichen Brief
geschickt, weil ich wußte, daß er mich menschlich schätzt. Ich habe
aber keine Antwort bekommen. Von Professor Gerhard Larcher
(Graz), der damals bei ihm in Münster studiert hat, hörte ich dann,
Karl Rahner habe gemeint, ich würde ihn nicht verstehen. Im Gespräch mit einigen anderen kam dann heraus, daß Pater Rahner sehr
wohl gespürt hat, daß meine Kritik seine Grundvoraussetzungen in

Frage stellt. Ich habe ihn später nochmals um ein Gespräch gebeten, aber er fühlte sich Anfang der 80er Jahre zu alt und sah seine Kräfte im Schwinden. Er regte an, ich solle meine Bedenken in einer Zeitschrift vorlegen. In der Innsbrucker ZKTh habe ich dann einen Artikel: „Wie kann der Mensch Gott erfahren? Eine Überlegung zur Theologie Karl Rahners" veröffentlicht[9]. Auch auf diesen Artikel ist er nicht eingegangen. Wenigstens hat mich Pater Rahner aber zweimal in den „Schriften zur Theologie" erwähnt[10]. Johann Baptist Metz hat Karl Rahner seinerzeit massiv kritisiert, und Pater Rahner hat sich besonders über den Igel-Vergleich sehr geärgert. Das war eine sehr polemische Art, sich von seinem Lehrer abzusetzen[11]. Vielleicht wird meine eigene Kritik mit der Zeit aktueller, weil es heute nicht mehr diese idealistische Euphorie aus den 60er Jahren gibt.

Horizontalisierung des Christentums?

Halten Sie heute noch an Ihrer Grundkritik an Karl Rahner fest?

☐ Mein Hauptkritikpunkt bleibt, abgesehen von seiner philosophisch nicht haltbaren idealistischen Metaphysik, daß Pater Rahner das Geheimnis Gottes auf die Unbegreifbarkeit reduziert. Ich gehe oft zu seinem Grab in der Krypta der Jesuitenkirche und bete für ihn. Ich entschuldige mich auch, daß ich ihn kritisiere. Und ich sage immer wieder dazu: Wenn aber meine Kritik berechtigt ist, dann mußt Du mir jetzt helfen. Karl Rahner war in seiner persönlichen Frömmigkeit ein gläubiger Mensch, der Gott angebetet hat, für den Gott immer größer war. Aber in seinen systematischen Schriften hat er aus dem Bemühen heraus, den ungläubigen oder kritischen Menschen von heute einen Zugang aufzuzeigen, eben voll auf die idealistische Karte gesetzt. Damit hat er aber eine Entwicklung ausgelöst, vor deren Konsequenzen er dann selbst zurückgeschreckt ist: nämlich die Horizontalisierung des Christentums. Er hat sozusagen Gott und die Mitmenschlichkeit auf dieselbe Ebene gestellt, besonders mit seiner These der Identität von Gottes- und Nächstenliebe[12]. Kann ich dann nicht gleich den Menschen an die Stelle Gottes setzen? Wird Gott so nicht reduziert auf das innerste Geheimnis des Menschen? Das ist eine Entwicklung, die Pater Rahner nicht gewollt hat.

Die Transzendenzvergessenheit in der Theologie

Ich meine, daß das mitentscheidend ist für die Krise der Theologie und des Glaubens heute. Ich habe einmal ein Gespräch mit Kardinal Ratzinger gehabt. Da hat er meine Habilitationsarbeit gesehen und gemerkt, daß ich eine Rahnerkritik drinnen habe. Das hat ihm sehr gefallen. Daraufhin habe ich zu ihm gesagt, man solle doch nicht Professor Rahner für etwas kritisieren, wo er nur die letzten Konsequenzen aus der traditionellen Gnadenlehre gezogen hat. Pater Rahner hat ja nichts anderes gemacht, als zu sagen, daß die Gnade, das göttliche Leben, nicht auf die Natur aufgesetzt sein darf wie ein zweites Stockwerk. Deswegen muß der Empfänger eine göttliche Kapazität haben. Das heißt: Wenn wir vergöttlicht werden können sollen – wie es die alexandrinische Theologie in die Kirche hineingebracht hat – dann müssen wir göttliche Kapazität haben. Sonst bleibt die Vergöttlichung ein Fremdkörper. Der Verlust der Transzendenz ist nicht erst in der modernen Theologie geschehen. Er ist schon damals erfolgt! Wenn ein Athanasius sagen kann, Gott sei Mensch geworden, damit wir Götter werden, obwohl in der Bibel steht, wie Gott werden zu wollen ist die Sünde schlechthin, dann ist hier das Verhängnis passiert! Man soll deswegen die modernen Theologen, die dann die letzten Konsequenzen ziehen und damit aber – ungewollt natürlich – die Transzendenz Gottes ganz aufgeben, nicht kritisieren für etwas, wo sie nur logisch weiterdenken.

In der klassischen traditionellen Theologie hat man dafür das Modell verwendet von der Veredelung eines Wildlings: Die Natur ist der Wildling, und das göttliche Leben wird aufgepfropft. Aber im Wort „aufgepfropft" liegt schon eine Kritik. Denn was mir aufgepfropft wird, bleibt ein Fremdkörper. Der Wildling wird ja nicht verändert. Auf dieses Problem wollte die Nouvelle Théologie aufmerksam machen. Bei den Franzosen war es Henri de Lubac SJ, bei uns, mit größerer öffentlicher Aufmerksamkeit, Karl Rahner. Sie haben den Menschen zum Partner Gottes erklärt. Jetzt soll man nicht diese Horizontalisierung, die nur die letzten Konsequenzen aus der Transzendenzvergessenheit bereits in der traditionellen hellenistischen Theologie gezogen hat, als böse hinstellen, sondern sich selbst fragen: Wo liegt bei uns die Schuld? – Das hat Kardinal Ratzinger nicht hören wollen!

Geht nicht die Kritik von George Vass SJ in eine ähnliche Richtung, was die Transzendenzvergessenheit anbelangt?

☐ Vass zitiert mich in seinen Büchern[13]. Er war einer der wenigen, bei denen ich das Gefühl hatte, er habe mich verstanden bzw. daß er meine Kritik mindestens aufgreift. Ich sollte vielleicht noch einmal betonen, daß ich Pater Rahner menschlich immer sehr geschätzt habe. Das beruhte, glaube ich, auf Gegenseitigkeit. Wenn wir uns bei irgendeiner Tagung gesehen haben, ist er immer auf mich zugegangen.

Anmerkungen

[1] Vgl. K. Rahner, Über den Begriff des Geheimnisses in der katholischen Theologie, in: Ders., Schriften zur Theologie. Bd. 4. Einsiedeln 1960, 51–99; jetzt in: K. Rahner, Sämtliche Werke. Bd. 12: Menschsein und Menschwerdung Gottes. Studien zur Grundlegung der Dogmatik, zur Christologie, Theologischen Anthropologie und Eschatologie. Freiburg 2005, 101–135.

[2] Zehn Punkte waren die beste Note, neun waren „Sehr gut".

[3] K. Rahner, Geist in Welt. Zur Metaphysik der endlichen Erkenntnis bei Thomas von Aquin. Innsbruck 1939, 20; jetzt in: Ders., Sämtliche Werke. Bd. 2: Geist in Welt. Philosophische Schriften. Freiburg 1996, 39 f.: „In der Tat, wie kann der menschliche Intellekt sich so in seine eigene Grenze zurückholen und damit ein merkwürdiges Wissen um ein mögliches Jenseits dieser Grenze bekunden, das in dem Wissen von Grenze als solcher immer eingeschlossen ist?"

[4] Vgl. P. Weß, Wie von Gott sprechen? Eine Auseinandersetzung mit Karl Rahner. Graz 1970.

[5] Vgl. E. Coreth, Metaphysik. Innsbruck 1961 ([3]1980).

[6] K. P. Fischer, Der Mensch als Geheimnis. Die Anthropologie Karl Rahners. Freiburg 1974 ([2]1975).

[7] Vgl. H. Verweyen, Ontologische Voraussetzungen des Glaubensaktes. Zur transzendentalen Frage nach der Möglichkeit von Offenbarung. Düsseldorf 1969.

[8] Vgl. P. Weß, Gemeindekirche – Ort des Glaubens. Die Praxis als Fundament und als Konsequenz der Theologie. Graz 1989, 132–135. Dieses Buch – die Habilitationsarbeit von P. Weß – enthält seinen Versuch einer neuen, nachidealistischen Grundlegung der Theologie als einer „anzielenden" Rede von Gott, die auf entsprechenden mitmenschlichen Praxis-Erfahrungen und deren Deutung beruht;

also auf einem „Gotteserweis" statt im Sinn Rahners auf einem transzendentalen „Gottesaufweis" aus einem vorgegenständlichen Wissen um Gott.

[9] Vgl. P. Weß, Wie kann der Mensch Gott erfahren? Eine Überlegung zur Theologie Karl Rahners, in: ZKTh 102 (1980) 343–348. Der Artikel ist auch nachgedruckt in dem Sammelband: P. Weß, Und behaltet das Gute. Beiträge zur Praxis und Theorie des Glaubens. Thaur 1996, 225–232.

[10] Vgl. K. Rahner, Fragen zur Unbegreiflichkeit Gottes nach Thomas von Aquin, in: Ders., Schriften zur Theologie. Bd. 12. Zürich 1975, 306–319, 306, Anm. 2; K. Rahner, Die theologische Dimension der Frage nach dem Menschen, in: ebd. 387–406, 392, Anm. 8.

[11] Vgl. J. B. Metz, Glaube in Geschichte und Gesellschaft. Studien zu einer praktischen Fundamentaltheologie. Mainz [3]1980, 143–145; vgl. dazu: K. Rahner, Bekenntnisse. Rückblick auf 80 Jahre. Hg. v. G. Sporschill. Wien 1984, 37: „Metz hat natürlich immer und zu allen Zeiten zugegeben, daß er mein Schüler war und mir viel verdankt, aber er hat noch stärker betont, daß er ein kritisches Verhältnis zu meiner Theologie habe. Wir haben eigentlich nie darüber geredet. Geärgert hat er mich, weil er mehrere Male in Vorträgen den Vergleich zwischen Igel und Hase gebracht hat: Ein Igel und ein Hase machen einen Wettstreit, wer schneller laufen kann. Sie laufen also in zwei Kartoffelfurchen nebeneinander, können sich aber erst im Ziel sehen. Der Hase rennt wie wahnsinnig, doch der Igel stellt am anderen Ende seine Frau auf, und wie der Hase dahersaust, schreit die Frau Igel: Ich bin schon da. – Dann hat Metz erklärt, ich sei der Igel, der angeblich mit seiner transzendentalen, apriorischen Theologie immer schon die theologischen Resultate erzielt habe, während sich Metz mit seiner Politischen Theologie entsetzlich mühen müsse. In der Festschrift zu meinem 75. Geburtstag hat Vorgrimler dann gefragt, wo denn bei mir der zweite Igel sei. Eine transzendentale Theologie, die immer wieder auf sich selbst reflektiert, müht sich vielleicht viel mehr als die Politische Theologie, die munter und vergnügt in das Morgenrot der Zukunft läuft – so ungefähr."

[12] Vgl. K. Rahner, Über die Einheit von Nächsten- und Gottesliebe, in: Ders., Schriften zur Theologie. Bd. 6. Einsiedeln 1965, 277–298. Ebd. 282 f. u. 295 erklärt Rahner diese Einheit als Identität.

[13] Vgl. G. Vass, Understanding Karl Rahner. 5 Bde. London 1985–2001; ders., Understanding Karl Rahner. Bd. 1: A Theologian in Search of a Philosophy. London 1985, 63 f.

6 ANHANG

Hugo Rahner SJ
„Von Bruder zu Bruder"

In ihrem Editionsbericht (XI–LVI) zu Band 9 der „Sämtlichen Werke" Karl Rahners zitiert die Bearbeiterin Regina Pacis Meyer „nahezu gänzlich" (XLIV) einen ausführlichen Brief Hugo Rahners an seinen vier Jahre jüngeren Bruder Karl vom 18. Februar 1955. Verfaßt ist dieses Schreiben in Rom auf Briefpapier des „Istituto Storico della Compagnia di Gesu Roma", Via dei Penitenzieri 20, in unmittelbarer Nachbarschaft der Generalskurie, wo der Kirchengeschichtler und Patristiker wegen seiner Ignatiusforschungen (u. a. für das Jubiläumsjahr 1956) immer wieder anzutreffen war. In dem Brief, von dem freilich „offen bleiben (muß), ob und wie weit seine Sicht der Dinge zutreffend war" (XLIV), macht Hugo Rahner – wie Karl Professor an der Theologischen Fakultät Innsbruck – seinem tief gekränkten Bruder Mut. Dessen für die im Vorfeld der Dogmatisierung der Aufnahme Mariens in den Himmel (1. November 1950) vorgesehene Veröffentlichung eines umfangreichen Manuskripts mit dem lateinischen Titel „Assumptio Beatae Mariae Virginis" war in der ordensinternen Zensur steckengeblieben und von ihm mehrmals überarbeitet worden. Die Sache schleppte sich offenbar jahrelang dahin und zermürbte ihn. Hugo Rahner anderseits war mit „römischen Usancen" bestens vertraut: „Der Brief zeugt von der aufrichtigen und ernsthaften Freimütigkeit dem Bruder gegenüber und von dem Zueinander der beiden; er steht an Schärfe und Eindeutigkeit zwar dem Schreiben H. Rahners an den Generalassistenten kaum nach, offenbart aber auch die brüderliche Zuneigung und Liebe. Zugleich macht das Schriftstück noch einmal deutlich, wie tiefgehend K. Rahner von den Geschehnissen um seine Arbeit getroffen war und nun zu verbittern drohte" (XLIV). Kurze Zeit später gab Karl Rahner den Studenten des Collegium

Germanicum et Hungaricum auf dem Landgut San Pastore in Palestrina
Exerzitien und kam damit – 51jährig – erstmals in die Ewige Stadt. Das
Manuskript, das in der Rahnerforschung unter dem Kurztitel „Assumptio-
Arbeit" firmiert, wurde erst 2005 postum veröffentlicht.
Der Brief – dessen Einschätzungen von H. de Lubac SJ und vom Assistenten
des Generaloberen (P. van Gestel SJ) nicht zutreffen, sondern als Interpreta-
tion Hugo Rahners gelten müssen – zeigt eindrucksvoll, wie der ältere dem
jüngeren Bruder begegnete. Der Stil Hugo Rahners läßt auf eine trotzige
Charakterseite, aber auch auf ein verwundetes Herz Karl Rahners schlie-
ßen, der offenbar sehr frustriert über den Gang der Dinge war.

[Nachdruck aus: R. P. Meyer, Editionsbericht, in: K. Rahner, Sämtliche Werke. Bd.
9: Maria. Mutter des Herrn. Mariologische Studien. Freiburg 2005, XLIV–XLVII.]

[Rom, 18. 2. 1955]

„Lieber Karl,
       ich möchte Dir noch einen Brief schreiben, bevor der Pater Malm-
berg zu Euch kommt. P. Tattenbach nimmt ihn mit.
       Jetzt wird die Sache ernst. Wenn ich neulich beim Gespräch in
Freiburg Deinem Geschmack nach ein wenig zu sehr auf der ‚anderen'
Seite zu stehen schien, so möchte ich Dich jetzt noch einmal von Herzen
bitten, mir zu glauben, daß das kein ‚Umfall' war oder der Gleichen,
sondern eine – verzeih, wenn ich's so sage – doch glaub ich, bessere Einsicht in die Dinge, so wie sie de facto liegen und sich darbieten, wenn
man nicht gar so leidenschaftlich … denkt, wie Du es derzeit tust. Das
ist jetzt vielleicht keine eben diplomatische Einleitung, aber es ist Dir
sicher lieber, ich sag's grad heraus, was ich denke; ich hab es ja auch
neulich in Freiburg versucht, und von allem, was Du geantwortet hast,
hat mich nur das Eine sehr verletzt, daß Du behauptet hast, ich hätte
Dich schon damals in der Frage der Zensur Deines Buches sozusagen
im ‚Stich' gelassen. Laß mich also bitte noch einmal sagen, wie ich mir
die Sache denke und, bitte, laß mich Dir dann auch ein paar brüderliche
Bitten vorlegen.
       Wir sind alle miteinander natürlich der Überzeugung, daß es sich
bei der ganzen Geschichte um das Produkt einer derzeit hier im Sanc-

tum Officium herrschenden Stimmung der äußersten Nervosität handelt – woher die kommt, wie weit sie berechtigt ist, etc. das gehört jetzt nicht hierher. Dort haben Dich irgendwelche Leute aus Deutschland oder Österreich verdächtigt. Damit muß der P. General rechnen. Nun bitt ich Dich, absolut davon überzeugt zu sein, daß der P. General selbst und der P. Assistent alles, was Du bisher geleistet hast, auf das Höchste schätzen und desgleichen genau wissen, daß Du der Letzte bist, der dies (unter normalen Umständen) alleweil auch bestätigt haben will. Jetzt aber, wo man – ohne jegliches Zutun von ihrer Seite – gegen Dich angeht, müssen sie sich mit Dir in dieser unangenehmen Weise befassen. Nimmt man dazu, daß auch die unglückliche Sache mit der damaligen Zensur Deines Buches und Deine Weigerung, Dich (unter Hinweis auf andere und wichtigere Arbeiten) zu der römischen Zensur zu äußern, einen unguten Eindruck gemacht hat, … dann mußt Du versuchen, ein wenig Verständnis aufzubringen, daß jeder Obere, der Dir in Wahrheit helfen will, vor allem, der Dich verteidigen will, zuerst einmal das punctum elenchi darstellen muß; und das geht nun einmal nicht mit langen Briefen (auf die Du vielleicht nicht einmal recht hättest antworten können oder wollen), das ginge nur mit einer persönlichen Aussprache hier in Rom (und das hättest Du als eine Zitierung empfunden), und somit schickt Dir P. General einen netten, vernünftigen und sachkundigen Mann, der endlich einmal feststellt, was – oder, davon bin ich überzeugt – was nicht los ist. Der kann sich dann auch zur gleichen Zeit mit ein paar merkwürdigen Angriffen auf P. Jungmann befassen und endlich auch ein paar Querelen, die man gegen unsere Fakultät im allgemeinen hat, mit den dazu zuständigen und vernünftigen Patres besprechen.

Ich habe vorgestern und gestern ziemlich ausführlich mit P. Malmberg gesprochen; er ist ein sehr lieber, ruhiger und netter Mann, mit dem man wirklich reden kann. Der Elenchus von Sachen, die man Dir vorwirft, braucht Dich sicher nicht zu beunruhigen, aber gerade weil das alles in sich und quoad rem dogmaticam so hergeholt und meines Erachtens nichtig ist, solltest Du mit ihm nicht ironisch, nicht polternd, sondern sachlich und eben so reden, daß er auf jeden Fall mit diesem einen Ergebnis gen Rom zurückfahren kann, daß er P. General beruhigt, die Rahnersche Doktrin sei durchaus in Ordnung. – Dies zu den paar angeblich ‚sachlichen' oder doktrinellen Einwänden, die vorgebracht wurden. – Wichtiger ist meines Erachtens das zweite, und das bezieht sich natürlich auf P. General und die Kurie selbst. Man hat also Deine Weise, das römische Zensurelaborat stillschweigend ad acta zu legen und mit keinem Wort darauf zu reagieren, sehr kränkend empfunden. Deine Verteidigung, Du habest für so was keine Zeit, erregt Widerspruch angesichts all dessen, was Du seither geschrieben und gearbeitet hast. Man merkt genau: Du willst nicht; und wer nicht irgendwo nachgeben kann, setzt sich meistens mit Recht ins Unrecht. Mit ein wenig mehr souplesse – selbst in der am meisten beanstandeten Frage nach der Theologie des Todes – hätte sich doch wohl eine media via gefunden … Kurz, ich glaube wirklich, Karl, daß Du nun einmal bald die Sache mit dem Marienbuch sine ira und mit viel studio neu aufnehmen mußt, schon um der schönen Sache willen, die man ja selbst beim Zensor anerkannt fand, als auch um der anderen Tatsache willen, daß man Dich in den lächerlichen, aber halt nun einmal gefährlichen Anwürfen aus dem Sanctum Officium hier in der Kurie um so lieber verteidigt als man von Deinem grundsätzlich guten Willen überzeugt ist bzw. nicht heimlich doch meint, Du seiest langsam ein stur gewordener Antirömer.

Um was ich Dich also bitte, ist sehr brüderlich dieses, und es liegt mir daran so viel, daß ich darob manchmal mitten in der Nacht aufwache und anfange, für Dich innig zu beten: Bitte, revidiere doch einmal Deine sicher langsam sklerotisch gewordene Antipathie gegen alles ‚Römische'. – Sei Du darin einmal der Noblere, so wie es auch Lubac gewesen ist; versuch es, Dich davon zu überzeugen (ohne immer wieder zurückzugreifen auf die unglückliche Vorgeschichte der Zensur Deines Buches … oder alle die tragischen Mißgriffe in Bezug auf die ‚Nouvelle théologie'), daß man Dir wirklich von Herzen wohl will, daß man genau weiß, was Du in der deutschen Theologie für eine Stellung hast, was Du schindest und schaffst – und daß man eben darum alles versucht, Dich zu verteidigen gegen die Dinge, die von *außen* über das Sanctum Offizium an die Kurie gelangt sind.

Ich hab dem P. Malmberg gesagt, er hätte einen ganzen Erfolg, wenn er drei Dinge mitbringen könnte: 1) den von ihm dogmatisch unterschreibbaren Nachweis, daß die doktrinellen Vorwürfe gegen Dich einfach gegenstandslos und lächerlich seien, das könne man aus dem beweisen, was Du ‚palam locutus es‘, ohne daß dagegen bisher irgend jemand einen sachlichen und ehrlichen Angriff gemacht habe. – 2) Daß Deine antirömische Stimmung auf keinen Fall eine eigentliche „Überzeugung" sei und daß Du angesichts all der Wirrnisse und Irrungen, die daraus hier entstanden, in dieser Hinsicht klüger und vorsichtiger sein würdest, und 3) daß Du ehrlich und redlich einen Weg zu suchen bereit bist, auch die Geschichte mit dem Marienbuch auf eine Weise zu regeln, die zu einem klugen Nachgeben bereit ist und dieses ‚Nachgeben‘ nicht gleich als dogmatische Charakterlosigkeit empfindet.

Das ist es, was ich in einer gewissen Eile (morgen geht Tattenbach nach Innsbruck ab) Dir schreiben wollte. Ich weiß es, auch wenn Du brummelst, daß Du auf jeden Fall von *meinem* guten Willen und meinem Verständnis überzeugt bist, und es wäre für mich unerträglich schwer, wenn ich merken müßte, daß Du auch zu mir kein rechtes Vertrauen mehr hast. Derlei Dinge gehen auch vorüber, gewiß, aber derzeit und hic et nunc muß das ausgelöffelt werden, und das tun wir doch wohl am besten in einer Stimmung des Zutrauens, um das ich Dich nicht nur für mich, sondern auch für P. General von Herzen bitte, der Dich so lieb hat und von Dir immer nur mit den nettesten Worten spricht. Mach es ihm also nicht zu schwer und sei drum gut zu dem Pater, den er Dir schickt. … Überleg Dir bitte doch einmal, ob es nicht auch sehr dienlich wäre, wenn Du in einem kurzen und dichten Gutachten an P. General einfach einmal selbst das Wort ergreifst zum Nachweis, daß alles, was Du geschrieben hast, nicht nur durchaus orthodox, sondern geradewegs dazu geschrieben ist, um gewisse Unklarheiten in der theologischen Disputation zu klären – so z. B. daß alles, was Du über den Monogenismus geschrieben hast, ja in Wahrheit eine Verteidigung von Humani generis war und nicht ein heimlicher Angriff, und daß der, der eben diese Arbeit angreift, justament wahrscheinlich das Ganze nicht recht gelesen hat, genau so wie mit den vielen Messen. Ich würde überhaupt sehr viel halten von einem guten Brief an P. General, damit er nicht meint, Du sitzest tragisch in einem Schmollwinkel und fühltest Dich extra und wohlig mißverstanden.

Aber jetzt Schluß für dieses Mal. Ich schreibe wieder, sobald ich weiß, wie die Dinge laufen. Und sei überzeugt, Karl, daß ich in diesen

Tagen so innig und herzlich an Dich denke, wie ich's nur kann. Hugo"[1].

Anmerkungen

[1] Im Brief erwähnte Namen: *Piet van Gestel SJ* (1897–1972), 1946 Assistent für die deutsche Assistenz der Jesuiten in der römischen Ordenszentrale; *Johann Baptist Janssens SJ* (1889–1964), 1946–1964 Generaloberer der Gesellschaft Jesu; *Josef Andreas Jungmann SJ* (1889–1975), Professor für Katechetik und Liturgiewissenschaft an der Universität Innsbruck; *Henri de Lubac SJ* (1896–1991), Professor für Fundamentaltheologie und Dogmatik am Institut Catholique in Lyon, 1950 Lehrverbot im Gefolge der Enzyklika „Humani generis", 1962 Peritus auf dem Zweiten Vatikanischen Konzil, 1983 Kardinal; *Felix Malmberg SJ* (1903–1979), Theologe und Schriftsteller in Amsterdam, 1954 Visitator für das Innsbrucker Jesuitenkolleg; *Franz von Tattenbach SJ* (1910–1992), 1953–1959 Rektor am Collegium Germanicum et Hungaricum in Rom.

Roman A. Siebenrock
Erfahrungen im Karl-Rahner-Archiv

[Nachdruck aus: Stimmen der Zeit spezial 1–2004, 31–42.]

Welchen Karl Rahner habe ich im Karl-Rahner-Archiv[1] kennengelernt? „Rahnerfrei" war ich nicht, als Walter Kern SJ mich im Jahr 1985 nach Innsbruck holte. Bei verschiedenen Vorträgen, in der Hochschule für Philosophie, bei Abendvorträgen in St. Michael und in der Studentengemeinde in München hatte ich Karl Rahner zuvor gesehen und erlebt. Kennengelernt hatte ich ihn durch seine Bücher und Texte im Religionsunterricht in der Schule, dann während des Studiums der Philosophie bei Karl-Heinz Weger SJ, der meine Magisterarbeit über Karl Rahner betreute. Im Theologiestudium fungierte Karl Rahner mehr als jemand, von dem man sich bei aller Anerkennung absetzte. Wie hat sich, so muß ich genauer fragen, mein Bild von Karl Rahner in den Jahren im Archiv verändert und entwickelt? Denn als ich nach Innsbruck kam, betrat ich die Räume des Archivs mit einem Heidenrespekt: wie ein „Heiligtum". Daß solche Aura bald der alltäglichen Arbeit den Platz räumte, war nur gut.

Dimensionen eines Lebens – verschlüsselt im Archiv

Natürlich lernte ich im Archiv nicht jenen Karl Rahner kennen, den unzählige Menschen in Vorträgen und Predigten gehört haben; auch nicht so, wie ihn viele im Gespräch erlebt hatten. Auch bin ich ihm nicht begegnet wie seine Zuhörer, Mitstreiter oder „Opfer" in den Disputationen und Debatten während seiner Ausbildung, als akademischer Lehrer oder im Ringen auf dem Zweiten Vatikanischen Konzil oder auf der Würzburger Synode. Ohne Zweifel begegnete er mir nicht in der Form, wie ihn seine Mitarbeiterinnen und Mitarbeiter sowie seine Assistenten schätzten oder erduldeten, als er mit wechselndem Geschick „Chef" sein mußte. Ich mußte ihn nicht bis zum Tempolimit des Autos chauffieren. Auch habe ich mich nicht an diesem Feuer verbrannt und war nie in der Gefahr, in seinem Arbeitsprogramm aufgesogen zu werden, weil er selbstverständlich das voraussetzte, was er selber gab: Totaleinsatz. Wie hätte ich ihn in jener Alltäglichkeit kennenlernen sollen, in der seine Mitbrüder im Wechsel der Zeiten und Stimmungen mit ihm zusammen lebten: nicht nur heiter und einfühlsam, sondern auch verschlossen und mürrisch, bisweilen „hochexplosiv"! Am wenigsten konnte ich ihn in jenem internen Forum kennenlernen, in dem er für so viele Menschen zum geistlichen Begleiter, Freund, Nothelfer, Beichtvater und Lebensberater wurde. So lernte ich ihn nicht kennen, weil selbst die „neuen Medien" die Begegnung von Person zu Person nicht ersetzen können. In seine Augen konnte ich als Archivar nicht blicken, und er konnte mir nie antworten, auch wenn ich mich manchmal bei monologischen Gesprächen ertappte, in denen ich ihn „virtuell" fragte, wohin ich diesen Vortrag oder jenen Textentwurf einordnen müsse.

Und dennoch, das scheint mir das Besondere meiner Begegnung auszumachen, sind alle diese Dimensionen seines Lebens im Archiv verschlüsselt. Das in allen Variationen gesammelte Papier, die zahlreichen Bilder und die wenigen persönlichen Erinnerungsstücke sind für mich zusammen mit all den anderen Beständen verschwiegene Zeugen, die mit einem Netz von Erzählungen, Überlieferungen, Interpretationen und Verweisen durchwoben sind. Denn das Karl-Rahner-Archiv ist auch ein Sammelort mündlicher Tradition, der „oral tradition".

Ich habe Karl Rahner so kennengelernt, wie ihn kommende Generationen kennenlernen werden: vermittels stummer Zeugnisse, die auf die Dramatik seines Lebens, sein Ringen, seine prägenden Erfahrungen ebenso verweisen, wie auf seine Ratlosigkeit und sein Verstummen vor dem Geheimnis des Todes und der Ewigkeit des unbegreiflichen Gottes. Im Karl-Rahner-Archiv spiegelt sich auch die Glaubens- und Kirchengeschichte des 20. Jahrhunderts. „Archivalien" nennt die Fachsprache, was als Erbe Karl Rahners die Oberdeutsche Provinz SJ der Theologischen Fakultät der Universität Innsbruck zur wissenschaftlichen Erschließung anvertraut hat. Ich habe allmählich gelernt und übe immer noch, auch indem ich die Interessierten aus aller Welt darin einzuweisen versuche, dieser schweigsamen Hinterlassenschaft ihre Ge-

formel. Einige Unterlagen von philosophischen Akademien, bei denen er seine ersten Disputationsversuche unternahm, haben sich gefunden. Daneben verweisen die lateinischen Schulbücher, die er mitunter mit Karikaturen und lustigen Bemerkungen versah, auf jene jesuitische Gegenwelt, die die Ausbildungsstätten der Gesellschaft Jesu im deutschen Sprachraum nach dem Ersten Weltkrieg darstellten.

„Klosterkinder" nennen sich Karl und Hugo (1900–1968)[4] Rahner in der Festschrift für den Vater von 1928[5]. Milieu und Ausbildungstradition in lateinischer Sprache waren für Karl Rahner so selbstverständlich, daß sich nirgends ein Zeichen von Kritik aus dieser Zeit feststellen läßt. Ein fleißiger, den vorgegebenen Rahmen problemlos akzeptierender und dennoch hellwacher Student muß er gewesen sein. Seine Bücherliste und einige Ausleihzettel aus späteren Jahren zeigen, daß er nicht einfach ins Regal greifen konnte, sondern die „verschlossenen Bücher" nur mit ausdrücklicher Genehmigung der Verantwortlichen lesen konnte. In dieser heute versunkenen Welt reifte sein universales Denken.

In diesen Selbstverständlichkeiten, die Karl Rahner immer als „normal" charakterisiert und die uns heute immer weniger als „normal" erscheinen, wurzeln seine Offenheit und Bereitschaft zum Dialog und Dienst für so viele, nicht zuletzt auch seine Kritik. Ist dies heute möglich ohne seine Verwurzelung? Karl Rahner scheint das geahnt zu haben, wenn er später vom „Mut zum kirchlichen Christentum"[6] und dabei geradezu monoton von „Treue" und „Selbstverständlichkeit" spricht. Ich habe selber sein baß erstauntes Gesicht gesehen und etwas Ärger in der Stimme zu hören gemeint, als er in der Studentengemeinde in München auf die Frage nach der Kirche antwortete:

Wenn heute jemand „negative Erfahrungen mit der Kirche macht, stellt er sich sehr schnell die Frage: ‚Bleibe ich noch in der Kirche?' Mich macht diese Frage ‚verrückt'. Für mich, den Glaubenden, ist sie letztlich unsinnig, denn was soll für mich dieses ‚noch' bedeuten? Das ist so, als würde ich fragen wollen: ‚Will ich ‚noch' Mensch sein? Oder ‚Will ich ‚noch' in diesem armseligen 20. Jahrhundert weiterleben?' Bei solchen und anderen indiskutablen Realitäten des Lebens gibt es für mich eigentlich nur eine Alternative: entweder einen radikalen Protest, der, konsequent zu Ende gelebt, in den Selbstmord treiben müßte, oder die Annahme und ein Durchtragen des Lebens mit all seinen Negativa. Ich gehe davon aus, daß ein Christ in seiner Kirche bleibt – trotz allen Ärgers über sie."[7]

Kirche ist das Existential seines Lebens und seiner Theologie im Wandel der Zeiten. Ein Stilwandel ist auch an seinen Paßphotos abzulesen: Bis zum Konzil in Studioqualität mit dem Kollar, danach im Anzug, schließlich mit einem blassen Automatenphoto „Marke Verbrecherbild" versehen. Ist dies sein Protest gegen Bürgerlichkeit, Sparsamkeit oder auch ein Zeugnis seiner Neugierde für technische Neuigkeiten?

Fremd blieb ihm die heutige Form der Selbstbeobachtung und autobiographischer Aufmerksamkeit. Es fand sich kein Tagebuch, mit dem ich seinen intellektuellen Werdegang hätte nachvollziehen können. In den wenigen Dokumenten, die Autobiographisches bekunden, hält er fest, was er neben seiner Destination tat; wohl als Grundlage für den Bericht an den Provinzial. In frühen Jahren zählte er selbst die Beichten und Christenlehren. In der Seelsorge war er kontinuierlich zu finden, auch während seiner Studienzeit in Freiburg. Sein „Notizbüchlein" war der einzige Schlüssel, mit dem ich die in den Schachteln verpackten Bestände einzuordnen und zu beschreiben vermochte. Wie wenig er an der Reflexion seiner theologischen Entwicklung interessiert war, las ich daran ab, daß sich handschriftliche Fassungen jener ersten Aufsätze irgendwo versteckt in den großen Kartons fanden, die später aus dem Französischen rückübersetzt worden sind. Das einzige Dokument dauerhafter biographischer Forschung ist eine Liste seiner Vorfahren, die er schließlich bis nach Tirol zurückverfolgen konnte. Den Jesuiten alter Schule erkannte ich auch in der Sammlung alter, abgegriffener Gebetbücher aus der Tradition ignatianischer Spiritualität, der Kontaktreliquie des Ignatius von Loyola und seiner wohl bis zum Ende seines Lebens selbstverständlich geübten Gewohnheit, in aller Herrgottsfrühe mit Betrachtung und stiller Messe den Tag zu beginnen und den Abend in ähnlicher Übung zu beschließen[8]. Jene Tageseinteilung, die er in seinem Schulaufsatz schilderte, prägte sein ganzes Leben.

Seine Alltagsrealität war von meiner sehr verschieden, weil ich damals meinen eigenen Haushalt organisieren mußte. Ich schmunzle, wenn ich mich an die Erzählungen von Herlinde Pissarek-Hudelist und Elfriede Oeggl erinnere, die von Rahner am Sonntagmorgen oder am Heiligen Abend in Atem gehalten worden sind[9]. Daß sein Versuch, Auto zu fahren, kurz und bündig an der Garagenwand endete, oder daß er nach mehrmaligen Versuchen resigniert feststellte, daß selbst die modernen elektrischen Eierkocher Wasser brauchten, wirken wie Erinnerungen von fremden Galaxien. Rahner lebte in einer anderen Welt. Er schien keine „Tiroler Hobbies" zu pflegen und einen „Tiroler Gottesbeweis", der nach dem früheren Bischof Reinhold Stecher bekanntlich über die Berge führt[10], findet man bei ihm nicht. Alles schien der Aufgabe unterstellt zu sein. Vorrangig dominiert das Interesse am Menschen. Hier jedoch war er immer Zeitgenosse.

Die Erzählungen von Herbert Vorgrimler verdeutlichten mir die traditionelle jesuitische Lebensmatrize: Erst spät habe Karl Rahner seine Reserviertheit aufgeben können. Die früh gelernten Regeln, auch im Umgang mit Frauen, habe er ein Leben lang verinnerlicht. Als der Briefwechsel mit Luise Rinser in einseitiger Weise veröffentlicht wurde, war mir als Ehemann deutlich, wie unglaublich naiv und ohne Hintergedanken er in diese Freundschaft eingetreten war; wahrscheinlich so, wie er vielen anderen Menschen, auch Frauen ein treuer Begleiter als Seel- und Menschensorger war. Anita Röper habe ich persönlich besucht. Sie hat mir viel entschlüsseln geholfen[11]. Warum hatte er nicht, wie John Henry Newman es für nötig hielt, ein Dossier für seine Mitbrüder hinterlassen, in dem er die kommenden Vorwürfe klärte? Vielleicht war er deswegen so wenig um sich selbst bekümmert, weil er sich mehr dem Gericht und der Gnade Gottes anvertraute. Ich habe niemals einen Karl Rahner kennengelernt, der sich um seinen Platz in der Kirchen- und Theologiegeschichte kümmerte. Das war ihm, so denke ich, „wurscht". Er hatte sich stets in neue Situationen und Fragestellungen zahlreicher Menschen hineinnehmen lassen, um dort seiner Berufung als Priester und Jesuit gerecht zu werden. Ich habe bald als nüchterne Selbsteinschätzung gelesen, was er als Summe seines Lebens ansah:

> „Ich weiß nicht, was mit meinem Leben ist. Ich habe kein Leben geführt, ich habe gearbeitet, geschrieben, doziert, meine Pflicht zu tun und mein Brot zu verdienen versucht, ich habe in dieser üblichen Banalität versucht, Gott zu dienen, fertig."[12]

Das „Arbeitstier": Denker, Schriftsteller, Wissenschaftsorganisator

Allen Besuchern begegnet er heute im Archiv als Schriftsteller und theologischer Schulmeister, als der *Professor Dr. Karl Rahner SJ*. Weil im Archiv auch die Innsbrucker Aura gegenwärtig ist, verbinden sich beide Aspekte. Denken und Schreiben scheinen bis in die späteren 60er Jahre eins gewesen zu sein. Von fast allen Aufsätzen und Büchern gibt es eine handschriftliche Fassung, mitunter mit der Seltsamkeit, daß am Rand der Seiten Datumsangaben notiert sind – persönliche Arbeitskontrolle? Selbst von der ersten Veröffentlichung haben sich handschriftliche Fassungen erhalten. Seinen „poet corner" hat Rahner gepflegt, bis er nur noch an allen vier Wänden seines Arbeitszimmers und in Kellern und Nebenräumen Platz fand.

Dabei entwickelte sich das Werk erst im und nach dem Konzil in die weltweite Breite mit Übersetzungen und Neuauflagen in allen Weltsprachen, selbst chinesisch, japanisch und koreanisch. Im Vergleich mit Thomas von Aquin wirkt sein Werk im Jahr 1954 nicht sehr umfangreich. Noch in der von Karl Lehmann durchorganisierten und später gut gepflegten Sammelweise war eine erstaunliche Unbekümmertheit festzustellen. Von „Hörer des Wortes" (1941) und „Geist in Welt" (1939) fanden sich keine Druckvorlagen, obwohl aus dieser Zeit zahlreiche Unterlagen noch existieren, und das Manuskript der philosophischen Dissertation noch in den 50er Jahren existiert haben mußte. Die Konzilsunterlagen waren verliehen oder in andere Hände gewandert. Deshalb konnte ich erst in den Unterlagen von Kardinal Franz König eine doppelte Vorgehensweise des Konzilstheologen erahnen: Nach außen alle Erwartungen dämpfend, nach innen mit ganzem Einsatz für ein Höchstmaß an Gelingen arbeitend. Wie stark diese Konzilsarbeit Teamarbeit war, wie viele Entwürfe und Texte im Sinn anderer redigiert und entworfen werden mußten, ist uns heute kaum bekannt. Es erstaunt mich, daß Karl Rahner das am Begriff des Sakraments entwickelte Schema der deutschen Bischöfe zur Kirchenkonstitution, das im Team deutscher Theologen und Bischöfe entwickelt wurde, nach dem Konzil nicht aufgegriffen hat; wie wenn er darauf keinen Anspruch gehabt hätte[13].

Zum Schriftsteller gehört der theologische Schulmeister und Wissenschaftsorganisator. Unbekannt war mir zuvor das strenge Reglement der schultheologischen Traktateneinteilung, die Karl Rahner im Betrieb der Fakultät einen fixen Turnus auferlegte: Gnade, Buße, Schöpfung, manchmal auch Teile der Sakramentenlehre und Mariologie. Als Innsbrucker Schulbücher setzten seine Kollegen die „Institutiones" von Ludwig Lercher SJ voraus[14]. Karl Rahner erarbeitet sich eigene Unterlagen: seine Codices. Adolf Darlap, der zeitweise an der Herstellung mitarbeitete, bewahrt noch sein persönliches Exemplar des Gnaden-Codex von 1950 auf. Selbstverständlich waren diese in Latein geschrieben, erst später werden sie mit deutschen Ausführungen durchsetzt. Das brachte ihm vor dem Konzil kirchliche Kritik ein. Lateinisch schrieb und korrigierte er wie deutsch (manche behaupten, sogar besser); einmal wurde sein lateinischer Text in der Übersetzung seiner Mitarbeiterin deutsch gedruckt[15].

Manche Manuskripte beeindrucken mich bis heute. Die handschriftlichen Fassungen zahlreicher Artikel für das „Kleine theologische Wörterbuch" gehören dazu[16]. Verfaßt wurden sie in den „Ferien", während er am „Lexikon für Theologie und Kirche" und in der Konzilsvorbereitung arbeitete. Karl Rahner muß sie ohne größere Vorarbeit „direkt" geschrieben haben. Die Handschriften zeigen nur wenige Korrekturen und Ergänzungen. Den Schulstoff beherrschte er mit absoluter Souveränität, inklusive der einschlägigen „Denzinger-Nummern". In den Mitschriften der Seminare der späten 50er Jahre ist sein theologisches Denken im Ursprung noch zu erleben: suchend, die Fragestellung umkreisend und die theologischen Daten, die ihm wie selbstverständlich zur Verfügung standen, auf die Herausforderung der Gegenwart abfragend. Der Wissenschaftsorganisator, der Reihen und Lexika plante, herausgab und betreute, war nur mit treuen Mitarbeitern möglich. Daß er beim Lexikon für Theologie und Kirche bisweilen zwischen allen Stühlen saß, war nicht zu übersehen. Daß er nicht immer mit Eleganz, sondern auch etwas hemdsärmelig und unter Androhung entsprechender Konsequenzen ausweglose Situationen zu meistern suchte – und wohl nicht anders meistern konnte –, war unvermeidbar. Das Lexikon für Theologie und Kirche wäre ohne ihn „geplatzt"[17]. In dieser Zeit setzt mich allein schon das quantitative Arbeitspensum in Erstaunen. Daß seine Themenbearbeitung bis heute nicht nur lesenswert ist, sondern nicht immer eingeholt wird, kommt noch dazu. Wie war dies möglich?

Nach dem Konzil schien sich im Büro Karl Rahner eine „theologische Text-Manufaktur" entwickelt zu haben. Die Handschrift Karl Lehmanns ist in fast allen Manuskripten während seiner Assistentenzeit festzustellen. Das Vorwort zum zwölften Band der „Schriften zur Theologie" wurde auf jener Schreibmaschine getippt (und wohl auch verfaßt), die Karl H. Neufeld SJ bis heute benutzt. Und nicht wenige Texte charakterisierte ich im Inventar mit „m. Korr. u. Erg. fr. Hand": „mit Korrekturen und Ergänzungen von fremder Hand". Rahner schien seinen Mitarbeitern oft freie Hand gelassen zu haben, so daß die Interpretation in den Text des Werkes einfloß. In dieser wechselseitigen Beeinflussung nahm er nun Stichworte und Anliegen seiner Schüler und Mitarbeiter und Mitarbeiterinnen auf: die Anliegen der politischen Theologie seines Schülers und Freundes Johann Baptist Metz, der Befreiungstheologie, der feministischen Theologie, des Dialogs mit dem Judentum und den nichtchristlichen Religionen, der charismatischen Erneuerung und manch anderer. Bis zuletzt versucht er auf Anfragen und Herausforderungen zu antworten, auch wenn seine Rede, daß er zum „alten Eisen" gehöre, nicht nur Understatement war, und er das Profil der neuen Generation zu wahren suchte.

Vater-Sohn-Konflikte und Traditionsabbrüche

Trotzdem hatte es die theologische Generation, die in seiner Gegenwart groß wurde, nicht leicht, aus seinem Schatten zu treten. Mir kommt daher manche Kritik als Vater-Sohn-Konflikt vor. Auf der anderen Seite sehe ich einen radikalen Traditionsabbruch in der systematischen Theologie bei uns, der uns nicht nur Karl Rahner völlig verschütten könnte. In nur einer Generation hat sich die Theologie so stark verändert, daß heutige Theologinnen und Theologen kaum einen frühen Aufsatz nachvollziehen können. Das Thema „Natur und Gnade", das die vorkonziliare Theologie stark beschäftigt hat, ist heute fast nicht mehr zu vermitteln, es scheint abgehakt zu sein. Doch bei näherem Hinsehen geistert es heute durch fast alle Debatten. Ich habe immer mehr einen fremden Karl Rahner kennen- und schätzengelernt.

Heute glaube ich zu wissen, was ein theologisches Genie ist: die Herausforderung und Bedrängnis der Zeit mit der gesamten Tradition in der Nachfolge Jesu Christi neu vor Gottes verborgenem Anlitz bedenken, im Gebet betrachten und mit einem sich selbst verbrennenden Feuer, meist einsam und ausgesetzt, dazu beitragen, daß Kirche und Glaube in der Transformation der Zeit nicht untergehen, sondern Gottes Anruf in einer sich wandelnden Geschichte mit einem Herzen der Gegenwart und einem Denken für die Zukunft beantworten lernen. Daß dabei eine immense Arbeitslast anfällt und letztlich doch alles wie nichts erscheint, war nicht zu vermeiden. So höre ich in seinen Selbstaussagen den existentiellen Ausdruck seiner Theologie des Todes heraus:

> „Auf jeden Fall war mir die theologische Wissenschaft als solche eigentlich immer gleichgültig ... Wie lange dauert es noch, bis es für immer Abend ist? Ich weiß es nicht. So macht man weiter, solange noch Tag ist. Am Ende geht man mit leeren Händen fort, ich weiß es. Aber so ist es gut. Dann schaut man auf den Gekreuzigten. Und geht. Was kommt, ist die selige Unbegreiflichkeit Gottes."[18]

Die Aussage des Thomas von Aquin, daß alles, was er geschrieben habe, ihm angesichts seiner Erfahrung wie Stroh vorkomme, zitierte Rahner oft als Selbstbeschreibung.

Kritik aus kontextueller Verwurzelung

In den Unterlagen während und nach dem Konzil gewinnt der „kirchenpolitische Rahner" Kontur. Schon zuvor war das Ringen um die Gegenwartsfähigkeit des christlichen Glaubens nicht nur in den Unterlagen zur Paulus- und Görresgesellschaft von zunehmendem Gewicht. Vor dem Konzil sprach Karl Rahner angesichts der Situation von einem nötigen „Tutiorismus des Wagnisses" als der einzig sicheren Möglichkeit kirchlichen Handelns, aber erst nach dem Konzil wurde er zum öffentlichen Streitfall. Mir fiel auf, daß Rahner kaum von sich aus auf den Plan trat. Wie bei fast allen seinen Aufsätzen und Vorträgen zuvor, steht eine Anfrage, ein Problem, eine Bitte im Hintergrund. Karl Rahners Werk ist radikal kontextuell verwurzelt. Er hat sich oft zum Anwalt fremder Anliegen und Absichten, tatsächlicher oder mitunter nur vermeintlicher Not gemacht. Nicht selten hat er stille, hinter der Hand vorgetragene Kritik öffentlich gemacht. Sein Ringen für eine zukunftsfähige Kirche hat ihm nicht nur Freunde eingebracht. Ich könnte nicht behaupten, daß Rahner dabei immer das richtige „iudicium" hatte, also eine hinreichende Einschätzung der Situation und ein angemessenes Gespür für das richtige Vorgehen, aber seine Diagnosen sind von erschreckender Aktualität. Eine Geschichte, die mir von Münster aus den „wilden 60ern" erzählt wurde, finde ich heute ebenso lustig wie typisch: Er habe sich einmal mit dem Stuhl auf die Straße vor seiner Wohnung gesetzt, um gegen den Verkehr zu protestieren, obwohl er mit seinen Hörschwierigkeiten kaum davon Notiz nahm – „aus Solidarität".

Bisweilen hat sich Rahner vor einen „fremden Karren" spannen lassen. Oft aber ist er mit Elan für Menschen in brenzligen Situationen eingetreten oder versuchte mit einem kräftigen „Hau-Ruck" den Karren wieder flott zu bekommen. Ehrlich, wenn auch etwas alemannisch derb, sprach er dann davon, „Krach zu schlagen" oder kündete an, daß bald die „Bombe platze". Ich habe mich am Ton nicht gestört, weil er mir von Kindesbeinen an vertraut ist: Im Südwesten liegt das Herz öfters direkt auf der Zunge. Daß er auch Fehler eingestehen konnte und sich nicht einfach einem Lager zuordnen ließ, wurde mir lieb. War er vielleicht auch etwas unberechenbar? Doch wie lautet das Sprichwort: „Wer viel arbeitet, macht viele Fehler, wer wenig arbeitet, wenige. Es gibt Menschen, die keine Fehler machen." Daß Karl Rahner sich selbstironisch auf den Arm nehmen konnte, sollte nicht vergessen werden. Am Ende eines Interviews, das „Prominente privat" zeigen wollte und in welchem er nach Freizeit und Lieblingsfarbe befragt wurde, fügte er an:

> „Zum Abschluß noch: In solchen Dingen, wie Sie sie gerade in Ihren Fragen angesprochen haben, halte ich mich an das, was einmal mein Bruder Hugo, der ja auch Jesuit war, gesagt hat: ‚Weißt du, Karl, ich bin nicht normal, aber ich tu so …'."[19]

Manche Auseinandersetzungen gingen ans „Eingemachte". Der Streit mit Hans Küng war kein Zufall. Hier waren nach Rahner Prinzipien katholischer Theologie aufgegeben. Wie er dabei mit jenen umging, die ihn dafür lobten, obwohl sie ihn kurze Zeit zuvor gar als „Häretiker" gebrandmarkt hatten, beeindruckte mich. Der Angriff Hans Urs von Balthasars, zu dem er sich öffentlich kaum äußerte, muß ihm tief unter die Haut gegangen sein. Vielleicht hat hier die „alte Schule" eine Rolle gespielt. Wie kann jemand kirchlichen Gehorsam und Treue einfordern, der selber wegen einer Individualmystikerin (Adrienne von Speyr) die Gesellschaft Jesu verlassen hatte? Mitunter wird Rahner wohl ratlos vor all den Pamphleten gesessen sein, die ihn als Zerstörer von Kirche und Glauben denunzierten. Viele Angriffe hatte er aufbewahrt. Fast alle führen Argumente ins Feld, die in der Tradition der Schultheologie, in der er groß wurde, und die er in seiner Absetzung von ihr immer voraussetzte, keinen Kredit bekommen hätten. Manche Aussagen der neueren Theologie blieben ihm deshalb letztlich fremd: das Leiden Gottes oder die trinitarische Innensicht, die Hans Urs von Balthasar voraussetzt und die heute zur Rede von drei Subjekten führt. Deshalb hat er sich riesig gefreut, daß Papst Johannes Paul II. ihm persönlich unterzeichnete Wünsche zum 80. Geburtstag sandte[20]. Es hat mich nur zu Beginn gewundert, daß Rahner bei der Verfassung öffentlicher Briefe an den Papst immer auf einer angemessenen Anrede bestand, die Respekt und Anerkennung ausdrückte: „Heiliger Vater". Erst allmählich habe ich wirklich realisiert, daß seine offene Kritik an Entwicklungen in der Kirche aus radikaler Identifizierung lebte. Wenn er von Kirche sprach, meinte er immer „ich" oder „wir".

Theologie um der Seelsorge willen

Einen besonderen Bezug glaube ich im Archiv zum *Pater Karl Rahner SJ* erhalten zu haben. Nicht nur aus vielen Erzählungen, auch aus den Terminkalendern und gelegentlichen Notizen, wurde ich immer wieder auf den Priester, Seelsorger, Lehrer und Begleiter im Glauben und Leben hingewiesen. Dieser stille Dienst deutet sich ebenso verschämt an wie die Hilfe, die er ohne Aufsehen vielen Menschen auch real lebenserhaltend leistete. Wenn er darüber nicht sprechen wollte, so denke ich mir, soll auch ich es hier nicht breit treten. Noch auf den Salzburger Hochschulwochen 2003 hat mir ein Priester, der bei Rahner in Münster studierte, erzählt, wie er bis heute von seiner Feier der Messe, dem gemeinsamen Beten und seinem geistlichen Rat bewegt wird. Der Professor war Confessor: Pater Karl Rahner blieb durch sein Lebenszeugnis in stärkerer Erinnerung als durch den präzisen Inhalt seiner Aussagen.

Meine Darstellung wäre unzureichend, wenn nicht vom *Prediger Pater Rahner* die Rede wäre. Wenn sich selbst Probepredigten aus der Zeit als Scholastiker erhalten haben und er die längste Zeit seines Lebens kontinuierlich im Dienst der Verkündigung stand, dann darf ich seine Aussage einfach wörtlich nehmen: „Ich habe immer Theologie betrieben um der Verkündigung, um der Predigt, um der Seelsorge willen."[21] Wie wichtig vielen Menschen seine Verkündigung war, zeigt sich daran, daß viele Predigten mitstenographiert oder auf Band aufgezeichnet worden sind. Dem Pater Karl Rahner begegne ich heute oft in der Krypta der Jesuitenkirche. Immer habe ich eine Kerze oder frische Blumen an seinem Grab gefunden: stiller Dank von Menschen, die ich nicht kenne. Aber auch ich habe ihm, das darf nicht verschwiegen werden, auf ganz persönliche Weise zu danken: Meine Frau habe ich kennen gelernt, als sie im Archiv Auskunft erbat über ihr Diplomarbeitsthema „Gebet bei Rahner". So bin auch ich nicht wirklich „objektiv". Doch: Kann man von Pater Karl Rahner angesichts der Ewigkeit letztlich anders sprechen als in Dankbarkeit?

Welchen Karl Rahner habe ich im Archiv kennengelernt? Den Theologen, den Schriftsteller, das „Arbeitstier", den Priester, einen Menschen mit seinen Widersprüchen, Kanten, Grenzen und Mißgeschicken, auch einen, der keine Nachbeter und Imitatoren wollte, sondern später einfach sagte: Macht es doch besser! Dies alles ja, aber vor allem lernte ich einen Glaubenden kennen, der sich verbrauchte, und der am Ende seines Lebens – ganz am Ende in seiner Freiburger Geburtstagsansprache „Erfahrungen eines katholischen Theologen" und fast stotternd – um bittendes Gebet bei Gott bat. Weil das heute so merkwürdig klingt und selbst in theologischen Kreisen zu Spott reizt, hoffe ich, daß mir seine Verbindung von innig-tiefer, kirchlicher Frömmigkeit und universal geweiteter intellektueller Anstrengung gefährliche Erinnerung bleibe.

Anmerkungen

[1] Als Erstinformation zum Archiv vgl. R. A. Siebenrock, Mitteilungen aus dem Karl-Rahner-Archiv (KRA), in: ZKTh 110 (1988) 310–312; sowie: http://theol. uibk.ac.at/forsch/rahnerarchiv-1.html

[2] K. Rahner, Im Jesuitennoviziat des Jahres 1919. „Ein Tag im Exerzitienhaus Feldkirch", in: GuL 58 (1985) 81–82.

[3] Abbildung in: P. Imhof / H. Biallowons (Hg.), Karl Rahner – Bilder eines Lebens. Freiburg 1985, 116; vgl. dazu G. Wassilowsky, Kirchenlehre der Moderne: Ekklesiologie, in: A. R. Batlogg u. a., Karl Rahners Denkweg. Quellen – Perspektiven – Entwicklungen. Mainz [2]2004, 223–241.

[4] Vgl. A. R. Batlogg, Hugo Rahner als Mensch und Theologe, in: StZ 217 (2000) 517–530.

[5] Vgl. K. H. Neufeld, Die Brüder Rahner. Eine Biographie. Freiburg [2]2004, 40 f.

[6] Vgl. K. Rahner, Mut zum kirchlichen Christentum, in: Ders., Schriften zur Theologie. Bd. 14. Zürich 1980, 11–22.

[7] P. Imhof / H. Biallowons (Hg.), Glaube in winterlicher Zeit. Gespräche mit Karl Rahner aus den letzten Lebensjahren. Düsseldorf 1986, 173–188, 175.

[8] Was er in „Gebet im Alltag" schreibt, verweist auf die eigene Praxis. Vgl. K. Rahner, Von der Not u. dem Segen des Gebetes. Freiburg [12]1985, 53–64. A. R. Batlogg gibt einen umfassenden Einblick in seine Frömmigkeitspraxis am Beispiel der Betrachtungen der Mysterien des Lebens Jesu: Die Mysterien des Lebens Jesu bei Karl Rahner. Zugang zum Christusglauben. Innsbruck [2]2003.

[9] Vgl. R. A. Siebenrock, „Die Frau ist der Frau aufgegeben". Ihre Assistententätigkeit im Dogmatischen Institut bei Karl Rahner, in: G. Bader / M. Heizer (Hg.), Theologie erden. Erinnerungen an Herlinde Pissarek-Hudelist. Thaur 1996, 45–55.

[10] Vgl. R. Stecher, Botschaft der Berge. Innsbruck [14]2002; dazu: O. Wörle, Reinhold Stecher u. seine Bergwochen, in: A. R. Batlogg / K. Egger (Hg.), Dank an Reinhold Stecher. Perspektiven eines Lebens. Innsbruck 2002, 181–183.

[11] Anita Röper hat sich zu Karl Rahners Seelsorge öfters geäußert, zunächst pseudonym: F. M. Schäfer, Es ist Licht genug. Gespräche über den Glauben u. seine vergessene Tiefe. Innsbruck 1959; dann unter ihrem eigenen Namen: A. Röper, Karl Rahner als Seelsorger. Innsbruck 1987.

[12] K. Rahner, Bekenntnisse. Rückblick auf 80 Jahre. Hg. v. G. Sporschill. Wien 1984, 58.

[13] Vgl. dazu G. Wassilowsky, Universales Heilssakrament Kirche. Karl Rahners Beitrag zur Ekklesiologie des II. Vatikanums. Innsbruck 2001.

[14] In mehreren Auflagen wurde seine Dogmatik von den Innsbrucker Systematikern während und nach dem Zweiten Weltkrieg überarbeitet. Karl Rahner war bei diesem Projekt nicht dabei.

[15] Schön nachzuvollziehen beim Aufsatz „Das Gebet im Namen der Kirche". H. Pissarek-Hudelist hat den Text aus dem Lateinischen übersetzt; vgl. K. Rahner, Schriften zur Theologie. Bd. 5. Einsiedeln 1962, 471–493 sowie KRA I, A, 175.

[16] KRA I, A, 176; K. Rahner / H. Vorgrimler, Kleines Theologisches Wörterbuch. Freiburg [15]1985.

[17] Vgl. den Editionsbericht u. den Dokumentationsanhang von H. Vorgrimler in:

K. Rahner, Sämtliche Werke. Bd. 17: Enzyklopädische Theologie. Die Lexikonbeiträge der Jahre 1956–1973. Freiburg 2002, 20–63 sowie SW 17, 1395–1436.

[18] Karl Rahner (Lebenslauf), in: W. E. Böhm (Hg.), Forscher und Gelehrte. Stuttgart 1966, 21.

[19] In: tip. Innsbrucker Zeitung 9 (1984) Nr. 2, 6–7, 7. Der Schlußsatz wurde in „Glaube in winterlicher Zeit" nicht abgedruckt.

[20] Abbildung in: P. Imhof / H. Biallowons (Hg.), Karl Rahner – Bilder eines Lebens, 140.

[21] K. Rahner, Im Gespräch. Bd. 2. Hg. v. P. Imhof / H. Biallowons. München 1983, 146–152, 150.

NACHWORT

Andreas R. Batlogg SJ
Was heißt heute: Karl Rahner erfahren?

Von ihren „Begegnungen mit Karl Rahner" erzählen in diesem Band
28 Interviewpartner, ergänzt durch Auszüge aus einem längeren Brief
Hugo Rahners an seinen jüngeren Bruder von 1955 sowie zwei Jahrzehnte umfassende „Erfahrungen im Karl-Rahner-Archiv" in Innsbruck, von denen Roman A. Siebenrock zu berichten weiß und die
im Jahr 2004 erstmals veröffentlicht wurden. „Weggefährten erinnern
sich" – so der Untertitel: Frauen und Männer, die in ganz unterschiedlichen Phasen seines Lebens und Wirkens mit einem der be-
deutendsten Theologen des 20. Jahrhunderts auf die eine oder andere
Art und Weise zusammengekommen sind. Karl Rahners Schwester
Elisabeth ist unter den Gesprächspartnern, Mitbrüder aus dem Jesuitenorden, Assistenten und Mitarbeiter, von denen manche enge
Freunde, ja Lebensbegleiter wurden, Theologen, aber auch „ganz normale" Menschen, die der Jesuitentheologe nie aus den Augen verloren
hat.

I.

Die Interviews sind fünf Kategorien zugeordnet: „Karl Rahner als Forscher und Gestalter", „Karl Rahners Assistenten und Mitarbeiter",
„Karl Rahner als Mitbruder", „Karl Rahner privat" sowie „Karl Rahner
als Lehrer und Schriftsteller". Diese Zuordnungen sind nicht willkür-
lich erfolgt, aber die Grenzen sind fließend. Etliche Beiträge sind varia-
bel, sie fallen unter mehrere Stichwörter und hätten mit guten Gründen auch anders zugeordnet werden können.

So waren zum Beispiel manche Mitbrüder auch Kollegen oder (enge) Mitarbeiter Karl Rahners (*Emerich Coreth, Albert Keller, Peter Knauer, Hans Bernhard Meyer, Otto Muck, Karl H. Neufeld, Hans Rotter, Raymund Schwager, Wolfgang Seibel, Georg Sporschill*). Manche Jesuiten, zuerst seine Studenten, wurden später seine Ordensoberen oder Vorgesetzten (*E. Coreth, Alfons Klein, O. Muck*). Andere Jesuiten erlebten ihn erst in seinen letzten Lebensjahren oder traten erst nach 1984 in den Orden ein (*Andreas R. Batlogg, Johannes Herzgsell*). Wer mit Karl Rahner beruflich zu tun bekam, bei ihm Vorlesungen und Seminare besuchte oder ihn als Vortragsredner erlebte, begegnete nie nur einem großen Professor, der abgehoben im akademischen Olymp lebte und einen abstoßenden Standesdünkel entwickelt hätte (*Irmgard Bsteh, Klaus Egger, Józef Niewiadomski, Gerhard Ruis, Paul Weß*). *Elfriede Oeggl*, Karl Rahners letzte Sekretärin in der Tiroler Landeshauptstadt, stand zwar in einem Dienstverhältnis und erlebte ihn ab Herbst 1981 als Bürochef, aber sie organisierte in diesen zweieinhalb Jahren nicht nur seinen Terminkalender, ließ sich Vorträge und Artikel in die Maschine diktieren, sondern wurde zum „Mädchen für alles" (von Chauffeursdiensten bis zu Hausfrauendiensten) und zur diskreten Begleiterin – eine Nähe, die manche Jesuiten eifersüchtig werden ließ. Was hätte der zunehmend alternde, erschöpfte Karl Rahner – der sehr schwer nein sagen und jemandem etwas abschlagen konnte und deswegen manchmal die seltsamsten Anfragen annahm – ohne sie, ihre Arbeitskraft ebenso wie ihren Charme, ihre Fürsorge, ihre Anteilnahme gemacht?

Franz König und Karl Rahner begegneten sich 1937 bei den Salzburger Hochschulwochen zum ersten Mal und standen seither miteinander in Kontakt, und als Franz König 1956 Erzbischof von Wien wurde und wenige Jahre später ein Konzil einberufen wurde, griff der Kardinal sofort auf Karl Rahner zurück und lud ihn ein, für ihn nicht nur alle von Kurienbeamten vorbereiteten Schemata zu sichten und zu kommentieren, sondern ihn als seinen Berater mit nach Rom zu begleiten – was der Erzbischof von München und Freising, Kardinal Julius Döpfner, mindestens ebenso gern getan hätte. Was bei manchen als Hilfs- und Handlangerdienste begann, konnte sich über die Jahre hinweg oder für eine bestimmte Zeit zur intensiven bis intensivsten Zuarbeit entwickeln, und nicht jeder mußte deswegen eine offizielle Position als Assistent

(*Karl Lehmann*) oder Forschungsassistent (*K. H. Neufeld*) bekleidet haben (*Adolf Darlap, Albert Raffelt, Herbert Vorgrimler*).

Seine fünf Jahre jüngere Schwester *Elisabeth Cremer*, die ihn um fast zwei volle Jahrzehnte überlebte, war für Karl Rahner einerseits „nur die kleine Schwester, mit der man nichts Gescheites reden kann". Anderseits erlebte sie ihn zeitlebens als einen an allem Familiären höchst Interessierten, dem die Lebensläufe der Seinen nicht gleichgültig waren, der stolz sein konnte, auch wenn er das nicht in großen Gefühlsausbrüchen oder emphatisch zeigte, der aber auch hilflos und unsicher war in Dingen des täglichen Lebens. Manche wurden mit Karl Rahner bekannt, weil ihre Angehörigen in Kontakt mit ihm standen, und er begann sich für deren Kinder zu interessieren, wurde zum Ratgeber und priesterlichen Freund, machte mit ihnen sogar Kurzurlaube (*Friedrich* und *Harald Röper*). Zum Lektor im Verlag Herder (*Franz Johna*) hatte Karl Rahner nicht nur beruflich Verbindung, sondern er nahm auch an dessen Familienleben teil, genoß gemeinsame Ausflüge. Vertrauensverhältnisse entstanden so, ohne daß Karl Rahner zu großer Vertraulichkeit bereit oder imstande gewesen wäre, als „Jesuit alter Schule". Für *Walter Strolz* wurde die Begegnung mit dem Jesuiten zum „Weckruf", weil er darin für sich so etwas wie eine „in seelische Tiefenräume vordringende Kraft unmittelbarer Existenzdeutung" ausmachte. Er hat Ende der 50er Jahre für den Verlag Tyrolia (Innsbruck) den Sammelband „Sendung und Gnade" an Land gezogen, der bald in mehrere europäische Sprachen übersetzt wurde und maßgeblich zu Karl Rahners internationalem Bekanntheitsgrad in der unmittelbaren Vorkonzilszeit führte.

II.

Was heißt heute: Karl Rahner erfahren? Ihn erfahren, ihm begegnen läßt sich auf unterschiedliche Weise, wie die hier versammelten Texte zeigen: Die einen waren Zeitgenossen, erlebten ihn aus der Nähe, unmittelbar, direkt. Andere hatten diese Ehre bzw. diesen „Vorteil" nicht, sie konnten Karl Rahner nicht persönlich kennenlernen, ihm als Professor, als Prediger oder als Priester nicht „live" begegnen. Sie kamen aber indirekt mit ihm in Kontakt: über seine Bücher, seine Artikel, seine Meditationen, vielleicht über Schallplatten oder CDs. Solche Begegnungen waren nicht minder eindrücklich, und bei sehr vielen wirkten auch Begegnungen dieser Art nachhaltig: Sie regten an, sie machten nachdenklich, sie lösten Aha-Erlebnisse aus, sie ließen nicht mehr los.

Manche verbrachten Jahre der Ausbildung oder später des Lehrens an derselben Hochschule oder Universität mit Karl Rahner: Sie lebten zusammen mit ihm in einer Jesuitenkommunität, begegneten ihm, dem inzwischen berühmten Professor und Konzilstheologen, als akademischem Lehrer, arbeiteten für ihn, ganz offiziell als Assistenten oder freiwillig, selbstlos, in Respekt oder gar in Freundschaft verbunden. Es waren Jesuiten, aus Österreich und Deutschland, aber auch aus nichteuropäischen Ländern und Ordensprovinzen, es waren Studierende aus aller Welt, Assistenten, Sekretärinnen – oder auch Menschen, die Karl Rahner Sonntag für Sonntag als Prediger erleben konnten, in der Innsbrucker Spitals- bzw. Heilig-Geist-Kirche, in der Jesuiten- bzw. Dreifaltigkeitskirche (Universitätskirche) oder anderswo. Manche konnten „hinter die Kulissen" schauen und begegneten dabei einem dünnhäutigen, einem verwundbaren, einem verspielten, einem hilflosen, einem aggressiven, einem launischen, einem widersprüchlichen Karl Rahner …

Die Interviews erzählen – die einen mehr direkt, die anderen indirekt – auch etwas von dem, was nach außen nicht immer sichtbar wurde oder breit erlebt werden konnte: Die „Innenseite" Karl Rahners tut sich auf, zeigt sich vorsichtig, ohne deswegen Bedürfnisse nach Enthüllungen oder Sensationen zu bedienen, wie sie heute gang und gäbe sind, um eine künstliche Authenzität zu produzieren. So taucht hier zum Beispiel auch ein weinender und erschöpfter Karl Rahner auf, der vor dem Telephon flüchtete und bei einem jungen Jesuitenstudenten (Scholastiker) „auf der Bude hocken" konnte, um dort einfach zum Fenster hinauszuschauen und unerreichbar zu sein; ein ungeduldiger Karl Rahner, der seiner Sekretärin ins Lenkrad greift und Geschwindigkeitsübertretungen anordnet; ein nachdenklicher Karl Rahner, der keine schnelle Antwort parat hat, wenn er im Vorübergehen um einen klugen theologischen Kommentar oder einen pastoralen Rat gebeten wird; ein priesterlicher Karl Rahner, der unter der Brücke den jungen Mitbruder fragt, ob er ihm nach einem längeren Gespräch jetzt die Absolution erteilen soll; ein verspielter Karl Rahner, der beim Mittagstisch mit den Kindern eines Verlagslektors scherzt und auf Servietten herumkritzelt und kleine Rätselaufgaben anbringt; ein vom Schreiben „besessener" Karl Rahner, der sich selbst unter Druck setzt, gleichzeitig aber über den „blöden Herder" schimpfen kann – ein Kraftausdruck, der nicht bissig oder verletzend gemeint war, sondern schnell einmal fallen konnte, wenn ihm jemand zusetzte –, als ob er es lange ausgehalten hätte, nicht nach einem neuen Manuskript gefragt zu werden; ein naiver Karl Rahner, der seinem Verlag vorhalten konnte, er wolle an ihm nur „Geld verdienen", so als hätte er sich nicht auch der Produktivität des Verlagshauses bedient und keine Ahnung davon, daß Rentabilität erwirtschaftet werden muß, abgesehen davon, daß er sich auf die Großzügigkeit Dritter gern verließ; ein fordernder Karl Rahner, der nicht nur sich selbst, sondern auch seinen engsten Mitarbeiterinnen und Mitarbeitern manchmal „nichts schenkte" und das Bedürfnis nach Urlaub oder Pausen schnell abtat; ein verzweifelter Karl Rahner, der sich von „Rom" verfolgt fühlen konnte und als Konsequenz die Einstellung jeden weiteren Schreibens und Lehrens androhte.

All das sind Facetten einer Persönlichkeit, die dazu (ver-)führen können, sich ein Bild, sein Bild zu machen bzw. „zu basteln". Es sind (und bleiben) Facetten einer Persönlichkeit, nicht weniger, aber auch nicht mehr. Karl Rahner landet schnell, allzu schnell – wie jede(r), der veröffentlicht – im Prokrustesbett seiner Interpreten, wo dann je nach Interesse bzw. Belieben gestreckt oder verkürzt wird, bis man in Abwandlung der berühmten Fernseh-Quizsendung von Robert Lemke bei der Frage landet: „Welchen Rahner hätten's denn gern?" Ließe sich denn aus den hier veröffentlichten Begegnungen, Beobachtungen, Erfahrungen und Eindrücken ein Charakterbild oder gar ein Profil des Theologen Karl Rahner zeichnen, um nicht „zimmern" zu sagen? Das war nicht beabsichtigt, und das geben die Interviews auch nicht her. Sie bleiben Kommentare, manchmal vielleicht ja Erklärungs- oder sogar Deutemuster. Auch für Karl Rahner gilt jedoch, was jedem Menschen zugebilligt werden muß: Er bleibt, nicht nur sich selbst, ein Geheimnis.

III.

Welche Seiten, welche Begabungen, welche Ecken und Kanten er auch immer gehabt haben mag – es ging eine eigentümliche Faszination von

Karl Rahner aus, und sie hält an, auch über 100 Jahre nach seiner Geburt (5. März 1904) und über 20 Jahre nach seinem Tod (30. März 1984). Wie auch immer man zu ihm steht, diese Faszination hängt vielleicht mit dem zusammen, was Albert Görres (1918–1996) aus der Sicht des Psychotherapeuten wahrnahm: „Was ist an der Theologie Rahners anders als bei anderen bedeutenden Theologen? Mir scheint, daß er in einer einzigartigen Weise beim Mitdenken ansetzt. Er versucht, so tief wie möglich in die Ansätze seines Gesprächspartners einzudringen, zu verstehen, warum und was ein Marxist, ein Atheist, ein Naturwissenschaftler, ein Psychoanalytiker oder irgendein Mensch denkt, wie er denkt und fühlt und was er fühlt. Er versucht nicht, zu widerlegen oder zu korrigieren, sondern das fremde Denken und Streben dahin zu verfolgen, wo es seinen Wahrheitsschwerpunkt hat, seine Erfahrungsmitte. Von dorther versucht er bei jedem einzelnen dessen Offenheit zum Ganzen, die jede weltliche Einzelerfahrung und jedes einzelne Subjekt mit sich trägt. Es ist mir nicht so wichtig, ob man das schon die transzendental-anthropologische Methode nennt, wichtig ist mir, daß ich nach jedem Gespräch mit Rahner meine eigenen Fragen, die fachlichen, die menschlichen, die religiösen, und mich selbst besser verstehen konnte."[1] Görres ist Karl Rahner 1942 als Medizinstudent in Wien erstmals begegnet, wurde später Jesuit und blieb ihm auch nach seinem Austritt aus der Gesellschaft Jesu mit seiner ganzen Familie jahrzehntelang freundschaftlich verbunden.

Mit ihm längst nicht immer einer Meinung und gerade zu dem Zeitpunkt, als er dies niederschrieb, in Sachen Unfehlbarkeit mit ihm in heftigem Disput stehend, leitete Hans Küng im Jahr 1971 in der Januarausgabe der „Stimmen der Zeit" eine Replik auf Karl Rahner mit fast hymnischen Worten ein, die mehr als eine *captatio benevolentiae* für die darauffolgende harte Kritik sind: „Viel würde ich geben, wenn ich diese Antwort nicht zu schreiben hätte. [...] Karl Rahner betrachte ich, obwohl ich nie sein Schüler war, als einen meiner Lehrer in der Theologie. Ungezählte Türen hat er, der unermüdlich Vorstoßende, unserer Generation mit starker Hand geöffnet: an Fragen gerührt, an die sich kein katholischer Theologe heranwagte; umgestellt, was ihm nicht am richtigen Platz zu stehen schien; andere Akzente gesetzt, von den Höhen der Gottes- und Christuslehre angefangen bis zu den ganz praktischen Fragen der Pfarrgemeinde und der persönlichen Spiritualität; kühn neue Antworten gegeben, die dann auch entsprechend verketzert wurden. In all dem hat er uns Jungen Freude an der Theologie vermittelt, hat uns Mut zum Denken gemacht, ließ uns aus dem starren und grauen Gehege der Neuscholastik ausbrechen und hat mit anderen der Legio sacra heutiger katholischer Theologie (Hans Urs von Balthasar, Yves Congar, Otto Karrer, Henri de Lubac) so manch einem von uns, der eigentlich in die Seelsorge gehen wollte, dazu verlockt, sich auf das große Abenteuer katholischer Theologie in einer Zeit des beginnenden Umbruchs einzulassen und Theologe zu werden."[2] Bereits in der Märzausgabe antwortete Karl Rahner auf die inhaltlichen Anfragen Küngs, nicht ohne dabei verhaltene Kritik an der Redaktion zu üben, da der Beitrag des in Tübingen lehrenden Theologen „fast doppelt so lang wie mein eigener Aufsatz"[3] sei. Küngs gewiß nicht nur in politischer Absicht verfaßte Lobpassage auf Karl Rahner zeigt, wie sehr dieser geprägt hat, welche Ausstrahlung, wie man heute sagt, er ausübte – auf junge Theologen, aber nicht nur auf sie.

IV.

Was heißt heute: Karl Rahner erfahren? Im vorliegenden Band zeigen sich verschiedene Aspekte und Seiten ein und desselben Menschen. Vielleicht sollte man vorsichtiger sagen: Verschiedene Aspekte und Seiten ein und desselben Menschen blitzen hier auf. Denn auch zusammengenommen ergeben wie kein rundes, abgerundetes Bild. Braucht es ein solches überhaupt? Wäre es überhaupt möglich? Die mannigfachen Wahrnehmungen zeigen aus unterschiedlicher Nähe und Distanz auch einen *Menschen*, nicht nur einen Professor, einen Priester und Jesuiten, einen theologischen Schriftsteller. Wird nicht der Mensch Karl Rahner – von den Bewunderern seines theologischen Œuvres ebenso wie von seinen Bestreitern – manchmal vergessen? Er verschwindet beinahe hinter seinem Werk. Auf Karl Rahner scheint das im deutschen Sprachraum gängige (in vielerlei Hinsicht merkwürdige, jedenfalls problematische) Diktum wie angegossen zu passen: „Gelehrte haben keine Biographie, sondern eine Bibliographie." Hinter den über 4000 Nummern seiner Bibliographie – von denen, zieht man Mehrfachauflagen und Übersetzungen ab, immer noch an die 1800 Nummern bleiben – steckt aber auch ein Mensch, selbst wenn die Beobachtung von Johann Baptist Metz zutreffen mag, daß Karl Rahner „außer seiner lebensgeschichtlichen Theologie eben keine Biographie" habe: Sein Leben sei „nicht nur ein der Theologie gewidmetes, sondern ein in sie investiertes, in sie hinein verbrauchtes Leben"[4], so sehr, daß er seinen Lehrer selber sagen hörte, es gäbe „von mir eigentlich nichts zu sagen, was ich nicht auch geschrieben hätte"[5].

Das mag alles stimmen. Doch es gibt immer auch den Menschen, den Jesuiten aus Fleisch und Blut dahinter. Ich empfinde bzw. lese eine jedes Pathos vermeidende, nüchterne Aussage Karl Rahners, die mir über viele Jahre hinweg stark imponiert hat, heute mit kritischeren Augen, weil darin im Rückblick auf acht Lebensjahrzehnte – befragt, was ihm sein Ordensvater Ignatius für sein „persönliches Leben" bedeute – auch ein Mangel bzw. ein Defizit aufscheint: „Ich habe kein Leben geführt; ich habe gearbeitet, geschrieben, doziert, meine Pflicht zu tun, mein Brot zu verdienen gesucht. Ich habe in dieser üblichen Banalität versucht, Gott zu dienen, fertig."[6]

Es mag schon sein, daß Karl Rahners „lebensgeschichtliche Dogmatik … die eines ausgesprochen antibiographischen Typs"[7] gewesen ist. Und unbestritten gehörte Karl Rahner einer Jesuitengeneration an, die nicht damit vertraut war, Persönliches oder Biographisches in den Vordergrund zu stellen, weswegen es nicht Koketterie oder falsche, lediglich rhetorische Bescheidenheit ist, wenn er sein eigenes Leben als durchschnittlich, ereignislos oder nicht weiter aufregend empfindet. Erst in späten Lebensjahren und auf Drängen Dritter hat Karl Rahner Auskunft erteilt über seinen Lebensweg und das, was heute unter der Vokabel „Glaubenssozialisation" („biography sharing", „faith sharing") firmiert. Man stolpert dabei über etliche späte Erinnerungen des vielfach Geehrten und Ausgezeichneten. Von Haus aus eher verschlossen und introvertiert, ja sogar etwas schwermütig veranlagt, nach eigenem Bekunden von „einer gewissen skeptischen Melancholie"[8] geprägt, die nach der Beobachtung anderer „mit einem heftigen Temperament verbunden"[9] war, wirkte Karl Rahner etwa auf seinen Religionslehrer Meinrad Vogelbacher (1879–1965) so „kontaktarm und brummig", daß er ihn, als er von seiner Absicht erfuhr, in die Gesellschaft Jesu einzutreten, dafür als „nicht geeignet"[10] empfand – diese Charakterisierung hat sich bei Karl Rahner jedenfalls zeitlebens ins Gedächtnis eingeschrieben. Aber auch er hatte Gefühle, Sehnsüchte, Träume, Vorstellungen, die – wenn auch unartikuliert oder jedenfalls nicht als solche apostrophiert – in sein Denken und Schreiben eingeflossen sind. Leben und Werk bleiben auch bei Karl Rahner untrennbar miteinander verbunden.

Karl Rahner hat auch am Ende seines Lebens nicht das moderne Bedürfnis nach „Offenbarungen", „Beichten" oder irgendwelchen intimen Details aus seiner Lebensgeschichte bedient. Das heute weitverbreitete Interesse an Indiskretion, an privaten Aussagen, die nicht in die Öffentlichkeit gehören, aber das Werk eines Großen angeblich „menschlicher" erscheinen lassen, wäre ihm zuwider gewesen. Es gibt eine sehr naive Seite an Karl Rahner, etwas Unbekümmertes, das ihn leicht und manchmal schnell, wie enge Mitarbeiter oder befreundete Mitbrüder zu berichten wissen, in Gefahr bringen konnte. Das leidige Stichwort „Rahner – Rinser", das nach wie vor die Gemüter bewegt und mindestens in den USA sehr wohl noch virulent ist, wie ich selbst mehrmals erfuhr, zeugt davon, und es taucht auch in diesem Band in mehreren Interviews auf. „Je bekannter die beiden Rahners wurden", so Karl H. Neufeld in einem „Rückblick" in der zweiten Auflage seiner Doppelbiographie, „desto häufiger drängten sich ihnen auch Menschen auf und suchten aus der Bekanntschaft Nutzen verschiedenster Art zu ziehen. Das in akzeptabler Art abzuwehren, war manchmal schwer, zumal wenn einer meinte, um dieses oder jenes Titels willen dazu auch noch ein Recht geltend machen zu können. Wer schützt einen vor solchen ‚Freunden'?"[11]

Wer in der Nähe Karl Rahners war, wer zu seinem Mitarbeiterstab gehörte, wer ihm begegnete oder die Begegnung mit ihm suchte, sich ihm aufdrängte, konnte davon profitieren. Mitarbeiter oder Mitarbeiterin Karl Rahners gewesen zu sein, ist ein Gütesiegel – nicht in erster Linie eine Aussage über Fahrkünste oder andere Qualitäten, die dazu kamen. Nutzten manche diese Nähe aus? Wie „objektiv" sind Erinnerungen und Beobachtungen, die gleichzeitig etwas über den Betreffenden aussagen bzw. auf ihn oder sie zurückfallen? Ist, woran sich jemand erinnert und was eine(r) weitergeben will, eher der Kategorie einer Arbeitsbeziehung zuzuordnen oder eher privater Natur? Wo verlaufen die

Grenzen, ist es sinnvoll oder möglich, solche zu ziehen? Etliche Jesuiten haben Karl Rahner ja in unterschiedlichen Funktionen erlebt: als Mitbruder und gleichzeitig aber auch als Kollege oder in der Funktion eines Assistenten, ob offiziell oder vom Orden bestellt. Trennen, soviel steht fest, lassen sich die Eindrücke nicht genau voneinander. Nähe zu Karl Rahner brachte freilich auch ein Wissen um seine Schwächen und Grenzen mit sich, aber auch um seine Stärken und Vorlieben. Die Herausgeber dieses Bandes machten die Erfahrung, daß manche Passagen von den Interviewpartnern wieder gestrichen, etwas anders formuliert wurden – weil Geschriebenes bzw. Gedrucktes eben doch anders aussieht als spontan und ungeschützt Gesagtes, zumal wenn es in freier Rede erfolgt ist, bei der man sich erst „warmreden" muß und manchen die Publikationsabsicht nicht bekannt war. Für die Rahnerrezeption sind solche Nachbesserungen irrelevant. Es ist ja gerade nicht die Absicht dieser Gespräche, Rahner-„Fioretti" zu kreieren: Legenden, Histörchen und Anekdoten, die zur „oral history" gehören.

Natürlich ist es erheiternd zu erfahren, wie Elisabeth Cremer, geborene Rahner, ihren großen Bruder in Erinnerung behalten hat, der schon als Gymnasiast seine heiligen Zeiten hatte und am Sonntag nachmittag nicht gestört werden wollte, wenn er sich in letzter Minute daran machte, noch seinen Schulaufsatz zu schreiben. Es ist berührend, von Harald und Friedrich Röper zu erfahren, daß ihre Mutter, die jahrzehntelang mit Karl Rahner brieflich wie persönlich in Kontakt stand, bei jedem Spaziergang einige Meter hinter Karl Rahner ging und ihre beiden Jungen mit dem Jesuiten gehen ließ – nicht nur, damit diese vielleicht mit einem Mann etwas austauschen konnten, sondern auch, um Karl Rahner vor jeder Zweideutigkeit zu schützen. Auch solche Erinnerungen und Umstände sagen etwas aus über den Umgang mit Karl Rahner.

Daß er wie jeder Mensch auch Grenzen und Schwächen hatte, kann niemanden wirklich überraschen. Die Frage ist, welche Schlußfolgerungen man daraus zieht, ob man diese unzulässigerweise mit seinem Werk verbindet. Karl Rahner war natürlich auch ein „Arbeitstier" – einer, vor dem etwa der Chef des Verlags Benziger, Otto Bettschart, im Juli 1964 den jungen Karl Lehmann, den der prominente Konzilstheologe als Assistent am Romano-Guardini-Lehrstuhl in München engagieren wollte, meinte warnen zu sollen: „Der braucht sie ganz. Aber Sie müssen heute schon wissen, wann Sie gehen. Der hat schon mehrere verheizt."[12] Vier Jahre später erlebte der nachmalige Bischof und Vorsitzende der Deutschen Bischofskonferenz – bereits die Ernennungsurkunde zum Professor für Dogmatik an der Universität Mainz in der Tasche – eine abenteuerliche hochsommerliche „Höllenfahrt nach Rom", als Karl Rahner während eines (Arbeits-)Urlaubs an der jugoslawischen Adriaküste eine Blitzfahrt an die Jesuitenkurie anordnete und nach einem Gespräch (in Sachen „Humanae vitae") mit dem Ordensgeneral Pedro Arrupe SJ (1907–1991) am nächsten Morgen Karl Lehmann und Roman Bleistein SJ, der zuvor noch nie in Rom gewesen war, die sofortige Rückfahrt befehlen wollte[13].

Es geht im vorliegenden Band ja nicht darum, neue inhaltliche Erkenntnisse über die Theologie Karl Rahners zu gewinnen. Das können Einzelbeobachtungen, die eher persönlicher Natur sind und auf persönlichen Einschätzungen beruhen, gar nicht leisten. Die hier erinnerten Begebenheiten und Begegnungen bringen den Menschen Karl Rahner zum Vorschein, den, der hinter einem imposanten, fast unüberschaubaren Werk steht. Dieser Mensch konnte sehr ungeduldig sein, nicht nur beim Essen, wie viele bestätigen können, oder beim Autofahren, er konnte verletzlich sein, müde und erschöpft, ruheund rastlos, deprimiert … Auf solche Beobachtungen und Seiten kam es in den Interviews mehr an als auf neue oder gar sensationelle inhaltliche Punkte. Wer befragt wurde, hat – oft von denselben Ereignissen und Angelegenheiten – je seine oder ihre eigene Erinnerung. Die hier festgehaltenen Erinnerungen sind dazu angetan, Karl Rahner liebenswerter zu machen. Ist er etwa kindisch, weil er Freude haben konnte an kindlichen Dingen? Der „große Rahner" wirkt auf diesen Seiten manchmal ganz klein, verletzlich, verwundbar – menschlich.

V.

Zum zehnten Jahrestag von Karl Rahners Tod (1994) äußerte Karl Lehmann, es gebe „keinen abwegigen Rahner-Kult, der sich mehr mit seiner Person als mit seinem Werk beschäftigt, so sehr viele Zeitzeugen das Leben und Wirken dieses selbstlos und eher verborgen arbeitenden Ordensmannes noch erhellen können."[14] Auch dies beansprucht der vorliegende Band nicht, denn die einzelnen Begegnungen und Beobachtungen sollen ja gerade zum Werk Karl Rahners hinführen, dafür Interesse wecken und nicht in einen unkritischen Personenkult münden. Sein Hinweis auf die Strahlkraft des Jesuiten ist bedenkenswert: „Karl Rahner ist auch keine Mumie geworden, die nur noch aus historischer Distanz betrachtet und nach allen Richtungen seziert wird. Auch die gegenwärtigen, jungen Generationen, die ihn kaum mehr in seinem persönlichen Wirken kennenlernen konnten, kann er für seine Sache begeistern. Dafür darf man freilich die Anstrengung des Begriffs und das strenge Denken nicht scheuen."[15]

Tatsache ist, daß es ein ungebrochenes Interesse an der Theologie Karl Rahners gibt, längst nicht nur im deutschen Sprachraum, wie ein Blick auf die Sekundärbibliographie zeigt[16]. Karl Rahner hat gerade keine „Gemeinde Gleichgesinnter, eine intime Anhängerschaft um sich gebildet": „Nicht einmal eine theologische Schule im traditionellen Sinn hat er um sich gegründet."[17] Er wollte der Theologie und der Kirche dienen, und es ging ihm dabei nicht darum, eine eigene Theologie zu etablieren, auch wenn man nüchtern feststellen muß, daß so manches, was heute Allgemeingut der Theologie ist – man denke nur an das Verständnis von Gnade als „Selbstmitteilung Gottes" – auf Karl Rahner zurückgeht, was selbst Kritikern nicht immer klar sein dürfte. Immer wieder waren zum Beispiel Studierende bei Prüfungen überrascht, wenn sie feststellen mußten, daß Karl Rahner ganz einfach Faktenwissen abprüfte, wofür man seinen „Denzinger" oder andere Kompendien kirchlicher Dokumente kennen mußte. Prüfungen als theologische Plaudereien waren seine Sache nicht.

Die Rahner-Interpretationsindustrie läuft schon lange heiß, und sie ist längst nicht an ihr Ende gekommen. Ob sie manchmal auch an den denkt, der ihr den Namen gab? Das „Gedenkjahr 2004" hat nicht zuletzt gezeigt, daß sich an Karl Rahner die Geister reiben, daß sich an ihm vermutlich noch Generationen von Wissenschaftlern abarbeiten werden, daß es Mißverständnisse gibt, sich hartnäckig weiter fortpflanzende Vorurteile – und Behauptungen, die manchmal schlicht und ergreifend am Text vorbeigehen. Es gibt immer Unbelehrbare, die mit fragwürdigen, scheinbar unbestechlichen Argumenten meinen, in seriöse Debatten eingreifen zu können, um Stimmung zu machen.

Daß über Karl Rahner geteilte Meinungen bestehen, kann nicht weiter verwundern. Sie gehen, wie bei jedem Großen nicht anders zu erwarten, ziemlich auseinander: Während die einen in Karl Rahner eine Art „Kirchenlehrer der Moderne"[18] erkennen wollen und ihm unbedingte Treue und Liebe zur Kirche attestieren, sprechen ihm andere genau diese vehement ab. Das Jahr 2004 war dafür ein anschauliches Beispiel. Es gab überaus positive, manchmal fast hymnische Würdigungen und Dank für eine gigantische theologische Lebensleistung, selbst von Kardinal Joseph Ratzinger. Der Präfekt der Kongregation für die Glaubenslehre meinte in einem Interview: „Man muß Rahner in der Ganzheit seines Wollens und Denkens begreifen und schlichtweg erkennen, daß es sein Wille war, nicht gegen den Glauben der Kirche zu verstossen. … sein Wille, im Dogma der Kirche zu bleiben – also den Glauben der Kirche auszulegen und nicht umzulegen oder umzubiegen – ist unumstritten"[19]. Es gab aber auch vernichtende Kritik, Polemiken und Verdächtigungen bis hin zu dem skurril anmutenden Vorwurf, Teile der Theologie Rahners seien häretisch, „Rom" müsse sich noch einmal gründlich mit dem Œuvre des Jesuitentheologen befassen[20]: Karl Rahner als Wegbereiter des nachkonziliaren Verfalls der Kirche und Totengräber der Neuscholastik, deren unaufhaltsamer Zusammenbruch nach dem letzten Konzil ursächlich auf ihn zurückgeführt wird … Solche Unterstellungen (bis hin zu gezielten Fehl- und Falschinformationen) unterbieten jedes akademische Niveau und kommen mit kruden Behauptungen daher, die am Textbefund vorbeigehen[21]. Ein neueres, aus meiner Sicht trauriges Beispiel ist die verzerrende und beleidigende Darstellung Karl Rahners in einer Ignatius-Biographie eines Historikers, der auf nicht einmal fünf Seiten eine wissenschaftlich unredliche Abrechnung vornimmt[22].

Selbst „die, die ihn kritisieren oder ablehnen", so Johann Baptist Metz, „zehren noch von seinen Einsichten, von seinen ebenso scharfsinnigen wie zarten Wahrnehmungen in der Welt des Lebens und des Glaubens. Und die ihn ignorieren, ignorieren weit mehr als irgendeine theologische Position. Karl Rahner hat das Antlitz unserer Theologie erneuert. Nichts ist mehr ganz so, wie es vor ihm war."[23] Ob sich auch scharfe Kritiker der Theologie Karl Rahners, wenn sie fair bleiben wollen, dessen bewußt sind? Es gilt, von einem Rahnerjargon zu Karl

Rahner selber zu kommen. Es genügt nicht, viel über Karl Rahners Leben zu wissen und seine Theologie gewissenhaft studiert zu haben. Es kommt auch nicht darauf an, ihn „nachzubeten", papageienhaft für jedes theologische Problem ein Rahner-Stichwort in die akademische Arena werfen zu können, wozu Datenbanken verführen, die insinuieren, man könne Karl Rahners „habhaft" werden.

Es kommt darauf an, die Grundgebärde dieser Art des Theologietreibens kennenzulernen, zu entdecken, für sich selber und seine Arbeit fruchtbar zu machen, mit Karl Rahner über Karl Rahner hinauszudenken – aber nicht als intellektuelles Glasperlenspiel, sondern um Kirche heute zu leben. Dafür braucht es sicher auch Theologie und theologische Diskurse – „Quaestiones disputatae" – und nicht nur McKinsey-Strategien. Karl Rahners „Strukturwandel der Kirche als Aufgabe und Chance" (1972) ist ein längst nicht in aller Dramatik erkanntes Kontrastprogramm zu einer satten Kirche, die – zumindest in Deutschland – ohnehin immer mehr abspecken muß (täte sie es freiwillig, wäre sie nicht von außen gezwungen?). „Es lohnt sich" nach Karl Lehmann, „Karl Rahner als einen unabhängigen Beobachter unserer Situation zu hören, der zugleich ein unbestechlicher, nüchterner Diagnostiker und ein Seelsorger ist, der viel Mut und Zuversicht in einer oft dürftigen Situation ausstrahlt. Wer bei Karl Rahner in die Schule geht, bleibt nicht bei Wehleidigkeit, Selbstbespiegelung und Resignation stehen, sondern läßt sich immer wieder von ‚Sendung und Gnade' erfassen."[24]

Karl Rahner war als Theologe nicht nur für Theologinnen und Theologen da. Das macht sein Werk heute auch anschlußfähig. Denn er war auch ein Brückenbauer: Er dachte und arbeitete auf eine Weise, die heute interdisziplinär genannt werden kann. Kontextlos entsteht solche Theologie nicht, und es ist auch nicht unbedeutend oder eine biographische Fußnote, daß er Theologie als Jesuit, aus der Geistigkeit der Exerzitienspiritualität heraus, betrieb. Insofern ist es auch keine Übertreibung festzustellen: „Neue Generationen, die freilich eine erste Scheu des Zugangs überwinden müssen, werden hier manche Kostbarkeit finden, die in unserer Zeit verlorenging oder entstellt wurde. Karl Rahner ist ein Mann für übermorgen."[25]

VI

Herbert Vorgrimler, vermutlich der intimste Rahnerkenner, der über Jahrzehnte hinweg (ohne Assistentenstelle) selbstlos mit Karl Rahner zusammengearbeitet hat, hat seinem Lehrer und Freund 1979 eine Festschrift überreicht, die mit Titel und Untertitel etwas Wichtiges ausdrückt: „Wagnis Theologie. Erfahrungen mit der Theologie Karl Rahners". Schüler und Mitarbeiter Karl Rahners waren die Beitragenden dieser Festschrift, ihre Erkenntnisse als Theologinnen und Theologen lassen sich nicht trennen von persönlichen Begegnungen, Eindrücken, Erlebnissen. Auch Vorgrimler betont, differenziert aber gleichzeitig in seinem „Brief zur Einführung": „Richtig ist, daß Du nicht Fachtechnik und -kenntnisse zu Selbstzwecken erhoben hast; richtig ist auch, daß Du bewußt nicht eine ‚Schule' bilden wolltest. Jeder kann Dein Schüler sein, der Dir auf dem Weg der Mystagogie folgt, er muß aber seine je eigene Erfahrung Gottes machen und seine je eigene Konkretheit der Liebe praktizieren."[26]

Es ist diese „Hebammenkunst des Fragens", die Karl Rahner für Johann Baptist Metz zu einem „begnadeten Maieutiker" machte, der darin „nicht erfolgreich zu imitieren"[27] sei. Das müssen diejenigen gespürt haben, die ihm zugehört haben: in Vorlesungen und Seminaren, in Predigten, in Vorträgen, vielleicht auch im Sprechzimmer, in das zu gehen sich der große Gelehrte nie zu schade war. Es gibt verborgene oder verschwiegene Seiten Karl Rahners, die er nicht an „die große Glocke" gehängt hat – weil solche Tätigkeiten für ihn als Priester und Ordensmann einfach dazugehörten, aber auch mit Verschwiegenheit und Diskretion zu tun hatten – auch das Selbstverständlichkeiten, die in einer Zeit autobiographischer Versessenheit verlorengehen können. Kann man Schöneres von einem „Lehrer der Theologie" sagen, als daß er auch zum „Vater meines Glaubens"[28] geworden ist? Daß er „keine Schüler" habe, soll Karl Rahner zwar einmal „ein wenig verbissen" festgestellt haben: „Gut, aber daß er uns weit mehr geworden ist als ein Lehrer der Theologie: das muß er sich am heutigen Tag von mir schon sagen und gefallen lassen."[29] Warum? „Da sprach einer von Gott und der Gnade, vom Heil und von den Sakramenten nicht nur in der Sprache subtiler dogmatischer Belehrung und Argumentation, sondern in der vorsichtigen und doch sehr genauen Sprache der Hinweisung und Einweisung in die Erfahrung des Glaubens. Hier wurde nicht nur vorgefaßter Glaube gelehrt und belehrt, sondern Glaube ins Leben hinein geweckt."[30]

VII.

Einer der meistzitierten, oft aus dem Zusammenhang gerissenen Sätze Karl Rahners, der auf einen frommen Aphorismus reduziert und oft entstellt – und dadurch instrumentalisiert und banalisiert – wiedergegeben wird, stammt aus dem Artikel „Frömmigkeit früher und heute" von 1966: „Nur um deutlich zu machen, was gemeint ist, und im Wissen um die Belastung des Begriffs ‚Mystik' (der recht verstanden kein Gegensatz zu einem Glauben im Heiligen Pneuma ist, sondern dasselbe) könnte man sagen: der Fromme von morgen wird ein ‚Mystiker' sein, einer, der etwas ‚erfahren' hat, oder er wird nicht mehr sein, weil die Frömmigkeit von morgen nicht mehr durch die im voraus zu einer personalen Entscheidung einstimmige, selbstverständliche öffentliche Überzeugung und religiöse Sitte aller mitgetragen wird, die bisher übliche religiöse Erziehung also nur noch eine sehr sekundäre Dressur für das religiös Institutionelle sein kann."[31] Der „Fromme von morgen" (aus dem da und dort, weil es „besser" bzw. verschwommener klingt, „der Mystiker" wird) ist „einer, der etwas erfahren hat": Wer sich mit Karl Rahner beschäftigt, wird seine und ihre Erfahrungen mit ihm machen – mit seiner Theologie, mit seinem Ringen, aber auch mit seiner Person.

Genau dazu will dieser Band anregen: Karl Rahner selber zu begegnen, ihn zu lesen, zu bedenken und davon vielleicht auch zu lernen für das eigene Leben als Christ. Die Interviews sollen gleichsam zu Karl Rahner selber führen, indem sie Interesse wecken, zeigen, daß hinter dem Gelehrten und Vielschreiber auch ein Mensch steckte, dessen Werk freilich noch lange weiterwirken wird. Ein Phänomen bleibt es ja: Der gemeinhin als „schwierig" zu lesen geltende Dogmatiker ist längst zu einem theologischen und – bemerkenswerterweise – gleichermaßen zu einem geistlichen Klassiker geworden. Vieles aus dem Lebenswerk dieses Best- und Longsellers gehört mittlerweile, wie schon gesagt, zum Allgemeingut der Kirche[32]. Die Meditationen „Worte ins

Schweigen" (1938) oder die im Hungerjahr 1946 gehaltenen, 1949 erstmals veröffentlichten und vielfach aufgelegten Fastenpredigten „Von der Not und dem Segen des Gebetes" – „fromme Sachen", die Karl Rahner aber „mindestens ebenso wichtig wie die eigentlichen theologischen Arbeiten" waren, weil darin „wenigstens ebensoviel Theologie, denkerisch mühsam bewältigte Theologie, drinsteckt"[33] – sind unzähligen Menschen zur Glaubens- und Lebenshilfe geworden. Sein „Grundkurs des Glaubens" (1976) machte Generationen von Fragenden und Suchenden neugierig auf das Christentum.

Etwas Unverbrauchtes findet sich in Karl Rahners Werk, etwas, das sich hält in theologiearmer Zeit, die eher auf schnelle Ratschläge aus ist und einen ganz Markt an Wellness-Spiritualität produziert hat, die auf kurzen theologischen Beinen daherkommt. Gegenüber oberflächlichen spirituellen „Rezepten", die Lebenshilfe versprechen, aber nicht wirklich (und wirksam) bieten können, kann noch einmal an Albert Görres erinnert werden: „Karl Rahner hat für unzählige strapazierte Köpfe und wunde Herzen, für Legionen von Kirchengeschädigten und Gottesenttäuschten die helfenden Worte gefunden, die ihnen den verschütteten Zugang zu dem verlorenen Gott, zu seiner Schöpfung voller Fürchterlichkeiten, zur blutigen Geschichte und zu seinem quälenden Evangelium, zu seiner lastenden Kirche wieder geöffnet und liebgemacht haben. Er hat Traurige getröstet, Unwissende belehrt, Irrende zurechtgewiesen und Zweifelnden geraten. Er hat Friedlose auch versöhnt und in alledem das Höchste erreicht, was Psychotherapie nach Freuds Lehre überhaupt erreichen kann: Aussöhnung mit einer unerträglich scheinenden Wirklichkeit, Zustimmung zu allem, was der Zustimmung würdig ist; Auflehnung gegen alles, was nicht hingenommen werden darf. ... So ist K. Rahner einer der heilsamsten Psychotherapeuten für all jene Menschen, die sich von der unerträglichen Wirklichkeit abwenden, weil er ein ungewöhnlicher Lehrer der totalen Zuwendung zu einer heilbaren Wirklichkeit ist."[34]

Die hier gesammelten „Begegnungen mit Karl Rahner" erzählen davon. Vielleicht helfen sie ja ein wenig mit, die von Karl Lehmann diagnostizierte *erste Scheu des Zugangs zu überwinden*, die manche entwickeln, wenn sie an die Theologie Karl Rahners denken. Seinen Nachruf auf seinen kurz vor Weihnachten 1968 nach jahrelangem Leiden vom

Tod erlösten Bruder Hugo – mit dem ihn nicht nur theologische Interessen und die üblichen kolportierten Scherze verbinden, sondern eine unterirdische, längst noch nicht erschöpfend gehobene Wirkungsgeschichte – beendete Karl Rahner mit einem Satz, der auch über sein eigenes Leben gesagt werden kann: „wichtig tun und sich sonderlich wichtig nehmen konnte er nicht. Aber es war etwas dahinter."[35]

Anmerkungen

[1] A. Görres, Wer ist Karl Rahner für mich? – Antwort eines Psychotherapeuten, in: P. Imhof / H. Biallowons (Hg.), Karl Rahner – Bilder eines Lebens. Freiburg 1985, 78–80, 80.

[2] H. Küng, Im Interesse der Sache. Antwort an Karl Rahner, in: StZ 187 (1971) 43–64, 43. Der zweite Teil ist als Fortsetzung (deswegen mit demselben Titel) im Monat darauf erschienen: StZ 187 (1971) 105–122. Küng reagierte auf kritische Einlassungen in der Dezemberausgabe: K. Rahner, Kritik an Hans Küng. Zur Frage der Unfehlbarkeit theologischer Sätze, in: StZ 186 (1970) 361–377.

[3] K. Rahner, Replik. Bemerkungen zu: Hans Küng, Im Interesse der Sache, in: StZ 186 (1971) 145–160; vgl. dazu A. R. Batlogg, Karl Rahner als Autor der „Stimmen der Zeit", in: StZ Sepzial 1–2004, 16–30, 27.

[4] J. B. Metz, Karl Rahner – ein theologisches Leben. Theologie als mystische Biographie eines Christenmenschen heute, in: StZ 192 (1974) 305–316, 315.

[5] Zit. nach ebd.

[6] K. Rahner, Bekenntnisse. Rückblick auf 80 Jahre. Hg. v. G. Sporschill. Wien 1984, 58.

[7] J. B. Metz, Karl Rahner – ein theologisches Leben, 309.

[8] K. Rahner, Der Werdegang eines Theologen, in: Ders., Im Gespräch. Bd. 2. Hg. v. P. Imhof / H. Biallowons. München 1983, 146–153, 147.

[9] H. Vorgrimler, Karl Rahner verstehen. Eine Einführung in sein Leben und Denken. Freiburg [2]1988, 54.

[10] K. Rahner, Erinnerungen im Gespräch mit Meinold Krauss. Freiburg 1984, 24.

[11] K. H. Neufeld, Die Brüder Rahner. Eine Biographie. Freiburg [2]2004, 414.

[12] Zit. nach D. Deckers, Der Kardinal. Karl Lehmann. *Eine Biographie*. München 2002, 127.

[13] Vgl. ebd. 145–150.

[14] K. Lehmann, Karl Rahner zum Gedächtnis. Neunzigster Geburtstag – Zehnter Todestag, in: StZ 212 (1994) 147–150, 148. Man mag dem ehemaligen Assistenten Karl Rahner und Mitherausgeber der Gesamtausgabe vorhalten, er sei Partei, aber er hat hier als Vorsitzender der Deutschen Bischofskonferenz gesprochen.

[15] Ebd.

[16] Vgl. www.ub.uni-freiburg.de/referate/04/rahner/rahnerli.htm

[17] J. B. Metz, Den Glauben lernen und lehren. Dank an Karl Rahner. München 1984, 26.

[18] G. Wassilowsky, Kirchenlehrer der Moderne: Ekklesiologie, in: A. R. Batlogg / P. Rulands / W. Schmolly / R. A. Siebenrock / G. Wassilowsky / A. Zahlauer, Der Denkweg Karl Rahners. Quellen – Entwicklungen – Perspektiven. Mainz ²2004, 223–241.

[19] Vgl. Interview mit Radio Stephansdom/Wien (1. 4. 2004), dokumentiert in: www.ub.uni-freiburg.de/referate/04/rahner/rahnerli-neu.htm (= Verzeichnis der Sekundärliteratur Karl Rahners).

[20] Vgl. z. B. D. Berger, Editorial: 100. Geburtstag und 20. Todestag Karl Rahners, in: Theologisches 34 (2004) 186–190; dazu: H. Vorgrimler, Zur bleibenden Aktualität Karl Rahners, in: ThRv 100 (2004) 91–100, bes. 91; ders., Karl Rahner. Gotteserfahrung in Leben und Denken. Darmstadt 2004, 15 („Bösartige Polemik").

[21] Vgl. D. Berger (Hg.), Karl Rahner. Kritische Annäherungen. Siegburg 2004; zuvor bereits: Ders., Karl Rahner. Ketzer oder Kirchenlehrer? – Zugleich eine Antwort an die neueren Rahnerapologeten, in: Theologisches 32 (2002) 287–304.

[22] Vgl. H. Feld, Ignatius von Loyola. Gründer des Jesuitenordens. Köln 2006, 327–331 (Karl Rahner).

[23] J. B. Metz, Den Glauben lehren und lernen, 13.

[24] K. Lehmann, Karl Rahner zum Gedächtnis, 149.

[25] Ebd.

[26] H. Vorgrimler, Ein Brief zur Einführung, in: Ders. (Hg.), Wagnis Theologie. Erfahrungen mit der Theologie Karl Rahners. Freiburg 1979, 11–17, 16.

[27] J. B. Metz, Karl Rahner – ein theologisches Leben, 312.

[28] Ders., Den Glauben lernen und lehren, 24.

[29] Ebd. 26.

[30] Ebd. 15.

[31] K. Rahner, Frömmigkeit früher und heute, in: Ders. Schriften zur Theologie. Bd. 7. Einsiedeln 1966, 11–31, 22f.

[32] Vgl. A. R. Batlogg, Von Karl Rahner lernen, in: StZ 222 (2004) 145–146; N. Klein, Karl Rahner (1904–1984), in: Orien (2004) 37–39; M. Striet, Ein bleibendes Vermächtnis. Was die Theologie heute von Karl Rahner lernen kann, in: HerKorr 58 (2004) 559–564; A. Raffelt, Nach wie vor starke Resonanz. Ein Rückblick auf das „Rahnerjahr" 2004, in: ebd. 564–568; L. J. O'Donovan, Losing Oneself and Finding God. Karl Rahner (1904–1984), in: America 191 (2004) Nr. 14, 12–15; B. Nitsche, Bilanz – Umbrüche – Desiderate. Rahner-Forschungsbericht 1995–2004/ 05, in: ThQ 185 (2005) 303–319 u. 186 (2006) 50–65.

[33] Gnade als Mitte menschlicher Existenz. Ein Gespräch mit und über Karl Rahner aus Anlaß seines 70. Geburtstages, in: HerKorr 28 (1974) 77–92, 81; ähnlich in: [K. Rahner], Lebenslauf, in: W. E. Böhm (Hg.), Forscher und Gelehrte. Stuttgart 1966, 21; sowie in: Ein Brief von P. Karl Rahner, in: K. P. Fischer, Der Mensch als Geheimnis. Die Anthropologie Karl Rahners. Freiburg ²1974, 400–410, 403.

[34] A. Görres, Wer ist Karl Rahner für mich – Antwort eines Psychotherapeuten, 80.

[35] K. Rahner, Ein spielender Mensch. Gedenkwort für Hugo Rahner, in: Ders., Chancen des Glaubens. Fragmente einer modernen Spiritualität. Freiburg 1971, 150–152, 152.

Karl Rahner – Sämtliche Werke

herausgegeben von der Karl-Rahner-Stiftung
unter Leitung von Karl Kardinal Lehmann, Johann Baptist Metz,
Albert Raffelt, Herbert Vorgrimler, Andreas R. Batlogg

Karl Rahner (1904–1984) bewirkte als katholischer Dogmatiker mit seinem umfangreichen Werk und seinem Engagement vor, während und nach dem II. Vatikanischen Konzil eine weitgehende Umorientierung des katholischen Denkens in der zweiten Hälfte des 20. Jahrhunderts. Mit philosophischer Gründlichkeit, wissenschaftlicher Stringenz und getragen von persönlicher Frömmigkeit, die sich auch im Werk dokumentiert, wagte er das freimütige, nur dem eigenen Gewissen verpflichtete theologische Wort. Er bewies damit ein „sentire cum ecclesia", das nicht nur das Mitdenken für die Zukunft der Kirche suchte, sondern ein existentielles Mitfühlen und Mitleiden wurde.
Sein Werk regt nach wie vor die kirchliche und theologische Diskussion an. Es setzt sich aus einer Fülle sehr unterschiedlicher Beiträge zusammen, die eine wirkliche Gesamtübersicht bislang kaum ermöglichten. Die vorliegende Gesamtausgabe macht das Werk erstmals in einheitlicher Form zugänglich. Das erleichtert nicht nur den Rückgriff auf Rahners Denken, sondern erlaubt zum ersten Mal eine zutreffende Einordnung der einzelnen Aussagen. Eine ganze Reihe von Texten Karl Rahners kursieren ferner bislang in recht unterschiedlichen Versionen. Das hat Irritationen hervorgerufen, denen die Gesamtausgabe durch eine verläßliche Textfassung abhilft.
Alle Texte in einer sorgfältigen Gesamtausgabe; die Einzelbände jeweils mit Editionsbericht, Quellennachweis und Register, im Umfang von 400–800 Seiten.

Erhältlich in jeder Buchhandlung!

Der Editionsplan

I Grundlegungen (1922–1949 / Bände 1–8)
    1) Fundamente im Orden
    2) Geist in Welt (lieferbar)
    3) Spiritualität und Theologie der Kirchenväter (lieferbar)
    4) Hörer des Wortes (lieferbar)
    5) Gnadenlehre
    6) Die Buße
    7) Geistliche Schriften
    8) Der Mensch in der Schöpfung (lieferbar)

Weitere Bücher von und über Karl Rahner

Karl-Rahner-Lesebuch
Herausgegeben von Karl Lehmann und Albert Raffelt
15,1 x 22,7 cm, 528 Seiten gebunden
ISBN-13: 978-3-451-28308-6
ISBN-10: 3-451-28308-5

Die besten Texte von Karl Rahner in einem Band. In 160 kurzen Lesestücken sind hier Texte aus allen Schaffensperioden und aus allen Gattungen von Rahners literarischem Werk versammelt: Gebete, Betrachtungen, geistliche Texte, theologische Bestimmungen, thematisch angeordnet und mit einem hilfreichen Register aufgeschlüsselt. Karl Kardinal Lehman skizziert in seinem Porträt Rahners Lebensweg und führt in seine Theologie ein. Das Buch ermöglicht eine intensive Begegnung mit Karl Rahner anhand von Schlüsseltexten, die seine Frömmigkeit wie seinen theologischen Scharfsinn zur Sprache bringen.

Karl Rahner / Andreas Felger
Von der Gnade des Alltags
Meditationen in Wort und Bild
12,5 x 20,5 cm, 96 Seiten, gebunden mit Schutzumschlag
Mit sieben Abbildungen, durchgehend vierfarbig
ISBN-13: 978-3-451-28848-7
ISBN-10: 3-451-28848-6
In seinen sieben Meditationen „Alltägliche Dinge" erschließt Karl Rahner den
geistlichen Sinn ganz gewöhnlichter Tätigkeiten. All die scheinbar so profanen
Dinge können zum Ort werden, an dem sich das Geheimnis der Gnade zeigt. Die
Illustrationen von Andreas Felger greifen den Impuls Karl Rahners auf: Ihre Bild-
sprache setzt bei vertrauten Formen an und führt zu einer neuen Sicht und Kon-
zentration auf das Wesentliche.

Karl Rahner
Grundkurs des Glaubens
Einführung in den Begriff des Christentums
13,9 x 21,4 cm, 448 Seiten Paperback
ISBN-13: 978-3-451-28352-9
ISBN-10: 3-451-28352-2

Jetzt in neuer Ausstattung: Die epochale Einführung in den christlichen Glauben.
Der große Konzilstheologe legte mit seinem „Grundkurs" die Summe seiner Theologie vor, die seither Generationen von Theologie-Studierenden inspiriert."In diesem Buch liegt Sprengstoff für manche theologischen Verkrustungen, Zündstoff
für Kettenreaktionen neuen Denkens in der Kirche." (FAZ)

Karl Rahner
Beten mit Karl Rahner
Gebete des Lebens
Von der Not und dem Segen des Gebetes
11,9 x 19,8 cm, 384 Seiten gebunden
Zwei Bände in Kassette
ISBN-13: 978-3-451-28385-7
ISBN-10: 3-451-28385-9
Von der Not und dem Segen des Gebetes: Meditationen über das Beten, entstanden
unter dem Eindruck der Nachkriegszeit. Rahner öffnet Herz und Sprache in einer
Weise, die das Werk bis heute zu einem Grundbuch christlichen Betens macht.
Gebete des Lebens: Gebetstexte Karl Rahners aus allen Phasen seines Lebens. Sie
sind Modelle eines existentiellen christlichen Betens und ein starker Kontrapunkt
in einer Zeit der „Wohlfühl"-Religion.

Karl Rahner
Von der Unbegreiflichkeit Gottes
Erfahrungen eines katholischen Theologen
Hg. von Albert Raffelt
10,6 x 18,0 cm, 80 Seiten Paperback
ISBN-13: 978-3-451-28536-3
ISBN-10: 3-451-28536-3
Karl Rahners letzte Rede lässt in das Herz des Jahrhundert-Theologen blicken: Sie
ist ein geistliches Testament für das 21. Jahrhundert und ein Schlüssel zu seiner
bleibend prägenden Theologie.

Karl Heinz Neufeld
Die Brüder Rahner
Eine Biographie
13,9 x 21,4 cm, 440 Seiten
gebunden, mit 16 s/w Abbildungen
ISBN-13: 978-3-451-28309-3
ISBN-10: 3-451-28309-3

In dieser spannenden Doppelbiographie zeichnet Karl-Heinz Neufeld umfassend
die Lebenswege von Karl und Hugo Rahner nach. Er erschließt eine Vielzahl neuer
Perspektiven für das Verständnis ihrer Schriften und macht mit großer Sorgfalt,
Sachkenntnis und Sensibilität bisher kaum wahrgenommene Zusammenhänge
zwischen der Lebenswirklichkeit und der Theologie dieser beiden Jesuiten bewusst.

Erhältlich in jeder Buchhandlung!
HERDER